2022年度云南省社会科学学术著作出版专项经费资助

2021年度云南省哲学社会科学规划项目《民法典视阈下人类辅助生殖的私法秩序建构》（QN202118）研究成果

私法中的生育权

李倩 ○ 著

Reproductive Rights in Private Law

中国社会科学出版社

图书在版编目(CIP)数据

私法中的生育权/李倩著. —北京：中国社会科学出版社，2023.6
ISBN 978-7-5227-2028-9

Ⅰ.①私… Ⅱ.①李… Ⅲ.①生育—权利—研究—中国 Ⅳ.①D923.94

中国国家版本馆 CIP 数据核字(2023)第 106597 号

出 版 人	赵剑英
责任编辑	许　琳
责任校对	李　硕
责任印制	郝美娜

出　　版	中国社会科学出版社
社　　址	北京鼓楼西大街甲 158 号
邮　　编	100720
网　　址	http://www.csspw.cn
发 行 部	010－84083685
门 市 部	010－84029450
经　　销	新华书店及其他书店

印刷装订	北京市十月印刷有限公司
版　　次	2023 年 6 月第 1 版
印　　次	2023 年 6 月第 1 次印刷

开　　本	710×1000　1/16
印　　张	18.25
插　　页	2
字　　数	281 千字
定　　价	118.00 元

凡购买中国社会科学出版社图书，如有质量问题请与本社营销中心联系调换
电话：010－84083683
版权所有　侵权必究

序

本书是基于李倩的博士论文修改而成，自2018年确定私法中的生育权这一选题之后，李倩围绕这一主题展开了细致而深入的探索与写作。历经数年推敲琢磨，该书终得付梓，作为她的导师，我感到由衷欣慰。

生育行为源远流长，而权利话语下的生育权概念在19世纪末才得以初现，并在20世纪的女权主义运动中被充分证成。在我国，计划生育政策中的生育自由意蕴往往被人们忽视，但随着我国人口政策逐步转型，公民的生育权进一步彰显。党的二十大报告更是明确提出，"及时调整生育政策""优化人口发展战略，建立生育支持政策体系，降低生育、养育、教育成本"。实际上，生育权作为人权的重要内容，属于我国宪法中未列明的基本权利之一。

与此同时，人类辅助生殖技术方兴未艾，人类对生育行为的控制能力持续增强。在这一过程中，私法上的生育权概念逐渐进入人们视野，司法实践中的生育权侵权纠纷也屡见不鲜。我国私法尚未明确赋予生育权以法定人格权之外观，以致学界此前对生育权的法律性质、体系定位与行使规则等基本理论争议颇多，对其社会功能的认识也有待深入。李倩博士以私法中的生育权为主题展开系统性研究，具有显著的理论与实践价值。此前学界对生育权的研究大体上分为本体论、救济论两大范畴，其研究成果已初具规模。然而，随着生育自由进一步彰显以及生殖技术的复杂化，新的生育权侵权行为类型增多，学界对于生育权的法律关系与救济规则之认知也在发展变化之中，对诸多问题尚未达成一致意见。本书对私法中生育权的研究不仅是向内发现的过程，即发掘其历史渊源与典型内涵；也是一个向外拓展的过程，即探悉其在解决当今社会矛盾时的独特价值与现实功能。虽然我国私法暂未明确将生育权概念列为法定人格权，但在生命科技蓬勃发展的今天，紧随过去将隐私权从利益上升至权利的脚步，推动生育权概念从理论学说正式走入民法典或其立法解释恰逢其时。

李倩博士在西南政法大学孜孜求学十载，本书的正式出版也为她的学生时代画上了圆满句号。如今，李倩博士的身份已从学生转变教师，但每日读书的习惯与刻苦钻研的态度始终如一。同时，初为人母的生育体验也使她对生育权话题有了更多新的思考和探索。在此，衷心祝贺本书面世，并期待李倩博士在未来的学术道路上持续精进，再添新作。

张 力

2023 年 4 月 27 日于重庆天高鸿苑

目　录

绪　论 ………………………………………………………………（1）
　　第一节　私法中生育权研究的中国场景与科技背景 …………（1）
　　第二节　研究目标、研究方法与创新点 ………………………（3）

第一章　私法中生育权概念的渊源 ……………………………（7）
　　第一节　私法中生育权概念的内容 ……………………………（7）
　　第二节　私法中生育权概念形成的实质原因 …………………（12）
　　第三节　我国私法中生育权概念的立法表达 …………………（24）
　　第四节　我国宪法与私法生育权的概念辨析 …………………（27）
　　第五节　域外私法中生育权概念的规范形式 …………………（36）
　　本章小结 …………………………………………………………（51）

第二章　私法中生育权的理论证成 ……………………………（53）
　　第一节　从利益到权利的一般证成标准 ………………………（53）
　　第二节　生育权的价值正当 ……………………………………（57）
　　第三节　生育权的性质明确 ……………………………………（64）
　　第四节　生育权的归属清晰 ……………………………………（74）
　　第五节　生育权的地位独立 ……………………………………（83）
　　第六节　生育权具备典型公开性 ………………………………（90）
　　本章小结 …………………………………………………………（93）

第三章　私法中生育权的行使秩序 ……………………………（95）
　　第一节　生育权行使中的考量因素 ……………………………（95）
　　第二节　生育权的内部协调 ……………………………………（103）

第三节　生育权的外部限制 …………………………………… (112)
  第四节　体外胚胎上特殊的生育权行使秩序 ………………… (116)
  本章小结 …………………………………………………………… (139)

第四章　私法中生育权的救济规则 ………………………………… (141)
  第一节　生育伙伴侵害生育权的侵权责任 …………………… (141)
  第二节　医疗机构在错误妊娠诉讼中的侵权责任 …………… (151)
  第三节　医疗机构在错误出生诉讼中的侵权责任 …………… (185)
  第四节　医疗机构在人工生殖中侵害生育权的侵权责任 …… (205)
  第五节　其他不特定主体侵害生育权的侵权责任 …………… (220)
  本章小结 …………………………………………………………… (223)

第五章　我国私法中生育权的立法完善 …………………………… (225)
  第一节　我国民法典编纂相关的生育权立法探讨 …………… (225)
  第二节　保护模式：生育权有名化的必要性与可行性 ……… (229)
  第三节　具体内容：未来生育权法律表达的文本建议 ……… (244)
  本章小结 …………………………………………………………… (245)

结　论 ……………………………………………………………………… (247)

参考文献 ………………………………………………………………… (249)

致　谢 ……………………………………………………………………… (286)

绪　　论

生育，一指"生长、养育"；二指"生孩子"。① 从字面上看，"生育"实际上包括"生产"与"养育"两层内涵，因两者在人类繁衍过程中自然衔接，故而合用"生育"一词表达。其中，生产子女系新生命的诞生，具有更为独特的社会意义与法律意义，是生育一词所传达的本质意涵。② 生育行为兼具自然属性与社会属性，生育权处于人权保护、家庭伦理、人口政策等问题的交叉地带。在历史上，针对生育问题不同视角的研究成果卷帙浩繁，人口学、社会学、医学等学科分别侧重于对人口数量增长模型、生育制度、人类辅助生殖技术等不同领域的研究。在法学视野中，针对生育行为的探讨主要沿着生育权保护与生育行为规制两个方向展开，本书的研究主要属于前一范畴。

第一节　私法中生育权研究的中国场景与科技背景

一　人口政策转型背景下生育权公私法共同保护的必要性

生育权的核心在于生育自由。在人权话语体系中，生育权在当今世界各个角落几乎都得到了承认和保护，同时也受到不同程度的限制。③ 在我国，由于计划生育制度的严格推行，人们长期沉浸在"生育受到国家严格管控"的习惯思维之下，而对私法上的生育权保护问题关注较

---

① 《辞海》，上海辞书出版社1979年版，第1727页。

② 本书中所使用的"生育"一词，系采取《辞海》中的后一种解释，即"生孩子"，包括妇女受孕、足月怀胎和生产的过程。"养育"一词在中文里有诸多近义词，可由"抚育""抚养"等词语替代，为区分之便，本书对其不使用"生育"之表达。

③ Berta E. Hernandez, "To Bear or Not to Bear: Reproductive Freedom as an International Human Right", *Brooklyn Journal of International Law*, Vol. 17, No. 2, 1991, p. 309.

少。时至今日,"三孩政策"顺利推进,计划生育政策逐步放宽,这在纵向维度为生育自由的私法保护提供了更为广阔的空间。同时,为解决我国社会人口老龄化问题,进一步放开生育数量限制成为今后可期的政策方向。在公法对生育行政许可的管控逐渐减弱的背景之下,公民生育自由充分彰显;与之匹配,私法也应承担对生育自由保障的衔接与落实任务:关注司法实践中的生育权纠纷,思考生育权相对于其他民事权益的特殊性与独立性,找准生育权在民事权益中的谱系定位,理顺生育权的行使秩序,构建平等民事主体之间的生育权救济规则。

二 司法实践中大量生育权民事裁判经验有待提炼

威科先行数据库中目前已有近 900 份包含"生育权""优生优育选择权""生育知情权"或"生育权选择权"等任一关键词的民事裁判文书,主要涉及夫妻之间、非婚生育伙伴之间一方私自堕胎、偷停避孕措施等引发的生育权冲突,患者与医疗机构之间因误放节育环、绝育手术过失、产前诊断过失等诊疗行为引发的生育权纠纷,机动车交通事故及其他意外事故造成孕妇流产、自然人生殖器官损伤引发的生育权纠纷,以及关于冷冻胚胎较为典型的最高人民法院指导案例 50 号"中国首例人体冷冻胚胎监管、处置权纠纷案",与"单方废弃夫妻共有的人体胚胎案"[1]等案例。总体来看,司法实践已经率先甄别出生育权作为民事权益的独立价值,并通过裁判承认了生育权的合法民事权益地位,目前经验积累已经较为成熟,实践中形成的一系列裁判规则亟待整合提炼,其中未能形成一致观点的争议问题更有待深入研究。

三 我国目前生育权私法规范供给不足

在生育权的宣示问题上,《中华人民共和国人口与计划生育法》(下称《人口与计划生育法》)第十七条虽明确规定公民享有生育的权利,但由于该法不属于私法的范畴,因此并非对作为民事权利的生育权的确立。在《中华人民共和国民法典》(下称《民法典》)关于民事权利的列举部分,生育权未被作为民事权利加以罗列,仅能通过对其第一

---

[1] 杨立新:《单方废弃夫妻共有的人体胚胎之侵权责任认定》,《法律适用》2018 年第 9 期。

百零九条与第一百一十条的目的解释、体系解释等路径将生育权纳入人身权益的谱系之中。根据《民法典》第一百二十八条之转介条款，法律对未成年人、妇女等弱势群体民事权利的特殊保护也属于私法的范畴。其中，仅有《中华人民共和国妇女权益保障法》（下称《妇女权益保障法》）第三十二条规定了妇女享有的生育权；此外，在《最高人民法院关于适用〈中华人民共和国民法典〉婚姻家庭编的解释（一）》（下称《民法典婚姻家庭编解释（一）》）第二十三条中从反面做出了相应规定。[①] 总体来看，民事领域立法对实践中生育权问题有所涉及，但立法力度较小，且对生育权主体等规定有待完善。

四 生命科技发展引发生育权私法保障的现实需求

权利发展与社会发展是互动的。[②] 在20世纪，世界范围内关于生育权的争议主要是避孕和堕胎；到21世纪，其关注点逐渐转向人类辅助生殖技术、基因选择和基因增强。[③] 目前，人类辅助生殖技术、基因编辑技术等生命科技的临床试验及应用在提高人类生育控制能力的同时，也增加了自然人人身权受到侵害的几率和样态。[④] 其中，在人类辅助生殖技术实施过程中，医疗机构错植、毁损体外胚胎或胚子等过失行为造成的侵权纠纷时有发生；夫妻生育意愿冲突、离婚、一方或双方死亡等情形下冷冻胚胎处置过程中的侵权纠纷日益增多。此类新生问题反映了生育权的科技性、时代性特征，而未来对此类纠纷的解决，也有待于以生育权理论为切入点予以澄清。

第二节 研究目标、研究方法与创新点

一 研究目标

第一，在理论层面，揭示私法上生育权的基本理论体系。具体包括

---

① 根据该条，夫以妻擅自终止妊娠侵犯其生育权为由请求损害赔偿的，人民法院不予支持。
② 邓正来：《研究与反思：关于中国社会科学自主性的思考》，中国政法大学出版社2004年版，第247页。
③ John A. Robertson, "Assisted Reproduction, Choosing Genes, and the Scope of Reproductive Freedom", *George Washington Law Review*, Vol. 76, No. 6, 2008, p. 1490.
④ 参见谭启平、李琳《民法的属性与民法渊源的司法定位》，《河北法学》2016年第7期。

澄清私法上生育权的内涵与外延，实质渊源与形式渊源；辨析公私法上生育权概念的区别与联系；探索私法上生育权的正当性、归属性、独立性、社会典型公开性，以在应然层面证成私法上生育权的人格权地位。

第二，在实践层面，划定私法上生育权的行使秩序与救济规则。针对生育权的内部张力与外部冲突，对夫妻之间的生育权冲突制定妥善解决方案，并根据权利限制理论为生育权划定适当边界。针对生育权侵权中损害的可赔偿性认定等难点问题，借助类型化思维为相关司法实践提供裁判指引，将"纸面上的法律"转化为"市民社会现实世界中的法治"①。

第三，在规范层面，提出对生育权民事立法的完善建议。针对《妇女权益保障法》第三十二条在对私法上生育权权利地位确认、权利主体界定等方面的局限，结合现有民法典以及学界观点，探索在未来我国民法典立法修订或解释中加强生育权保护的完善建议。

二 研究方法

第一，法教义学的方法。以《人口与计划生育法》《妇女权益保障法》以及《民法典婚姻家庭编解释（一）》等法律及司法解释中的生育权条款为研究基础，通过多种民法解释方法解读前述条文，将其中关于生育权的概念、规则作为本书的研究起点与主要研究对象，并注重探讨生育权概念的体系性功能。

第二，实证分析的方法。通过威科先行数据库、Westlaw 数据库、中国裁判文书网、无讼案例数据库等来源收集国内外相关案例，并对其进行梳理归纳，分析目前司法实践对于生育权纠纷的主要争议焦点、裁判理由与裁判规则。

第三，历史研究的方法。通过对生育权概念在人权、基本权利以及人身权领域兴起与发展历史的考察，分析影响生育权私法确立、行使、救济规则的文化、经济、科技等因素，为我国当下及未来的生育权制度建构提供依据。

第四，比较研究的方法。通过 HeinOnline、Web of Science、West-

---

① 侯国跃、陈圣利：《〈民法总则〉的"正确打开方式"》，《甘肃社会科学》2018 年第 1 期。

law、Global Law、World Legal Information Institute、Beck-online 等外文数据库获取美国、英国、新西兰、南非、德国、法国等国家关于生育权的立法、理论以及司法实践中的成果，进行比较分析，以兹参考借鉴。

三　创新点

第一，理论问题揭示上的创新。（1）在探讨私法上生育权概念的渊源时，在其实质渊源与形式渊源探幽穷微的基础上，着重分析宪法上生育权与私法上生育权的区别与联系，提出我国宪法中生育权兼具"防止国家权力过分干预公民生育自由"与"设立生育自由客观价值秩序"之功能，可作为公序良俗间接影响生育权的私法保护。（2）揭示我国的人格权法定实际上是一种弱化的、缓和的人格权法定，我国的人格权体系并非僵化封闭的系统，具有吸纳生育权的弹性，生育权在立法中的有名化具有基本前提。（3）根据德国学者拉伦茨的"类型序列"理论，发掘我国人格权益体系内部隐含着的"生命权→身体权→健康权→生育权→婚姻自主权→姓名权→名誉权→隐私权→肖像权→其他人格利益"之伦理性减弱序列，提出生育权在我国人格权体系中应处于与人之本体密切联系的基础地位。（4）在证成生育权的人格权地位时，基于对国内外理论界提出的民事权利生成标准之归纳，逐层澄清生育权的正当性、归属性、独立性、典型公开性，提出生育权应当享有具体人格权地位。（5）提出权利泛化的真正危机，在于过分强调个人主义、忽视公共利益的自私倾向；而在生命科技时代，赋予生育权以民事权利外观不仅不会产生此类后果，反而对节约司法资源、推动科学立法、促进文明法治等具有积极意义，并非权利话语的非理性扩张。

第二，实际问题解决上的创新。（1）针对生育权行使中的内部矛盾，运用"分阶段优先原则"化解夫妻之间、非婚生育伙伴之间的生育权冲突，并以该规则作为生育伙伴之间是否存在生育权侵权行为的判断标准。（2）针对冷冻胚胎处置中的生育权行使难题，通过比较分析国内外裁判经验，提出在夫妻一方死亡的情形下，另一方依其生育权而有权决定是否植入或继续保存冷冻胚胎；在夫妻双方死亡的情形下，考虑到儿童利益最大化的婚姻家庭法理念，该冷冻胚胎原则上不应被孕育成人。（3）对于我国部门规章中"禁止单身妇女通过人类辅助生殖技术生育子女"之规定，提出应对其做目的性限缩解释，离异妇女经前夫同意而植入双方在婚姻存续期间所冷冻的体外胚胎，不违背该规范所欲保护的公序良俗，故不在受禁止之列。（4）对于生育权损害赔偿责任的认定争议，结合我国现有裁判文书，以及德国、法国、英国、美国、新西兰、南非等域外司法实践，运用类型化思维，着重提出生育权婚内侵权中损害赔偿责任的承担条件，澄清错误妊娠、错误出生诉讼中完全赔偿原则的缓和适用方法与可赔偿损害的具体范围，并为人工生殖领域的生育权侵权等典型生育权诉讼提供裁判指引。

第三，立法完善建议上的创新。（1）借鉴英国《人工授精与胚胎学法案》等域外立法，就冷冻胚胎的最长保存时间提出对生育权外部限制的规范建议。（2）以《妇女权益保障法》第三十二条为基础，提出未来民法典人格权编立法修订或解释中关于确立生育权的立法表达建议，即"自然人享有在法律规定的范围内自主选择是否生育子女的权利。夫妻双方各自享有生育权，一方不得妨碍他方的生育权"。（3）吸纳《民法典婚姻家庭编解释（一）》第二十三条，提出未来民法典婚姻家庭编或其解释修订中关于生育权行使基本规则的立法表达建议，即"夫妻双方各自享有平等的生育权。夫妻双方对终止妊娠发生纠纷，应当协议处理；协议不成的，由女方决定是否终止妊娠"。

第一章 私法中生育权概念的渊源

生育权作为法律概念的历史并不长，一般认为其脱胎于19世纪的女权运动。[1] 自此之后，政治、经济、科学技术与法律技术等方面的原因共同推动了生育权概念的发展。在国际文件与学说上，生育权往往被表述为，夫妇自由和负责地决定他们孩子的数量、生育间隔和生育时间的权利。[2] 如今，除了作为人权、公民基本权利范畴中的概念，生育权在私法领域也得到越来越多的关注，许多法域已形成了较为成熟的生育权私法规范与典型判例，本章主要探讨私法中生育权概念的基本内容、形成原因与规范形式。

第一节 私法中生育权概念的内容

一 生育权概念的内涵

私法上的生育权是指自然人自主选择是否生育的权利，该权利的性质、结构与婚姻自主权相似。我国《妇女权益保障法》赋予妇女的"生育子女的权利与不生育的自由"即明确了妇女所享有的生育权之内涵。在学界，有学者将生育权表达为"主体在法律允许的范围内，自主决定生育或不生育子女的权利"[3]；也有学者将其阐述为"自然人在法律法规允许的范围内，享有的是否生育，以及生育的时间、数量、间隔以及生育方式的自由选择等的基本权利"[4]。对此，为保证生育权的内

---

[1] 姜玉梅：《中国生育权制度研究》，西南财经大学出版社2006年版，第18—19页。
[2] Kiva Diamond Allotey-Reidpath&Allotey Pascale et al., "Nine Months a Slave: When Pregnancy Is Involuntary Servitude to a Foetus", *Reproductive Health Matters*, Vol. 26, No. 52, 2018, p. 57.
[3] 何勤华、戴永盛：《民商法新论》，复旦大学出版社1999年版，第66页。
[4] 杨立新主编：《最高人民法院婚姻法司法解释（三）理解与运用》，中国法制出版社2011年版，第189—190页。

涵独立，外延区别于身体权、健康权，并避免生育权成为"与生育有关的一揽子杂项权利"，本书对生育权采取第一种较为限缩的定义；而对于生育方式的自主决定权在典型性上有所不足，更宜纳入身体权或健康权，不应作为生育权的内容；不过，前文提到的对于生育时间、数量、间隔的选择，实际上也都落脚于每一次关于是否生育的自主决定，因而属于生育权的范畴。

生育权的内涵不包括对子女性状的自主设计。在技术层面，该设计主要通过生殖细胞基因编辑技术[①]实现，该技术属于人类遗传干预技术[②]的范畴。该技术以一种极端的优生学面目出现，其风险涵盖技术层面的生命个体安全风险、生命尊严贬抑、资本介入后的社会不公平加剧、优势基因畸形发展等[③]诸多方面。鉴于此，我国科学技术部、原卫生部2003年颁布的《人胚胎干细胞研究伦理指导原则》第六条[④]、原国家卫生和计划生育委员会2016年发布的《涉及人的生物医学研究伦理审查办法》[⑤]均对生殖细胞基因编辑做出了禁止性规定。在临床上，我国研究人员贺某2018年虽培育诞生了"世界首例免疫艾滋病的基因编辑婴儿"，但引发舆论强烈谴责并已被追究刑事责任。[⑥]从准父母的生育权角度看，尽管对于子女性状的设计和选择属于广义的生育自由，但该行为被公序良俗与法律规定所禁止，在私法上几无探讨的空间，且

---

① 人类基因编辑包括体细胞基因编辑与生殖细胞基因编辑，前者属于非遗传性基因编辑，不会将基因编辑后的结果遗传给人类后代；而后者属于遗传性基因编辑，会改变人类的基因，并对人类基因库造成不可预知的影响。参见杨建军、李姝卉《CRISPR/Cas9人体基因编辑技术运用的法律规制——以基因编辑婴儿事件为例》，《河北法学》2019年第9期。

② 该技术以人类胚胎或前胚胎为实施对象，具体包括基因检测、基因诊断、基因筛选、基因编辑（基因改造、遗传修饰）等类型。

③ 参见易显飞《人类生殖细胞基因编辑的伦理问题及其消解》，《武汉大学学报》（哲学社会科学版）2019年第4期。

④ 根据该条规定，进行人胚胎干细胞研究，必须遵守的行为规范包括"利用体外受精、体细胞核移植、单性复制技术或遗传修饰获得的囊胚，其体外培养期限自受精或核移植开始不得超过14天"，同时"不得将前款中获得的已用于研究的人囊胚植入人或任何其他动物的生殖系统"。

⑤ 该规章第十八条规定了涉及人的生物医学研究应当符合知情同意伦理原则、控制风险原则，同时该规章规定了涉及人的生物医学研究的伦理审查、批准实施的具体程序，并规定了相应法律责任。

⑥ 2019年底，司法机关裁判认为贺某及另两名相关人员因共同非法实施以生殖为目的的人类胚胎基因编辑和生殖医疗活动，构成非法行医罪。参见王攀、肖思思、周颖《"基因编辑婴儿"案一审宣判》，《健康报》2019年12月31日第4版。

无保护的价值，因此本书不将其作为生育权的范畴。质言之，生育权是自然人对于"是否生育"，而非"生育什么"的自主决定。

生育自主权是生育权的内核，[①] 当前理论及实务中也存在对"生育权"与"生育自主权"两者共用的情形。学界所称的"生育自主权"[②]，以及类似的"生育自决权""生育自己决定权"[③] 或"生育自我决定权"等称谓，均是指自主选择是否生育的权利。我国司法实践中对"生育自主权"概念的使用也有先例，[④] 学界对生育自主权的私法保护也颇为认可，[⑤] 且其"自主"之用法，与已经有名化的"婚姻自主权"概念具有一致性。本书也认为，在该称谓的选择上，"生育权"与"生育自主权"相差无几，两者都是较为妥适的表述，都有一定的比较法理论及司法实践基础。但为全文统一计，本书选择"生育权"这一更为传统和惯用的术语展开论述，不过在引用相关文献时也有可能用到"生育自主权"等表达。

二　生育权概念的外延

生育自由的实现涉及诸多环节，学界对生育权外延的解读也因对其中具体事项范围的认知差异而有所不同。有学者提出，生育权包括生育知情权、生育决定权、生育保障权、生育隐私权等；[⑥] 也有学者将生育权的内容描述为"生育知情权、生育方式选择权、生育请求权、生育决

[①] 赵西巨：《生命的缔造、期许与失落：人工生殖服务领域的医疗损害责任法》，《东南大学学报》（哲学社会科学版）2016年第2期。

[②] 王泽鉴：《人格权法：法释义学、比较法、案例研究》，北京大学出版社2013年版，第97页。

[③] 蒋卫君：《民法视野下女性生育自己决定权研究》，中国人民大学出版社2018年版，第27页。

[④] 参见葛某某1、唐某某、葛某某2与伊通满族自治县民族医院医疗损害责任纠纷二审民事判决书，四平市中级人民法院（2016）吉03民终975号；雷某、张某等与惠水县仁爱医院医疗损害责任纠纷一审民事判决书，惠水县人民法院（2017）黔2731民初1088号；温某、广州军区广州总医院附属一五七医院医疗损害责任纠纷二审民事判决书，广州市中级人民法院（2018）粤01民终10663号。

[⑤] 参见张学军《生育自决权研究》，《江海学刊》2011年第5期；王洪平、苏海健：《"错误出生"侵权责任之构成——一个比较法的视角》，《烟台大学学报》（哲学社会科学版）2008年第3期。

[⑥] 参见姜玉梅《中国生育权制度研究》，西南财经大学出版社2006年版，第75—85页；李景义、焦雪梅：《生育权的性质及法律规制》，《甘肃社会科学》2014年第3期。

定权、生育调节权、生育隐私权、生育健康权和生育保障权"中的全部或部分内容,①最高人民法院也曾阐述过类似的生育权内容。②其中,"生育方式选择权""生育决定权""生育调节权"③均属于对生育事项的自主选择,本书将其统称为以实现生育自主为目的的"生育选择"。"生育请求权"是指请求配偶配合生育的权利,但夫妻之间不具有配合对方生育的法律义务,该义务仅属于道德义务,因此"生育请求权"不具有明确的法律效力,本书对其民事权利外延的地位不予认同。"生育隐私权"系自然人生育事务方面的隐私,与生育自主无关,属于隐私权的范畴。"生育保障权"对应的是国家对公民生育提供相应假期、医疗保健、社会保险等社会保障的义务,不属于民事权利的范畴。因此,生育权的外延主要为生殖健康、生育知情、生育选择。

生殖健康是生育权的生理基础,有学者明确提出,"生育权的内容不单单是决定生育或不生育,还包括一个最为重要的生殖健康权,这是生育权得以顺利实现的前提和基础"。④一旦自然人生殖器官的完整性或良好运转受到影响,则可能阻碍生育行为的进行,进而损害自然人的生育自由。在司法实践中,因生殖器官受损而引发的生育权纠纷主要表现为,在交通事故、医疗事故中,夫妻一方因事故造成子宫切除⑤、双侧输精管断裂⑥等生育功能丧失的情形,司法机关一般认定被告承担侵害原告生育权或者健康权的损害赔偿责任。此外,在具体的诉

---

① 参见王旭霞《夫妻生育权的实现与救济》,《甘肃政法学院学报》2009 年第 2 期;马强:《论生育权——以侵害生育权的民法保护为中心》,《政治与法律》2013 第 6 期;刘永霞:《论我国法律对生育权的保障问题》,《宁夏大学学报》(人文社会科学版)2005 年第 4 期;姜玉梅:《生育权辨析》,《西南民族学院学报》(哲学社会科学版)2002 年第 12 期。

② 最高人民法院民事审判第一庭:《最高人民法院婚姻法司法解释(三)理解与适用》,人民法院出版社 2011 年版,第 149—150 页。

③ 即夫妻有权根据个人或夫妻的生理特点选择避孕节育的措施。参见王旭霞《夫妻生育权的实现与救济》,《甘肃政法学院学报》2009 年第 2 期。

④ 邢玉霞:《从民事权利的角度辨析生育权的性质》,《东岳论丛》2012 年第 3 期。

⑤ 参见孙某与靖江市人民医院医疗损害责任纠纷一审民事判决书,靖江市人民法院(2014)泰靖民初字第 2616 号;申请再审人鹤壁市淇滨区大赉店中心卫生院与被申请人鹤壁市第一人民医院、一审原告姜某、张某医疗过失损害赔偿纠纷再审民事判决书,鹤壁市中级人民法院(2010)鹤民再字第 10 号。

⑥ 参见陈某与西充县人民医院医疗损害责任纠纷一审民事判决书,西充县人民法院(2016)川 1325 民初 2613 号。

讼主体上，司法实践中存在着由直接受害人①、直接受害人的配偶②或两者共同③提起的生育权侵权损害赔偿诉讼，其中直接受害人的配偶生育权受到侵害并非基于该其自身的生殖健康，而是基于生育选择的机会丧失。

生育知情是指自然人对生育相关信息的了解和知晓，这是其对生育事项做出自主选择的前提，主要通过配偶、医疗保健机构对主体的告知义务加以保障。④ 在社会实践中，生育知情权适用的情形主要是在产前诊断中被告知胎儿的真实健康状况，以便为夫妻做出是否继续妊娠的决定提供客观参考。根据我国《母婴保健法》第三十八条，产前诊断是指对胎儿进行先天性缺陷和遗传性疾病的诊断。生育健康婴儿是父母的基本愿望，也是社会人口素质保障的内在要求，而根据产前诊断筛查胎儿健康状况以及时终止妊娠，能够较为有效地阻止残障婴儿的出生。根据前法第十八条，在产前诊断中，若胎儿患严重遗传性疾病、胎儿有严重缺陷或因患胎儿严重疾病，继续妊娠可能危及孕妇生命安全或者严重危害孕妇健康的，医师有义务向夫妻双方说明情况，并提出人工终止妊娠的专业医学意见。据此，生育知情权是我国立法实质确立的权利，在司法实践中也有法院直接将其描述为"健康生育选择权"⑤，"生育知情权和优生优育选择权"⑥，本书将其表达为生育权的内容之一。

生育选择是生育权的核心，直接体现生育自由的内涵。前述生殖健康、生育知情之目的都是为了保障民事主体最终对生育相关事项的自由选择；只有切实保护自然人的生育选择权，才能从根本上实现其

---

① 参见原告郭某与被告郑州高新技术产业开发区石佛卫生院医疗损害责任纠纷案，郑州高新技术产业开发区人民法院（2012）开民初字第2975号。

② 参见高某与大连甘井子机场前门诊部生命权、健康权、身体权纠纷二审民事判决书，大连市中级人民法院（2014）大民一终字第1358号。

③ 参见申请再审人鹤壁市淇滨区大赉店中心卫生院与被申请人鹤壁市第一人民医院、一审原告姜某、张某医疗过失损害赔偿纠纷再审民事判决书，鹤壁市中级人民法院（2010）鹤民再字第10号。

④ 参见周平《生育与法律：生育权制度解读及冲突配置》，人民出版社2009年版，第102页。

⑤ 参见崔某、陈某与泰安市中心医院医疗损害赔偿纠纷申请再审民事裁定书，最高人民法院（2012）民再申字第219号。

⑥ 参见山西医科大学第一医院、张某医疗损害责任纠纷再审审查与审判监督民事裁定书，最高人民法院（2018）最高法民申4593号。

生育自由。① 生育选择的内容主要包括是否生育、生育间隔以及生育方式等。在司法实践中，影响生育自主选择的行为主要包括因事故造成孕妇流产、因产前诊断失误造成夫妻未能及时作出终止妊娠决定、因人工终止妊娠手术失败而导致婴儿意外出生、医生在患者体内误放置节育环等情形中的过失行为，以及丈夫单方废弃体外冷冻胚胎、配偶强迫对方实施自然或人工生育行为、丈夫或其他亲属阻止妻子堕胎等故意行为。

此外值得说明的是，为尽量保持私法上生育权内涵的自洽性，并避免它与身体权的交叉重叠，"选择以何种方式生育的权利"不宜作为生育权的内容。该权利主要表现为夫妻对于自然受孕或人工授精的受孕方式选择、孕妇对于自然分娩或剖宫产的分娩方式选择等，侵害该权利的典型情形为"榆林产妇案"②。尽管有学者将其作为生育权的内容，③ 但鉴于其不直接涉及对是否生育之结果的选择，即不符合生育权的内涵，因此本书倾向于认为对生育方式的自主选择不属于私法上生育权的外延；而实际上，夫妻对于人工授精之受孕方式的选择、孕妇对自然分娩或剖宫产之分娩方式的选择等应属于"患者自决权"④ 的范畴，在民事权利体系中更接近身体权。

第二节　私法中生育权概念形成的实质原因

生育权概念并非由法律创造，其产生与发展具有社会变迁、立法技术等方面的深刻原因。本节所探讨的"私法上生育权概念形成的实质原因"有两层意蕴：一是生育权的价值基础——生育自由何以被我国私法所追求，二是生育权的分析工具——人格权范式何以被我国私法所认可。一方面，若直接从实证法意义上的生育权入手研究其逻辑

---

① 参见姜玉梅《生育权辨析》，《西南民族学院学报》（哲学社会科学版）2002 年第 12 期。

② 参见李鹏《榆林产妇坠楼，暴露医院人文关怀缺失和监护缺位》，《中国科技报》2017 年 9 月 18 日第 4 版。

③ 杨立新主编：《最高人民法院婚姻法司法解释（三）理解与运用》，中国法制出版社 2011 年版，第 189—190 页。

④ 徐洁、张渝：《论他人代为医疗决定的法律构造——以切实保障成年患者自决权为宗旨》，《政法论丛》2019 年第 2 期。

结构与救济规则，难免被视为"权利泛化""权利思维滥用"而遭受诘难，因此首先应解决的是生育自由的正当性基础；另一方面，私法上生育自由的彰显离不开成熟的法律分析工具，因此有必要探讨人格权概念的独立对生育自由之权利化的影响。当然，本节所探讨的"生育权概念形成"也仅仅是指其在人格权理论层面的形成，并非先验地做出生育权应被立法有名化的论断；但也只有在本节的基础上，方有条件进一步厘清法教义学上生育权的概念与规则，进而探讨生育权在立法层面的定位。

一 价值基础：生育自由及其人权化

（一）生育自由的自然法渊源

享有自由的权利是由于我们生存这一事实而存在的，它和我们一起出生、一起生存和一起死亡。[①] 在自由权于欧洲17世纪启蒙运动中作为自然权利而被大声疾呼之前，古希腊斯多葛学派的自然法思想中已经出现自由观念的萌芽。[②] 而在探寻生育自由的自然法渊源时，必须解答的问题在于，自然法秩序中的自由是否包括生育自由？不过，正如有学者在研究学术自由权时谈到的，"把学术自由权生长的历史追溯到古希腊，并不意味着那时候已经有明确的学术自由概念或对学术自由问题表现出极大关注"。[③] 与之类似，生育自由虽属于自由的范畴，但生育自由的实现所需要的技术手段在古代尚不成熟，戕害生育自由的情形也并不多见，生育自由并不一定是人们所关注的重点。但即便如此，孟德斯鸠在论述"罗马人繁殖人口的法律"时明确指出，"按照古代的法律，每个人结婚和生育子女的自然权利是不得剥夺的。"[④] 这反映出古罗马时期生育自由保护的理念和实践已经雏形初现。

[①] 参见［法］蒲鲁东《什么是所有权》，孙署冰译，商务印书馆1963年版，第82页。

[②] 要求自由的欲望乃是人类根深蒂固的一种欲望。尽管处于奴隶制时代，古希腊与古罗马的学者们已经详尽思考了有关自由是否是人格的一种必然属性的问题。亚里士多德对奴隶制的正当性态度矛盾，但斯多葛学派已较为明确地提出了自由与平等的理念，为消灭奴隶制做好了意识形态上的准备。参见［美］博登海默《法理学：法律哲学与法律方法》，中国政法大学出版社1998年版，第298—301页。

[③] 谢海定：《学术自由的法理阐释》，中国民主法制出版社2016年版，第59页。

[④] ［法］孟德斯鸠：《论法的精神》（下册），张雁深译，商务印书馆1997年版，第130页。

（二）生育自由的人权化推演

在入宪之前，人权以自然权利的形态存在。[①] 现代意义上的"人权"产生于欧洲启蒙运动时期，并自其产生时即被定位为"具有普适性意义的存在"[②] 或"最低限度的普遍道德权利"[③]。不过，人权真正成为一种世界性的话语，以及人权观念具体内容的系统阐述，是在第二次世界大战期间和战后才得以成形。[④] 1945 年《联合国宪章》、1948 年《世界人权宣言》以及源于它们的国际公约和惯例中充分表达了现代人权观念体系。人权的内容是随着经济发展和社会进步而变化的，[⑤] 其中生育权被作为人权范畴的时间稍晚。

在世界范围内，生育权概念最早在 19 世纪后期出现，但生育权被系统论证完成于第二次世界大战后的第二次女权主义运动浪潮中。[⑥] 妇女平等参与国家经济和社会生活的能力将因其控制生育的能力而得到促进，[⑦] 因此生育权成为现代女性维护自身尊严和价值的斗争中不可分割的一部分，[⑧] 被称为"第四代基本权利"[⑨]。其中，生育自由的人权化很大程度上源于生育自由与生育义务之间的张力，生育权正是为抵御主体被过分苛加生育或不生育方面的义务而生。正如美国对生育自由的限制可追溯至其建国之初；20 世纪伊始，早期女性主义者即开始为生育权奔走；直至 20 世纪 60 年代生育权才成为议题，并初具规模。[⑩]

[①] 张善斌：《民法人格权和宪法人格权的独立与互动》，《法学评论》2016 年第 6 期。

[②] 孟庆涛：《重读〈世界人权宣言〉》，《现代法学》2018 年第 5 期。

[③] ［英］米尔恩·A. J. M.：《人的权利与人的多样性——人权哲学》，夏勇、张志铭译，中国大百科全书出版社 1995 年版，第 153 页。

[④] ［美］亨金：《权利的时代》，信春鹰等译，知识出版社 1997 年版，第 2 页。

[⑤] 张文显：《二十世纪西方法哲学思潮研究》，法律出版社 1996 年版，第 510 页。

[⑥] 李冬：《生育权研究》，博士学位论文，吉林大学，2007 年，第 39 页。

[⑦] Alisha Patton, "Harris and Whole Woman's Health Collide: No Funding Provisions Unduly Burden Reproductive Freedom", *Hastings Law Journal*, Vol. 70, No. 1, 2018, p. 298.

[⑧] Rebecca J. Cook, "Human Rights and Reproductive Self-Determination", *American University Law Review*, Vol. 44, No. 4, 1995, p. 976.

[⑨] Vera Lucia Raposo, "Wrongful Birth and Wrongful Life Actions (the Experience in Portugal as a Continental Civil Law Country)", *Italian Law Journal*, Vol. 3, No. 2, 2017, p. 430.

[⑩] ［美］丽莎·C. 池本：《美国的生育权和女性主义法学理论》，张凌寒译，载［美］辛西娅·格兰特·鲍曼、于兴中主编：《女性主义法学：美国和亚洲跨太平洋对话》，中国民主法制出版社 2018 年版，第 210 页。

1968 年，联合国德黑兰国际人权大会首次明确生育权的人权地位。① 在国际公约层面，1980 年通过的《消除对妇女一切形式歧视公约》是历史上首个承认生育权的国际公约，明确提出妇女与丈夫对于生育问题均享有自主选择的权利，我国为该公约最早的缔约国之一。在国际规范性文件层面，1974 年《世界人口行动计划》②、1984 年《关于人口和发展的墨西哥城宣言》③ 以及 1994 年《国际人口与发展会议行动纲领》④ 等国际性文件通过国际惯例的方式宣示了生育权的保护。在生育权的人权化过程中，生育权的主体也从最初的妇女扩大到全体公民。⑤ 此外，1966 年通过的《经济、社会及文化权利国际公约》虽未明确确立生育权，但在联合国经济、社会及文化权利委员会 2016 年针对该公约第十二条发布的官方文件《关于性健康和生殖健康权利（〈经济、社会及文化权利国际公约〉第十二条）的第 22 号一般性意见》中，对于生育权相关内容做出了较为详细的阐述。其中，该文件中的"生殖健康权"并非仅仅指狭义的健康权，而是指"生殖的能力以及做出知情、自由和负责任决定的自由权；还包括获得各种生殖健康信息、物资、设施和服务的机会，使个人能够对自己的生殖行为做出知情、自由和负责任的决定"。该文件还指出，"生殖健康权与其他人权不可分割，相互依存，它与支撑个人的身心完整及其自主性的公民权利和政治

---

① 该会议通过的《国际人权会议最终决议书》第十八条"计划生育方面的人权"规定：夫妻享有自由地和负责地决定他们的子女的数量和间隔、获得这方面的足够教育和信息的基本权利。

② 1974 年《世界人口行动计划》第十四条 F 款规定：所有夫妻和个人都有自由地和负责地决定他们的子女数量和间隔并获得这样做所需的信息、教育和途径的基本权利；夫妻和个人在行使该权利时有责任考虑他们现有子女和将来子女的需要、他们对社会所负的责任。1984 年《进一步执行〈世界人口行动计划〉的建议》第三十条在保留上述内容的基础上，在其前面增加"政府保障"相关内容。

③ 1984 年《关于人口和发展的墨西哥城宣言》第十三条规定：现在，必须做出巨大努力，确保所有夫妇和个人都能行使他们的基本人权，自由地、负责地和不受任何强制地决定其生子女数和间隔期，并为此而能获得这方面的信息、教育和方法。但在行使这一权利时，应该考虑到他们现有的和未来的子女的最高利益以及对社区的责任。

④ 1994 年《国际人口与发展会议行动纲领》中的原则 8 规定：所有夫妇和个人都享有负责地自由决定其子女人数和生育间隔以及为达此目的而获得信息、教育与方法的基本权利。

⑤ 在国际上，因为最先主张生育权的是妇女运动组织，故人们在最开始考虑的是"妇女"作为生育权的主体，1968 年确定的生育权主体是"父母"，1974 年起生育权的主体被表达为"所有的夫妻和个人"。参见邢玉霞《从民事权利的角度辨析生育权的性质》，《东岳论丛》2012 年第 3 期。

权利密切相关";并为缔约国设置了"尊重、保护和实现所有人生殖健康权"的具体义务,包括"必须采取积极措施,在妨碍不同年龄和性别的人、妇女、女童和青少年自主行使他们的性健康和生殖健康权的规范或信仰方面消除社会障碍"。对该文件的相关研究也表明,其中的性健康与生殖健康权在国际人权法领域受到了越来越多的重视。① 我国是《经济、社会及文化权利国际公约》的缔约国之一,因此也应受前述委员会对该公约条文具体解释意见的约束。

二 制度保障:生育行为的公共调控相对宽松

在原始社会早期,生育行为的公共调控尚未形成。这一时期,认知的局限使人们将婴儿视为神灵的恩赐,生育的发生和意义尚未被理解,人们"不了解性与生殖的关系"②,因而生育行为处于无序状态,这一时期的人们处于"自然生育阶段"③。随后,由于原始社会中氏族和部落的形成,人们逐渐意识到生育对于群体内部物质创造、势力强盛的价值。在生产劳动几乎全靠人力的条件下,生产资料的匮乏、持续不断的部落战争以及自然灾害,使得生育更多体魄强健的成员成为部落生存与发展的必要条件。在原始社会中的国家尚未形成,生育行为未受公共调控。

进入传统社会后,包括在奴隶制和封建制的社会形态中,生育行为的公共调控雏形初现。在以手工劳作为主的小私有制经济条件下,劳动力的多少仍然决定着家庭与地区的经济发展水平,鼓励生育的观念、习俗、伦理以及法律逐步发展形成,生育数量与质量也成为各地法律文化萌芽过程中最先进入立法者视野的问题之一,国家通过设置结婚年龄、离婚条件等规定倡导生育。在古希腊,雅典城邦中不结婚的人须交纳罚金作为惩罚④,立法还规定司令官和骑兵司令要在有10

---

① Lucia Berro Pizzarossa, "Legal Barriers to Access Abortion Services through a Human Rights Lens: The Uruguayan Experience", *Reproductive Health Matters*, Vol. 26, No. 52, 2018, p. 151.
② 李银河:《性的问题》,中国青年出版社1999年版,第10页。
③ 姜玉梅:《中国生育权制度研究》,西南财经大学出版社2006年版,第19页。
④ [古希腊]柏拉图:《法律篇》,张智仁、何勤华译,上海人民出版社2001年版,第188页。

岁以上婚生合法儿子的人中选出①；斯巴达的立法中也将多子作为免除徭役的条件②。前述制度基本全部被罗马人鼓励生育的立法吸收③，在罗马帝政初期的公元前18年，奥古斯都为繁衍人口，在其颁布的《优利亚法》中规定，男子在60岁以上，女子在50岁以上不得结婚，因他们已无生育能力。④ 此外他还立法要求寡妇、离婚者在一定时间内再婚，并限制未婚及未育之人的继承权，而育有三个以上小孩的夫妇则由政府给予奖励。⑤ 在中国古代，春秋战国时期思想家们便提出"国家之富，人民之众，刑政之治"⑥以及"广土众民，君子欲之"⑦的主张。这一时期各诸侯国之间的战争频繁，劳动力急剧消耗，为充实人口增强国力，各国在具体国家政策上也体现出明显的鼓励婚育倾向，其方式也主要是降低结婚年龄以及对生育的物质奖励。根据记载，越王勾践为国家振兴颁布政策规定"女子十七不嫁，其父母有罪；丈夫二十不娶，其父母有罪""生三人，公与之母；生二人，公与之饩"⑧。在其后的历史中，多个朝代都明确规定了较低的结婚年龄，达到规定年龄而不结婚者通常要承担不利法律后果，晋朝时甚至规定"女年十七父母不嫁者，使长吏配之"⑨；同时对于结婚、生育也通过减免徭役、发放粮食等手段予以鼓励。⑩ 总体来看，进入传统社会后，基于物质生产、战争消耗对新增人口的需求，生育行为进入公共调控的范围，被许多国家所鼓励和倡导，但这种"生育义务观"并不是绝对的，"并未完全消灭人们控制生育的要求"⑪，这一阶段的生育自由处于未被觉察和争取的状态。

在近现代社会，生产力的发展并未从根本上改变生育行为的公共面

---

① [古希腊]亚里士多德：《雅典政制》，日知力野译，商务印书馆1999年版，第7页。
② [古希腊]亚里士多德：《政治学》，吴寿彭译，商务印书馆1965年版，第87页。
③ 徐国栋：《论作为变色龙的生育的法律性质》，《河南财经政法大学学报》2012年第1期。
④ 该项限制后来被取消。参见周枏《罗马法原论》，商务印书馆2014年版，第197页。
⑤ 参见张一兵《生育文化》，北方文艺出版社1991年版，第45—46页。
⑥ 《墨子·尚贤上》。
⑦ 《孟子·尽心上》。
⑧ 《国语》卷二十，"越语·上"。
⑨ 《晋书》卷三，"武帝纪"。
⑩ 其中有记载明帝诏书："民产子者，蠲其父母调役一年，又赐米十斛。新婚者，蠲夫役一年。"参见《南齐书》卷六，"明帝纪"。
⑪ 姜玉梅：《中国生育权制度研究》，西南财经大学出版社2006年版，第6页。

向，各国政府均对生育行为进行了宏观调控。受社会生产力、宗教等因素影响，各国以鼓励生育为主，其措施主要有给予多子女家庭以经济津贴，以及税收、住房、假期等方面的优惠待遇，甚至是通过限制堕胎行为等方式实现人口增长目的。① 当然，其中对于堕胎行为的管制主要是出于宗教、政治等原因，而这一管制往往成为西方国家生育自由保护领域的最大争议。但随着女性人权保护程度的提高，以美国 1973 年 Roe v. Wade 案②判决后对女性堕胎自由的承认为典型，各国在堕胎问题上的公共政策逐渐放松。尽管美国阿拉巴马等州③以及其他西方国家对堕胎行为仍然存在一定的公法限制，但从总体趋势上看，对堕胎行为严格禁止已随着人权保护而逐渐破冰。

我国的生育政策较为典型，在建国后总体经历了"鼓励生育——限制生育——放宽限制"三个阶段，目前呈现出日渐宽松的态势。在新中国建立初期，人口过度增长带来的负面影响尚未被充分认知，对生产力的需求推动了相关鼓励生育措施的实施。④ 但到 1954 年底，全国第一次人口普查数据显示，1953 年我国总人口超过 6 亿，人口增长过快的事实由此进入人们的视野。在随后的近三十年中，我国人口数量一直处于增长态势，自然资源与人口数量之间的矛盾也随之凸显。为改善这一局面，1982 年出台计划生育政策，并在当年作为基本国策写入宪法。由于人口基础原因，计划生育政策实施的三十多年中，我国人口总数仍在不断增长，但人口自然增长率与妇女总和生育率呈下降趋势；根据 2010 年国家统计局人口普查，中国的总和生育率降至为 1.18，⑤ 我国由

---

① 在第二次世界大战的特殊时期，参战国家为补充兵力来源，其鼓励生育的政策尤为典型：日本曾在 20 世纪 40 年代初制订《确立人口政策纲要》，明确要求一对夫妇平均生育 5 个子女；虽然堕胎在苏联于 1920 年被合法化，但政府在 20 世纪 30 年代中期对其做出改变，以补偿预期会爆发第二次世界大战的人口损失；第二次世界大战对人口的毁灭性影响促使许多东欧国家宣布堕胎为非法，希望增加人口以重建劳动力和军队。See Berta E. Hernandez, "To Bear or Not to Bear: Reproductive Freedom as an International Human Right", *Brooklyn Journal of International Law*, Vol. 17, No. 2, 1991, p. 324.

② *Roe v. Wade*, 410 U.S. 113 (1973).

③ 参见周少青《妇女解放的程度是衡量普遍解放的天然尺度——由美国阿拉巴马州通过的禁止堕胎法令引发的思考》，《中国民族报》2019 年 6 月 4 日第 7 版。

④ 在 1954 年以前，体制内甚至实行"限制节育与人工流产"政策，避孕药具也曾被禁止进口。参见李尚勇《人口困局》，中国经济出版社 2014 年版，第 1 页。

⑤ 定军、张文卓：《低生育率关口 人口战略前瞻性研究迫在眉睫》，《21 世纪经济报道》2018 年 2 月 5 日第 4 版。

此进入全球"低生育水平国家行列"。① 近年来，鉴于人口老龄化带来的经济、社会等各方面压力，我国的生育政策已逐步放宽至"三孩政策"。但目前我国妇女总和生育率多年一直徘徊在1.5至1.6之间，计划生育政策改革后的2017年也仅达到1.7，低于国际上认定的实现和维持代际更替的2.1标准。② 为扭转人口增长率和生育率的低迷状况，避免陷入"低生育率陷阱"③，我国也探索颁行了一系列政策、法规，④在适当限度内鼓励生育，放松对家庭子女数量的限制。在这一背景下，生育自由价值得到进一步彰显，与之匹配，私法的相关导向也逐渐从限制生育转为自主生育，而落实这一导向的重要举措即是确立生育权的概念。⑤

三 分析工具：实证法上人格权制度的独立与发展

生育自由不仅可能受到公权力的过分限制，而且有受到私主体的侵害之虞。在历史上，私法对自由的保护并不当然由人格权制度予以落实，该模式兴起于人格权概念得以确立之后的时期和特定法域。在追溯私法上生育权的缘起时，有必要探讨人格权这一法律技术工具的正当性，以及该工具对于私法上生育权理论建构的重要意义。

尽管人格权独立成编在我国民法典编纂中已然成形，但以往绕着人格权性质、权利客体及其内涵与外延等的基本理论争议受到广泛关注。从历史上看，人格权概念并非古老的法律概念，受"物文主义的民法观"⑥ 的历史性影响，以及人格观念、社会现实以及立法技术等⑦因素

---

① 参见李尚勇《人口困局》，中国经济出版社2014年版，第4页。
② 张东阳：《"出生人口减少200万"背后是低生育率挑战》，《中国商报》2019年1月25日第P02版。
③ 低生育率陷阱，由人口学家卢茨等人提出，是指生育率一旦下降到一定水平（总和生育率为1.5，即每个妇女生育1.5个孩子）以下，由于价值观的转变、生存压力增加等多方面因素共同作用，生育率会继续不断下降，很难甚至不可能逆转，这一现象被称为"低生育率陷阱"。
④ 由国务院发布的2019年1月正式实施的《个人所得税专项附加扣除暂行办法》将子女教育纳入专项附加扣除范围，子女数量越多抵扣额度越多，相当于为多子女者免除更多税费；2019年5月国务院发布《关于促进3岁以下婴幼儿照护服务发展的指导意见》，旨在通过全面落实产假政策等举措一定程度上解决生育为父母带来的后顾之忧。
⑤ 参见薛宁兰《社会转型中的婚姻家庭法制新面向》，《东方法学》2020年第2期。
⑥ 徐国栋：《人格权制度历史沿革考》，《法制与社会发展》2008年第1期。
⑦ 姜战军：《论人格权的基础》，《华中科技大学学报》（社会科学版）2013年第6期。

阻滞，其确立相较于物权、债权等要晚得多。一般认为，比较法理论上的人格权概念产生于19世纪；[1] 在立法上，除姓名权出现较早外，独立的人格权制度首次确立于1960年的《埃塞俄比亚民法典》。[2] 人格权系人格的派生物，[3] 人格权制度的产生实质上源于人格权与人格概念的分离。在我国，近代民法将对主体的人格保护笼统地冠以"人格权"的概念，[4] 在相应的证成和过渡上有所欠缺。其实在大陆法系，人格权概念的成立都存在两大争议：第一，人格权概念的确立是否导致其"效力位阶的降级"，该争议源自对人格权性质之"自然权利说"与"法律权利说"的对立——前者认为人格权是"由道德而非法律来支持的权利"，其"先于法律存在"而具有"脱法性"，后者将人格权作为实证化的主观权利而与财产权并列。[5] 第二，人格权概念的成立是否"使人沦为客体"，[6] 该争议源自对民法上人与人格关系的理解分歧，一种观点将人视为包含人格的存在，[7] 从而认为生命、身体、健康和自由并非

---

[1] 学界对于人格权概念提出者的考证结论有所不同，有学者认为，确切的人格权概念由法国学者本陶德（Bentauld）在《拿破仑法典的原则和实践》中提出，参见何勤华等《法律名词的起源（下）》，北京大学出版社2009年版，第577页；日本学者星野英一教授认为，萨维尼的弟子普赫塔（Puchta）首先提出人格权的概念，参见［日］星野英一《私法中的人》，王闯译，中国法制出版社2004年版，第53页。

[2] 虽然学界几乎一致认为人格权制度首次在1912年施行的《瑞士民法典》中确立，但这是"一个误读"，实际上其"人格法"部分主要是对人格的规定，仅有二十九条、三十条对姓名权的规定才是真正的人格权条款，而姓名权的独立不能被视为人格权的独立，因其较为特殊，早在1812年的《奥地利普通民法典》第四十三条中就得以确立，因此是《瑞士民法典》创建了"人格与人格权混杂的体系"，瑞士真正的人格权制度建立是在1983年修法中对二十八条增加11个附条后而产生。而《埃塞俄比亚民法典》明确区分人格与人格权，并专设"人格权"一节，列举了具体的人格权。参见徐国栋《人格权制度历史沿革考》，《法制与社会发展》2008年第1期；马俊驹、刘卉：《论法律人格内涵的变迁和人格权的发展——从民法中的人出发》，《法学评论》2002年第1期；沈建峰：《具体人格权立法模式及其选择——以德国、瑞士、奥地利、列支登士敦为考察重点》，《比较法研究》2011年第5期；李景义、项定宜、李浩：《人格权体系研究》，人民出版社2016年版，第80页；《埃塞俄比亚民法典》，薛军译，厦门大学出版社2013年版，第3页。

[3] 尹田：《人格权独立成编的再批评》，《比较法研究》2015年第6期。

[4] 参见马俊驹《论作为私法上权利的人格权》，《法学》2005年第12期。

[5] 参见郑永宽《论人格权的自然权利属性》，《求是学刊》2008年第5期；姚辉：《关于人格权性质的再思考》，《暨南学报》（哲学社会科学版）2012年第3期。

[6] 张善斌：《民法人格权和宪法人格权的独立与互动》，《法学评论》2016年第6期。

[7] 参见马俊驹、张翔《人格权的理论基础及其立法体例》，《法学研究》2004年第6期。

"人身外之事物"①；而另有观点依黑格尔将民法上人定义为"意志"②，而人格要素乃人之伦理价值，人格要素外在于人。③

对于前述争议，我国立足本国国情，采取了实用主义立场，确立了人格权概念并将其体系化、制度化。其本土正当性在于：第一，由于我国未经自然法思想的直接洗礼，权利传统与权利文化底蕴较之西方先天薄弱，因此我们对人格权并未寄予超凡脱俗的厚望，那么人格权的实证化对其自身神圣性的贬损以及将主体客体化的风险也无从谈起。恰恰相反，人格权在实证法上的确立及其类型化、显性化带来的普及程度的提高，实际上承担着启蒙与培育我国国民权利意识之重任，而并无贬抑自然人人格保护之虞。第二，从发展趋势来看，历史上的"人格"概念确实已无法涵摄肖像、隐私、个人信息等人格要素，而社会的发展也将使得越来越多的精神保护诉求溢出传统"人格"概念的基本范畴，因此也更为需要人格权作为法律工具满足主体权利行使的需求。质言之，人的伦理价值扩大化很大程度上导致其权利化，即使是在推崇自然法的法国，其司法实践中也逐渐发展出了不同类型的人格权；而我国直接在立法中规定人格权的做法，在目前情形下对指导司法实践而言也是利大于弊的。第三，我国在确立具体人格权时，也已较为完善地划定了各项权利的边界，并非常审慎地将部分人格利益在立法层面上升为法定权利，同时也通过人格权请求权制度明确地体现自身独立价值，从而与侵权责任制度区分开来。

在我国目前的法定人格权序列中，不同人格权的"伦理价值浓度"④及其"内在于人的程度"是有所差异的，诸如德国民法典中列举生命、健康、身体、自由这四类人格要素便处于更为根本的地位，人格权的法律技术有助于这四类人格要素更为完善地实现。其中，生育自由属于自由的范畴，在人格权的制度范畴下，生育自由也脱离人之本体，

---

① 李永军：《民法典编纂背景下姓名权与其他"人格权"的区分——兼及我国民法典人格权编的立法建议》，《浙江工商大学学报》2019年第2期。
② [德]黑格尔：《法哲学原理》，范扬、张企泰译，商务印书馆1961年版，第46页。
③ 马俊驹：《从人格利益到人格要素——人格权法律关系客体之界定》，《河北法学》2006年第10期。
④ 刘召成：《民事权利的双重属性：人格权权利地位的法理证成》，《政治与法律》2016年第3期。

而成为人格权的客体，以私法上生育权之名得以定位和保护。若无人格权制度，私法上的生育权概念则无异于无根之木。从这一角度看，人格权概念的独立（不一定是立法层面的人格权独立成编），是私法上生育权概念产生的必要法律条件。

四　科技推动：生育自由实现方式多样化与侵害行为典型化

科技实践是权利生成的基础，而权利生成是科技实践经验的总结。① 其中，生育权与科技发展的关系尤为直接，有学者在研究生育权制度时甚至提出，当梳理科技演进对人格权各项制度冲击之时，从无一权利如生育权这般，由近代科技直接催生，并接受了现代科技的全面洗礼。② 这主要是因为，个体对生育的控制系实现生育自由的基本方式，而技术进步则能直接提高人类控制生育的能力；与此同时，技术介入生育过程中的不当操作也是对生育自由的戕害。质言之，随着避孕、堕胎、助孕以及基因科技等技术手段的发达，人类对自身生育的控制能力日渐提高，可实现的生育范围扩大，其对生育自由的诉求也随之增加；然而技术的复杂性使得技术实施过程中，他人对生育的有所介入，这也使得平等主体之间对生育自由的侵害情形越来越多。

一方面，在人类社会早期，生育仅仅受生理规律的支配，人类只能被动地接受自然的安排。而生殖技术的进步将人们从大自然的变幻莫测中解救出来，使生育行为从偶然的安排变为主动的选择，随之而来的便是人们新的、看似合理的预期——信任医疗专家会运用他们的知识和技能，避免意外生育打乱她的计划。③ 其中，避孕、堕胎技术使得人类得以摆脱"从性爱到生殖之间的生物机能的连环"④，从而更为人道地达到不生育的目的。在历史上，避孕手段历史悠久，据说罗马帝国的贵族

---

① 参见征汉年《拓展与泛化：现代权利的科技影响因子》，《甘肃理论学刊》2016年第2期。

② 参见周平《生育与法律：生育权制度解读及冲突配置》，人民出版社2009年版，第315页。

③ Dov Fox, " Reproductive Negligence ", *Columbia Law Review*, Vol. 117, No. 1, 2017, p. 160.

④ 费孝通：《生育制度》，群言出版社2016年版，第13页。

使用羊肠膜做为工具来避孕。① 欧洲在工业革命前，人口数量控制主要靠控制结婚，限制性生活，强迫堕胎，溺杀女婴，以及妇女生了小孩以后必须与丈夫分居一至两年等办法来实现。② 后来科技的发展使得避孕药具、避孕手术普及开来，避孕更为方便，手术堕胎的方式也更加安全可靠，人类选择不生育的科技自由得以充分实现。此外，在助孕技术方面，从古代的药物助孕到现在的人类辅助生殖技术，人类逐渐解决因生理原因无法生育子女的问题，使得不孕不育患者也能够实现在技术层面实现生育自由。更进一步的基因科技不仅使人类得以自主选择是否生育，还能够实现更高水平的"优生优育"，即通过产前基因诊断筛查胎儿疾病，以保障生下健康婴儿；或者通过极具伦理争议的"基因修饰"或"基因编辑"，以生下个性特征更为"优质"的婴儿。这种遗传基因的选择和塑造中也充分体现出人类的生育自由。③ 从整个发展过程看，科学进步的不断发展突破了曾经被认为是"生命自然循环（the Natural Cycle of Life）"规律的限制，④ 使得人类对生育行为的控制精度和范围显著增加，为生育自由的实现提供了较为完备的条件，人类生育越来越成为可以自我控制的事件。

但另一方面，在自然生育被人类大幅度干预的过程中，技术的实施难免出现失误或过当。数十年来，世界范围内因堕胎或绝育手术、产前诊断等生育干预技术失败引发的错误妊娠、错误出生、错误生命等典型诉讼屡见报端。此外，目前人类辅助生殖技术的普及率和失败率仍较高，以美国为例，根据美国疾病控制与预防中心公布的数据，2016年美国有1.8%的新生儿是通过体外授精技术受孕出生；⑤ 而在该技术的实施中，对美国生育医院的统计显示，在胚胎诊断、标记、处理和植入

---

① 周平：《生育与法律：生育权制度解读及冲突配置》，人民出版社2009年版，第19页。

② 杨子慧：《计划生育在中国》，辽宁人民出版社1987年版，第3页。

③ John A. Robertson, "Assisted Reproduction, Choosing Genes, and the Scope of Reproductive Freedom", *George Washington Law Review*, Vol. 76, No. 6, 2008, p. 1491.

④ V. A. Kushnir and Darmon S. K. et al., "Effectiveness of in Vitro Fertilization with Preimplantation Genetic Screening: A Reanalysis of United States Assisted Reproductive Technology Data 2011 – 2012", *Fertility and Sterility*, Vol. 106, No. 1, 2016, p. 75.

⑤ Centers for Disease Control and Prevention, "State-Specific Assisted Reproductive Technology Surveillance", https://www.cdc.gov/art/state-specific-surveillance/index.html，最后访问日期：2020年1月6日。

等过程中出现了20%左右的失败率,[1] 其中除技术本身局限外,也有因医务人员错植精子或胚胎、不当操作致使胚胎毁损等过失行为引发的失败。另外,基因筛选、基因编辑等技术在推动实现生育自主的同时,也难免冒犯人性尊严与人格平等,有学者认为此类技术使科学家扮演起上帝的角色,不啻于将人当作了客体,民法因其面临着颠覆性的挑战[2]。客观地看,基因编辑技术已走得太远而超出了生育自由应该实现的程度。

综观之,生育技术的进步虽然为个人生育选择更大程度的实现提供了保障,但也不可避免地侵害人的生育自由而造成精神或物质损害。这种侵害的典型化在一定程度上催生了私法理论中生育权概念的产生。其实不仅仅是生育权,肖像权、隐私权等法定人格权在逐步显性化的过程中,工业科技、信息科技也扮演了极其重要的推动者角色。正如有学者所评价的,现代科技文明及其带来的整个时代背景的变迁,对传统的人格权制度而言是一种严正的挑战。[3] 对于生育权而言,科学技术进步促进了生育权这一概念走进人格权法的视野,并在其权利限制与救济问题上引发对传统理论的反思。

第三节 我国私法中生育权概念的立法表达

我国的生育权有基本权利与民事权利之分,后者是本书研究的主要对象。在我国私法上,生育权并非《民法典》总则编第五章直接列举的权利类型,立法层面对生育权确权最为接近的条款系《妇女权益保障法》第三十二条第1款所表述的"妇女依法享有生育子女的权利,也有不生育的自由",但其对权利主体的表述局限引发了理论与实务界的诸多质疑。此外,虽然2002年颁布的《人口与计划生育法》第十七条把生育权的主体从妇女扩大至所有公民,但其并非民事立法范畴,故而未能重塑平等主体之间生育权之内容。因此,我国私法领域虽已出现生育权这一概念,但其法律关系与法律地位有待进一步

---

[1] Dov Fox, "Reproductive Negligence", *Columbia Law Review*, Vol. 117, No. 1, 2017, p. 152.
[2] 参见苏永钦《民事财产法在新世纪面临的挑战》,《法令月刊》2001年第3期。
[3] 参见朱晓峰《人格立法之时代性与人格权的权利内质》,《河北法学》2012年第3期。

解释。

一 生育权的直接确权条款

我国《民法典》第一百二十八条①的转介性条款将其他法律对妇女等特殊群体民事权利的保护纳入了广义民法典的范畴。该条款属于"民事权利"一章，位于对人格权、身份权、物权、债权、知识产权、继承权、股权和其他投资性权利、其他民事权利和利益，以及数据与网络虚拟财产保护的列举之后，在极大节省民法典立法条文的同时又使得民事权利的外延变得较为丰富。

在民法典之外，我国对生育权的直接确权条文仅有《妇女权益保障法》第三十二条与《人口与计划生育法》第十七条。然而，这两个条文并非都属于《民法典》第一百二十八条的转介对象，其中的"生育权"也不完全等同于民事权利意义上的生育权。其中，《妇女权益保障法》在北大法宝的法规类别中被界定为"老少妇幼残保护"的法律，恰好属于《民法典》第一百二十八条衔接的对象。但该法仅仅赋予了女性生育权，而生育权实际上是男性和女性都享有的权利和自由，因此该法确立的生育权并非完整的生育权。《人口与计划生育法》在北大法宝中的法规类别为"人口计划管理"，其中第十七条处于"生育调节"一章，其规定的"公民有生育的权利，也有依法实行计划生育的义务"系管理性规定，属于行政法的范畴。② 生育权的宣示在此处具有防御公权力的功能，但并非对生育权之民事权利地位的确认。总体来看，我国私法中的生育权概念表达有待完善。

二 生育权的间接保护条款

除了对生育权进行直接承认之外，我国私法中也有对生育权的间接保护规范。在生育权的保护问题上，我国私法上主要有人格权请求权、损害赔偿请求权两种路径。下文将根据我国现有法律规范，梳理生育权保护领域的请求权体系及其规范基础。

---

① 该条规定：法律对未成年人、老年人、残疾人、妇女、消费者等的民事权利保护有特别规定的，依照其规定。

② 张学军：《生育自决权研究》，《江海学刊》2011年第5期。

第一，人格权请求权基础。在民法典人格权独立成编的背景之下，民法典人格权编第九百九十五条明确规定了"停止侵害、排除妨碍、消除危险、消除影响、恢复名誉、赔礼道歉"的人格权救济方式，并与侵权责任编中的损害赔偿请求权分别规定在不同编中，使得人格权请求权实质确立。[①] 前已述及，根据人格权一般条款，生育权属于"其他人格权益"范畴，因此生育权具有请求效力，在生育权正在受到侵害或有受侵害之虞时，权利人有权请求行为人停止侵害、排除妨碍、消除危险。此外值得说明的是，"身份权"概念一直以来仅仅是学理上的概念，在我国法律表述中从未明文出现。《民法典》人格权编"一般规定"最后一条，即第一千零一条之一不仅开创性地设立了"身份权利"概念，同时明确规定"自然人因婚姻、家庭关系等产生的身份权利的保护，参照适用本编人格权保护的有关规定"，相当于确立了身份权请求权。尽管生育权表面上具有一定的身份色彩，但它能否作为受法律保护的、具有身份权请求权能的民事权益，仍是一个有待研究的问题，[②] 本书第二章第三节将对此做详细探讨。

第二，损害赔偿请求权基础。生育权从本质上说是绝对权，主要由侵权责任法进行救济，其救济方式为损害赔偿责任。无论在我国原《侵权责任法》框架下，抑或是在《民法典》侵权责任编建立"小侵权法"，即损害赔偿法的背景下，生育权都应属于损害赔偿责任的救济范围之内。不过，基于生育权未被《民法典》有名化的现状，生育权的损害赔偿责任构成还需证明生育利益属于合法民事权益，该环节须借助比例原则在个案中进行衡量；在此基础之上，再对因果关系、损害后果等构成要件予以认定。

三 我国现有生育权私法规范的意义与不足

总体来看，我国现有私法已为生育权的确立和救济提供了一定的规范依据。在生育权的确立层面，《妇女权益保障法》第三十二条明确了

---

① 虽然该条规定的人格权请求权从文意上看只能基于人格权受侵害之事实而享有，但其中的"人格权"应被目的扩张解释为"人格权益"。

② 其矛盾在于，一方面，丈夫或妻子须通过对方配合才能实现自身生育或不生育的自由；另一方面，如若对方不予配合，夫妻一方是否有权请求对方予以配合，以及这种请求权不能实现时，能否依靠法律强制力进行执行等问题都具有较大理论争议。

生育权的内涵，并赋予妇女生育权；关于所有自然人意义上的生育权，结合对《民法典》第一百零九条、第一百一十条、第一百二十八条的体系解释，生育权符合人格权的本质，但因立法尚未完全承认其法定人格权的地位，故其目前属于民事权利体系中"非典型"[①] 人格权益。在生育权的救济层面，依据当下的侵权责任制度，生育权属于未列明的合法民事权益范畴，在其受到侵害或有受到侵害之虞时，可通过防御性和补救性侵权责任得到救济。

但同时，我国现有的生育权私法规范存在内容与路径上的不足之处。在内容方面，我国私法仅仅明确了女性可以成为生育权主体，而对于男性的生育权语焉不详，这在学界引起了对男性生育权、夫妻整体的生育权等问题的争议。在路径方面，尽管私法对非典型权益的保护秉持开放与包容的态度，这使得生育权的私法救济成为可能，而且在司法裁判中得以印证；但由于《民法典》未将其有名化，在人格权法定主义和权利利益区分保护的理论背景下，生育权在当下的私法保护缺乏确定性和可预期性，该模式未能为不特定义务人划定清晰的行为自由边界，且难以使生育权的受害人得到合理程度的救济。因此，生育权的私法规范有待进一步完善，其具体完善措施须以后文对生育权的理论澄清为前提。

第四节 我国宪法与私法生育权的概念辨析

生育自由之上承载个人利益与公共利益，与之对应，我国立法对生育问题的规范也是从公私法两个层面展开。其中，宪法既是公法，又是根本法，我国的生育权规范体系便是以宪法中公民计划生育义务、人权保护等相关条款为源头，分别形成了部门公法与部门私法中的《人口与计划生育法》《妇女权益保障法》相应生育权保护条款。在这三种语境下的生育权概念中，在理论上争议较大的，主要是"作为基本权利的生育权"与"作为人格权的生育权"之间的区别与联系，这是本部分探讨的中心问题。而这一探讨的前提是，人格权系民事权利，而非基本权

---

① 薛军：《人格权的两种基本理论模式与中国的人格权立法》，《法商研究》2004年第4期。

利。正是由于民事权利与基本权利在实证法上清晰的法律分工，才使得同名而不同质的、宪法与民法层面的生育权得以区分开来。在具体的区分上，该争议涉及宪法与民法的关系，宪法基本权利的私法效力，以及人格权概念本身的定位等诸多基础问题。

一 生育权系宪法中的未列明基本权利

在我国现行《宪法》文本中，"生育"在语义上属于被规制的对象：《宪法》第二十五条[①]将计划生育作为基本国策，第四十九条第2款[②]明确将计划生育作为夫妻的基本义务。不过，2004年宪法修正案为第三十三条增加了第3款[③]人权保障的规定，为我国公民基本权利保障留下空间。在这样的规范背景下，尽管国际社会奉行"基本权利的保障并不以宪法的明文列举为限"[④]之理念，但生育权这一人权能否民族化而成为我国基本权利类型，还有待进一步探讨。

尽管我国通过缔结国际公约确立了生育权属于人权内容之一，并在2004年宪法中增加了人权保护条款，但由于人权与基本权利的关系在学界仍有争议，生育权是否属于我国公民基本权利有待明确。虽然日本、我国台湾地区以及大陆地区有学者认为人权与基本权利只是不同使用习惯下的相同涵义的术语[⑤]，但也有观点认为两者在使用场域和内容上有所不同，即"基本权利是人权在一国的理性科学化、习俗化、实证化和制度化"[⑥]。本书不对人权与基本权利之关系的一般理论做深入探讨，唯因《宪法》文本中同时出现"基本权利"与"人权"表述，贸然将其视为等同有失审慎，且人权条款处于"公民的基本权利和义务"章节中一般条款的位置，故本书倾向认为人权与基本权利系抽象与具体的关系，前者的外延较后者更为宽广。而在公民基本权利的外延上，其不仅仅包括宪法载明的权利类型，还包括通过一般条款与权利例示而暗

---

① 该条规定：国家推行计划生育，使人口的增长同经济和社会发展计划相适应。
② 该款规定：夫妻双方有实行计划生育的义务。
③ 该款规定：国家尊重和保障人权。
④ 余军：《生育自由的保障与规制——美国与德国宪法对中国的启示》，《武汉大学学报》（哲学社会科学版）2016年第5期。
⑤ 参见张红《基本权利与私法》，博士学位论文，中国政法大学，2009年，第21页。
⑥ 张龑：《论人权与基本权利的关系——以德国法和一般法学理论为背景》，《法学家》2010年第6期。

含的未列明基本权利,学说上一般认为宪法未列明基本权利以"普遍性""固有性""永久性""不可侵性"为证成标准。①

对于生育权而言,其以保护公民基本的生育自由为核心,符合前述标准,应属于我国宪法保护的范畴,系未被列明的基本权利类型。因此,许多学者明确提出,生育权在我国已经成为基本权利类别之一,②也有学者建议通过修改宪法以使生育权明文入宪,从而获得更高层和更为全面的保护;③在实务界,有裁判文书在叙明理由部分做出论断,"生育权是宪法规定的公民基本权利之一,即公民均享有生育自主的利益,其权利内容包括生育决定权、生育选择权等"④;此外,即使是不认同生育权作为民事权利的学者,也在论证中指出"生育权是一项宪法基本权利"⑤。总体来看,生育权作为我国未列明的基本权利在学界已经形成基本共识。

二 宪法与私法中生育权的不同定位

(一) 宪法与民法中生育权的源流关系澄清

对于在基本权利与人格权之间,何者为源、何者为流的问题上,学界大体有两种观点。此处探讨的源流关系主要是从历史发展的角度研究两者产生的来源,并非从法律效力的角度探讨其涵摄范围与位阶。

有观点认为,人格权处于更基础的地位,它"先经由民法而获承认,后为对抗国家权力戕害,上升为宪法上之基本权利"⑥;"从历史发

---

① 参见张薇薇《宪法未列举权利比较研究》,法律出版社2011年版,第17—18页。
② 参见王锴《婚姻、家庭的宪法保障——以我国宪法第49条为中心》,《法学评论》2013年第2期;华东政法大学生育权和人权课题组:《关于生育权和人权的思考》,《法学杂志》2009年第8期;黄娟:《从新中国生育政策变迁看公民权利与公共权力博弈》,《人口与发展》2015年第1期;秦奥蕾:《生育权、"计划生育"的宪法规定与合宪性转型》,《政法论坛》2016年第5期。
③ 湛中乐、伏创宇:《生育权作为基本人权入宪之思考》,《南京人口管理干部学院学报》2011年第2期。
④ 参见温某、广州军区广州总医院附属一五七医院医疗损害责任纠纷二审民事判决书,广州市中级人民法院(2018)粤01民终10663号。
⑤ 朱晓喆、徐刚:《民法上生育权的表象与本质——对我国司法实务案例的解构研究》,《法学研究》2010年第5期。
⑥ 张红:《〈侵权责任法〉对人格权保护之述评》,《法商研究》2010年第6期。

展来看，私法的历史远较公法发达，私法权利也天然领先于宪法权利"①。这一立场或许可以从最初民事权利产生的历史早于正式宪法的事实中找到依据，但在那时，市民法实际上发挥着"现实宪法"的功能，②民事权利虽在形式上产生较早，但实质上却包含了近现代国家成文宪法才规定的基本权利之意蕴，因此所谓的人格权早于基本权利而产生也主要是形式上较早而已，而宪法出现较晚也主要归因于现代意义上的国家形成较晚。从我国立法史上看，基本权利在宪法上的宣示也早于人格权在民法上的确立。即使宪法与民法中出现了同名的权利，它们并非先后演变或者叠加的结果，③基本权利与人格权之间相互独立，不存在相互转化的关系。从根本的效力来源上看，基本权利与民事权利的正当性都是来自于自然法，④脱胎于自然权利及后来的人权观念，两者均是经由全体人民意志而获得确认的结果。

从宪法与民法学者在对生育权定义的共性中，两种生育权的同源性可见一斑，杨遂全教授提出"生育权在本质上是一种特定的主体基于血缘遗传的自然需求和亲子关系文化的需求而产生的基本人身权利"⑤。虽然从功能上看，民法承担着落实宪法的任务，但这并不意味着民事权利与宪法权利之间有着内在的转化关系。更确切地说，正是由于两者的功能不同，它们才愈显得泾渭分明，即使是如生育权、隐私权这样在宪法和民法理论中有着相同名称的权利，两者在内涵、定位、效力上也截然不同。

（二）宪法与民法中生育权的不同功能

基本权利与人格权的功能区分应基于宪法与民法之关系的考察，其中的关键问题在于基本权利与人格权究竟是处于同一位阶的权利，抑或是前者高于后者；相对应地，宪法究竟是公法，还是公私法的根本法。

将宪法定义为公法实际上是在用部门法意义上的公私法划分标准去

---

① 秦强：《宪法与民法关系论：物权立法中的宪法问题》，中国检察出版社2010年版，第108页。
② 张力：《民法典"现实宪法"功能的丧失与宪法实施法功能的展开》，《法制与社会发展》2019年第1期。
③ 参见张善斌《民法人格权和宪法人格权的独立与互动》，《法学评论》2016年第6期。
④ 黄忠：《人格权法独立成编的体系效应之辨识》，《现代法学》2013年第1期。
⑤ 杨遂全：《现行婚姻法的不足与民法典立法对策》，《法学研究》2003年第2期。

衡量宪法。更确切的定位应该是，宪法是根本法，是母法。在权利保障领域，尽管宪法的最初和主要目的是限制国家权力，但20世纪70年代以后，随着福利国家时代逐步到来，宪法保护机制相应适用于民法领域，以防止非国家行为对个人权利的侵害。[1] 宪法调整的是公民权利与国家权力之间的基本关系，其不仅包括权力与权利的关系，还包括权利与权利、权力与权力之间的基本关系。[2] 质言之，虽然宪法所调整的关系首先是国家或国家机关和公民之间的关系，但宪法作为国家根本大法必然涉及公民与公民之间的相互关系。因此，宪法是民法的上位法，民法应为"宪法实施法"[3]，民法典理应受到宪法必要的"效力涵摄"[4]。在具体功能上，民法落实的主要是宪法中关于公民基本权利的内容。

实际上，宪法中的基本权利具有"双重功能"，一是作为公民主观权利得以对抗政治国家，二是作为价值秩序辐射整个部门法体系。前者的功能类似于部门公法，在生育权保护上，《人口与计划生育法》也承担了这样的立法任务。后者是宪法作为根本大法的独有功能，宪法中基本权利不仅仅是对抗国家对公民权利的侵袭，还为人格权制度提供了发展与完善的动力，相应地，人格权则落实对基本权利的保障。[5] 质言之，宪法中的基本权利提供了"一种客观的价值秩序"，其适用于整个的规范体系，并成为社会共同体的价值基础。[6] 同时，由于这些价值的极端重要性，它们"必须脱离具体的法律关系独立存在而得以普遍适用"[7]。基于对宪法基本权利功能的认识，人格权中不包含如宪法基本权利的丰富意蕴，所谓人格权既是民事权利又是宪法权利的观点实在难以成立。因此，人格权与基本权利具有完全不同的功能，前者是后者在私法秩序层面的具体化。[8] 在生育权保护上，作为基本权利的生育权不

---

[1] 参见蔡定剑《中国宪法司法化路径探索》，《法学研究》2005年第5期。
[2] 王磊：《宪法的司法化》，中国政法大学出版社2000年版，第6—7页。
[3] 张力：《民法典"现实宪法"功能的丧失与宪法实施法功能的展开》，《法制与社会发展》2019年第1期。
[4] 刘志刚：《基本权利影响侵权民事责任的路径分析》，《东北师大学报》（哲学社会科学版）2018年第5期。
[5] 参见石佳友《人权与人格权的关系——从人格权的独立成编出发》，《法学评论》2017年第6期。
[6] 参见胡锦光、韩大元《中国宪法》，法律出版社2004年版，第192页。
[7] 姚辉：《关于人格权性质的再思考》，《暨南学报》（哲学社会科学版）2012年第3期。
[8] 参见张新宝《我国人格权立法：体系、边界和保护》，《法商研究》2012年第1期。

仅保障公民生育自由不受国家不当干涉，同时它还作为基本的价值准则指导着我国部门法立法与解释，我国《人口与计划生育法》《妇女权益保障法》中的生育权条款便是其落实宪法规定的成果。

三　宪法对生育权私法保护的间接效力

（一）基本权利的第三人效力理论澄清

在立法层面，宪法对民法的价值统摄效力是直接的、单向的。我国《民法典》第一条明确规定"根据宪法，制定本法"，昭示着民法典依赖宪法、贯彻宪法的理念，也说明宪法为民事权益保护提供了丰富的资源。而在司法层面，我国一直以来都杜绝"宪法私法化"①"宪法司法化"②的倾向。③ 其中，2016年最高人民法院出台的《人民法院民事裁判文书制作规范》第三（七）四条也明确了这一立场。④ 这主要是出于两方面的考量：一是宪法条款旨在保护私权免受公权力的不当侵扰，并非调整私人之间的法律关系；二是防止宪法条文适用中的"法官政治化"⑤ 影响已生效法律文本的安定性。

尽管如此，宪法对于民事权益的救济并非毫无作为，其主要体现在学界探讨的"基本权利的第三人效力"⑥ 问题上。宪法对于民事权利救济发挥作用的必要性在于，为保证民事立法自身的科学性和体系性，民法中未能明确列举与基本权利价值一一对应的具体人格权类型，但司法实践中却出现了对平等主体侵害"受教育机会利益"等权益的救济需求，而该权益恰好契合宪法通过基本权利"受教育权"等所明示的价

---

① 蔡定剑：《中国宪法实施的私法化之路》，《中国社会科学》2004年第2期。

② 强世功：《宪法司法化的悖论》，《中国社会科学》2003年第2期。

③ 尽管如此，我国司法机关在民事、行政、刑事裁判文书中引用宪法条文作为裁判依据的现象偶有发生，法院在援引时关注的是其内容而非效力。参见冯健鹏《我国司法判决中的宪法援引及其功能——基于已公开判决文书的实证研究》，《法学研究》2017年第3期。

④ 该条规定：裁判文书不得引用宪法和各级人民法院关于审判工作的指导性文件、会议纪要、各审判业务庭的答复意见以及人民法院与有关部门联合下发的文件作为裁判依据，但其体现的原则和精神可以在说理部分予以阐述。

⑤ [美]卡尔·威尔曼：《人权的道德维度》，肖君拥译，商务印书馆2018年版，第181页。

⑥ 我国学界早在21世纪初即开始关注该课题，彼时已有充分阐述。参见张翔《基本权利在私法上效力的展开——以当代中国为背景》，《中外法学》2003年第5期；张千帆：《论宪法效力的界定及其对私法的影响》，《比较法研究》2004年第2期；张巍：《德国基本权第三人效力问题》，《浙江社会科学》2007年第1期。

值。因此，对该类民事权益的救济虽然使用了私法的技术，却维护了宪法的价值。从结果上看，该机制通过民事诉讼来维护基本权利的秩序价值，系"基本权利的民事化"①，这一过程也可以描述为，通过基本权利来影响民事权益的救济，即"民事权利的基本化"②。而其正当性在于，其实广义的"宪法司法化"不仅包括"适用宪法"，即直接将宪法条文作为请求权基础，还包括"引用宪法"，即借助宪法进行说理论证。③ 鉴于我国司法裁判中无法直接适用宪法条文的现实，理论与实践中关注的重点主要是"引用宪法"。也正因如此，在"基本权利第三人效力的直接说"与"基本权利第三人效力间接说"之间，学界主要赞同后者的立场。换言之，强调基本权利的第三人效力，主要是肯定基本权利作为价值秩序对私法的渗透，而非认为宪法条文可以作为民事裁判结论形成的直接依据。

（二）宪法影响生育权私法救济的具体路径

在生育权民事救济的具体问题上，如果认为《妇女权益保障法》已经从民事权利的角度确立了生育权，那么作为基本权利的生育权发挥第三人效力就没有太大必要性，仅仅可在裁判理由中起到辅助说理的作用。然而，鉴于该法中对生育权主体的局部性规定使其未达到确立一项人格权的标准，且《民法典》未明文列举生育权，严格地说，生育权在实然层面尚未成为法定具体人格权，那么对于此类人身权益的司法保护，有必要借助作为基本权利的生育权之价值指引功能。对于基本权利影响私法上生育权益救济的具体路径，理论上大致有三种观点，下文将一一审视。

1. 通过宪法创设私法中的一般人格权

在历史上，德国私法中的一般人格权概念是根据德国基本法前两条在司法实践中创设而来。④ 鉴于这一比较法经验，有学者认为我国宪法与民法中均存在一般人格权，分别由《宪法》第三十七条、第三十八

---

① 石佳友：《人权与人格权的关系——从人格权的独立成编出发》，《法学评论》2017年第6期。
② 王利明：《民法典人格权编草案的亮点及完善》，《中国法律评论》2019年第1期。
③ 参见王磊《选择宪法》，北京大学出版社2003年版，第36—37页。
④ ［德］埃尔温·多伊奇、［德］汉斯－于尔根·阿伦斯：《德国侵权法——侵权行为、损害赔偿及痛苦抚慰金》，叶名怡、温大军译，中国人民大学出版社2016年版，第99页。

条与《民法典》第一百零九条规定，后者是前者间接投射于民法的产物。① 同时，在承认私法上一般人格权概念的学者看来，生育权这样的非典型人格权益可以被纳入一般人格权范围而得到救济。这样的路径被一些学者视为是"基本权利透过一般人格权获得'保护伞'"② 或"基本权利影响侵权民事责任的管道：一般人格权"③。本书认为德国法中的一般人格权确有这样的贯通公私法之功能，但在我国，情形却并非如此。

在我国"人身自由、人格尊严的抽象条款"与"具体人格权的示例列举"之人格权正面规定格局下，一般人格权概念在我国私法中不仅没有建设性意义，反而容易引起体系上的紊乱；同时，移植过来的一般人格权概念外延含混不清，在理论上分歧较大，因此本书不赞同继续使用一般人格权的概念。即使一般人格权的概念继续存在，在基本权利与私法的关系上，我国与德国的民事规范基础也有所不同，这也决定了我国没有必要将一般人格权当作基本权利第三人效力的传输工具。申言之，德国民法典在制订中没有写入人格尊严、人身自由等关于人身权益宣示的一般条款，这才使得法官在"读者来信案"中援引德国基本法的第一条"人的尊严"、第二条"发展人格"条文，以获得一般人格权的创设依据。然而，我国《民法典》第一百零九条在民法内部明确了前述抽象条款，这就意味着我国私法权益保护有其自身的内涵与来源，根本毋需借助公法的转介，更遑论宪法通过一般人格权影响私法。

2. 将基本权利条款作为"保护他人法律"

尽管我国现行立法中没有予以明确，但比较法及我国司法实践中普遍认可权利利益区分保护理论，④ 即对于非典型人格权益的侵权责任构成须以故意或以违背公序良俗、违反保护他人法律为要件。质言之，"违反保护他人法律"可作为非典型民事权益损害赔偿责任的构成要件情形之一。基于此，有理论认为，宪法中的基本权利和人权条款可作为其中的"保护他人法律"。然而，侵权法中的"保护他人法律"并非包

---

① 参见王锴《论宪法上的一般人格权及其对民法的影响》，《中国法学》2017年第3期。
② 张红：《基本权利与私法》，博士学位论文，中国政法大学，2009年，第132页。
③ 刘志刚：《基本权利影响侵权民事责任的路径分析》，《东北师大学报》（哲学社会科学版）2018年第5期。
④ 对该理论的详细论证留待第五章完成，此处暂且使用通说观点。

括普遍意义上的保护性规定，而是有着明确的范围和特定的涵义。我国台湾学者苏永钦先生整合学界观点，从"法规保护标的""被害人""被害法益""行为方式"四个方面提出了此类法律的具体筛选标准；①也有大陆学者将保护他人之法律称为"规制性规范"，并提出，当且仅当一项规范属于明确了行为义务的强制或禁止性规范，并具有特定的保护范围，方可作为损害赔偿责任的请求权基础。②据此，宪法中人权与基本权利保护条款并非指向特定人或特定损失，而是"针对全体国民"，具有"社会取向"③，故无法作为保护他人法律而被转介入侵权法中。因此，基本权利条款作为保护他人法律影响民事责任构成要件的路径不能成形。

3. 将基本权利作为公序良俗

公序良俗原则系私法的基本原则之一，其最显著的作用在于对民事法律行为效力的判断上，同时在侵权责任构成要件上也发挥着重要功能，尤其是在对非典型人格权益的保护问题上。宪法内容作为公共秩序毋庸置疑，因此有学者提出，公序良俗可以作为宪法间接影响私法的切入口。④

本书赞同这一观点。私法与公法共同实现社会控制，侵权责任法也承担了维护社会公序良俗之任务，从这个意义上说，私法中的公序良俗原则及相应规则系转介公法、社会道德的楔子，极大地丰富了私法的内涵及其社会治理价值。在学者们对私法中的公序良俗进行类型化的过程中，大家普遍关注的是公序良俗与契约行为的关系，德国学者梅迪库斯、拉伦茨教授，日本学者我妻荣教授，以及我国的王泽鉴、梁慧星教授都对此有经典的归纳，侵害基本权利往往被视为违背

---

① 一是该强制或禁止规定须以个人法益为主要保护标的或其中之一；二是被害人须属于该法所要保护的"人"的范畴；三是被害法益须属于该法所要保护的"物"的范畴；四是加害的"方式"应属该法定所要禁止。参见苏永钦《再论一般侵权行为的类型——从体系功能的角度看修正后的违法侵权规定》，《政大法学评论》2002年第69期。

② 参见朱虎《规制性规范与侵权法保护客体的界定》，《清华法学》2013年第1期。

③ 张红：《基本权利与私法》，博士学位论文，中国政法大学，2009年，第98页。

④ 参见张力《权利、法益区分保护及其在民法总则中的体现——评〈民法总则（草案）〉第五章》，《河南社会科学》2016年第11期；张红：《方法与目标：基本权利民法适用的两种考虑》，《现代法学》2010年第2期。

公序良俗的重要情形。①在侵权法领域，以违背公序良俗的方式加害他人属权益侵害的构成要件情形之一。因此，侵害宪法中基本权利的行为可被评价为违背公序良俗，从而作为侵害非典型人格权益损害赔偿责任的构成要件之一，此即基本权利影响非典型人格权益私法救济的应然路径。

在生育权未被我国民法明示列举而未成为法定权利的现状下，其在权利利益区分保护的格局中很可能仅被作为民事利益进行救济。前已述及，生育权保护的价值秩序已为我国宪法所实质认可，其确定了该权利应免受公权力和私主体侵害的格局，构成生育权民事救济的重要依据之一。质言之，侵害生育自由的行为在私法中可被评价为违背公序良俗，从而作为损害赔偿责任中的过错要件。从这一法律解释与适用路径出发，在基本权利所确立的生育权保护公共秩序之庇护下，对于在民法中尚未法定化的生育权而言，其救济程度几乎等同于对法定具体人格权的救济。

第五节 域外私法中生育权概念的规范形式

比较法上的人格权保护模式分为正面确立与侧面救济，在生育权的问题上，除了墨西哥②等国，鲜有将生育权界定为具体人格权的立法例。对于平等主体侵害生育自由的民事纠纷，比较法上往往也通过侵权制度加以救济，但对其中所受侵害之权益类型的描述，则未尽皆使用生育权之概念，③关于域外私法上生育权概念的形式渊源有待考察。此外，由于一国的生育权保护是以其本土生育自由观念为前提，而中西方

---

① 参见［德］迪特尔·梅迪库斯《德国民法总论》，邵建东译，法律出版社2000年版，第514—536页；［德］卡尔·拉伦茨：《德国民法通论（下册）》，王晓晔、邵建东、程建英等译，法律出版社2013年版，第604—616页；王泽鉴：《民法总则》，北京大学出版社2009年版，第280—284页；［日］我妻荣：《新订民法总则》，于敏译，中国法制出版社2008年版，第255—265页；梁慧星：《市场经济与公序良俗》，载梁慧星主编《民商法论丛》（第1卷），法律出版社1994年版，第57—58页。

② 《墨西哥民法典》婚姻编第一百六十二条规定："每个人都有权以自由、负责和明智的态度，决定生育子女的数量和间隔，在婚姻关系存续期间，应根据配偶双方的共同协议来行使这种权利。"参见张贤钰《外国婚姻家庭法资料选编》，复旦大学出版社1991年版，第102页。

③ 参见马强《论生育权——以侵害生育权的民法保护为中心》，《政治与法律》2013年第6期。

在此问题上有较大差异，因此在对私法上生育权规范形式进行比较考察时，须首先关注中外生育自由观念的异同。

一　中外生育自由观念比较考察

对生育权概念的理解与一国的生育自由观念密不可分。由于宗教传统、法律文化等方面的差异，中西方生育自由观念有所不同，而对这一差异的承认是比较研究各国生育权确立与保护法律制度的认知基础。中西方文化在不断向前发展的过程中，某种意义上出现相互融合的态势，其中，我国受西方文化的单向影响更为明显，生育文化也表现出一定的"拿来主义"倾向。换言之，中国生育观念从传统向现代的转型过程，也是西方文化向中国渗透的过程。时至今日，中西方生育自由观念仍有差异，其主要表现在两个方面：

第一，李银河教授曾在其十年之前的著作中精辟地论及中西方生育观念差异的本源："中国文化以家庭为本位，西方文化以个人为本位；前者以亲子关系为重，后者以夫妻关系为重；前者两代人之间是反哺关系，后者两代人是接力关系；前者属于村落文化，后者属于都市文化"。[①] 申言之，西方人的生育行为本质上受"自主决策权"的驱使，其充分尊重个体的主观选择和生育偏好，因此其整体生育率变化的方向是"自下而上的"。[②] 其中，西方人意义上的家庭主要为父母与未成年子女组成的小家庭，并非中国人三世或四世同堂的大家庭，前者的个体主义更为明显。从这个意义来看，西方人的生育动机更为"纯粹"，其中牵涉的利益主要为自我实现、亲密关系等精神利益。质言之，西方发达国家生育观是建立在以个人为本位的古典自由主义之上，个人自由具有最高价值，个人的利益是分析一切社会问题的基本视角。[③] 与之相比，中国人的生育观受到多方影响，尤其是家族观念很大程度上左右着生育选择，以致于挤占了自我决定的空间。基于此，有学者从"处境

[①] 此外，她进一步指出这种差别实际上反映了"农业文化与现代工业文化"之间的区别，支持该论断的事实在于，"当西方处于农业社会阶段时，也存在着代际的反哺关系；而中国现阶段的文化中，反哺关系正逐步让位于接力关系。"参见李银河《生育与村落文化》，内蒙古大学出版社2009年版，第206页。

[②] 齐晓安：《东西方生育文化比较研究》，中国人口出版社2005年版，第72页。

[③] 崔卓兰主编：《计划生育法律问题研究》，中国法制出版社2013年版，第18页。

论"视角出发,认为由于宗教、政治经济结构等历史文化传统差异,西方式的个人自主并非分析中国人生育权的最佳道德标准。① 对此,本书持赞同观点。不过,随着我国对生育率的宏观调控也逐渐摒弃自上而下的严格规制,转而采取更为柔和的鼓励与倡导方式,以及宗族观念对年轻夫妇生育行为束缚式微,当下我国生育领域的个人自主意识日益增强,关于生育的自主选择权在我国逐渐落地生根。

第二,在对"母胎冲突"(Maternal-Fetal Conflict)②,即母亲的生育自主和胎儿生命利益之间的冲突处理上,中西方态度存在本质差异。在西方,保护胎儿免受伤害一直是反对堕胎的主要原因,这也是美国最高法院维护堕胎权时最大的阻力来源。③ 对于母胎冲突的处理,一个广受关注的前置问题在于胎儿是否具有主体地位,在比较法上,各国对胎儿利益做出了不同程度的确认。④ 我国未经西方宗教传统洗礼,堕胎行为被认为具有天然的正当性,⑤ 现有法律也认为民事主体的民事权利能力始于出生,胎儿不具有民事主体地位,因此母亲的生育自由优先于胎儿利益。但在西方,有学者经考证提出,"尽管美国和德国宪法对胎儿生命权的保护起点存在分歧,但均主张生命权优越于堕胎自由"⑥;尤其是传统罗马天主教会与新教保守派都认为胎儿的生存权要大于母亲的自由选择权⑦;也有论据认为,"法律科学不能成为医学科学的奴隶,独立的法律存在(作为法律主体的人)不需要对应于独立的生物存在(分离于母体的人)。"⑧ 此外,也有学者持折中观点,认为孕妇所做的

---

① 根据处境论,不存在普遍有效原则的、由上而下的道德范型,而道德问题可以且必须在具有诠释意义的与复杂的具体环境中得以解决。参见许志伟《自由、自主、生育权与处境论》(下),《医学与哲学》2000年第4期。

② Bonnie Steinbock, "Maternal-Fetal Conflict and in Utero Fetal Therapy", *Albany Law Review*, Vol. 57, No. 3, 1994, p. 781.

③ John A. Robertson, "Assisted Reproduction, Choosing Genes, and the Scope of Reproductive Freedom", *George Washington Law Review*, Vol. 76, No. 6, 2008, p. 1495.

④ 参见谭启平《民事主体与民事诉讼主体有限分离论之反思》,《现代法学》2007年第5期。

⑤ 李冬:《生育权研究》,博士学位论文,吉林大学,2007年,第47页。

⑥ 余军:《生育自由的保障与规制——美国与德国宪法对中国的启示》,《武汉大学学报》(哲学社会科学版)2016年第5期。

⑦ 智广元、李明明:《人工流产的权利考量》,《医学与哲学》2014年第5期。

⑧ Horace B. Jr. Robertson, "Toward Rational Boundaries of Tort Liability for Injury to the Unborn: Prenatal Injuries, Preconception Injuries and Wrongful Life", *Duke Law Journal*, Vol. 1978, No. 6, 1978, p. 1409.

决定一般都符合未来孩子的预期利益，因此是否赋予胎儿独立主体地位无关紧要[1]，但该观点对母胎冲突的解决并未给出建设性方案。而近几十年来，尊重所有人（包括孕妇）的自主权和自决权已经成为医学各个领域公认的道德原则，越来越多的西方学者认为胎儿不具有独立主体地位；[2] 所谓的胎儿"权利"不能凌驾于孕妇的权利之上，妇女的自主决定权应该处于胎儿的"权利"和利益之上，只要她充分知情并有能力做出决定。[3] 从这一趋势看，在母胎冲突问题上，西方观念逐渐趋向于我国，提高了妇女生育自由较之胎儿生命利益的相对重要性。这一利益保护衡量及其趋势在立法领域集中体现在妇女的堕胎权问题上，西方对妇女堕胎行为的限制虽有所减弱，但仍不同程度的存在。

中西方生育观念虽存在差异，但两者也有诸多共同之处。其中最为明显的是，优生优育为中西方所共同追求。优生优育的观念古已有之，生育健康婴儿是所有父母的企盼，也是社会生产力发展的需要。在古希腊时期柏拉图笔下的理想国中，生育"优等人"的思想已经萌芽：为"保持治理者品种高洁"，"优秀的孩子……交给保姆抚养……至于一般或其他人生下来有先天缺陷的孩子，他们将秘密地加以处理"。[4] 这样的观念在现在看来已严重违反人伦与法律，但确实反映出古代人们已意识到优生优育对于国家治理的意义。在优生学中，"积极优生学"鼓励群体中最有能力的人生育，而"消极优生学"旨在减少那些被认为不适合生育的人的生育，历史上限制生育的方式包括通过绝育、禁止结婚、安乐死等，对象曾包括对身体残疾、畸形、性格缺陷或种族、民族或宗教差异而受到歧视的人；随后基于孟德尔遗传学的传播，优生问题在 19 世纪末和 20 世纪初在欧洲和北美兴起，但因涉冒犯人权，广义的

---

[1] Helen Watt, "The Ethics of Pregnancy, Abortion and Childbirth: Exploring Moral Choices in Childbearing", *Issues in Law & Medicine*, Vol. 31, No. 2, 2016, p. 243.

[2] D Isaacs, "Moral Status of the Fetus: Fetal Rights or Maternal Autonomy?", *Journal of Paediatrics and Child Health*, Vol. 39, No. 1, 2003, p. 59.

[3] Paola Frati and Fineschi Vittorio et al., "Preimplantation and Prenatal Diagnosis, Wrongful Birth and Wrongful Life: A Global View of Bioethical and Legal Controversies", *Human Reproduction Update*, Vol. 23, No. 3, 2017, p. 340.

[4] ［古希腊］柏拉图：《理想国》，郭斌和、张竹明译，商务印书馆1986年版，第196—197页。

优生学在各国饱受争议。[1] 在 1900 年至 1970 年间，美国消极优生学理论的支持者起草并支持了近 100 部州立法机关通过的法规，这一立法大多侧重于限制生育自由，以及消除所谓的可遗传的"缺陷"，如犯罪、贫困或精神障碍等。[2] 而如今，优生学中较为温和且广受欢迎的手段即为产前诊断，用以筛选出没有严重先天残障的胎儿进行孕育分娩。与前述限制特定群体生育权的优生手段相比，产前诊断技术并未面临太大伦理争议，即使是在严格限制堕胎的国家或地区，胎儿健康状况异常情形下的堕胎行为也可能被允许。在当今科学技术条件下，检查胎儿健康状况的医疗手段日渐成熟，但产前诊断并非万无一失，即存在诊断失误而导致身体缺陷婴儿出生的情形，这也引发了现代侵权法中典型的 Wrongful Birth、Wrongful Life 民事诉讼，[3] 前者是指孕妇向医生请求损害赔偿，后者是指残障子女向医生请求损害赔偿。这些诉求体现出优生优育的利益取向，但因该损害赔偿责任将生命诞生视为损害而存在较大争议，后文将做详细探讨。

总体来看，尽管生育自由的内涵较为明晰，但由于不同国家宗教观、生命观、法律观等方面的差异，其对生育自由的保护和限制程度有所不同，私法上生育权概念的范围和侧重点也有相应的差别。在这一背景下，本书对私法上生育权的比较法考察仅仅是为我国解决这一问题提供必要参考，但绝不意味着照抄照搬。对该问题的解决，须立足于我国本土法律规范与意识形态背景。

二 大陆法系国家的生育权

在典型的大陆法系国家，私法上的生育权概念均未能在民法典中明确列举，而仅仅出现在法律适用的过程中，其中以错误妊娠、错误出生、错误生命等诉讼的民事裁判为主。在该类民事纠纷中，在判断受害人是否享

---

[1] Jean-Jacques Amy and Rowlands Sam, "Legalised Non-Consensual Sterilisation-Eugenics Put into Practice before 1945, and the Aftermath. Part 1: USA, Japan, Canada and Mexico", *European Journal of Contraception and Reproductive Health Care*, Vol. 23, No. 2, 2018, p. 121.

[2] Paul A. Lombardo, "Medicine, Eugenics, and the Supreme Court: From Coercive Sterilization to Reproductive Freedom", *Journal of Contemporary Health Law and Policy*, Vol. 13, No. 1, 1996, pp. 1–2.

[3] 王泽鉴：《侵权行为》，北京大学出版社 2016 年版，第 172—173 页。

有损害赔偿请求权的问题上,首先需要解决的关键问题在于,该不愿生育子女或不愿生下残障子女的夫妇究竟何种权益受到侵害。对于其生育自主选择之上的权益,司法机关往往通过法律解释将其定义为"生育权"或"家庭人口计划权"等,此即大陆法系国家私法上生育权概念的主要来源。不过,此类诉讼之所以颇受关注,最重要的原因并非对生育权概念的争议,而在如何评价残障孩子出生之问题上一直未有定论,因此受害人是否以及在何种程度上有权请求损害赔偿,在欧洲仍是一个尚未获得最终解决的问题;[1] 相较于英美法系,大陆法系在此类案件中的损害认定上较为保守,认为将错误出生的子女视为损害有侵犯基本人权之嫌,但对于错误出生诉讼的损害赔偿有肯定的趋势。[2] 鉴于直接确权规范的缺位,本部分将依托典型诉讼,介绍德国、法国、意大利三个具有代表性的大陆法系国家私法上生育权概念确立与保护的基本概况。

(一)德国

在德国公法上,出于对胎儿的保护,堕胎行为被严格限制。根据德国基本法与德国宪法,仅仅在基于医学、优生学以及紧急情况等特殊因素考量下才允许堕胎。[3] 其中,对胎儿生命权的尊重构成了对父母关于生育的自主决定权之克减,[4] 这是理解其私法上生育权概念的前提。

在错误妊娠诉讼中,德国联邦最高法院曾指出医务人员侵犯了原告家庭人口计划权(the Right to Family Planning),也构成了孕妇的身体伤害;在损害赔偿范围上,一般认为婴儿的抚养费属于损害,具有可赔偿性,但婴儿本身不能被视为损害。[5] 在赔偿范围的问题上,综观德国历史上的裁判,司法机关对于抚养费的态度不尽一致。其中,在较早的1980年的两起错误妊娠诉讼中,联邦最高法院认为如果家庭生育计划

---

[1] 不过,有两条基本规则概括了欧洲看待这一争议时的共同观点:一是任何人都无权决定自己之不生育,二是尚未出生者享有人格尊严权。参见[德]克雷斯蒂安·冯·巴尔《欧洲比较侵权行为法》(上卷),张新宝译,法律出版社2001年版,第707—708页。

[2] Marija Karosaite, "Wrongful Birth and Wrongful Conception: Is There a Right to Compensation", *Teises Apzvalga Law Review*, Vol. 15, No. 1, 2017, p. 33.

[3] 参见王进文《基本权国家保护义务的疏释与展开——理论溯源、规范实践与本土化建构》,《中国法律评论》2019年第4期。

[4] 参见陈征《论部门法保护基本权利的义务及其待解决的问题》,《中国法律评论》2019年第1期。

[5] Serena Scurria and Asmundo Alessio et al., "Cross-Country Comparative Analysis of Legislation and Court Rulings in Wrongful Birth Actions", *Journal of Legal Medicine*, Vol. 39, No. 1, 2019, p. 44.

因医生过失而失败，则应支持子女抚养费的损害赔偿。[①] 但在1995年堕胎手术失败导致健康婴儿出生的违约之诉中，德国联邦最高法院认为，由医生负责该新生儿抚养费系原告逃避自己的法定义务的表现，且无异于将子女的出生视为损害，违反德国基本法第一条保护的人性尊严，因此医生仅有返还约定报酬与堕胎失败的费用之义务，毋需赔偿子女的抚养费。[②] 但在类似案例中，德国联邦最高法院也曾提出折中观点——"目的论"，即若施行绝育手术是以避免经济负担为目的时，则因错误妊娠提起的违约或侵权之诉中的子女抚养费均具有可赔偿性。[③]

对错误出生之诉，德国联邦法院也予以了支持，但未支持错误生命之诉。在前者中，残障子女的抚养费可获得赔偿，[④] 包括残障子女的特殊护理、治疗费用，以及日常生活费用；除此之外，其母亲因怀孕、分娩带来的身体损害也可以获得赔偿，但因孩子残障带来的纯粹精神损害不能获得赔偿。[⑤] 德国历史上被引用最多的错误出生与错误生命案例是德国联邦法院1983年的判决。[⑥] 该案的原告为夫妻双方与其残障子女，该子女的出生系因医生未能告知其父母正确的产前诊断信息所致，法院最终未支持错误生命之诉，但支持了该父母的错误出生之诉，其具体理由将在本书第五章详述。此外，在另一典型案例中，司法机关更为明确地指出了此类诉讼的赔偿范围。[⑦] 其中，因遗传咨询中的医院方过失，原告生下患有严重遗传疾病的子女。德国地方高等法院认为原告所提出的为该子女支出的全部抚养费均可获得赔偿，同时该母亲因怀孕、剖腹产中所遭受的身体与精神损害也可以获得赔偿，然而因其子女患有先天遗传疾病所带来的精神负担不应获赔；同时法院否认了该新生儿的错误生命之诉，原因在于该诉求超出了法律上请求权规范的界限。

---

① BGH 76, 259; BGH 76, 249.

② BGH 129, 178.

③ 吴家庆：《意外怀孕、意外生育、意外生命的"损害"——以比较法的分析及人性尊严观点的评价为中心》，博士学位论文，台湾政治大学，2013年，第121—122页。

④ I. Giesen, "Of Wrongful Birth, Wrongful Life, Comparative Law and the Politics of Tort Law Systems", *Journal for Contemporary Roman-Dutch Law*, Vol. 72, No. 2, 2009, p. 262.

⑤ Serena Scurria and Asmundo Alessio et al., "Cross-Country Comparative Analysis of Legislation and Court Rulings in Wrongful Birth Actions", *Journal of Legal Medicine*, Vol. 39, No. 1, 2019, p. 44.

⑥ BGH 86, 240.

⑦ BGH 124, 128.

（二）法国

在公法层面，深受天主教影响的法国对堕胎也有严格限制，法国《公共健康法典》第 L2213 – 1 条明确规定仅仅出于对孕妇或胎儿生命健康保护目的才允许堕胎，① 这也构成了对私法上生育权范围的限缩。法国成文法中未创设具体人格权的概念，但其相关立法及在侵权法实践中发展出了较为成熟的人格权救济规则，对生育自由的私法保护亦是如此。

法国不支持错误妊娠诉讼。法国在该领域的典型案例为 1991 年法国最高法院一则判决。该案中的原告实施堕胎手术一个月后发现自己仍处于怀孕状态，随后产下健康女婴，该母亲因此诉请医生承担该婴儿的抚养费用。法国民事最高法院认为健康婴儿的存在并非可赔偿的损害，故驳回了原告的诉讼请求。②

对于错误出生与错误生命诉讼，法国 2002 年《病患权利与保健服务质量法》第一条规定：任何人都不能仅仅因为出生这一事实而主张损害……当专家或卫生机构对生而残障孩子父母的责任，是存在于妊娠期间因专业上过失之原因而未发现时，父母亲仅能就自己所受损害请求赔偿，此处所指之损害不包括孩子终身残障所产生的额外费用，残障者的赔偿属于国家的共同责任（国民连带）。③ 据此，因产前诊断失误导致残障婴儿出生时，父母生育权受侵害之部分损害赔偿能够通过民事路径得以解决，但婴儿不享有损害赔偿请求权。该法改变了此前饱受争议的法国民事最高法院裁判的 Perruche 案之立场，④ 该案中司法机关不仅支持了残障婴儿 Perruche 父母提出的财产损害与精神损害赔偿，也支持了 Perruche 自身提起的错误生命之诉。⑤ 自 2002 年《病患权利与保健服务质量法》以后，法国民事裁判中的错误生命之诉被终结。但为平衡各方

---

① 根据该规定，当且仅当有两名有资格的医生证明，继续妊娠会对孕妇健康造成极大威胁，或是存在确凿的可能性，胎儿出生会带有当时难以治愈的严重疾病，孕妇才可不受孕期的限制而随时堕胎。参见叶名怡《法国法上的人工胚胎》，《华东政法大学学报》2015 年第 5 期。

② 吴家庆：《意外怀孕、意外生育、意外生命的"损害"——以比较法的分析及人性尊严观点的评价为中心》，博士学位论文，台湾政治大学，2013 年，第 122—123 页。

③ Vera Lucia Raposo, "Wrongful Birth and Wrongful Life Actions (the Experience in Portugal as a Continental Civil Law Country)", *Italian Law Journal*, Vol. 3, No. 2, 2017, pp. 423 – 424.

④ Serena Scurria and Asmundo Alessio et al., "Cross-Country Comparative Analysis of Legislation and Court Rulings in Wrongful Birth Actions", *Journal of Legal Medicine*, Vol. 39, No. 1, 2019, p. 43.

⑤ Magnus, Ulrich ed., *Unification of Tort Law*, Hague: Kluwer Law International, 2001, pp. 84 – 85.

利益，法国又对此做出若干次法律改革。到 2007 年，法国立法将补偿请求权扩张适用到 20 岁以下残障人士以及典型的生育损害案例中，残障婴儿的父母可以为其子女申领相应津贴，错误出生情形中的新生儿得以在社会法上得到保障。① 其救济体系从纯粹的民事责任实质上实现了对社会救助的吸纳。

（三）意大利

在意大利，立法明确规定国家有保护生育权的义务，同时对堕胎权进行了相应限制。根据 1978 年 5 月颁布并适用至今的《意大利孕妇社会保护与终止妊娠法》第一条，国家保障有意识和负责任的生育权利，承认母性的社会价值，从一开始就保护人的生命。根据该法，自愿终止妊娠不是节育的手段。国家、地区和地方机构有义务在其职能和权限范围内促进和发展社会卫生服务，不能为限制生育之目的而实施堕胎。在堕胎的条件上，根据该法第六条，当妇女在怀孕 90 天以后，只有在下列情形下才可以终止妊娠：（1）当怀孕或分娩对妇女的生命造成严重危险时；（2）当检查发现严重胎儿异常或者畸形，严重威胁母亲的身心健康时。根据其第七条，如果胎儿有体外存活的可能性，只有在第六条的（1）中提到的情况下，才能终止妊娠，并且进行手术的医生必须采取所有适当的措施来保护胎儿的生命。该条文为私法上的生育权保护提供了必要的公法背景，并限制了其权利边界。

在意大利，错误出生之诉一般可以得到赔偿，而错误生命之诉无法得到支持。其中，该领域中最为典型的案例系意大利最高法院 2015 年所做第 25767 号判决②，其明确支持错误出生之诉，同时驳回错误生命之诉。③ 在此之前，意大利司法机关的态度也曾发生转变，具体内容将在本书第五章详述。但自 2015 年判决之后，该案之立场为后续裁判所沿用。

---

① 吴家庆：《从责任法到社会法——法国计划外生命损害赔偿的后续发展》，《法学新论》2012 年总第 35 期。

② Corte di Cassazione-Sezioni unite 22 December 2015 no 25767, Giurisprudenza costituzionale, 1568 (2016).

③ Paola Frati and Fineschi Vittorio et al., "Preimplantation and Prenatal Diagnosis, Wrongful Birth and Wrongful Life: A Global View of Bioethical and Legal Controversies", *Human Reproduction Update*, Vol. 23, No. 3, 2017, p. 345.

三 英美法系国家的生育权

在英美法系国家，由于判例法的法律传统，其生育权主要通过侵权诉讼创设保护规则，而非通过对成文法的解释或修改得以确立。英美法中的生育权民事诉讼与宪法密切相关，生育权的宪法背景也是本书关注的重要前置性问题。以美国为例，美国对生育权的明确保护始于 20 世纪。一直以来，生育权处于妇女保护、生命价值、家庭的意义以及美国宪法第五修正案与第十四修正案中未列明的权利等的纠葛之中，故而在其保护问题上争议较大，该争议其主要体现在影响力较大的美国宪法判例中。① 在 1927 年的 *Buck v. Bell* 案②中，法院认为对精神病患者的强制绝育并未侵犯其生育权，这一观点在今天看来有待商榷。③ 在 1942 年的 *Skinner v. Oklahoma* 案④中，法院明确提出生育权是公民的基本权利，并认为使一名累犯强制绝育侵犯了其生育权。在 1965 年的 *Griswold v. Connecticut* 案⑤中，法院认为已婚夫妇有权进行为被康涅狄格州所禁止的生育控制行为，1972 年的 *Eisenstadt v. Baird* 案⑥中进一步将该权利赋予未婚者。在 1973 年的 *Roe v. Wade* 案⑦中，法院认可了女性终止妊娠的权利，该案对于堕胎权的确立具有里程碑意义。⑧ 如今，美国的学者和政策制定者几乎普遍认为，强制堕胎和强制绝育明显违反国际人权规范；⑨ 生育权属于宪法中隐私权的范畴。⑩

---

① John A. Robertson, "Assisted Reproduction, Choosing Genes, and the Scope of Reproductive Freedom", *George Washington Law Review*, Vol. 76, No. 6, 2008, pp. 1491-1492.

② *Buck v. Bell*, 274 U. S. 200 (1927).

③ John A. Robertson, "Assisted Reproduction, Choosing Genes, and the Scope of Reproductive Freedom", *George Washington Law Review*, Vol. 76, No. 6, 2008, p. 1493.

④ *Skinner v. Oklahoma*, 316 U. S. 535 (1942).

⑤ *Griswold v. Connecticut*, 381 U. S. 479 (1965).

⑥ *Eisenstadt v. Baird*, 405 U. S. 438 (1972).

⑦ *Roe v. Wade*, 410 U. S. 113 (1973).

⑧ S. B. Arnold, "Reproductive Rights Denied: The Hyde Amendment and Access to Abortion for Native American Women Using Indian Health Service Facilities", *American Journal of Public Health*, Vol. 104, No. 10, 2014, p. 1893.

⑨ Marisa S. Cianciarulo, "For the Greater Good: The Subordination of Reproductive Freedom to State Interests in the United States and China", *Akron Law Review*, Vol. 51, No. 1, 2017, p. 137.

⑩ Janessa L. Bernstein, "The Underground Railroad to Reproductive Freedom-Restrictive Abortion Laws and the Resulting Backlash", *Brooklyn Law Review*, Vol. 73, No. 4, 2008, p. 1464.

尽管生育权被认为属于广义的隐私权，① 但从其民事裁判结果看，关于生育权的诉讼已逐渐开辟独立的领域，其主要包括三种诉讼，前两种系医患之间的过失侵权诉讼，有学者将其统称为"生育中的过失侵权（Reproductive Negligence）"，主要是在科技手段介入生育行为中时，因医疗过失侵害生育自主的行为，② 包括一代生育技术，如绝育手术、产前检查、终止妊娠手术等技术实施中导致的广义的错误出生情形；二代生育技术，即人类辅助生殖技术，主要是体外授精技术实施中的精子、卵子、胚胎的丢失、毁损、错植等情形。第三种诉讼系夫妻之间的生育权纠纷，最为典型的是夫妻离婚时关于冷冻胚胎的保管（Custody）权或处置（Disposition）权诉讼。

（一）广义的错误出生诉讼

"Wrongful Pregnancy"③ "Wrongful Birth"④ "Wrongful Life"⑤ 三个名词源自美国法，⑥ 系指与节育、怀孕、生育有关的诉讼，数十年来不断发展，逐渐成为一类较为典型的医疗责任，该组术语在比较法上也广为使用。这类诉讼的产生与发展直接由节育手术、产前诊断等生育领域的医疗技术催生。在该类情形下，比较法上通常认为主体的生育权（Reproductive Right）受到侵害。⑦ 在前述技术实施过程中，一旦医生未尽到诊疗义务，则可能导致结扎手术失败、产前诊断失误等情形，以致于不愿怀孕或分娩的女性，生下违背其生育意愿的子女，从而使女性因生育受身体之苦，且对家庭生育计划、个人生涯规划产生重大影响。这在法律上被评价为不同于侵害患者生命权、身体权、健康权等传统人身权的医疗责任，这组"Wrongful Pregnancy" "Wrongful Birth" "Wrongful

---

① Berta E. Hernandez, "To Bear or Not to Bear: Reproductive Freedom as an International Human Right", *Brooklyn Journal of International Law*, Vol. 17, No. 2, 1991, p. 309.

② Dov Fox, "Reproductive Negligence", *Columbia Law Review*, Vol. 117, No. 1, 2017, p. 149.

③ 其中文翻译有"错误妊娠""错误怀孕""不当妊娠""不当怀孕""计划外妊娠""计划外怀孕""意外妊娠""意外怀孕"等，本书采"错误妊娠"的用法。

④ 其中文翻译有"错误出生""不当出生""意外出生"等，本书采"错误出生"的用法。

⑤ 其中文翻译有"错误生命""不当生命""意外生命"等，本书采"错误生命"的用法。

⑥ 王泽鉴：《财产上损害赔偿（二）——为新生命而负责：人之尊严与损害概念 Wrongful birth 及 Wrongful life》，《月旦法学杂志》2006 年总第 131 卷。

⑦ Anthea. Williams, "Wrongful Birth and Lost Wages: J v. Accident Compensation Corp Case", *New Zealand Women's Law Journal*, Vol. 2, No. 2, 2018, p. 308.

Life"诉讼,也往往被一并称为"广义的错误出生"诉讼①。其中,错误妊娠诉讼较狭义的错误出生、错误生命诉讼出现较早,其源于避孕技术的运用早于产前诊断技术。②

需要予以明确的是,"Wrongful Pregnancy"与"Wrongful Conception"的中文翻译均为"错误妊娠",且在比较法理论及实务中,两个术语常被作为类似诉讼而混用;③但两者实际上有所不同,也有裁判及学说对两者进行了区分,认为前者包含了后者,前者有两个范畴的涵义:第一,因医务人员疏忽导致绝育手术失败或药物避孕药方错误而导致女性意外受孕生育子女,即"Wrongful Conception",相当于"错误受孕";第二,在妇女受孕后,因医务人员在堕胎手术中的过错而继续妊娠生育子女。④ 本书的"错误妊娠"系广义的错误妊娠,即"Wrongful Pregnancy"。对于前述三类广义的错误出生诉讼,除了在法律技术上的操作难题,其数十年来在比较法上颇受争议的伦理困境在于,"错误"诞生的新生命能否被评价为契约法或侵权法中的"损害",其中涉及到的人之主体性问题判断具有高度价值争议。

错误妊娠、错误出生、错误出生诉讼在比较法上已经较为典型,英美法理论中已经将其作为一种独立的损害类型或侵权行为类型,归纳为"出生前和与出生相关的伤害"⑤或"与节育、怀孕、生育、收养有关的侵权行为"⑥。尽管此类诉讼符合传统侵权框架,但其赔偿范围在法院受到了明显不同的待遇,显然是基于不同的公共政策考虑。⑦ 错误的

---

① 丁春艳:《"错误出生案件"之损害赔偿责任研究》,《中外法学》2007 年第 6 期。
② Paola Frati and Fineschi Vittorio et al., "Preimplantation and Prenatal Diagnosis, Wrongful Birth and Wrongful Life: A Global View of Bioethical and Legal Controversies", *Human Reproduction Update*, Vol. 23, No. 3, 2017, p. 344.
③ Renee Madeleine Hom, "Wrongful Conception: North Carolina's Newest Prenatal Tort Claim—Jackson V. Bumgardner", *North Carolina Law Review*, Vol. 65, No. 6, 1987, p. 1082.
④ Jill E. Garfinkle, "Burke V. Rivo: Toward a More Rational Approach to Wrongful Pregnancy", *Villanova Law Review*, Vol. 36, No. 3 & 4, 1991, pp. 808 – 809.
⑤ [美]丹·B. 多布斯:《侵权法》(上册),马静等译,中国政法大学出版社 2014 年版,第 676 页。
⑥ [美]文森特·R. 约翰逊:《美国侵权法》,赵秀文等译,中国人民大学出版社 2017 年第五版,第 147 页。
⑦ Thomas Dewitt Iii Rogers, "Wrongful Life and Wrongful Birth: Medical Malpractice in Genetic Counseling and Prenatal Testing", *South Carolina Law Review*, Vol. 33, No. 4, 1982, p. 752.

出生案例引发了社会对生命神圣性和生育决定的关注,法官为维护侵权法的根本目的,在损害赔偿责任认定中充分考虑了残障子女高昂的生活费用、父母的精神损害,以及对夫妻关系的影响等复杂因素。[1] 在裁判结果上,原告的损害赔偿诉求是否得到支持在世界各国已较为明晰,有学者统计如下:[2]

国家	错误妊娠	错误出生	错误生命
英国	是(仅仅非财产损害)	是(财产和非财产损害)	否
法国	——	是(财产和非财产损害)	仅仅在2002年Law 4生效之前支持
爱沙尼亚	是(财产和非财产损害)	是(财产和非财产损害)	否
德国	是(财产和非财产损害)	是(财产和非财产损害)	否
西班牙	——	是	否
奥地利		是(财产和非财产损害)	否
荷兰	是(财产和非财产损害)	是(财产和非财产损害)	是(财产和非财产损害)
希腊	是(仅仅非财产损害)	是(财产和非财产损害)	否
意大利	是(仅仅非财产损害)	是(财产和非财产损害)	否
澳大利亚	是(仅仅非财产损害)	是(财产和非财产损害)	否
加拿大	——	是(财产和非财产损害)	否
美国	是(财产和非财产损害)	是(财产和非财产损害)	仅仅在某些州支持
智利	是(财产和非财产损害)	否	否
日本	——	是(财产和非财产损害)	否

(二) 人类辅助生殖技术实施中的过失侵权诉讼

有学者将患者在人类辅助生殖技术实施中受到的损害专门称为"生

---

[1] Haley Hermanson, "The Right Recovery for Wrongful Birth", *Drake Law Review*, Vol. 67, No. 2, 2019, pp. 558 – 559.

[2] 尽管本部分主要探讨英美法系国家的生育权,但因原文表格涉及了英美法系以外国家的裁判立场,为保持表格完整性,此处一并列出。See Serena Scurria and Asmundo Alessio et al., "Cross-Country Comparative Analysis of Legislation and Court Rulings in Wrongful Birth Actions", *Journal of Legal Medicine*, Vol. 39, No. 1, 2019, p. 39.

育伤害（Reproductive Injury）"[1]。这主要包括两类情形：（1）体外精子、卵子、胚胎丢失、毁损等行为造成损害，主要是生育目的落空（Procreation Deprived）；（2）精子或胚胎错植等行为造成损害，主要是所生子女特征错乱（Procreation Confound）。长期以来，对于此类损害，在英美法中往往未得到应有的赔偿。其主要原因在于：（1）从人格权侵权的角度看，侵害生育自主所造成的精神痛苦并不基于对受害人身体的实体伤害，[2] 又不属于过失造成精神痛苦侵权行为的例外情形，[3] 该纯粹精神损害的可赔偿性在英美法中难以找到先例，也不符合其过失侵权理论；[4]（2）从违约责任的角度看，由于人类辅助生殖机构在专业方面的优势，他们在协议中往往避免承诺其所提供的生殖保健的任何具体效果，并在条款设计中尽量免去自己的责任，尽管该条款效力在法官看来存在争议，同时因该种违约造成生育自主丧失的精神损害之可赔偿性也未得到一致认可；[5]（3）从财产法角度看，对于侵害所有权的赔偿理念与折价数额不符合生育权受损的意义和重要性，扭曲和贬低了该行为造成的严重伤害。[6]

（三）夫妻离婚时的冷冻胚胎"处置权"诉讼

在人工生殖的实施过程中，夫妻关于体外冷冻胚胎的处置难免发生

---

[1] Erika N. Auguer, "The Art of Future Life: Rethinking Personal Injury Law for the Negligent Deprivation of a Patient's Right to Procreation in the Age of Assisted Reproductive Technologies", *Chicago-Kent Law Review*, Vol. 94, No. 1, 2019, p. 55.

[2] Ingrid H. Heide, "Negligence in the Creation of Healthy Babies: Negligent Infliction of Emotional Distress in Cases of Alternative Reproductive Technology Malpractice without Physical Injury", *Journal of Medicine and Law*, Vol. 9, No. 1, 2005, p. 65.

[3] 根据美国《侵权法重述》第47节"直接造成他人精神损害的过失行为"，其失行为对他人造成严重精神损害的行为人应对他人承担责任，如果该行为：（a）将对方置于即时的人身伤害的危险中且精神损害由该危险所导致；或者（b）发生于特定类别的活动、任务或关系中，在上述场景下过失行为尤其可能造成严重精神损害。参见［美］爱伦·M.芭波里克选编《侵权法重述纲要》，许传玺等译，法律出版社2016年第3版，第294页。

[4] J. Kleinfeld, "Tort Law and in Vitro Fertilization: The Need for Legal Recognition of 'Procreative Injury'", *Yale Law Journal*, Vol. 115, No. 1, 2005, p. 239.

[5] Erika N. Auguer, "The Art of Future Life: Rethinking Personal Injury Law for the Negligent Deprivation of a Patient's Right to Procreation in the Age of Assisted Reproductive Technologies", *Chicago-Kent Law Review*, Vol. 94, No. 1, 2019, pp. 64–67.

[6] Dov Fox, "Reproductive Negligence", *Columbia Law Review*, Vol. 117, No. 1, 2017, p. 175.

分歧，该分歧尤其体现在离婚诉讼中。英美法中往往将该处置视为行使生育权的方式。[1] 目前理论与实务界中关于该纠纷的解决主要有三种路径：（1）"契约路径（the Contractual Approach）"[2]，即完全依照夫妻之间的事前协议或人工生殖实施前所共同签署的知情同意书中关于冷冻胚胎处置条款解决相应争议，Kass v. Kass 案[3]、Litowitz v. Litowitz 案[4]、Roman v. Roman 案[5]、Szafranski v. Dunston 案[6]等判例即采这一路径。（2）"同时合意路径（the Contemporaneous Mutual Consent Approach）"[7]，即否认事前协议或知情同意书中处置条款的效力，须经男女双方一致同意方可植入冷冻胚胎，否则应以消极方式处置冷冻胚胎，A. Z. v. B. Z. 案[8]以及佛罗里达州立法均采这一立场。（3）"利益衡量路径（the balancing test approach）"[9]，即无须男女双方一致同意，也不按照事前约定，而是根据个案中男女双方关于生育或不生育的利益衡量进行裁判，基于不得强迫任何人成为父母的理念，通常而言，希望不生育一方的权益优先于希望生育一方的权益；但如果该冷冻胚胎是其中一方唯一的生育机会，则该方主张生育的权益更为优先。在司法实践中，Davis v. Davis 案[10]、J. B. v. M. B. 案[11]、Reber v. Reiss 案[12]等判例均采这一观点。

---

[1] Alexandra Faver, "Whose Embryo Is It Anyway: The Need for a Federal Statute Enforcing Frozen Embryo Disposition Contracts Student", *Family Court Review*, Vol. 55, No. 4, 2017, p. 633.

[2] Ceala E. Breen-Portnoy, "Frozen Embryo Disposition in Cases of Separation and Divorce: How Nahmani V. Nahmani and Davis V. Davis Form the Foundation for a Workable Expansion of Current International Family Planning Regimes", *Maryland Journal of International Law*, Vol. 28, No. 1, 2013, p. 311.

[3] *Kass v. Kass*, 696 N. E. 2d 174 (1998).

[4] *Litowitz v. Litowitz*, 48 P. 3d 261 (2002).

[5] *Roman v. Roman*, 193 S. W. 3d 40 (2006).

[6] *Szafranski v. Dunston*, 34 N. E. 3d 1132 (2015).

[7] Kimberly Berg, "Special Respect: For Embryos and Progenitors Note", *George Washington Law Review*, Vol. 74, No. 3, 2005, p. 525.

[8] *A. Z. v. B. Z.*, 725 N. E. 2d 1051 (2000).

[9] Carinne Jaeger, "Yours, Mine, or Ours: Resolving Frozen Embryo Disputes through Genetics", *Seattle University Law Review*, Vol. 40, No. 3, 2017, p. 1148.

[10] *Davis v. Davis*, 842 S. W. 2d 588 (1992).

[11] *J. B. v. M. B.*, 783 A. 2d 707 (2001).

[12] *Reber v. Reiss*, 42 A. 3d 1131 (2012).

本章小结

生育权概念的内核在于生育自由，主要是指自然人自主决定生育或不生育子女的权利。在人权、基本权利和人格权领域，存在着同名却不同质的生育权。其中，人权意义上的生育权是其他两者的正当性来源；作为基本权利的生育权兼具"防止国家权力过分干预公民生育自由"与"设立生育自由客观价值秩序"之功能；本书研究的私法上的生育权则落实了宪法中的生育自由价值，用以抵御平等主体之间的生育权侵害。私法上的生育权概念有其实质渊源与形式渊源：

私法上生育权的实质渊源在于自然法中的生育自由，盖因自由选择是否生育是人与生俱来的权利。在此之后，伴随着多国妇女解放运动的兴起，生育自由理念逐渐被人权化、宪法化，构成私法领域生育权的价值基础。同时，由于人口数量关乎种族延续、劳动力供给以及资源可承载性等宏观问题，国家对生育行为的公共管控历史由来已久，而随着社会生产力的提高，生育自由受物质条件的制约程度逐渐减弱，相关生育政策也随之相对放宽；相应地，作为公法上生育管控之外的"生育自由"，私法上的生育权概念具备了彰显的空间。再者，作为法律工具，人格权在历史上独立于人格制度，并逐渐发展成熟，为私法上生育权概念的形成提供了基本前提。此外，生育领域科学技术的发展，尤其是避孕、产前诊断、人工生殖等生命科技的运用，一方面使人类得以控制生育行为，实现技术层面的生育自主选择，另一方面也因科技因素介入自然生育，而形成了一系列较为典型的侵害他人生育自由的行为并引发民事纠纷，促成了生育权概念在司法裁判中的形成和使用。

我国私法上生育权概念的形式渊源主要是《妇女权益保障法》第三十二条中"妇女依法享有生育子女的权利，也有不生育的自由"之规定，该规范是我国学界在法教义学层面研究生育权的原点。该条文被学界认为在私法领域认可了生育权概念，但囿于该法律主要针对女性权益的保护，其中对生育权主体的表述上不够全面，未能涉及男性也应该享有的生育权；同时，我国《民法典》在对权利列举的部分未能将生育权囊括在内，这也引起了学界对生育权法律地位的争议。鉴于这一规范现状，对私法上生育权的法律地位和法律关系有待进一步澄清。

域外私法上的生育权概念有不同的规范形式。作为比较研究的背景考察,中外生育自由观念的差异主要有二:一是在衡量生育行为出发点上的家庭本位与个人本位之分,我国在对待生育自由问题上难以完全脱离传统家文化中传宗接代思想的影响,而西方观念中生育自由的基础在于个人自我决定;二是在堕胎权问题上,西方国家对胎儿生命权以及"母胎冲突"问题的争议较大,而在我国历史上堕胎行为的正当性一直未受太大质疑,此类差异决定了我国对于域外生育权保护经验不能照抄照搬。不过,国内外在优生优育问题上表现出了较为一致的做法,普遍认为人们有权基于正确的产前诊断信息选择是否生育子女。在私法上生育权概念的具体规范方式上,除《墨西哥民法典》外,鲜有明文确立生育权的立法例,即使在大陆法系国家,对生育权概念的承认也主要借助错误妊娠、错误出生等典型诉讼;在英美法系国家,除了前述诉讼类型之外,生育权概念还出现在人类辅助生殖技术实施中医疗机构的过失侵权,以及夫妻对于体外冷冻胚胎的处置纠纷等判例中。

第二章 私法中生育权的理论证成

尽管前文已经使用了"生育权"的概念，但这主要是基于对表达习惯的沿袭，并非先入为主地将其作为一项法定权利来对待。实际上，根据我国现有规范以及人格权法定主义理论，生育权在我国私法体系中并不具有权利地位。但在应然层面，生育权不止是受法律保护的利益，而且属于一项独立的民事权利，下文将在理论层面探讨其民事权利地位证成。

第一节 从利益到权利的一般证成标准

一 德国学界的权利生成学说

对权利的体系划分和立法表达主要在成文法国家进行，其中面临的重要理论问题便是明确法定权利与非典型利益的区分标准，因此对该问题的探讨也主要在大陆法系国家展开。德国学界参照所有权的特征，对权利与利益的区分标准进行了较有成效的研究。其中，拉伦茨教授与其学生卡纳里斯教授归纳的法定权利的三个特征在学界认可度较高，即法定权利须具有归属效能（Zuweisungsgehalt）、排他效能（Ausschlussfunktion）与社会典型公开性（Sozialtypische Offenkundigkeit）。[1] 此外，埃尔曼、诺莫斯等民法学者也围绕这三个特征展开过相关论述。[2] 在具体的内容上，归属效能，即将某项确定的权利内容归属于特定主体，其核心

---

[1] Larenz and Canaris, Lehrbuch des Schuldrechts, Band Ⅱ: Besonderer Teil, Halbband 2, 13. Aufl., Verlag C. H. Beck, München 1994, S. 373 ff. 转引自于飞《权利与利益区分保护的侵权法体系之研究》，法律出版社2012年版，第56页。

[2] 于飞：《权利与利益区分保护的侵权法体系之研究》，法律出版社2012年版，第56页。

要义在于权利主体和权利内容的确定性;排他效能,要求该权利只能由一个主体享有,除非加害人具有违法阻却事由,否则权利主体能够排除他人的任何干涉;社会典型公开性,要求法定权利在社会生活中具有重复发生的可能性,使他人能够借助社会经验认知权利边界,减少侵害人格权的可能性;① 同时使其保护对象具有社会一般意义上的可识别性,避免潜在责任人动辄得咎。② 总体来看,德国学界对权利利益的本体区分抽象出了这三条标准,该理论对我国影响较大。

二 我国学界的权利生成学说

我国梅夏英教授、张红教授、张力教授等诸多学者对前述理论均表示赞同,并以其为分析工具对一些人格利益的权利化展开了相关探讨。③ 也有学者在对前述三个标准进行剖析的基础上提出,绝对权与其他法益最本质的区分在于两者"对潜在责任人而言的社会典型公开性和由此所导致的预见可能性不同。"④ 除此之外,也有学者未援用前述标准,而是基于中国本土理论与实践提炼出了新的学说。

其中,姚辉教授认为,一项利益能否上升为权利的标准有两项,"一是该利益值得为法律所保护的重要程度;二是该利益具备法律上使之定型化的特性。"⑤ 韩强教授提出,"作为主观权利的人格权,须满足权利客体确定、权能明确的要求。"⑥ 李景义教授对于类型化的具体人格权提出了"正当性""独立性""典型性"三个条件。⑦ 谢晖教授认为"权利推定建立在有关权利的习惯基础上"⑧。徐钝教授则认为,新

---

① 李景义、项定宜、李浩:《人格权体系研究》,人民出版社 2016 年版,第 96 页。
② 于飞:《权利与利益区分保护的侵权法体系之研究》,法律出版社 2012 年版,第 57—64 页。
③ 参见张红《一般人格权:新生人格利益之保护机制》,《人大法律评论》2018 年第 2 期;梅夏英:《民法权利思维的局限与社会公共维度的解释展开》,《法学家》2019 年第 1 期;张力:《权利、法益区分保护及其在民法总则中的体现——评〈民法总则(草案)〉第五章》,《河南社会科学》2016 年第 11 期。
④ 朱虎:《侵权法中的法益区分保护:思想与技术》,《比较法研究》2015 年第 5 期。
⑤ 姚辉:《侵权责任法视域下的人格权》,《中国人民大学学报》2009 年第 3 期。
⑥ 韩强:《人格权确认与构造的法律依据》,《中国法学》2015 年第 3 期。
⑦ 其中的"正当性"是指合法性。李景义、项定宜、李浩:《人格权体系研究》,人民出版社 2016 年版,第 95—96 页。
⑧ 谢晖:《论新型权利生成的习惯基础》,《法商研究》2015 年第 1 期。

型人格权的权利正当性证成，需要"自主行为领域的意思力实现"和"社会价值层面的共识达成"两个基本准则。① 张建文教授提出了利益的"直接相关性、非类型化性、正当性和保护必要性"作为利益权利化的"四要件检测"理论。② 另外，也有学者从"利益确认和损害禁止"两个方面论证新型的"环境人格权"之正当性。③ 也有学者归纳出"权利必须为人服务、应对主体具有善的价值、对社会公共利益有益或无害、应获得社会共识并具有可行性"④ 标准以克服权利泛化。还有学者通过阐述"性利益"的"可支配性、完整性、可处分性、不可侵犯性"而主张将其上升为"性权利"。⑤ 除此之外，学界所提出的可被权利化的利益特征还包括"利益的相对重要性"⑥，或"现行法律框架的张力下无法充分保护"⑦，或"有被保护的合理性""为既有的法律体系所容纳""有被实现的可能性"⑧ 或"具有特定的权利主体、权利客体与权利内容"⑨ 等。

此外，梅夏英教授还从社会公共视角提出了权利与利益的区别标准，认为法定权利之所以成其为法定权利，本质原因在于该法律关系"能通过相对纯粹的、稳定的及不依赖于外部公共秩序的私人利益空间的界定，并辅以逻辑推导形成自洽的利益调整规范群"。⑩ 这也是考量法定权利的有效视角，一项权利一旦须借助私法之外的保护性规定划定其范围，诸如"个人信息权"等，则其已经离人之固有伦理价值过于遥远，以致于无法从该权利中抽象出需要保护的人格要素。值得说明的是，梅夏英教授虽然在同一文章中明确反对了身份法上的生育权概念，

---

① 徐钝：《论新型人格权司法证成的基本准则》，《法商研究》2018年第3期。
② 参见张建文《新兴权利保护的合法利益说研究》，《苏州大学学报》（哲学社会科学版）2018年第5期；张建文：《新兴权利保护中利益正当性的论证基准》，《河北法学》2018年第7期。
③ 付淑娥：《环境人格权正当性论证之归纳推理》，《广西社会科学》2017年第5期。
④ 王方玉：《权利的内在伦理解析——基于新兴权利引发权利泛化现象的反思》，《法商研究》2018年第4期。
⑤ 陈运华：《论作为人格权的性权利及其法律限制》，《政治与法律》2008年第8期。
⑥ 于柏华：《权利认定的利益判准》，《法学家》2017年第6期。
⑦ 姚宇：《新型民事权利的界限及其证成》，《学术交流》2016年第11期。
⑧ 雷磊：《新兴（新型）权利的证成标准》，《法学论坛》2019年第3期。
⑨ 胡卫萍：《新型人格权的立法确认》，《法学论坛》2011年第6期。
⑩ 梅夏英：《民法权利思维的局限与社会公共维度的解释展开》，《法学家》2019年第1期。

盖因其"没有个人私域的明确界限和保障力"[1]，但其并未否定作为人格权的生育权，这也源于生育权作为人格权的正当性。而实际上，对于人格权法领域的生育权而言，其内容界定几乎无需通过民法以外的法律条文辅助构建，因其本身的价值基础与权利架构极其明晰。因此，基于梅夏英教授的观点，生育权之于人格权体系具有基础性价值，这是一个向内发现的过程，生育权的权利化并非权利话语的非理性扩张。

总体来看，我国学界对于人格利益的权利化标准问题给予了较多关注，并提出了明确的解决方案，被提及的标准包括利益的正当性、重要性、归属性、排他性、典型性、独立性等。前述特质确实应该是法定权利所应具备的，但从筛选功能上看，每一项标准的区分度有所不同，其中的"重要性"标准就无法将利益与法律泾渭分明地区分开来。同时，结合近年来我国司法实践出现的"悼念权"[2]"被遗忘权"[3]"贞操权"[4]"环境权"[5]"体育权"[6]，甚至"相思权""亲吻权""良好心情权""视觉卫生权"[7] 等新型人格权益，对于不同利益类型进行考察的侧重点应有所不同，比如对于"被遗忘权"而言，其与公众知情权存在冲突，因此"正当性"论证争议较大；而"环境权""良好心情权"则在"典型性""排他性"等问题上值得商榷。对于生育权而言，学界之所以对其权利地位莫衷一是，主要源自其三个方面的问题：一是对生育自由价值在我国家族观念和政策背景下的正当性有待探讨；二是基于生育行为两性配合的特殊性，生育权性质、主体有待明确；三是生育权与身

---

[1] 梅夏英：《民法权利思维的局限与社会公共维度的解释展开》，《法学家》2019 年第 1 期。

[2] 参见侯某与詹某一般人格权纠纷二审民事判决书，天津市第一中级人民法院（2016）津 01 民终 594 号；范某与林某人格权纠纷一审民事判决书，成都市青羊区人民法院（2014）青羊民初字第 875 号。

[3] 张建文、李倩：《被遗忘权的保护标准研究——以我国"被遗忘权第一案"为中心》，《晋阳学刊》2016 年第 6 期。

[4] 参见韩某与德某生命权、健康权、身体权纠纷二审民事判决书，北京市第三中级人民法院（2014）三中民终字第 04847 号；江某诉彭某人格权纠纷一案二审民事判决书，上海市第一中级人民法院（2014）沪一中民一（民）终字第 2315 号。

[5] 刘长兴：《环境权保护的人格权法进路——兼论绿色原则在民法典人格权编的体现》，《法学评论》2019 年第 3 期。

[6] 杨腾：《体育权：权利泛化语境下的虚构概念》，《武汉体育学院学报》2014 第 6 期。

[7] 陈金钊、宋保振：《新型人格权的塑造及其法律方法救济》，《北京行政学院学报》2015 年第 3 期。

体权、健康权关系紧密，故其独立性、典型公开性有待证成。

第二节　生育权的价值正当

一　我国传统宗族观念对生育自由的接纳

人权是西方文化的产物，在中国传统法律文化里并未发展出"人权"的概念，[1] 甚至没有出现能够对应表达英文中"权利"涵义的词汇，直到19世纪中期，伴随着西学东渐，我国"权利"这个词才用来对应西方"Right"。[2] 有学者在谈及中国权利话语产生之艰难过程时提出，中国传统哲学中所倡导的行为模式是利他的、让与的、内省的、自制的，而非索取的、争利的，其更接近于履行义务，而非行使权利。[3] 在生育的问题上，有学者也提出，由于我国传统价值观主要根植于集体主义和家族主义，致使生育权概念无法直接追溯到我国的本土资源之中。[4] 质言之，我国传统观念中更是鲜有追求生育自由的意识，生育行为很大程度上受到宗族观念的推动。

我国古代对婚姻的定义出于《礼记·昏义》，"昏礼者，将合二姓之好，上以事宗庙，而下以继后世者也。"由此观之，古人所认同的婚姻之本质在于生育，而生育之目的在于家族的延续、祖先的祭祀，这里对婚姻和生育的认知不是从个人或社会的角度出发，而是以家族为中心的。[5] 质言之，中国传统社会对传宗接代的重视，致使缔结婚姻被赋予了浓重的生育导向色彩。甚至有西方学者认为，"传宗接代是中国人唯一的宗教信仰。"[6] 在"传宗接代、延续香火"观念之下，

---

[1] 严海良：《人权论证范式的变革：从主体性到关系性》，社会科学文献出版社2008年版，第323页。

[2] 参见夏勇《中国民权哲学》，生活·读书·新知三联书店2004年版，第132—133页。

[3] 参见夏勇《人权概念起源：权利的历史哲学》，中国政法大学出版社2001年版，第192页。

[4] 参见湛中乐等《公民生育权与社会抚养费制度研究》，法律出版社2011年版，第5页。

[5] 为了使祖先能永享血食，故必使家族永久延续不辍，祖先崇拜可说是第一目的，或最终目的。在这种情形之下，结婚具有宗教性，成为子孙对祖先之神圣义务，独身及无嗣被认为一种愧对祖先不孝的行为。无后，祖先便将成为无祀之鬼了，古人相信鬼是必须血食的。参见瞿同祖《中国法律与中国社会》，商务印书馆2010年版，第103页。

[6] 李银河：《生育与村落文化》，内蒙古大学出版社2009年版，第122页。

生育行为无形之中成为了家族成员的重要义务之一，其对于女性而言更是如此。

不过，随着社会发展与思想解放，人们看待是否生育、生育数量、子女性别，以及生育对于个体及家庭的重要性等问题的方式也逐渐发生转变。当下我国生育观念不仅保留了部分传统家文化的色彩，同时也基本完成了对生育自由价值的吸纳。该转变主要有两个方面的原因：

在精神层面，生育价值衡量逐渐由家族主义向个人主义转变。自古以来，家庭观念在中国人的观念中根深蒂固，这源于中国人带有"宗教意味"的"祖先崇拜"①。其中，传宗接代被视为家族成员一生中必须完成的任务，也是践行孝道的首要方面。②除了在子女数量上多多益善，尽量使家族人丁兴旺之外，由于在严格意义上只有生男孩才被视为完成血脉延续的任务，因此传统生育观念中存在着男孩偏好。数十年以来，随着人们对自身高质量生活的追求，加之计划生育政策的推行，家庭中平均的子女数量逐渐降低。同时，由于妇女社会地位明显提高，人们的受教育程度不断提升，以及男性结婚成本增加等因素，③近四十年来生育中的男孩偏好呈现出式微之势。④从中也可以看出，夫妻双方，尤其是女性的生育行为正由"被动追随"转向"主动选择"，⑤在生育选择的过程中，家族观念对于生育行为的影响力正逐渐淡化。

在物质层面，生育的经济价值降低，且"经济不利益"逐渐受到重视。在传统社会中，生产力以人力为主，生育后代是为家庭增加劳动力的方式之一。因此，子女对于父母而言具备重要经济价值，其短期价值在于补充家庭劳动力，长远价值在于父母的养老保障。这一观点被李银

---

① 李银河：《生育与村落文化》，内蒙古大学出版社2009年版，第123页。

② 不过，这样的观念表面上看是为家族利益考量，但实际上正如李银河教授所言，"这是一种将外延放大到'家'的范围的利己主义，而不是利他主义"，或者可以说是主观上为自己，客观上为家庭，这样的评价确实是精确地描述出了中国人的这部分观念。参见李银河《生育与村落文化》，内蒙古大学出版社2009年版，第124页。

③ 窦东徽、罗明明、刘肖岑：《中国居民生育性别偏好变迁的横断历史研究：1981—2016》，《北京工业大学学报》（社会科学版）2019年第6期。

④ 侯佳伟、顾宝昌、张银锋：《子女偏好与出生性别比的动态关系：1979—2017》，《中国社会科学》2018年第10期。

⑤ 陈丽琴：《从被动追随到主动选择：新中国成立以来农村妇女意愿生育性别偏好变迁及其原因》，《浙江社会科学》2019年第9期。

河教授认为仍反映了21世纪初期中国9亿农村人口的想法，农民的生育行为是一种"真正意义上的投资"①。随着我国生产技术提高对劳动力的逐步解放，以及九年义务教育的实施，未成年子女对于家庭物质创造价值逐渐消失；同时，社会保障体系承担一部分经济层面的养老任务，年老父母对子女的物质依赖程度有所降低。因此，子女的经济价值几乎消失殆尽，难以继续促进生育行为。与之相反的是，随着人们物质文化需求的提高，抚养教育子女的成本大大上升，同时父母为成年子女结婚、购房付出金钱的模式未能根本改变，这使得子女对父母而言实际上是一种"经济不利益"，越来越多的年轻人因为高昂的子女抚养成本而选择不育或少育、晚育。

其中，尤其值得关注的是女性生育自由意识的日益凸显。在以往，为夫家绵延子嗣被视为妇女的天职，相当于"习惯上的义务"。自唐代起，"无子"即为"七出"之一，成为丈夫休妻的法定正当事由。直到近代，女性在生育中"义务主体"的色彩仍然非常浓厚。②尽管外界的习俗和法律没有直接控制妇女人身以强制其生育，但却通过对不生育行为苛以不利后果来间接驱使其生育。久而久之，妇女虽客观上承担了颇多思想压力和生儿育女的辛劳，但却对此司空见惯，以致于很少意识到被"压迫"，反而常常努力生育并为完成生育任务而获得成就感。随着我国20世纪初兴起的女权运动不断发展，女性自我意识觉醒，在政治、就业、教育等各个领域争取平等权利，同时也在家庭中逐渐开始谋求夫妻分工合作，消除女性附属化、工具化地位。本书无法就传统的婚育观念与家庭分工究竟是糟粕还是精华，或者追求绝对的两性平等究竟是否为社会的进步等深刻命题得出结论，仅能尽量客观地叙述女性生育观念的变迁及其带来的影响。其中，在女性争取自身权利的过程中，传统家文化日渐解体，现代法治思想逐步渗透，我国女性在生育问题上的自我

---

① 李银河：《生育与村落文化》，内蒙古大学出版社2009年版，第95页。
② 费孝通先生在其1939年完成的基于对江村发展的观察与剖析中也写到，"选聘媳妇的主要目的是为了延续后代……如果当媳妇的没有能力来完成她的职责，夫家就有很充足的理由将她遗弃而无需任何赔偿。妇女在生育了孩子之后，她的社会地位才得到完全的确认。同样，姻亲关系只有在她生育孩子以后才开始有效。"参见费孝通《江村经济》，北京大学出版社2012年版，第31页。

决定意识和话语权显著提升。① 伴随着女性生育权的彰显，以及国际上生育权主体的扩张趋势，② 我国逐渐承认了全体公民均享有生育自由。③ 时至今日，脱胎于我国传统家文化的生育义务观念已发生实质性转变，生育自主逐渐成为我国生育领域的主导性价值。

二 我国计划生育政策中的生育自由意蕴

生育权与计划生育政策并不矛盾。前已述及，基于生育行为的社会属性，国家对其进行宏观调控具有现实必要性。而在人口政策与生育自由的关系问题上，根据1974年联合国人口和发展大会第XVI号决议，对生育自由的保护是人口政策制定的考量因素之一，除此之外人口政策必须符合社会和经济发展等诸多现实。④ 同时，基于公共福祉的生育控制在国际规范性文件上有据可依，1984年《关于人口和发展的墨西哥城宣言》明确提出"那些认为其人口增长率阻碍了国民计划发展的国家应当采取适当的人口政策和人口计划"⑤。因此，在现代社会中，国家根据经济社会发展状况制定相应的生育政策或人口政策具备正当性，且在最适当的程度上保护公民生育自由是该类政策的题中之义。

我国计划生育政策的出台主要是基于20世纪七八十年代物资匮乏

---

① 值得提及的是2002年吉林省出台《吉林省人口与计划生育条例》，规定"达到法定婚龄决定终生不再结婚并无子女的妇女，可以采取合法的医学辅助生育技术手段生育一个子女"，在2021年吉林省政府发布的《吉林省人口与计划生育条例》中仍基本作为第二十九条存在，该条允许女性生育行为脱离于家庭土壤而进行，旗帜鲜明地赋予了女性在生育问题上完全的决定权，尽管在社会上争议较大，但在女性生育自由保护领域具有开创意义。

② 在我国作为缔约国之一的1980年《消除对妇女一切形式歧视公约》中，明确规定了妇女与丈夫在生育权上享有同等的权利。

③ 我国1992年通过的《妇女权益保障法》第四十七条第1款明确规定，妇女有按照国家有关规定生育子女的权利，也有不生育的自由。该条经2005年与2018年修正、2022年修订后仍基本保留，现为第三十二条。2002实施、2015年与2021年修正的《人口与计划生育法》第十七条规定，公民有生育的权利，也有依法实行计划生育的义务，夫妻双方在实行计划生育中负有共同的责任。后者把生育权的主体从妇女扩大到所有公民。

④ 该决议提出，"人口政策应该与以下这些普遍现实相符合：社会和经济发展，妇女在法律、政治、社会和文化方面的平等地位，对父母和儿童的尊重以及父母繁衍后代和自主、负责地决定其子女的人数和生育间隔的权利。"参见曲相霏《人权离我们有多远：人权的概念及其在近代中国的发展演变》，清华大学出版社2015年版，第150—151页。

⑤ 曲相霏：《人权离我们有多远：人权的概念及其在近代中国的发展演变》，清华大学出版社2015年版，第150页。

时期的经济发展目的考量。① 几十年来，学界对其正当性与合宪性的探讨从未停止，该政策所面临的批判主要来自其实施过程中某些地方采取的"终止妊娠、采取补救措施"②等极端行为，并非计划生育政策及相应法律规范的本体内容。且不能否认，一定时期内国家为实现可持续发展而对生育数量予以宏观控制有其内在合理性，人口问题的全局性也决定了只能通过计划生育立法才能得到有效调控。我国政府在1994年8月向开罗国际人口与发展大会提交的《中华人民共和国人口与发展报告》中曾申明："个人和夫妇在行使这一（生育）权利时，应当充分考虑到家庭现有和未来的子女的最高利益，以及社会责任。"③ 这也充分表明我国对于生育权的认可。

客观地看，我国计划生育政策是特定历史时期在承认生育权的前提下，根据基本国情所做出的具有充分理由的决策。该政策的目的绝不在于不合理地限制公民生育自由，而在于实现宪法中"人口的增长同经济和社会发展计划相适应"之目标，以更好地保障更多公民的自由。同时，对生育权的保护并不意味着完全排除国家基于发展战略的正当干预，更不允许"公民在行使此项权利时可以无拘无束、为所欲为"④，而是倡导一种有节制的、负责任的自由。质言之，生育权与计划生育政策并行不悖，就如同权利与权利的限制如影随形一样正当。从法价值角度看，计划生育政策不影响我国宪法和其他法律对生育自由的尊重，而这构成了生育权私法保护的前提，盖因作为民事权利的生育权实质上是公法控制之外的"剩余"自由。

此外，我国计划生育政策呈现出逐渐放宽的趋势。自2013年以来，独生子女政策陆续被"单独二孩""全面二孩"与"三孩"政策替代；在2018年国务院机构改革中，"国家卫生和计划生育委员会"被改为"国家卫生健康委员会"，且计划生育相关司局被撤销。这体现出，当经济社会发展程度升高，掣肘生育自由的物质等因素变少，

---

① 耿玉娟：《计划生育制度法治化路径及合宪性转型研究》，《兰州大学学报》（社会科学版）2017年第5期。
② 王贵松：《中国计划生育制度的合宪性调整》，《法商研究》2008年第4期。
③ 陈明立主编：《人口与计划生育立法研究》，西南财经大学出版社2001年版，第187—188页。
④ 吴欢：《国家干预生育的历史、法理与限度》，《学习与探索》2016年第3期。

那么国家对生育自由的干预也应随之减少。在过去，计划生育政策的推行主要是由于人口数量过多已严重制约社会的发展。而时至今日，我国物质资源承载人口的能力增强，"生育权克减现象所依赖的社会条件渐趋式微"。① 在这一过程中，正是国家在公共资源层面已经基本能够保障公民生育自由的实现，生育或不生育的自由才可以被放心地交给市民社会自由地选择，因此生育问题在私法上才得以具有越来越大的可探讨的空间。

三　人格权的一般条款对生育自由的涵摄

生育自由直接关乎人的自由与尊严，后者是人格权的基本内涵。在我国人格权领域，《民法典》总则编第五章"民事权利"开篇在民事基本法层面明文规定"自然人的人身自由、人格尊严受法律保护"，系人格权保护的一般规定。在此基础上，《民法典》第九百九十条第2款规定"自然人享有基于人身自由、人格尊严产生的其他人格权益"，该条款具有开放性，为非典型人格权或人格利益的保护留下入口，生育权便属于该条文中的"其他人格权益"。

在此之前，最高人民法院原《关于确定民事侵权精神损害赔偿责任若干问题的解释》第一条第1款第（三）项规定了"人身自由权、人格尊严权"的精神损害赔偿，似乎试图建立如德国法中一般人格权这样的框架性权利以作为人身权益保护的兜底性条款。最高人民法院的后续说明也明确将其称作一般人格权，并认为其在个案中应作为具体人格权保护之外的"补充适用条款"。② 从形式上看，原《中华人民共和国民法通则》（下称《民法通则》）中对民事权利采用了完全列举的方式，没有为新权利的创设留下空间，虽然第一百零一条名誉权保护条款中提到"公民的人格尊严受法律保护"，但根据体系解释，此处的"人格尊严"专指不受侮辱、诽谤的人格状态，并非作为一般条款而包罗其他人格尊严类型，由此观之，在司法解释中创设权利无异于对原《民法通则》的僭越，从而效力存疑；从内容上看，"人身

---

① 姜帆：《法治视野下的公权力与生育权克减》，《商业时代》2013年第17期。
② 唐德华主编：《最高人民法院〈关于确定民事侵权精神损害赔偿责任若干问题的解释〉的理解与适用》，人民法院出版社2001年版，第9页。

自由、人格尊严"应属具体人格权的上位概念,在此处却错位地成为并列概念,在体系安排上有失妥当;更重要的是,"人身自由权、人格尊严权"在构成要件和法律效果上的模糊性使得该规定的适用存在障碍,其规范目的难以实现,而这些也造成了"该规则在嗣后立法中被舍弃的命运"①。

与之相比,民法典的相关表述去掉了"权"的外观,增强了"人身自由、人格尊严"作为一般概念的包容性,避免使"人身自由权、人格尊严权"徒有权利外观,却既无权利的规范效力又过严限制非典型利益进入私法保护范围之种种弊端。尽管有学者批评认为该条款过于狭窄,应增加"人格自由"的概念,而且认为人身自由、人格尊严无法涵盖"生育自由"的内容。② 但也有学者认为人身自由不仅包括行为自由,还包括精神自由;③ "精神自由,其外在表现为意思决定自由"。④ 本书认为,人格属于精神范畴,人格自由须通过行为自由体现、行使,对人格自由的保护可藉由对人身自由的目的性扩张解释来完成。有学者在剖析生育权的宪法保护时也提出类似看法,认为生育自由"属于一种具体的行为自由,可以纳入人身自由条款"⑤。其中,生育自由通过对生育行为的选择得以实现,禁锢生育自由系对主体,尤其是女性行为自由的遏制。这一观点也集中反映在西方争取堕胎自由权的讨论中,有学者明确提出,禁止堕胎的规定实质上是将女性在怀孕中的角色简化为受未出生孩子的非自愿奴役(Involuntary Servitude),而从国际人权角度来看,无法获得安全堕胎权剥夺了妇女作为人对自己生活的基本控制,并强加了一种极端的歧视和强迫劳动。⑥ 因此,自主选择是否生育、何时生育等的权利都属于人身自由的范畴,生育权属于人格权

---

① 朱晓峰:《作为一般人格权的人格尊严权——以德国侵权法中的一般人格权为参照》,《清华法学》2014年第1期。
② 朱晓峰:《民法一般人格权的价值基础与表达方式》,《比较法研究》2019年第2期。
③ 袁雪石:《中国人格权法的创新与发展——杨立新教授人格法思想研究》,《河南省政法管理干部学院学报》2010年第5期。
④ 李景义、项定宜、李浩:《人格权体系研究》,人民出版社2016年版。
⑤ 梁洪霞:《我国多省市"限制妇女堕胎"规定的合宪性探究——兼议生育权的宪法保护》,《北方法学》2018年第1期。
⑥ Kiva Diamond Allotey-Reidpath and Allotey Pascale et al., "Nine Months a Slave: When Pregnancy Is Involuntary Servitude to a Foetus", *Reproductive Health Matters*, Vol. 26, No. 52, 2018, p. 58.

一般条款的涵摄范围之内。也正因如此,即使是反对私法上明文确立生育权的学者,也认同生育权私法救济的正当性,[①] 这在学界已达成了最低限度的一致。

第三节 生育权的性质明确

生育行为须两性配合,即使是采用人工生殖技术,不同主体之间的生育行为也不可避免地发生事实关联,这使得生育权与其他典型的绝对权有所不同。关于私法上生育权的性质,国内学界主要有三种观点:一是"人格权说"[②]或"绝对权说"[③],二是"身份权说"[④]或"配偶权说"[⑤]"相对权说""请求权说"[⑥],三是"双重属性说"[⑦],总体来看有待进一步明确。

在实务界,我国民事裁判中的生育权纠纷案由大都被归为"一般人格权纠纷"类别,裁判观点中对生育权属性的界定也莫衷一是。根据具体案情,在交通事故致使妇女终止妊娠、产前诊断失误致使身体缺陷婴儿出生等案件裁判中,司法机关主要将生育权定义为人格权,认为"生育权乃是人的自然属性,基于自然事实,与自然人之人格不可分割,宜

[①] 朱晓喆、徐刚:《民法上生育权的表象与本质——对我国司法实务案例的解构研究》,《法学研究》2010年第5期。

[②] 参见许莉《供精人工授精生育的若干法律问题》,《华东政法大学学报》1999年第4期;马强:《论生育权——以侵害生育权的民法保护为中心》,《政治与法律》2013年第6期;邢玉霞:《从民事权利的角度辨析生育权的性质》,《东岳论丛》2012年第3期。

[③] 陈文军:《丈夫废弃冷冻胚胎案件中的侵权责任认定》,《法律适用》2018年第9期。

[④] 参见姜玉梅《生育权的法律定位》,《人口与经济》2004年第1期;杨金颖:《关于生育权问题的思考》,《前沿》2004年第4期;樊林:《生育权探析》,《法学》2000年第9期;张学军:《生育自决权研究》,《江海学刊》2011年第5期。

[⑤] 参见刘永霞《论我国法律对生育权的保障问题》,《宁夏大学学报》(人文社会科学版)2005年第4期;崔茂乔、张云:《生育权探微》,《思想战线》2001年第6期;姜玉梅:《生育权辨析》,《西南民族学院学报》(哲学社会科学版)2002年第12期。

[⑥] 参见沈鸿梅、龚刚强《"生育权"纠纷的法理分析》,《广西民族大学学报》(哲学社会科学版)2003年第S1期;周征:《生育权的私权化》,《中华女子学院学报》2005年第5期。

[⑦] 参见刘士国《人工生殖与自然法则》,《人民司法》2014年第13期;单陶峻:《生育权本质浅析》,《南京人口管理干部学院学报》2004年第2期;付翠英、李建红:《生育权本质论点梳理与分析》,《法学杂志》2008年第2期;杨遂全:《现行婚姻法的不足与民法典立法对策》,《法学研究》2003年第2期。

肯定为人格权"①，"优生优育选择权属于其他人格权的范畴"②；不过，也有法院在此类案件中将生育权定义为"人格利益"③。在妻子单方决定终止妊娠、妻子在婚姻存续期间生育与丈夫不具有血缘关系孩子的案件中，有司法机关将丈夫的生育权界定为"配偶权"。④ 此外，也有司法机关仅仅笼统地将生育权定义为"人身权"，⑤ 并未进一步明确其人格权或身份权属性。不过，在其他绝大多数涉及生育权的民事纠纷裁判文书中，法院并未明确界定生育权的属性，而是直接将其作为一项独立的主观权利进行描述。

一 生育权的身份权属性检讨

与其他人格权的行使方式不同，人类生育行为必须基于男女两性的配合。基于这一自然特质，有学者提出生育权是请求权。⑥ 更有学者进一步提出，生育或不生育的权利需要通过夫妻协商进行，因此在生育权中，生育请求权属于其基础性权能。⑦ 同时，有观点认为，依主流社会观念，婚内配偶之间应发生性和生育行为，因此生育权是身份权，⑧ 系

---

① 参见刘某与范某、金坛市天霸汽车运输有限公司、中国太平洋财产保险股份有限公司金坛支公司、李某道路交通事故损害赔偿纠纷一案一审民事判决书，金坛市人民法院（2013）坛民初字第 2352 号。

② 参见宋某诉湖南株洲化工集团有限责任公司医院医疗损害赔偿纠纷一案一审民事判决书，株洲市石峰区人民法院（2009）株石法民一初字第 261 号。

③ 参见殷某等与北京东方博大医院医疗损害责任纠纷一审民事判决书，北京市朝阳区人民法院（2014）朝民初字第 07701 号。

④ 参见苟某与谭某离婚纠纷一审民事判决书，石柱土家族自治县人民法院（2016）渝 0240 民初 2553 号；"田某与彭某一般人格权纠纷一审民事判决书，隆回县人民法院（2017）湘 0524 民初 2158 号。

⑤ 参见张某与徐州市铜山区马坡镇卫生院、徐州市铜山区郑集镇中心卫生院等侵害患者知情同意权责任纠纷一审民事判决书，徐州市铜山区人民法院（2015）铜郑民初字第 01440 号；"平安医院与陈某、刘某及妇幼保健院医疗损害赔偿纠纷案二审民事判决书，昆明市中级人民法院（2007）昆民三终字第 854 号；孙某与靖江市人民医院医疗损害责任纠纷一审民事判决书，靖江市人民法院（2014）泰靖民初字第 2616 号；"游某与李某离婚纠纷一审民事判决书，滨州市滨城区人民法院（2013）滨民一初字第 495 号；"陈某与徐某人格权纠纷一审民事判决书，广东省湛江市霞山区人民法院（2015）湛霞法民一初字第 235 号。

⑥ 参见沈鸿梅、龚刚强《"生育权"纠纷的法理分析》，《广西民族大学学报》（哲学社会科学版）2003 年第 S1 期；周征：《生育权的私权化》，《中华女子学院学报》2005 年第 5 期。

⑦ 参见姜玉梅《生育权辨析》，《西南民族学院学报》（哲学社会科学版）2002 年第 12 期。

⑧ 参见杨金颖《关于生育权问题的思考》，《前沿》2004 年第 4 期；樊林：《生育权探析》，《法学》2000 年第 9 期；张学军：《生育自决权研究》，《江海学刊》2011 年第 5 期；崔茂乔、张云：《生育权探微》，《思想战线》2001 年第 6 期。

夫妻之间人身权利义务的范畴。不过,对于将"请求配偶配合自己生育或不生育"的"权利"定义为生育权的内容,进而认为生育权具有身份权属性之观点,本书认为有待商榷。

(一)生育权之身份权定位的法教义学困境

将生育权定性为身份权,意味着夫妻享有请求对方配合自己生育或不生育的权利。在此需要澄清的是,该立场中并不包含"生育行为仅仅能由婚内的配偶来配合完成"之意。原因在于,身份权的内部逻辑是"由身份推出权利",而不是指某种行为仅能发生于具有某种身份关系的主体之间。即使认为生育权是身份权,也必须承认,生育行为不一定发生在婚内,且我国立法也并未禁止非婚生育行为,反而在立法上明确认可非婚生子女与婚生子女享有同等的权利。概言之,生育行为的双方主体不一定具有婚姻关系是客观社会现实,该事实不构成对生育权的身份权性质证成或证伪之论据,而应是对生育权性质各方论争的基本前提性共识。

对于生育权的身份权性质探讨有赖于对身份权这一颇具争议的概念本身之厘清。我国立法文本上并未出现"身份权"术语,学界对其体系定位也有较大分歧。身份权概念以身份的形成为基础,其中,近现代民法的身份主要发生在亲属之间,是"自然人在群体中所处的据之适用特别规范的地位"[1],"任何身份安排的目的都在于区别对待"[2],这种区分格局对于层次性社会结构的形成,以及社会协商成本的减少至关重要。[3] 在历史上,"从身份到契约"的运动,促使亲属身份权的性质也发生根本意义上的改变:从对人的支配权转变为平等人格所派生的权利。[4] 在对身份权的性质界定上,学界有绝对权与相对权之争,其中较为主流的观点认为身份权兼具绝对权与相对权的性质,[5] 具体表现在内部是对于特定主体的给付请求权,外部苟加于不特定主体的不作为义务。夫妻之间的身份权属于结婚的直接效力中的人身关系部分。我国立

---

[1] 张俊浩:《民法学原理》(上册),中国政法大学出版社2004年版,第11页。
[2] 徐国栋:《"人身关系"流变考》(上),《法学》2002年第6期。
[3] 参见马俊驹、童列春《论私法上的人格平等与身份差异》,《河北法学》2009年第11期。
[4] 郭鸣:《论亲属身份权的侵权法保护》,《江西社会科学》2010年第3期。
[5] 参见杨立新、袁雪石《论身份权请求权》,《法律科学》2006年第2期;郭鸣:《论亲属身份权的侵权法保护》,《江西社会科学》2010年第3期;段厚省:《论身份权请求权》,《法学研究》2006年第5期。

法对夫妻间身份权的规定较少，这也反映出在家庭自治与法律干预[①]的平衡问题上，立法对家庭伦理保持了足够的谦抑。身份权的本质功能，在于以"'命令—服从'的治理模式替代平等协商机制"[②]，体现出平等主体在家庭组织形式内部特殊的共存秩序。但在生育问题上，夫妻间关于互相配合生育的行为能否被纳入这一模式有待商榷。

若将夫妻之间的生育权界定为身份权，则理论上其对内效力应包括履行效力、不履行义务的救济效力，其分别通过身份权的本体请求权与救济请求权予以实现；对外效力为不受干涉的效力。这一设计看似合理，但实际上，其内部效力实为一纸空文，尤其表现为强制履行和内部救济效力的羸弱；而其外部效力虽有发挥的余地，但其效力之所以能够发挥，却是因为这部分权利内容已被视为人格权而已，与此如此，毋宁直接将其性质定义为人格权。

其中，前述内部效力之羸弱主要表现为，若配偶对生育行为不予配合，该"身份义务"无法被强制继续履行。尽管对于相对权而言，其并不必须对应可被强制继续履行的义务，正如《民法典》第五百八十条规定某些情形下的非金钱债务可免于强制继续履行，然而，法律对于该非金钱债务的不履行规定了其他方式的违约责任，但对于不配合生育的行为而言，法律却并不支持相应的损害赔偿责任。质言之，"配合对方生育义务"之不履行没有相应的法律责任。而其根本原因在于，若承认夫妻一方对另一方具有"生育身份权"，苛加对方"配合生育的义务"，实际上意味着牺牲义务方的生育自由，而这显然违背了生育权所追求的平等、自由价值。因此，生育权不应具有相对权的属性，进而也不应被界定为身份权。

对生育身份权化问题的探讨不应止步于法教义学层面的逻辑推演，婚姻观念变迁及生育身份权化的社会影响都是应该考虑的因素。换言之，生育权定义为身份权这一观点的不正当性实际上根源于其不符合社会和历史的发展规律：一方面，因传统家族观念中传宗接代意愿在现代社会中趋向式微，生育与婚姻的联系越来越弱，对配偶苛加以配合对方

[①] 王洪：《家庭自治与法律干预——中国大陆婚姻法之发展方向》，《月旦民商法杂志》2005年第8期。

[②] 马俊驹、童列春：《身份制度的私法构造》，《法学研究》2010年第2期。

生育的法定义务可能已经不合时宜；另一方面，客观地说，生育行为这种个人行为所具有的强烈的外部性与婚姻自由是一对"矛盾物"[①]，生育的身份权化有可能使婚姻关系成为限制生育自由的枷锁，进而可能导致结婚率降低。

（二）现代婚姻中生育目的之式微

婚姻中并不一定存在生育行为。这一现象在过去主要是由于夫或妻的生殖健康障碍，而在当下及未来则可能是源于夫妻一方或双方对生育行为的主动放弃。前文已阐述了生育对于个人与社会的利益与不利益，这也导致了生育自由对个人的重要性，并证明了生育自由受公共利益限制的正当性；而在个人与社会之间，还存在着婚姻家庭这一层面，对婚姻家庭而言，生育所扮演的角色有待探讨。

从社会学角度看，正如费孝通先生提到的，婚姻制度系整个生育制度的一部分，婚姻是社会为孩子们确定父母的方式，它是"确立双系抚育的文化手段"[②]。这一将婚姻与生育的关系视为手段与目的的观点，较为根本地指出了婚姻之生育保障价值。但从近现代哲学的视角看，关于婚姻本质的主流学说，诸如"契约说"[③]"伦理说"[④]"爱情说"[⑤]，以及后来美国学界提出的"合伙说"[⑥]"盟约说"[⑦]之中，没有一种学说明确地将生育视为婚姻的本质；不过，苏力教授将婚姻视为一种为了生

---

① 周鸿燕：《论女性作为生育权的主体》，《华南师范大学学报》（社会科学版）2003年第6期。

② 费孝通：《生育制度》，群言出版社2016年版，第32—33页。

③ 康德的"契约说"认为婚姻是"依据人性法则产生其必要性的一种契约"。参见［德］康德《法的形而上学原理》，沈叔平译，商务印书馆1991年版，第96页。

④ 黑格尔的"伦理说"认为"婚姻作为直接伦理关系首先包括自然生活的环节"。参见［德］黑格尔《法哲学原理》，范扬、张企泰译，商务印书馆1961年版，第176页。

⑤ 恩格斯的"爱情说"从历史唯物主义出发，认为在消灭了资本主义生产和它创造的财产关系之后，爱情将成为婚姻的动因。参见《马克思恩格斯选集》第4卷，人民出版社2012年版，第94页。

⑥ 该理论认为，夫妻双方以各自的财产或非财产贡献共同对家庭做出贡献。See Anonym, "Developments in the Law-the Law of Marriage and Family", *Harvard Law Review*, Vol. 116, No. 7, 2003, p. 2077.

⑦ 该理论强调婚姻的神圣性，在当事人自由缔结婚姻后，严格限制其离婚条件。Margaret F. Brinig, *From contract to covenant: Beyond the law and economics of the family*, Cambridge: Harvard University Press, 2000, p. 131.

育的"合伙",① 但他同时也认为,除了生育之外,婚姻还有其他社会功能。而从个体缔结婚姻的主观目的来看,有学者提出,在人类历史上的很长一段时间内,婚姻的目的与基础是生育,但随着社会的发展,感情代替了生育在婚姻中的地位。② 德国社会学家穆勒里尔对历史上婚姻、家庭、生育由低级走向高级的演变过程作了一个很有意义的排位概括,认为在构成婚姻动机的三要素中,爱情的地位逐渐提升,而生育的重要性有所淡化。③ 总体来看,在从传统社会到现代社会的发展过程中,出现了"夫妻关系在家庭中的地位正在上升,出现了夫妻关系与亲子关系并重,夫妻关系超过亲子关系的情况"④,尽管婚姻制度在宏观层面继续发挥着生育、抚养后代的功能,但生育作为婚姻目的之地位确有衰落的趋势。

目前,关于婚姻关系中是否承载生育义务的问题上,我国法学界有不同看法。有学者倾向于持肯定态度,提出"生育是婚姻的目标和结果……生育是男女建立婚姻关系的重要目的之一,不能生育往往是导致婚姻关系破裂的重要原因"⑤;更进一步的观点认为"对于婚姻双方,可以推定有生育的契约存在……双方缔结婚姻,就认为达成了生育子女的合意,由此在婚姻存续期间,夫妻双方应该就达成的生育合意履行义务……除非配偶双方在缔结婚姻时就已经约定不生育"⑥;有学者甚至提出,"作为一名成年公民想要生育下一代的要求是合理的,男女皆然,如果配偶没有生理上的原因或其他正当理由便不应拒绝,这是对作为配偶的对方的权利的尊重。"⑦ 这一立场虽未将生育视为由法律保障强制

---

① 苏力:《制度是如何形成的》,北京大学出版社2007年版,第8页。
② 参见沈鸿梅、龚刚强《"生育权"纠纷的法理分析》,《广西民族大学学报》(哲学社会科学版)2003年第S1期。
③ 即经济、子女、爱情的排位是:"上古时代,经济第一,子女第二,爱情第三;中古时代,子女第一,经济第二,爱情第三;现代则是爱情第一,子女第二,经济第三。若以夫妻关系和亲子关系比较,过去是重亲子关系,今天是重夫妻关系。"参见潘贵玉主编《中华生育导论》,中国人口出版社2002年版,第103页。
④ 刘达临等:《社会学家的观点——中国婚姻家庭的变迁》,中国社会出版社1988年版,第83页。
⑤ 姜玉梅:《生育权的法律定位》,《人口与经济》2004年第1期。
⑥ 孙科峰:《生育权范畴论析》,《学术探索》2004年第2期。
⑦ 庆玲:《论婚姻关系中的男性生育权——兼对婚姻法修改的一点建议》,《中共四川省委党校学报》2000年第2期。

履行的夫妻双方之义务，但也认为生育是夫妻间的极其重要的，类似于忠实义务的道德义务。与之相对，有学者明确反对称，"应推定夫婚后没有签订生育的契约；"① 类似的观点认为，婚姻法的目标在于尊重和实现个体权利，而非制约个体自由发展，而生育行为应基于夫妻双方的协商，而不是夫妻之间的法律义务②，而"生育权从产生时起，就已经摆脱了配偶身份的羁绊，以一种独立的人格权而存在"③。本书赞同后一立场，对婚姻和生育之关系的判断应基于当下社会观念，而在婚姻观念更为自由开放、男女两性走向平等，且生育的公共义务色彩褪减的今天，女性不再是生育的工具，是否生育应交由婚姻中的男女双方自主协商决定。正因如此，我国《民法典婚姻家庭编解释（一）》第二十三条审时度势，否定了妻子私自堕胎在私法上的可责难性，体现出"对女性的生育权益予以充分尊重，以及男女两性人格独立与人格自由的法律定位"④，摒弃了传统婚姻中的生育义务观色彩，具有进步意义。

（三）夫妻别体主义下生育"身份权化"的负面社会影响

将生育权定义为身份权，相当于将配合对方生育或不生育的义务作为夫妻间法定义务，实质上体现了将道德义务法律化的倾向。然而，在现代婚姻中，夫妻之间人格独立与人格平等的观念已经渗透到婚姻家庭伦理与立法中，夫妻人身关系已经"由本质上妻之人格被夫之人格所吸收的夫妻一体主义过渡到夫妻人格平等的夫妻别体主义"。⑤ 在家庭中，这种"个体本位主义的历史趋势以及这种趋势对道德发展变化的影响"⑥ 很大程度强化了个体人格权的保护，而弱化了夫妻之间的身份权利义务色彩。质言之，"婚姻不能据此成为一种专横意志的契约"⑦，"婚姻关系不能直接导致配偶方人身权的丧失"⑧。当然，这样的观念并

---

① 马忆南：《夫妻生育权冲突解决模式》，《法学》2010年第12期。
② 参见莫爱斯《民法中的性权利研究》，博士学位论文，中国政法大学，2009年，第125页。
③ 邢玉霞：《现代婚姻家庭中生育权冲突之法律救济》，《法学杂志》2009年第7期。
④ 王歌雅、郝峰：《婚姻关系：价值基础与制度建构——兼评〈中华人民共和国婚姻法〉司法解释（三）》，《法学杂志》2011年第12期。
⑤ 莫爱斯：《民法中的性权利研究》，博士学位论文，中国政法大学，2009年，第116页。
⑥ 隋彭生：《夫妻忠诚协议分析——以法律关系为重心》，《法学杂志》2011年第2期。
⑦ ［德］康德：《法的形而上学原理》，沈叔平译，商务印书馆1991年版，第96页。
⑧ 马特：《论同居权与婚内强奸》，《山东社会科学》2014年第7期。

不意味着夫妻伦理共同体的分离，毕竟婚姻家庭中仍有扶养请求权、家事代理权等法定的夫妻人身权类型。

　　生育权的身份权化看似加固夫妻关系，实则不利于家庭和谐稳定。申言之，一旦将生育权界定为身份权，"合法的生育行为和当事人的生育自由会被婚姻的效力所吸收，成为其必不可少的组成部分"①。这样以来，对于未婚民事主体而言，婚姻与配合对方生育义务的捆绑势必成为其衡量是否步入婚姻的因素；对于已婚民事主体而言，配合对方生育的义务无异于为婚姻增加了无形的负担，即使其本意是促进双方在生育问题上意见统一，但以法律强制力保障实施的方式反而不利于夫妻的平等协商与内心真意的表达。正如李银河教授在探讨禁止婚外性行为时谈到的，"婚外性行为有时不但不会破坏婚姻关系，反而具有使不圆满的婚姻关系得以维持的功能。如果强行实行通奸法，将会使相当一批人视结婚为畏途，从长期效果看，有可能导致结婚率的下降。"② 尽管该观点在伦理上有待商榷，但这也从侧面说明，婚姻家庭立法重在因势利导，一味强调传统道德的现实效果可能并不理想，在对生育问题的处理上也是如此。对于夫妻之间的生育意愿分歧，如果简单地要求配偶承担配合义务，在男女平等的背景下，双方的诉求因相互抵消而无实际法律效果，反而有可能在情感上激化双方矛盾导致婚姻破裂。因此，从社会效果上看，将生育权界定为身份权的观点未能充分认识夫妻关系的伦理性和平等性，不利于婚姻的和谐稳定，其结果是将创造一个"规则更多而秩序更少"③ 的婚姻家庭格局。

二　生育权的人格权属性厘定

　　人格权是作为个人而存在所直接拥有的权利，是人的根本权利。④私法上生育权的价值在于保护自然人的生育自由，使其免于来自其他平

---

　　① 潘皞宇：《以生育权冲突理论为基础探寻夫妻间生育权的共有属性——兼评"婚姻法解释（三）"第九条》，《法学评论》2012 年第 1 期。
　　② 李银河、信春鹰、苏力：《配偶权·婚姻性关系与法律》，《读书》1999 年第 1 期。
　　③ Robert Ellickson, *Order Without Law: How Neighbors Settle Disputes*, Cambridge: Harvard University Press, 1991, p. 268.
　　④ ［日］五十岚清：《人格权法》，铃木贤、葛敏译，北京大学出版社 2009 年版，第 7 页。

等主体的不当干涉。对生育权之人格权属性认定的难点并不在于其价值追求是否指向人格要素,或其是否旨在实现"以人之实现为目的的法律上之伦理关怀"①,因为这是显而易见的;其难点在对其性质、主体、客体、内容等规范要素的厘清上,其中关于生育权的法律关系将在后文予以详述,本书在此主要基于生育权的定义,明确其在人格权体系中的理论定位。

生育权属于广义人格权。本章第二节已从法解释层面论证生育权属于《民法典》第一百零九条"人身自由"涵摄的范畴;支持这一观点的学者也提出"生育权应属于《民法通则》第二条第2款中的'人身',或者《侵权责任法》第二条第2款中的'等人身权益'",且"是一种在普通民事诉讼中的可诉性权利"②。学者们在阐述生育权的人格权属性时,一般没有太过复杂的论证过程,盖因生育自由的伦理属性往往不证自明,正如王泽鉴教授直接提出的"生育决定权系人格权的一种,乃为因应社会发展扩大人格权保护范围而为具体化的权利。"③ 与之类似,我国司法实践也直接做出论断,提出"生育权乃是人的自然属性,基于自然事实,与自然人之人格不可分割,宜肯定为人格权。"④ 本书也认为,生育自主关乎人之行动自由与发展自由,是自然人伦理价值的题中之义,因此生育权具有人格权属性。

人格权的内部分类在理论上存在多种划分标准。较为主流的分类方法是将人格权分为四类,即物质性人格权、标表性人格权、尊严性人格权和自由性人格权。⑤ 其中,生育权最接近于自由性人格权。学界对自由性人格权的范畴仍存在争议,但一般认为"自由性人格权主要包括人身自由权、隐私权、婚姻自主权、性自主权"⑥,其中虽未列举生育权,

---

① 朱晓峰:《人格立法之时代性与人格权的权利内质》,《河北法学》2012年第3期。
② 张红:《错误怀孕之侵权损害赔偿》,《私法研究》2011年第2期。
③ 王泽鉴:《财产上损害赔偿(二)——为新生命而负责:人之尊严与损害概念 Wrongful birth 及 Wrongful life》,《月旦法学杂志》2006年总第131卷。
④ 参见刘某与范某、金坛市天霸汽车运输有限公司、中国太平洋财产保险股份有限公司金坛支公司、李某道路交通事故损害赔偿纠纷一案一审民事判决书,金坛市人民法院(2013)坛民初字第2352号。
⑤ 温世扬:《民法典人格权编草案评议》,《政治与法律》2019年第3期。
⑥ 王利明:《中国民法典学者建议稿及立法理由(人格权编、婚姻家庭编、继承编)》,法律出版社2005年版,第133页。

但并不影响在理论上将生育权定性为自由性人格权。对于生育权的确切定位，李景义教授明确提出，生育权属于"自由权"① 的"派生人格权"，即通过被归入作为具体人格权的自由权而获得间接保护，待其具有了重复性、样本性和典型性之后方可上升为直接保护。② 这一分类方法与前述人格权的四分法有所不同，但也反映出将生育权之核心定义为"自由"的观点。正如有学者提出的"属于自由权范畴的生育权是作为民事主体必须享有的权利，而不以是否具有特定身份如配偶身份为前提。"③ 因此，本书认为生育权在人格权体系中属于自由性人格权。

三 配合配偶生育系道德义务

依前述，本书不主张将夫妻之间请求对方配合生育或不生育的利益定性为权利。主要原因有三：一是在正当性上，现代婚姻中不应该被苛以生育义务，且婚姻关系不足以成为让渡生育自由的理由；二是在社会影响上，生育的身份权化可能导致结婚率降低或离婚率升高，法律过度干预反而影响家庭稳定和谐；三是夫妻之间的身份权是相互的，即使一方享有请求对方配合生育的权利，也会"被对方的同样的生育权所抵销"④，那么这样的身份权赋权在法律上意义甚微。

夫妻之间的配合生育应被定位为基于身份关系而产生的道德利益。自然人生育自由的保障需通过配偶对该自由的尊重来实现。为实现生育自由而对配偶的请求利益，也属于广义的、工具性生育利益。但不可避免的是，配偶双方的生育意愿不一定契合，各自的生育自由可能发生冲突，甚至导致夫妻感情破裂。根据《民法典婚姻家庭编解释（一）》第二十三条，妻子私自堕胎等生育纠纷导致夫妻感情破裂可以成为法定离婚事由。生育与否应属夫妻双方生育权私法自治的范畴，不过，因婚姻缔结使得相互独立的夫妻生育权产生了直接而具体的联系，双方是潜在

---

① 自由权系理论上创设的具体人格权，有学者将其定义为"身体上的行动自由和精神上的思想自由"；也有学者表述为"主体根据自身的意志为或者不为一定行为的资格或状态"。参见张俊浩《民法学原理》（上册），中国政法大学出版社2004年版，第139页；李景义、项定宜、李浩：《人格权体系研究》，人民出版社2016年版，第107页。
② 李景义、项定宜、李浩：《人格权体系研究》，人民出版社2016年版，第162页。
③ 许莉：《供精人工授精生育的若干法律问题》，《华东政法大学学报》1999年第4期。
④ 王之、强美英：《夫妻生育权平等的冲突及其法律思考》，《医学与哲学》（人文社会医学版）2007年第10期。

的生育合作关系。因此，在夫妻双方人格独立与平等婚姻关系中，配偶应尊重对方的生育权，在生育权的行使问题上保持良好沟通。① 概言之，夫妻之间在生育问题上平等协商是婚姻家庭中应该倡导的美德，配合对方生育或不生育系伦理道德层面的义务，② 不应被确立为法律层面的身份义务。

第四节 生育权的归属清晰

生育权系人格权，自由性人格权的主体系所有自然人的这一命题往往不言自明。但由于生育权的实现方式较为特殊，在目前关于生育权的研究中，学界对其主体问题存在两个层面的争议。一是在主体范围上，主流观点认为生育权主体是所有自然人；③ 也有观点认为生育权的主体仅包括女性，而男性不享有生育权；④ 还有观点否认未婚自然人、患有特殊疾病人员、监狱服刑人员等的生育权。二是在主体结构上，一种观点认为生育权由夫妻共同享有；⑤ 另一种观点认为生育权由夫妻分别享有。⑥ 前述两个维度的观点分歧源于生育行为的特殊性和我国法律的特别规定等多重因素。

同时，"生育行为主体"与"生育权主体"两个概念易被混淆，⑦ 这也是造成生育权主体认识障碍的主要原因。正因生育权的实现须由两

---

① 参见莫爱斯《民法中的性权利研究》，博士学位论文，中国政法大学，2009年，第125页。

② 也有学者认为配偶之间所谓的"性生活权"，本质上只是配偶的反射性利益。参见房绍坤、曹相见《论人格权一般条款的立法表达》，《江汉论坛》2018年第1期。

③ 参见刘士国《人工生殖与自然法则》，《人民司法》2014年第13期；李岩：《论性的私法调整》，《河北法学》2007年第12期；邢玉霞：《从民事权利的角度辨析生育权的性质》，《东岳论丛》2012年第3期。

④ 参见阳平、杜强强《生育权之概念分析》，《法律适用》2003年第10期；周永坤：《丈夫生育权的法理问题研究——兼评〈婚姻法解释（三）〉第9条》，《法学》2014年第12期。

⑤ 参见樊林《生育权探析》，《法学》2000年第9期；武秀英：《对生育权的法理阐释》，《山东社会科学》2004年第1期；崔茂乔、张云：《生育权探微》，《思想战线》2001年第6期。

⑥ 参见周鸿燕《论女性作为生育权的主体》，《华南师范大学学报》（社会科学版）2003年第6期；王旭霞：《夫妻生育权的实现与救济》，《甘肃政法学院学报》2009年第2期。

⑦ 罗潇：《法律规制视野下的生育行为研究》，天津大学出版社2016年版，第57页。

性配合，且妊娠及分娩行为最终由女性完成，男性在生育过程中的角色定位、男女两性配合对生育权主体界定的影响等问题都有待讨论。更何况，《妇女权益保障法》与《人口与计划生育法》对生育权的主体分别界定为妇女与所有公民，这种区别不可避免地造成某些误解。下文将对前述几个方面的争议做出澄清。

一　男女均为生育权主体

女性作为生育权主体在学说上基本得到一致认同，对于男性能否成为生育权主体的理论争议，本书立场为认同男性享有生育权。基于生育权的人格权性质来论证其主体的普遍性可能有失缜密，毕竟生育权的人格权性质并未得到立法的明确认可。下文主要从立法趋势及生育权的内涵两个视角进行阐述。

从实然角度看，在针对生育权保护的国内立法中，生育权的主体范围经历了从妇女到全体公民的变迁。前已述及，1992年通过的《妇女权益保障法》仅确立了妇女的生育权，但2002年实施的《人口与计划生育法》将生育权主体界定为全体公民，虽然后者并非民事立法的范围，但一定程度上反映了立法者对生育权主体认知的调整。此外，1997年草拟《婚姻法（修订稿）》时，曾有"夫妻有平等生育权"的提法，但该表述最终被放弃；[①] 不过，原《婚姻法解释（三）》第九条"认可了生育权的主体为女性，但同时为了保护男方的权益，又将因是否生育发生纠纷，致使感情确已破裂作为法定的离婚事由，为男方的权利救济打开了通道"[②]。男性生育权的确立滞后于女性，主要是由于女性承担了大部分的生育任务，而生育对男性的影响在早先未能凸显。同时，强调对某一权利的救济往往是由于它容易受到侵害，我国立法将男性生育权纳入保护对象，很大程度也反映了女性的弱势群体地位逐步得到改善，而生育自由对男性的重要性日益增加，且受到侵害的可能性也较以前更大。因此，有学者总结提出，男性生育权是伴随女性生育权的成熟而逐渐确立的，其理论源流是女性生育权，而其正式确立则是基于法律

[①] 姜玉梅：《生育权的法律定位》，《人口与经济》2004年第1期。
[②] 杨立新主编：《最高人民法院婚姻法司法解释（三）理解与适用》，中国法制出版社2011年版，第188—189页。

的平等理念。① 这一过程反映在立法文件中，就表现为对生育权主体的规定从妇女被扩大到全体公民。

从应然角度看，生育权概念确立之目的在于保护生育自由，而并非仅仅为保障妇女妊娠和分娩的顺利进行。也正因如此，比较法上对错误出生诉讼的探讨中往往将生育权界定为"夫妻控制其所生子女的形式的权利，以及通过防止受孕或终止妊娠来控制自己生育的权利"②，即直接将生育视为夫妻所共同关注之事件。而对于有学者提出的以"生育权的前提是怀孕的自然事实"③ 为由否定男性生育权的观点，本书认为有待商榷。一方面，这种观点相当于认为尚未怀孕的妻子不享有生育权，这显然不成立，因为生育的自由包括选择是否受孕怀胎与是否继续妊娠等方面自由，其效力显然涵盖了怀孕之前的自主决定。另一方面，男性虽然因生理原因不能怀孕，但因妻子是否妊娠关乎丈夫的责任承担与生活计划，所以丈夫也有参与决定是否共同生育子女的权利，这也是男性生育权的主要内容。生育权属于自由性人格权，而自由价值具有普适性，那么理所当然的，"男性有权决定是否生育"。④ 因此，基于生育权的制度价值，其主体应属于所有自然人，而不限于女性。

二 生育权非夫妻共同享有

"生育权是夫妻共有权"⑤ 的观点主要是基于人类生育行为需要夫妻配合的自然属性。该观点旨在实现一种理想的局面，即要求夫妻对生育问题协商一致方可做出共同决定。然而，夫妻之间的生育意愿分歧客观存在，即使将生育权定义为夫妻共有的权利，并不能想当然地达到消弭夫妻生育意愿冲突的目的。且恰恰相反，这样的界定方式在面对夫妻生育意愿冲突时，既不能简单套用物权法中的共有制度，自身又缺乏相应的矛盾解决机制，因此无法发挥出实际效果。相形之下，赋予夫妻各

---

① 张作华、徐小娟：《生育权的性别冲突与男性生育权的实现》，《法律科学》2007年第2期。

② Elizabeth F. Collins, "An Overview and Analysis: Prenatal Torts, Preconception Torts, Wrongful Life, Wrongful Death, and Wrongful Birth: Time for a New Framework", *Journal of Family Law*, Vol. 22, No. 4, 1983, p. 677.

③ 阳平、杜强强：《生育权之概念分析》，《法律适用》2003年第10期。

④ 王雷：《论情谊行为与民事法律行为的区分》，《清华法学》2013年第6期。

⑤ 李小年：《夫妻生育权若干法律问题探讨》，《学习与探索》2008年第2期。

自分别享有的生育权,才能够借助权利冲突相关理论较为妥善地解决夫妻之间的生育权冲突。

此外,民事主体具有法定性,我国民事主体包括《民法典》总则编规定的自然人、法人与非法人组织,以及物权编中的国家、集体。其中的自然人一般以个体享有权利为原则,其例外仅仅有立法明确规定的极具中国特色的个体工商户和农村承包经营户,"夫妻"不是我国《民法典》中认可的民事主体。因此从现有立法出发,将夫妻共同作为生育权主体不符合现有民事主体制度。

总体来看,在"现代夫妻别体主义的立法模式下"[①],关于生育的自主选择由个体做出,夫妻各自享有独立的生育权。即使生育行为由夫妻共同完成,但其主体不应是"复合主体"[②]。将夫妻这一伦理共同体作为生育权主体,不仅在法理上溢出了民事主体的范围,而且造成生育权效力的内部紊乱。因此,基于对生育自主的尊重和保障,生育权的主体应为作为个体的自然人。

三 特殊主体的生育权澄清

特殊主体的生育权问题看似在民法之内,但实际上涉及诸多公法问题。人格权主体为自然人,但并非所有自然人之所有类型的人格权都能得到圆满保障。其中,对于严重遗传性疾病患者,根据《中华人民共和国母婴保健法》(下称《母婴保健法》)第十条,患有医学上认为不宜生育的严重遗传性疾病人员缔结婚姻须以避孕为条件,据此可以看出,为保障人口素质,防止严重遗传性疾病的疾病基因的延续危及新生儿及整体人口健康质量,严重遗传性疾病患者的生育权依法受到限制。基于优生学等因素考量,限制特殊疾病患者的生育权之做法在世界各国较为普遍,但其方式逐步由强制绝育发展为自愿绝育。[③]除此之外,下文将对争议较大的两类主体是否享有生育权的问题逐一澄清。

---

① 王旭霞:《夫妻生育权的实现与救济》,《甘肃政法学院学报》2009年第2期。
② 张荣芳:《论生育权》,《福州大学学报》(哲学社会科学版)2001年第4期。
③ Jean-Jacques Amy and Rowlands Sam, "Legalised Non-Consensual Sterilisation-Eugenics Put into Practice before 1945, and the Aftermath. Part 1: USA, Japan, Canada and Mexico", *European Journal of Contraception and Reproductive Health Care*, Vol. 23, No. 2, 2018, p. 126.

（一）无配偶的自然人

在探讨生育权主体时，应将其区别于"生育行为主体"。此前，有学者在探讨生育权主体时，将生育权区分为"生育期待权"和"生育实现权"，相对应地将生育权的主体分为具有"生育权利能力"和"生育行为能力"的两种主体，[1] 两者的不同在于，前者代表着一种主体资格；而后者代表着实施生育行为的现实能力，与自身生理阶段、法律相关规定有关。不过有学者对其提出了质疑，认为前述逻辑存在错误之处，并指出享有生育权并不意味着一定能够实施生育行为。[2] 本书也认为，生育权的主体是指享有生育自由的所有自然人，无法实施生育行为不代表不享有生育权：一方面，若基于生理原因而无法实施生育行为，那么对这种人格权刻意区分"权利的享有"与"权利的实现"没有实际的意义，正如没有必要因刚出生婴儿不具有行动的能力，便将其描述为具有人身自由的权利能力，而没有人身自由的行为能力；更何况，儿童虽无法实施生育行为，但他们并非不享有生育自由，而是享有选择不生育之自由，而不生育的自由也是生育权的重要内容，甚至有学者提出，破坏未成年人生殖器官或生殖系统、生殖功能的行为，构成对身体权、健康权与生育权的侵害。另一方面，若基于法律规定而无法实现生育自由，那么可以将这种情形定义为对这类主体的生育权之限制，也没有必要东施效颦般创设一个像"民事行为能力"的"生育行为能力"概念。因此，本书对生育权的主体采取一般意义的理解，即享有生育权的"资格性"主体。

未处于结婚状态的自然人包括未达到法定婚龄的自然人、达到法定婚龄但未婚人员、离异以及丧偶人员等等。有观点认为，只有进入性成熟阶段，且已婚的民事主体享有生育权，[3] 也有学者提出，"生育权在现代条件下仅属于合法婚姻关系的夫妻享有，其他两类主体不享有生育自由：一是未婚生育，二是婚外性关系导致的生育。"[4] 还有学者提出，

---

[1] 参见李冬《生育权研究》，博士学位论文，吉林大学，2007年，第77页。
[2] 参见邢玉霞《从民事权利的角度辨析生育权的性质》，《东岳论丛》2012年第3期。
[3] 申言之，"每个公民一旦进入能够生育后代的性成熟期，即获得了生育权。生育权的主体只能是存在合法婚姻关系的公民，未达法定婚龄或虽具备结婚条件但未结婚的人，均无生育权，一切非婚生育均为非法生育，都是法律所禁止的。"参见陈智慧《妇女生育权实现的法律保护》，《政法论坛》2000年第4期。
[4] 刘永霞：《论我国法律对生育权的保障问题》，《宁夏大学学报》（人文社会科学版）2005年第4期。

"生育权由建立合法婚姻关系的男女享有,非法性伴没有生育权,婚外生育子女的行为也不受法律保护。"① 这些观点相当于完全否定了未处于结婚状态自然人的生育权主体地位,本书认为其有待商榷。其中,未达到法定婚龄的自然人可能因生殖器官尚未发育成熟而客观上不具备生育能力。但正如前文提到的,享有权利并不一定要行使权利,不能行使权利并不意味着不享有该权利,因此未达到法定婚龄的自然人虽然可能因生理原因不能落实生育行为,但仍是生育权的主体。除此之外,达到法定婚龄但未婚人员、离异以及丧偶人员等实际上也可以实施生育行为,虽然传统和现代主流生育权观念认为"享有生育权的主体,一般是指具有合法婚姻关系的夫妇,不包括未婚女性,更不包括没有婚姻形式的同居男女"②。然而正如前文所述,婚姻内并不必然发生生育行为,生育行为也不必然发生于夫妻之间,因此生育权主体"不限于结婚的男女"。③ 与之呼应的,我国立法对未婚生育本身没有任何否定性评价,只不过对与这种现象有所关联的严重违反夫妻忠实义务的行为才会受到离婚损害赔偿制度的非难。此外,未婚人员生育与已婚人员"通奸、包二奶等情形下实现的生育"④ 之间也并无必然关系。因此,前述未处于结婚状态的自然人均属于生育权的主体。

值得说明的是,学界之所以探讨单身群体的生育权问题,所针对的并非未婚生育或婚外生育等有违主流社会观念的自然生育行为,而是针对单身女性借助人类辅助生殖技术,而不通过传统自然生育方式实现后代延续的问题。简言之,对于不处于婚姻状态的自然人享有生育权的质疑,本质上不来自于其主体的特殊性,而是来自于其生育方式的特殊性。关于人类辅助生殖技术所带来的伦理风险及其必要调控,将在第三章中一并详细探讨。

(二)死刑犯

学界对死刑犯生育权的关注主要源自我国 2001 年的"罗峰案"。在

---

① 杨芳、姜柏生:《辅助生育权:基于夫妻身份的考量》,《医学与哲学》(人文社会医学版)2006 年第 7 期。
② 李月海:《生育权探析——未婚女性流产案例引起的思考》,《社会科学家》2005 年第 S1 期。
③ 李岩:《论性的私法调整》,《河北法学》2007 年第 12 期。
④ 邢玉霞:《从民事权利的角度辨析生育权的性质》,《东岳论丛》2012 年第 3 期。

该案中，罗峰已被判处死刑但尚未执行，其妻请求通过人工授精技术为其生育子女，法院以"无先例"为由否决了其妻子的请求。[1] 此外，美国 2006 年也发生过类似的"格伯案"，该法院认为，"在监狱中，生育的权利与监禁完全是相违背的，在押期间必须停止各项基本的自由。"[2] 对于死刑犯是否享有生育权，学界目前主要有"肯定说""否定说""折中说"三种观点。"肯定说"认为，对公民权利的剥夺必须有明确的法律依据，死刑犯依法被剥夺的权利系政治权利，而民事权利不属于被剥夺的权利范畴。[3] "否定说"主要是考虑到死刑犯子女的身心健康成长难以保障，且死刑犯本身的人身自由应受限制。[4] 更多学者的观点为"折中说"，即认可死刑犯享有生育权，但其权利的实现方式应受到程序和实体方面的限制。[5] "折中说"里面还有一类分支观点认为，死刑犯具备生育权主体资格，却因死刑犯人身自由受到限制而不能实施生育行为，因而不能成为生育行为主体。[6] 前述观点分歧较大，在逻辑上对生育主体的概念认知有差异，在法律后果上对死刑犯能否实施自然生育或人工辅助生育的立场也有差别。

　　本书认为死刑犯具备享有生育权的主体资格，但其生育权的实现应受到一定程度的限制。在 1942 年美国 *Skinner v. Oklahoma* 案中，美国最高法院推翻了俄克拉荷马州的一项法规，该法规允许它对一名被判犯有两项或多项"道德败坏"罪的"惯犯"进行绝育。美国最高法院认为，道格拉斯法官将婚姻和生育描述为人之基本权利，而该绝育是对 Skinner 不可弥补的伤害，这会使他永远被剥夺"基本自由"。[7] 本书也认为，由于死刑犯属于自然人，具备民事权利能力，因此属于生育权的主体。关键问题在于，其生育权的具体实现方式具有极大的特殊性，这里还涉及因男女生理结构差异而对监内生育行为后果的不同评价，以及儿童利益保护等诸多方面问题。

---

[1] 湛中乐等：《公民生育权与社会抚养费制度研究》，法律出版社 2011 年版，第 20 页。
[2] 李善国等：《辅助生殖技术法研究》，法律出版社 2005 年版，第 169 页。
[3] 湛中乐等：《公民生育权与社会抚养费制度研究》，法律出版社 2011 年版，第 21 页。
[4] 王冠、谢晶：《论死刑犯的生育权》，《前沿》2006 年第 10 期。
[5] 王淇：《关于生育权的理论思考》，博士学位论文，吉林大学，2012 年，第 116—117 页。
[6] 罗潇：《法律规制视野下的生育行为研究》，天津大学出版社 2016 年版，第 75 页。
[7] *Skinner v. Oklahoma*, 316 U. S. 535 (1942).

女性死刑犯的生育行为难以实现。出于人道主义精神及对女性的特殊关怀，我国《刑法》第四十九条第1款规定审判的时候怀孕的妇女，不适用死刑，但并未对女性死刑犯的生育权作出相应规定。如果允许女性死刑犯在押期间怀孕，不啻于陷死刑执行机关于两难境地：若在其妊娠期执行死刑不符合人道主义精神，若不执行死刑又可能使生育权行使变为女性逃避刑罚的手段，因此无论是否执行死刑都可能与刑法的立法精神相违背。此外，女性由于生理原因在妊娠中承担了几乎全部的过程，且根据刑事诉讼法的相关规定，怀孕妇女监外执行的情形不适用于被判处死刑的妇女，同时我国相关规定明确禁止代孕行为，而妇女在押期间没有适合的妊娠、分娩、哺乳等生活环境和生活条件，因此女性死刑犯的生育行为无法实现。

男性死刑犯的生育行为有实现的技术可行性。虽然其人身自由受限而无法自然使妻子受胎生育，但可以借助人类辅助生殖技术，在妻子同意的前提下完成其生育行为，其他的生育过程由狱外的妻子完成，这对其生育自由的实现及家族血脉延续具有重要意义。在我国历史上，《大清律例》就曾规定，"凡依刑处死者，新婚未同房，为免无子嗣，特许新妇入狱一夜。"[①] 当然，这可能面临着后代利益保护的拷问。对此本书认为，婴儿出生后便没有生物学父亲，以及其父亲死刑犯的身份可能都会成为其精神和物质上不尽如人意之处，但人之出身无法选择，这样的出身不一定带来不幸；何况该子女出生后仍有母亲关怀，且母亲在那样的境地仍愿意为其父怀孕生子，其父母情感之深可见一斑，因此父亲的死亡及其死刑犯身份并不一定对子女造成负面影响而阻却其出生事件之正当性。[②] 此外，承认男性死刑犯通过人类辅助生殖技术生育子女的权利不违反男女平等原则，男女平等本身就是相对而非绝对的，男女平等是符合法律规定前提下的平等而非盲目的等同；且允许男性死刑犯行使生育权的同时，也是保护其配偶的生育权；而限制女性死刑犯生育子女也限制了其配偶的生育权。[③] 不过也有学者提出，男性死刑犯实施生

[①] 余枫霜：《论被判死刑人员结婚和生育的权利》，《南京师大学报》（社会科学版）2013年第6期。

[②] 这样的伦理选择情形与本书第三章将会讨论的丈夫死亡后妻子能否单方植入冷冻胚胎的情形类似，下文也将详细探讨。

[③] 李冬：《生育权研究》，博士学位论文，吉林大学，2007年，第115页。

育行为应符合较为严格的条件：在程序上，必须由利害关系人提出申请，申请提出的时间应在死刑判决生效后，被执行实行前；①或"坚持申请在先原则和自愿原则，未经被判死刑人员及其配偶的共同申请，不得实施辅助生殖技术"②。在实体上，被判死刑人员从未生育过子女；③被判死刑人员系独生子女④等。本书认为在立法没有明确规定的前提下，司法机关可以在满足这些条件的情况下有限地支持男性死刑犯行使生育权。

总体来看，对于死刑犯作为生育权主体的问题，男性和女性死刑犯均是享有生育权的主体，但其生育行为的实现应受到限制。因生理原因，女性妊娠与死刑执行难以共存，因此女性死刑犯无法实施生育行为。男性死刑犯在人身自由受限的情形下，可通过人类辅助生殖技术实现生育权，但应在其配偶同意、夫妻双方共同提出申请，且该男性死刑犯系独生子女，其从未生育过子女的条件下方可实施生育行为。

四　生育权的义务主体范围

作为人格权，生育权的义务主体为权利主体以外的不特定人，其中较为特殊的是主体之配偶。生育权的义务主体负有不干涉权利主体生育自由的消极义务，而其配偶事实上往往扮演了配合其生育的角色，那么其配偶是否生育权的义务主体呢？此外，其义务内容在法律上是否依然是消极的不干涉义务呢？本书认为答案是肯定的。若配偶之间相互配合生育，则该行为在事实上虽表现为积极行为，但在法律的视野下，应将其界定为"没有干涉配偶生育自由"的合法行为，即履行了不干涉义务；若夫妻双方共同决定不生育，则该消极行为同样是对不干涉对方生育自由之义务的履行。因此，生育权主体之配偶也属于生育权的义务主体。"生育权的义务主体"完全不同于"生育义务主体"，前者才是本书探讨的权利结构的范畴，其义务内容与其他所有的不特定第三人一

---

① 王淇:《关于生育权的理论思考》，博士学位论文，吉林大学，2012年，第116页。
② 余枫霜:《论被判死刑人员结婚和生育的权利》，《南京师大学报》（社会科学版）2013年第6期。
③ 何睦:《论罪犯生育权》，《知识经济》2009年第16期。
④ 余枫霜:《论被判死刑人员结婚和生育的权利》，《南京师大学报》（社会科学版）2013年第6期。

样，是对生育权主体的生育自由的尊重或不干涉，只不过这种"不干涉"在事实层面有时表现为配合对方生育，有时表现为配合对方不生育。

当然，配偶之间也可能因生育意愿分歧而在生育问题上无法相互配合，对此不能贸然评价为其中一方"违反不干涉他人生育自由之义务"，因为夫妻双方均享有生育权，配偶之间生育意愿分歧实质上反映了两者生育权之间的冲突。至于该冲突的解决路径，将在本书第三章展开阐述。

第五节 生育权的地位独立

"独立性"要求法定权利的内涵与外延自成一体，不包含或被包含于其他权利类型，也不与其他权利相互交叉重复，否则便无必要或无条件成为一项有名权利。对于生育权而言，与其内容最容易混淆的权利为身体权、健康权、配偶权，本节将逐一予以探讨。

一 生育权与身体权的分离

从权利的具体性质来看，生育权与身体权有相似之处，生育权属于自由性人格权，而身体权兼具自由性人格权与物质性人格权的属性，两者均与主体对自身的某些支配有关。可能有学者从直觉出发，认为身体权可以涵盖生育权，因而否认生育权确立的必要性。而这一直觉的产生是由于，生育自由的形式表现往往主体支配身体的行为，而这似乎是身体权的范畴，然而，若依此推理，缔结婚姻也表现为对自己身体的支配，但婚姻自主权却能够独立于身体权。由此观之，断然认为生育权属于身体权的观点有待推敲。

（一）两者的内涵区分

长期以来，身体权的概念边界较为模糊，原《民法通则》《侵权责任法》等对身体权的具体人格权地位也语焉不详。[①] 在理论层面，对于早已法定的健康权能否包含身体权的问题有不同认识，对其地位也出现

---

① 不过在实务界，2001年原最高人民法院《关于确定民事侵权精神损害赔偿责任若干问题的解释》明确将身体权列为一种人格权利。

了"包含说""独立说"和"折中说"①三种解释路径。在立法层面，直到《民法典》第一百一十条，身体权才被首次规定为民事权利。关于身体权的内涵，《民法典》人格权编第一千零三条首次明确地将身体权解释为维护"身体完整和行动自由"的权利，并区别于第七百八十五条规定的健康权。该定义不同于德国学界对《德国民法典》第八百二十三条第1款中侵害"身体"的理解，即"人的外在表现形态的破坏"；②其"行动自由"的内容也使其内涵与外延超出了传统物质性人格权的定位，而具备了精神性人格权的意味。从立法趋势上看，我国采取了明确区分身体权与健康权的立场，而这样区分很大程度上源于我国最新立法文件对身体权内涵所做出的与传统不同的定义。

基于这一定义，身体权与生育权的内涵有所不同：前者强调身体完整与行动自由，后者的内核在于生育自由，而身份权中与生育自由最为接近的是"行动自由"。若想认定两者的同一性，其中间联结点实际上在于性行为——行动自由涵摄性行为，性行为又关乎生育自由。然而，即使有这一桥梁的存在，也不能将生育自由与行动自由混为一谈。其原因在于：

从抽象层面，身体权中的行动自由追求的是"支配自己身体物理活动"的自由，而生育权追求的是"支配自己是否进入某一身份关系"的自由，两者对于个人、家庭、社会的意义截然不同。

从具体层面看，行动自由所关注的是主体自身活动方式、活动范围的自由，而对于行为的动机和结果在所不问，其行为目的不具有典型性；与之相对，生育自由的实现虽然也往往表现为一系列行为，但其关注点并非行为本身，而主要在于是否受孕的结果，它的价值在于，尊重自然人对是否为人父母这一重大人生事项的自主选择。

（二）生育权的外延溢出身体权的范畴

在外延上，生育权与身体权的差别较为明显。身份权所不能涵盖的

---

① 王竹、方延：《身体权学理独立过程考》，《广州大学学报》（社会科学版）2012年第5期。

② 相对应地，德国理论界将健康损害定义为"导致了身体内部技能的障碍或精神上的损害"。但这样一来，侵害身体权往往也造成健康权的损害，因此德国学界从来不缺乏反对两者区分的声音。参见［德］克雷斯蒂安·冯·巴尔《欧洲比较侵权行为法》（下卷），焦美华译，法律出版社2001年版，第80页。

生育权之外延主要有三个方面：

第一，对男性而言，其虽不直接承担妊娠、分娩的任务，但这并不代表着妊娠过程中，丈夫不享有生育权，在其妻子因交通事故造成流产、其妻子因医疗事故造成生殖器官完整性被破坏等情形下，行为人虽未对该丈夫身体权造成损害，但司法机关已将其明确评价为对丈夫生育权的侵害。[1] 同理，因事故造成丈夫生殖器官完整性受损的行为也构成对妻子生育权的侵害，这也充分体现出生育权的精神性人格权特质，及其与主体身体得以分离的特殊性，与身体具有显著差异。

第二，生育知情权与身体权完全不同，而前者属于生育权的范畴。即使对生育权概念持否定意见的学者，也承认在错误出生等典型情形下，生育自主权作为民事权益具备独立性。[2] 盖因在医务人员产前诊断失误而阻碍准父母获知准确的胎儿健康信息，导致残障婴儿出生的情形下，既有的法定人格权类型无法被扩张解释至受害人应受保护的利益这一范围。正因这类案件的普遍发生，多国司法实践关注到了生育权独立存在的价值，将其表述为"生育权""生育选择权""优生优育选择权""生育知情权"等。概言之，依据正确的产前诊断信息做出是否生育的决策，是本书生育权的重要外延之一，而身体权显然无法涉及这一内容。

第三，在人类辅助生殖技术实施的情形下，丢失、毁损准父母的体外配子或胚胎，构成对其生育权的侵害，但因配子或胚胎已离开自然人本体，故不构成对其身体权的侵害。这一观点此前在比较法上有一定争议，在德国1987年经典的"精子灭失案"中，原告在膀胱手术前为避免自己生育能力丧失，将精子存储在医院的精子库中，而后该男子自然

---

[1] 参见王某诉孔某、中华联合财产保险股份有限公司平顶山中心支公司交通事故人身损害赔偿纠纷一案一审民事判决书，郏县人民法院（2011）郏民初字第387号；孔某与王某、中国人民财产保险股份有限公司平顶山市新华支公司机动车交通事故责任纠纷一案一审民事判决书，郏县人民法院（2014）郏民初字第905号；原告郭某与被告郑州高新技术产业开发区石佛卫生院医疗损害责任纠纷一案，郑州高新技术产业开发区人民法院（2012）开民初字第2975号；申请再审人鹤壁市淇滨区大赉店中心卫生院与被申请人鹤壁市第一人民医院、一审原告姜某、张某医疗过失损害赔偿纠纷再审民事判决书，鹤壁市中级人民法院（2010）鹤民再字第10号；孙某与靖江市人民医院医疗损害责任纠纷一审民事判决书，靖江市人民法院（2014）泰靖民初字第2616号。

[2] 参见朱晓喆、徐刚《民法上生育权的表象与本质——对我国司法实务案例的解构研究》，《法学研究》2010年第5期。

生育能力丧失且该存放的精子也被毁坏。德国联邦法院认为医院行为构成对原告身体的侵害，因而获得 25000 马克的痛苦金损害赔偿。[1] 该判决对身体权采扩张解释，认为精子虽与原告身体分离，但因这一短暂分离后，将来还将植入身体，因此仍属于身体权的范畴。不过，美国学者在此类案件中曾提出相反意见，精子丢失并非身体损害的范畴，若要寻求填补其损害，须扩大美国判例法上可赔偿的精神损害（mental suffering damage）类型。[2] 对此，王泽鉴教授提出了稍有不同的观点，"卵子、精子旨在供他日生育之用，权利主体者对其具有高度人格关系，医院人员因故意或过失加以销毁，应认定侵害他人的人格利益，被害人得依'民法'第 195 条第 1 项规定，就非财产上损害，请求相当金额的损害赔偿。"[3] 这一观点未将体外的卵子、精子作为身体权的对象，而模糊地将其描述为人格利益。本书认为，将体外精子作为身体权的对象有所不妥，因精子与原告身体分离之后，在将来有生育之需时，则须将其植入其配偶体内，并非将其植回该男性体内。鉴于此，很难说该精子与原告的身体分离后还会结合，其一体性在精子离开其身体的那一刻便丧失，男子的身体权不应及于其体外的精子。因此，应以生育权理论解决这一问题，自然人体外用以人工辅助生育的配子应作为生育权的对象，以解决身体权无法涵摄之情形，而这也是当下及未来的科技背景下，生育权与身体权的重要区别。

（三）两者交叉部分的非本质性

诚然，在某些场景下，主体对身体权与生育权的行使无法区分，诸如夫妻通过性行为达到生育目的，妻子继续妊娠以达到分娩目的等情形。然而，这只是事实层面的偶然交叉，正如身体权与健康权、身体权与婚姻自由权存在重叠一样，这不影响彼此的独立性。实际上，以生育为目的强迫配偶实施性行为，以及以不生育为目的强迫妻子堕胎等行为均同时侵害受害人的身体权、生育权。具体人格权的区分并非逻辑划分

---

[1] 程啸：《侵权责任法》，法律出版社 2015 年版，第 129—130 页。

[2] Erika N. Auguer, "The Art of Future Life: Rethinking Personal Injury Law for the Negligent Deprivation of a Patient's Right to Procreation in the Age of Assisted Reproductive Technologies", Chicago-Kent Law Review, Vol. 94, No. 1, 2019, p. 68.

[3] 王泽鉴：《人格权法：法释义学、比较法、案例研究》，北京大学出版社 2013 年版，第 104 页。

的结果,而是源于实践经验的积累,这就决定了,两种人格权在某些特殊情形下的"交叉格局"并非罕见,正如以营利为目的公开使用他人私密照片的行为既侵犯他人肖像权,也侵害他人隐私权,而这种情形的存在并不能否定隐私权与肖像权彼此之间本质上的独立性。因此,前述特殊情形下的损害赔偿请求权聚合,反映了身体权、生育权之间的"非本质性交叉",但不能抹煞两者之间的"本质性差异"。

(四)小结

实际上,行动自由是诸多权利行使的基础,除了生育之外,结婚、离婚、缔结合同等均表现为主体的行为,但婚姻自主、缔约自由却早已从行动自由中分化出去。其中,缔约自由的独立源于缔约行为通过意思表示引起了财产关系的产生,而婚姻自主的独立源于结婚、离婚行为通过意思表示引起了身份关系的变动,它们因足够典型而得以离开行动自由,逐渐成为独立、成熟的自由性权利。那么,生育这种通过事实行为引起身份关系变动的行为,目前虽然不如结婚、离婚、缔约等行为那样典型,但已随着科技的发展,生育自由表现出越来越多的个性,并足以从行动自由中分离而"另立门户"。从这个角度看,身体权本质上可被视为一项兜底性,甚至框架性权利,而前述三种自由性权利都源于主体的行动自由,并按照"生育权——婚姻自主权——缔约自由权"的序列,呈现出离身体权越来越远的顺序。

因此,即使对生育权行使往往落脚于对自己身体的支配,也不能抹杀生育权内涵的独特性;恰恰相反,随着生命科技的发展,生育权在外延上也逐渐发展到了身体权所不能涵盖的地带。从正当性和必要性看,生育权已经能够从身体权中分化出来,而成为一项独立的自由性人格权。

二 生育权与健康权的区别

生育权与身体权的区别较为明显,前者是自由性人格权,而后者是物质性人格权,两者的内涵也截然不同。其中,理论和立法对于健康权的界定方式有所不同。在理论层面上,学界普遍认同健康权是指自然人维护其机体生理机能正常运作和功能完善发挥为内容的权利;[1] 在立法

---

[1] 李适时主编:《中华人民共和国民法总则释义》,法律出版社2017年版,第339页。

层面，《民法典》人格权编第一千零四条简洁地将其规定为自然人维护自己"身心健康"的权利，将健康权延伸至"心理健康"的范畴。在具体的外延上，学界对于生育权与健康权是否存在交叉之处，以及该交叉是否影响生育权的独立性有不同的观点。其争议主要在以下两个方面：

第一，在生殖健康权与健康权的关系上，有观点认为生殖健康权属于健康权，主张"将生育利益的丧失作为精神损害赔偿的酌情考虑因素"[①]以达到损害填补之目的，并以此否定确立生育权概念的必要性。不过，也有学者提出相反意见认为，如果侵权行为导致受害人丧失生育能力，则构成对生育权的侵害。[②]总体来看，在加害行为影响受害人生殖机能正常运作或生育功能完善发挥时，学界对于权益侵害和具体请求权的认定，大体上存在着"侵害生育权的损害赔偿请求权""侵害健康权的损害赔偿请求权""请求权聚合说""请求权竞合说"[③]四种不同观点，本书采第三种观点，并认为生育权的独立性不受此影响。原因在于：（1）从事实层面看，生殖健康权关乎身心健康，也关乎生育自由，因此既可被健康权，亦可被生育权所涵摄。质言之，将生殖健康权纳入生育权的范畴具有基本的正当性。（2）在已婚未育自然人的生殖健康权受到侵害时，其配偶的生育自由的实现也受到实质影响，该行为实际上构成了对其配偶生育权的侵害，司法实践中有法院已做出这样的判决；[④]那么，在认定其配偶生育权受到侵害的情况下，如果否定对该直接受害人生育权的侵害，在逻辑上难免不妥，因此在生殖健康受损的情形下，承认对直接受害人生育权的侵害有现实必要性。（3）尽管生育权与健康权在生殖健康问题上的交叉重叠，但两者的内涵与价值截然不同，且外延上的差异点也远远多于共同点，这正如身体权与健康权、隐

---

① 朱晓喆、徐刚：《民法上生育权的表象与本质——对我国司法实务案例的解构研究》，《法学研究》2010 年第 5 期。

② 参见武秀英《对生育权的法理阐释》，《山东社会科学》2004 年第 1 期。

③ 张津：《简论我国生育权的法律规范与社会人性化的对立统一》，《山西师大学报》（社会科学版）2010 年第 2 期。

④ 参见高某与大连甘井子机场前门诊部生命权、健康权、身体权纠纷一审民事判决书，大连市甘井子区人民法院（2013）甘民初字第 4729 号；高某与大连甘井子机场前门诊部生命权、健康权、身体权纠纷二审民事判决书，大连市中级人民法院（2014）大民一终字第 1358 号。

私权与肖像权等人格权交叉一样，由于各人格权的边界本身较财产权而言就相对模糊，特殊场景下对数个人格权的同时侵权并不能掩盖各自的独立性。

第二，在对孕妇造成人身伤害致使孕妇流产的情形下，是否可见加害行为评价为对孕妇生育权的侵害也是学界争议的重要问题。与前一问题的思考路径相似，本书认为，该加害行为直接干扰了孕妇继续妊娠的自由，对该对准父母的生育自由造成严重损害，这种情形下仅仅支持对孕妇健康权的损害赔偿是不够的，[①] 还应赔偿对孕妇及其丈夫的生育权造成的损害，这也是司法实践中较为主流的裁判立场。

总体来看，尽管实践中存在同时侵害他人生育权、健康权的行为，这主要出现在自然人生殖健康受到损害而丧失生育能力、意外事故造成孕妇流产等情形之下，但这仅仅是生育权与健康权之间几乎仅有的外延交叉，并不能因此否认两者各自内涵的独特性。在前述情形中，受害人有权同时要求行为人承担对生育权、健康权的双重损害赔偿责任，两个请求权应为聚合关系，而非竞合关系。

三　生育权与配偶权的差异

学界有观点认为，生育权属于配偶权的范畴。[②] 配偶权是我国学说上的概念，并未在立法上明文确立。在理论上，配偶权被认为是"男女结婚后基于配偶身份享有的人身权"，包括配偶身份权与配偶人格权；[③] 也有学者认为其为"基于夫妻间的亲属身份享有的共同生活而应受保护的民事权利"，并将其分为财产性的配偶权和伦理性的配偶权两大类，前者系以夫妻间对财产的给付或处分为主要内容的身份权，包括日常家事代理权、相互扶养权、相互遗产继承权；而后者是以夫妻间的基本道德性准则为内容的身份权，包括夫妻同居的权利义务、夫妻间的忠实义务。[④] 有司

[①] 武秀英：《法理学视野中的权利——关于性·婚姻·生育·家庭的研究》，山东大学出版社2005年版，第199页。

[②] 参见刘淑媛《我国对配偶权的立法完善及其保护》，《宁夏大学学报》（人文社会科学版）2005年第4期；官玉琴：《论配偶的身份利益》，《东南学术》2007年第3期。

[③] 参见蒋月《配偶身份权的内涵与类型界定》，《法商研究》1999年第4期。

[④] 参见刘仲平《我国离婚损害赔偿制度之检讨与重构》，《湘潭大学学报》（哲学社会科学版）2016年第1期。

法机关也使用了配偶权的概念,并提出,"配偶权是相对性与绝对性的统一的权利。从相对性看,配偶权存在于相对的夫妻之间,在配偶权对内关系中,夫妻权利义务是平等的。另一方面,配偶权又是绝对权,具有对世性,具有法定公示力。我国现行的婚姻法虽未明确规定配偶权,但是对夫妻关系的具体内容予以了规定,也即对配偶权给予了确认。"[1] 由此可见,配偶权的身份权性质得到了较为一致的认可,但其是否具有人格权、财产权的属性,以及其究竟是相对权还是绝对权,学界仍有争议。实际上,根据前述定义,配偶权实际上是囊括一揽子权利的框架性权利,这使其无法成为一项内涵清晰的独立权利类型。不过,由于其框架下的"子权利"均系身份权,本书也姑且认可配偶权为身份权。依本章第三节对身份权性质的界定,本书认为配偶权内部表现为基于身份产生的相对权,外部表现为不受干涉的绝对权,系夫妻人身关系的范畴。

前已述及,生育权属于人格权,而配偶权属于身份权,因此,两者是性质不同的权利,不具有种属关系。其唯一的联系在于,生育行为在主流观念中由配偶相互配合完成,夫妻双方的生育权在行使过程中容易发生事实层面的牵连,或因双方生育意愿一致而相互成就,或因双方生育意愿分歧而相互冲突,甚至因此发生侵权行为。但在法律关系上,配合生育并非配偶的法定义务,仅仅是理论道德上的义务而已;在夫妻生育意愿分歧时,也有赖于人格权权利冲突化解理论来处理夫妻的生育权冲突。因此,夫妻各自享有生育权,且该权利不属于配偶权的范畴。

第六节 生育权具备典型公开性

一 伦理观念对生育权价值的内在认同

对于生育权的伦理价值,有学者提出,"没有比'适当生育'为社会生存更基本的行为模式[2]"。也有学者认为,对是否成为父母之事失

---

[1] 参见田某与彭某一般人格权纠纷一审民事判决书,隆回县人民法院(2017)湘0524民初2158号。

[2] [美]M·薄兹、[英]P·施普曼:《社会与生育》,张世文译,天津人民出版社1991年版,第430页。

去控制是一种伤害，其超出了任何其他相关的身体、经济或情感后果。① 对生育或不生育的自主选择之所以如此重要，很大程度源于生育行为为个体带来的极其典型的精神、身体、物质等层面的利益与不利益：

一方面，现代社会中生育带来的利益主要是血脉延续上的精神利益。其中，为人父母的一个重要方面是以自己的方式创造另一个人的经历，看到承载自己遗传特征的子女的成长、发展，并在成长的过程中看到自己，② 这是父母身份中最有意义的内容之一。同时，由于死亡不可避免，而生育使个体的血脉得以在世间永续，这是人类内心深处的普遍欲求。③ 质言之，是否生育的选择关乎个体独特生命观的实现。

另一方面，生育为人类身体、物质、精神带来的不利益也是生育自由之所以如此重要的原因。尤其是对女性而言，"孕妇的痛苦、临盆的危险、哺乳的麻烦，自是无法掩盖的事情"，因此从生物学层面看，生育是"损己利人""自我牺牲"的。④ 孟德斯鸠也提出，"雌性动物的生殖力几乎是固定的。但是人类，思维的方式、性格、感情、幻想、无常的嗜欲、保存美色的意识、生育的痛苦、家庭人口太多的负担等，却给与他们的繁衍生殖以千百种的障碍。"⑤ 由此观之，生育与否关乎个体的基本生存与发展状况。

因此，生育自由的背后是人之尊严与自治，⑥ 自由选择是否生育的权利实属人之为人而与生俱来的权利范畴。对大多数自然人而言，生育自由往往被自然而然地享有和行使而未被发觉，这是自由本身的无形性而决定。而只有当生育自由被妨碍时，其正当性才被感知，生育权保护的必要性才凸显出来。在现代社会一般观念中，自然人的生育自由应免

---

① Dov Fox, "Reproductive Negligence", *Columbia Law Review*, Vol. 117, No. 1, 2017, p. 180.

② J. L. Hill, "What Does It Mean to Be a Parent —— the Claims of Biology as the Basis for Parental Rights", *New York University Law Review*, Vol. 66, No. 2, 1991, p. 389.

③ John A. Robertson, *Children of Choice: Freedom and the New Reproductive Technologies*, Princeton: Princeton University Press, 1994, p. 24.

④ 费孝通：《生育制度》，群言出版社2016年版，第13—15页。

⑤ [法]孟德斯鸠：《论法的精神》（下册），张雁深译，商务印书馆1997年版，第108页。

⑥ 参见马驰《人类基因编辑的权利基础》，《华东政法大学学报》2019年第5期。

于来自第三人干扰之共识已经形成；从第三人的角度看，尊重他人生育权也是其遵守的基本行为准则。质言之，通过社会习惯的积累，生育权当下已具备客观的可识别性，社会中形成了尊重他人生育权的内在认同，生育权属于可被感知的保护对象。

二 司法裁判对生育权概念的广泛运用

人格权法是法律实证的产物。[①] 人格权的外延是司法实践的经验总结，而非先验地存在。我国立法之所以能够正面确权，系吸收其他大陆法系国家司法经验积累的结果。因此，人格权从一开始就不是源于逻辑体系和演绎推理，而是源自实践的需要。[②] 有学者甚至进一步提出，当下应主要依托司法裁判，而非通过立法，来创制和救济新生的民事权利。[③] 近年来，为满足社会发展的需要，我国司法机关在"发现无名权利、总结无名权利识别标准方面大胆尝试"[④]，逐步形成了诸多"新兴权利"或"新型权利"类型。其中，法官在民事审判中对生育权概念的使用也颇为频繁。

据统计，威科先行数据库中包含"生育权"，以及与之密切相关的"优生优育选择权""生育知情权""生育权选择权"任一关键词的民事裁判文书已接近 900 份，具体主要表现为离婚纠纷、医疗损害侵权纠纷、一般人格权纠纷以及不当得利纠纷等。其中有的裁判文书中还对生育权做了明确的概念界定，认为"生育权是指生育主体享有依法生育或不生育的自由、权利，以及生育或不生育并因此受到侵害、阻碍时，有请求法律保护的权利"[⑤] 或表述为"生育权所针对的生育利益体现的是人的行为自由，人可以自由地决定生育这一与自己的生活方式、未来发展等密切相关的重大事项"[⑥] 等。前述司法裁判的具体内容将在本书第

[①] 李永军：《民法总论》，法律出版社 2006 年版，第 247 页。
[②] 韩强：《人格权确认与构造的法律依据》，《中国法学》2015 年第 3 期。
[③] 参见谢晖《论新型权利的基础理念》，《法学论坛》2019 年第 3 期。
[④] 张力：《权利、法益区分保护及其在民法总则中的体现——评〈民法总则（草案）〉第五章》，《河南社会科学》2016 年第 11 期。
[⑤] 参见陈某与徐某一般人格权纠纷一审民事判决书，湛江市霞山区人民法院（2015）湛霞法民一初字第 335 号。
[⑥] 参见原告王某与被告孙某离婚纠纷一审民事判决书，江苏省南京市玄武区人民法院（2017）苏 0102 民初 4549 号。

四章展开详细分析,这一现象说明生育权在我国司法实践中正在或者已经发展成为一项较为独立、成熟、典型的民事权利,相关的救济经验积累也逐步完备,基本达到典型化的程度。

本章小结

在我国立法中心主义的背景下,由于《民法典》总则编第五章权利列举表达中的生育权缺位,生育权在我国私法中的定位有相对保守的"民事利益说"与较为前瞻的"民事权利说"之观点分歧。因此,对生育权民事权利地位的专门探讨尤为必要,这也是后续行文的理论前提。对此,本书持后一立场,认为生育权已脱离一般的民事利益范畴,而具备了成为民事权利的要件。民事权利由民事利益生发、演化而成,根据我国现有权利生成理论,以及德国学界提出的从利益到权利的一般证成标准,生育权民事权利地位争议的症结在于对生育权正当性、归属性、独立性、典型公开性的认定。

生育权的正当性源自其最追求的自由价值,即对人身自由的尊重。尽管我国传统宗族观念长期重视血脉传承而忽视生育自由,且我国建国后的人口政策也以限制生育为主要表现形式,但这均不构成对私法中生育权的否定:一方面,人权观念在我国近现代的普及,使得我国传统生育观念逐渐完成了对生育自由价值的接纳和融合;另一方面,权利限制与权利本身相生相伴,且基于公共利益而对生育行为实施适当限制,是为国际社会所公认的社会调控手段,属于对生育权范围的正当限缩,而非生育权成立的阻碍。

生育权属于自由性人格权,其权利明确归属于作为个体的自然人。虽然生育行为须男女两性配合完成,但关于是否生育的自由选择本质上由个人做出,他人的配合行为对生育权主体而言主要具有事实层面的价值,往往不受来自法律层面的约束或评价;同时,婚姻与生育不具有必然关系,配合配偶生育仅仅为道德义务而非法定义务,因此生育权并不基于身份产生,生育权不属于身份权。尽管妊娠、分娩的任务由女性完成,但男性对是否使配偶受孕而生育子女也具有自主选择权,因此男性与女性均属于生育权的主体。其中,遗传性疾病患者等特殊主体的生育权因公共利益而受到必要限制。

生育权的内涵与外延具有独立性。生育权所捍卫的生育自由关乎自然人对于当下与未来生活方式以及血脉延续的重大选择，对自然人具有不可替代的价值。生育权的行使虽有赖于对身体的支配，但正如婚姻自由、缔约自由虽以行动自由为基础却已与身体权分离一样，因生命科技的介入、权利理论的发展，生育权的外延早已远远超出身体权的范畴，而分化为一项独立的自由性人格权。生育权与健康权外延虽在生殖健康的问题上存在交叉，但正如名誉权与隐私权在某些情形下的重叠，两者在整体上看仍具有本质性差异，偶然情形下的请求权聚合不影响两种权利各自的独立性。生育权与配偶权具有人格权与身份权的性质差异，虽然两者行使的环境均主要在婚姻之内，但因权利性质的本质区别，两者实际上泾渭分明，在外延上不存在交叉之处。

　　生育权在社会中具有典型公开性。生育行为对于自然人的身体、物质与精神层面的利益与不利益显而易见且意义重大，因此社会对于生育自由的重要性具有普遍共识。正因如此，尽管生育权未为我国《民法典》或此前的《民法通则》《侵权责任法》列举，司法实践中的生育权损害赔偿请求权纠纷已屡见不鲜，且法院对生育权的人格权地位也呈现肯定立场，其裁判经验日益成熟。总体来看，生育权的典型公开性不仅体现为权利主体保护自身生育权的积极性之高，更体现为义务主体尽量避免损害他人生育权的意识之强，这源于社会伦理对生育自由价值的认可，且已在司法实践中得到充分印证。

第三章　私法中生育权的行使秩序

作为人格权，生育权的特殊性主要在于其具备较为明显的内部张力与外部效应，即夫妻之间的生育自由可能发生矛盾，且私人的生育行为具有强烈的公共面向，这使得生育权的行使规则较其他人格权更为复杂。鉴于此，妥当化解夫妻之间的生育权冲突，并明确私人生育权的行使边界，以厘清私法上生育权的行使规则，是保证生育权概念逻辑自洽的关键之处，也是生育权理论建构中的核心任务之一；从另一角度看，利用民事权利基本理论解决夫妻生育意愿分歧、体外胚胎处置纠纷等现实难题，实为生育权概念的本质功能之一。

第一节　生育权行使中的考量因素

一　生育行为的内部张力

尽管如今的婚育观念较过去更为开放，但基于主流观念与伦理体系中，生育行为仍主要发生于婚姻内部的夫妻之间，仅有少部分生育行为发生在非婚关系的男女双方之间，因此本书对生育行为内部张力、生育权内部协调的探讨首先以婚内生育为蓝本展开，后文将对非婚生育关系中的相关问题做出补充。

（一）生育行为内部张力的实质

生育行为的内部张力主要源于夫妻之间的生育意愿分歧，其实质是夫妻间生育权的冲突。[①] 在婚内，生育自由天然地受到婚姻家庭的约

[①] 生育行为须两性结合完成，夫妻各自的生育权之间存在事实上的牵连性。如若夫妻双方生育意愿得以达成一致，实际上尊重并协助配偶实现生育意愿实则也是对自身生育权的行使方式之一。然而，夫妻双方关于是否生育的意愿也可能产生分歧，这时一方行使生育权便意味着对另一方生育自由的妨碍。换言之，作为事实上"生育伙伴"的夫妻间的生育权有发生权利冲突的可能性。诚然，更多的时候，夫妻间对彼此生育权的实现起到的是正向的配合、成就作用，仅仅在夫妻双方生育意愿分歧时，两者的生育权才发生冲突；然而，这种冲突在实践中客观存在，是生育权概念厘清和规则建构中的难点问题。

束。尽管这种约束并非法律所规定,但却由道德确立,于是便出现了这样的错位:在生理构造上,生育行为须由男女两性配合完成;在道德伦理上,生育行为应由婚内夫妻双方进行;但在法律规则上,配合配偶实施生育行为并非法定义务。作为结果,无法通过法律强制力来保障夫妻双方在婚姻中均实现其生育意愿。尽管有学者提出理想化的局面:"夫妻任何一方不得以损害另一方生育权为前提来实现自己的生育权,"[①]但夫妻之间的生育意愿分歧客观存在,在双方需要配合而又难以达成统一的情形中,往往不损害对方就意味着自身生育意愿受限,这种限制不仅来自配偶,更来自一夫一妻的婚姻制度本身。

夫妻之间的身份关系无法对生育权构成合理限制,夫妻间生育权冲突也无法通过身份关系得以弥合。在婚姻家庭领域之内,夫妻、子女以及其他亲属之间的权利冲突同样或显或隐地存在,其以父母监护权与子女隐私权的天然冲突为典型。在夫妻之间,也有学者提出"夫妻关系存续期间的隐私权冲突"[②]问题,但实际上探讨的是家庭伦理价值对夫妻一方隐私权的限制问题,或者说夫妻一方隐私权与另一方在理论上的"知情权益"冲突问题,但婚姻中的"知情"无法律上的正当性,因此归根结底探讨的仅仅是身份关系对夫妻一方人格权的限制问题。此外,有学者提出因夫妻身份而对"配偶人身自由权、隐私权、婚姻自主权、性自主权"等自由性人格权的限制属于"合理限制",其合理性在于能够"增进夫妻之间的亲密感与和谐度"。[③]而仔细推敲可以发现,因前述自由性人格权在"可受限制的弹性",及其"与夫妻身份的相关关系"等方面存在差异,所以在应否因婚姻关系而让渡给配偶这一问题上也不能一概而论:以隐私权为例,其本身就是边界相对模糊的权利,隐私的范畴也较为主观、广泛;同时,亲密关系本身就与隐私存在"正相关"关系,即关系越紧密,则愿意为对方知悉的隐私信息越多,因此与配偶分享些许隐私信息、共享某些隐私空间,对其的隐私权不至于构成根本性的损害;而婚姻自主权则不同,其内涵与外延极其清晰,在婚姻中的离婚自由一旦被限制,则不啻于被全部剥夺。生育权与后者类似,

---

[①] 邢玉霞:《现代婚姻家庭中生育权冲突之法律救济》,《法学杂志》2009年第7期。
[②] 陈汉:《亲属法视野下的人格权冲突——以隐私权为视角》,《浙江工商大学学报》2014年第1期。
[③] 陈本寒、艾围利:《夫妻间人格权关系研究》,《时代法学》2011年第4期。

内涵与外延均较为明确，不适于像隐私权那样可基于婚姻关系而适当"酌减"，而是呈现出"非有即无"状态，因此婚姻关系难以构成限制生育权的正当理由。甚至从本质上看，正是婚姻关系束缚了夫妻各自的生育自由，致使在双方生育意愿不一致时，一方不能寻找意愿契合的伴侣实施生育行为。从这一意义上看，婚姻关系本身不能弥合夫妻间的生育权冲突，反而是导致其生育权冲突产生的原因之一。

（二）生育权内部冲突的表现形式

在婚姻关系存续期间，夫妻之间的生育意愿一旦产生根本分歧，两者中必然有一方生育权无法实现，没有折中的中间状态存在，除非有一方改变其生育意愿。实务中的夫妻生育权冲突主要发生于离婚诉讼之中，但实际上，生育权冲突在婚姻存续期间同样可能发生。

在司法实践中，夫妻生育权冲突的情形主要有：（1）夫妻对于是否怀孕发生意愿分歧。如果双方僵持不下而使生育计划暂时搁置，可能埋下夫妻感情破裂的隐患并引发离婚诉讼；如果主张生育一方采取强制性行为，那么可能在违背另一方意愿的情形下而造成女方怀孕的后果，该行为可能涉及对另一方身体权与生育权的侵害。（2）在妻子受孕之后，夫妻对于是否继续妊娠发生意愿分歧。（3）在人类辅助生殖技术的实施中，在体外授精与植入母体之间的体外冷冻胚胎阶段，夫妻因生育意愿分歧而单方废弃冷冻胚胎、擅自移植冷冻胚胎等；不过，冷冻胚胎的私法秩序不仅涉及前述夫妻之间的生育意愿冲突，在某些特殊情形下还涉及生命伦理、公共政策等问题，后文将对这部分规则进行专门探讨。

总体来看，夫妻关于"是否生育"的意愿发生分歧时，双方生育权相互掣肘，其生育权处于相互冲突状态。诚然，夫妻生育权冲突可能因夫妻一方生育意愿的转变而使冲突自然消弭，然而，一旦双方生育意愿无从达成一致，则可能引发婚内侵权诉讼，或者因生育纠纷引起夫妻感情破裂从而构成离婚的事由，甚至导致相应的损害赔偿责任。

二　生育行为的外部效应

生育行为虽为个人私事，但也具备强烈社会属性。在经典的"两种生产"① 中，人口的生产是种族延续的基本保障，也是全部社会生产行为得以实现的基础。同时，人口的生产也造成对有限自然资源的消耗，因此人口数量必须与公共资源达到动态平衡，以维持社会的持续健康发展。此外，在个人借助现代生育科技满足生育自由的过程中，必须遵循共同的生命伦理，以维护人类与科技的和谐关系。总体来看，生育行为的四个主要的社会属性是对其进行公共控制的根源：

第一，生育行为最为自然而本质的功能在于种族延续。在人类社会结构中，供给新的社会分子是生育制度的任务，② 生育是人类在从事物质资料生产活动的同时，所进行的人类自身的生产和再生产活动，发挥着人类文明延续的重大意义。③ 在论及生育的自然属性与社会属性的关系时，孟德斯鸠指出，"上帝以他的无限智慧，把强烈的性交欲望安置到人类的体质之中，以此来绵延人的族类，而人类这样做时却大都并没有这项意图，而且生育儿女往往是与生育者的愿望相违反的。诚然，愿意并计划要有儿女的人们只是儿女的存在的偶因，"④ 认为生育的自然属性无意间成就了其社会价值。施特劳斯甚至将种族绵延视为人类生育活动的主观目的之一，他提出，人天生就是社会的存在，人对于整个种族延续的关切具体反映和落实在了人对生育行为的关切之上。⑤ 无论人类是有意识或无意识地通过生育保障人类血脉延续，生育行为的这一功能是客观存在的。

第二，源源不断的新生人口在物质生产、经济发展和文化繁荣中发挥着基础性作用。在这一过程中，生育带来的劳动力增加是社会发展和国家强盛的必要条件；但另一方面，人口过多使特定范围内资源总量面临挑战。基于生育的公共面向，有学者指出，历史上各国对生育行为的

---

① 其中，一方面是生活资料即食物、衣服、住房以及为此所必需的工具的生产；另一方面是人类自身的生产，即种的繁衍。参见《马克思恩格斯选集》第 4 卷，人民出版社 2012 年版，第 13 页。

② 费孝通：《生育制度》，群言出版社 2016 年版，第 21 页。

③ 杜建明：《论我国生育权中的利益考量与人权保障》，《南京人口管理干部学院学报》2011 年第 4 期。

④ ［英］洛克：《政府论》（上篇），瞿菊农、叶启芳译，商务印书馆 1982 年版，第 46 页。

⑤ 参见［美］施特劳斯《自然权利与历史》，彭刚译，生活·读书·新知三联书店 2003 年版，第 130—131 页。

关注从来没有以对个人隐私权、健康权、平等权或宗教权的真正关切为前提,恰恰相反,这种监管是对有影响力的宗教组织反对生育自由的回应,也是对国家控制人口增长之需要的回应,而人口增长往往是基于劳动力或军事需求。① 总体来看,新生人口是社会生产力的来源,对特定地区的经济社会整体发展至关重要。

第三,生育行为带来的人口增长加剧自然资源消耗。在特定的范围内,自然资源承载人口消耗的能力具有一定限度,而人口增多往往造成人均资源占有量的减少。基于此,为缓解我国人均资源相对短缺的困境,我国在20世纪七八十年代出台计划生育政策以抑制人口过快增长。尽管有学者提出,考虑到科学技术、经济体制等社会因素,人口与资源的矛盾并非绝对的、线性的,而是相对的、复杂的;② 也有学者经实证考察认为,放任生育行为并不一定引发人均资源量少和国民贫困的后果,③ 但是生育行为、人口数量与资源消耗之间的关系客观存在,资源总量是一国人口政策制定中的重要考量因素。

第四,生命科技介入生育行为带来潜在社会伦理风险。生命科技,尤其是人类辅助生殖技术的发展与运用,虽然很大程度上提高了自然人实现生育愿望的现实可行性,但该技术实际带来的伦理风险同样不容忽视。其中,代孕、单身女性实施人工生殖,甚至生殖细胞的基因编辑等技术的不道德性较为突出,其临床运用的正当性极具争议。代孕技术有贬损女性人格尊严,引发亲子人伦秩序紊乱之虞;单身女性通过人工生殖生育子女则使后代知其母而不知其父,增大后续近亲结婚几率,不利于家庭与社会稳定发展;基因编辑技术则破坏了改变社会中自然的竞争环境,难免引发对生命商品化的隐忧,并有加剧社会不公,改变家庭的本质和走向之巨大风险,④ 我国科研人员2018年所进行的首例临床运用甚至被列

---

① Berta E. Hernandez, "To Bear or Not to Bear: Reproductive Freedom as an International Human Right", *Brooklyn Journal of International Law*, Vol. 17, No. 2, 1991, p. 323.
② 参见周长洪《换一种视角看我国人口数量与生育政策》,《南京人口管理干部学院学报》2012年第3期。
③ 参见金易《现行生育政策调整的依据及路径》,《学术交流》2014年第1期。
④ John A. Robertson, "Assisted Reproduction, Choosing Genes, and the Scope of Reproductive Freedom", *George Washington Law Review*, Vol. 76, No. 6, 2008, p. 1495.

为该年度"中国国家安全十大事件"①之一。由此观之，生命科技的运用不仅关乎个人生育权的实现，更有极其明显的外部效应和公共面向，这使得生育权的技术实现应该受到来自公共利益的某些限制。

三 体外胚胎的特殊面向

近年来，在生育领域，自然生殖与人工生殖的"双轨生殖体制"②在世界范围内基本形成，人类辅助生殖技术引发的冷冻胚胎处置问题对传统私法理论与实践带来的挑战日益凸显。考虑到人类辅助生殖技术的复杂性，本书将研究对象限定于较为典型的同质人工③授精，尤其是同质体外授精的情形，而对异质人工授精④情形暂不讨论。⑤ 在我国，从2012年"夫妻离婚冷冻胚胎处置案"⑥到2014年"冷冻胚胎监管权与处置权纠纷案"⑦、2017年"丈夫单方废弃冷冻胚胎案"⑧，以及2018年以来数起"夫或妻一方死亡后冷冻胚胎处置案"⑨等典型案例都暴露出此类案件法律适用上的困难，其中总共涉及准父母、医疗机构、准父母的直系亲属等多方当事人，相关争议点既有夫妻之间生育权的冲突，

---

① 刘跃进等：《2018年"中国国家安全十大事件"揭晓》，《国际安全研究》2019年第2期。

② 徐国栋：《体外受精胎胚的法律地位研究》，《法制与社会发展》2005年第5期。

③ 同质人工授精是指用人工方法将丈夫精液注入妻子生殖道内，使精子与卵子自然结合，或使夫妻配子在体外授精后植入妻子体内，以达到妊娠目的的生殖技术。参见陈苇主编《婚姻家庭继承法学》，群众出版社2017年版，第144页。

④ 异质人工授精是指用人工方法将第三人捐赠的精子注入妻子生殖道内，使精子与卵子自然结合，或将第三人捐赠的配子与夫妻一方的配子在体外授精后植入妻子体内，以达到妊娠目的的生殖技术。参见陈苇主编《婚姻家庭继承法学》，群众出版社2017年版，第145页。

⑤ 此类情形下的相关规则参见最高人民法院指导案例第50号"李某、郭某阳诉郭某和、童某某继承纠纷案"等。

⑥ 参见《不孕夫妻闹离婚"冷冻胚胎"归谁？》，《山东商报》2012年5月2日第A8版。

⑦ 参见沈某、邵某与刘某、胡某，第三人南京鼓楼医院监管权和处置权纠纷二审民事判决书，江苏省无锡市中级人民法院（2014）锡民终字第01235号；"沈某、邵某与被告刘某、胡某继承纠纷一审民事判决书，江苏省宜兴市人民法院（2013）宜民初字第2729号。

⑧ 参见原告王某与被告孙某离婚纠纷一审民事判决书，江苏省南京市玄武区人民法院（2017）苏0102民初4549号。

⑨ 参见南京鼓楼医院与高某、汪某、罗某医疗服务合同纠纷一审民事判决书，南京市鼓楼区人民法院（2018）苏0106民初1680号；"高某与汪某、罗某、南京鼓楼医院医疗服务合同纠纷二审民事裁定书，江苏省南京市中级人民法院（2018）苏01民终5641号；覃某与广西壮族自治区卫生计生委生殖中心医疗服务合同纠纷一审民事判决书，广西壮族自治区南宁市青秀区人民法院（2018）桂0103民初5920号。

亦涉及医疗机构知情同意书的效力判断，以及个人生育权、隔代血脉延续利益与后代保护、社会伦理之间的复杂矛盾。因此，鉴于涉及体外胚胎的生育权行使规则其兼具内部性与外部性，本章将专门进行探讨。

在夫妻实施人工生殖的过程中，其"授精之前的阶段"相当于"自然生育中受孕之前的阶段"，"胚胎植入母体之后的阶段"等同于"自然生育的妊娠阶段"，因此这两个阶段的生育权行使规则，应参照适用前述自然生育中的相应规则。而在人工生殖中的特殊阶段，即授精之后、胚胎植入母体之前的中间阶段——体外胚胎或冷冻胚胎时期，夫妻之间的生育意愿分歧便表现为对体外胚胎的处置矛盾之上，即对于废弃、继续保存、植入母体等处置方式选择的冲突。近年来，我国司法机关关于冷冻胚胎归属问题的民事纠纷审判意见分歧较大，其中出现的一些"创新型判决"虽合乎情感观念，但因背离私法规则与概念体系而疑窦丛生，有待进行深入剖析。

此类案件以"陈某与徐某人格权纠纷"[①]为典型代表。该案中，对于婚内培育的冷冻胚胎，女方希望将其植入体内，而男方不予签字同意。法院认为，男方依法享有不生育子女的自由，无论双方的婚姻状况如何，在男方不同意将双方配子结合形成的胚胎植入女方体内孕育的情况下，女方无权将该胚胎植入体内孕育。在实践中，此类冲突激化后在司法实践中往往表现为：

第一，夫妻一方擅自销毁冷冻胚胎。该类纠纷以"王某与孙某离婚案"[②]为典型代表，在该离婚诉讼中，丈夫王某在妻子孙某不知情的情形下以停止续费方式销毁冷冻储存的 5 枚胚胎，妻子由此主张损害赔偿。法院在判决书中将该案定义为"法律尚未明确"及"无先例"案件，并对案件法律关系进行了较为详细的评述，最终得出认为丈夫单方废弃胚胎的行为，构成对妻子身体权、健康权和生育知情权的侵害，且因胚胎为带有情感因素特殊的物，妻子还存在精神上的损害，因此判决夫妻离婚，并判决丈夫向妻子支付 3 万元赔偿款。该案判决书对私法中的生育权及冷冻胚胎相关问题有细致论述，体现出法官法律解释及适用

[①] 参见陈某与徐某人格权纠纷一审民事判决书，广东省湛江市霞山区人民法院（2015）湛霞法民一初字第 335 号；陈某与徐某一般人格权纠纷二审民事判决书，湛江市中级人民法院（2015）湛中法民一终字第 583 号。

[②] 参见原告王某与被告孙某离婚纠纷一审民事判决书，江苏省南京市玄武区人民法院（2017）苏 0102 民初 4549 号。

问题上严谨的思维及适当的"能动司法"精神。其中，大部分观点①说服力较强，不失为生育权领域值得推广的论断。不过，其中关于《民法典婚姻家庭编解释（一）》第二十三条的解释路径有待商榷，即在人工生殖中"夫妻双方均享有生育权，而只有妻子才享有生育的决定权；妻子不负有协助丈夫生育的法定义务，妻子中止妊娠，无需丈夫行使同意权"，该方案对于自然孕育过程中的夫妻生育权配置固然可行，但对于通过体外胚胎生殖的夫妻而言难免有失偏颇，赋予了妻子一方在冷冻胚胎处置问题上过多的决定权。

第二，妻子一方擅自植入冷冻胚胎。此类纠纷以"王某与山东大学附属生殖医院、李某侵害患者知情同意权案"②与"郑某婚姻家庭纠纷案"③为典型。由于实施体外授精及胚胎移植手术前，提供配子的夫妻都须签署辅助生育医疗机构提供的知情同意书等一系列文件，一般情况下须夫妻双方签字方可进行胚胎移植。但前述案件中，妻子或雇人冒充丈夫签字同意解冻胚胎并实施移植手术，丈夫由此主张精神损害及财产损害赔偿；或基于丈夫出具的授权委托书全权代理丈夫同意移植，但事后丈夫认为该"同意"之意思表示的真实性存疑，诉请法院认定其生育权受到侵害。不过，前述案件的争议主要在于事实认定层面，前者因丈夫后来未提供妻子因本次胚胎移植而受孕的证据，故无法证实损害后果的发生；后者因丈夫委托书真实，且未及时撤销其对妻子的委托，亦未书面通知或亲自到该人类辅助生育机构销毁精液样本，故均未认定侵权责任的发生。尽管这两例案件均未达到需明晰法律后果的程度，但其

---

① 具体包括：因女方为妊娠、分娩较男方承担了更多生理风险及心理压力，其为抚育子女成长通常也会付出更大的牺牲，生育对女方利益的影响大于男方；且生育行为需要具备一定的生理、健康条件并存在生育风险，生育任务主要由妇女承担，妇女承担了更多的生理风险及心理压力。故而当夫妻生育权发生冲突时，侧重于妇女权益的特殊保护……夫妻互为生育关系伙伴，互为权利义务主体……丈夫在未通知妻子的情况下终止交费，等同于单方废弃胚胎，损害了被告的生育知情权。

② 参见王某与山东大学附属生殖医院、李某侵害患者知情同意权责任纠纷一审民事判决书，山东省广饶县人民法院（2018）鲁0523民初2838号。

③ 参见郑某婚姻家庭纠纷一审民事裁定书，荆州市沙市区人民法院（2015）鄂沙市民初字第01435号；"上诉人郑某婚姻家庭纠纷不予受理二审民事裁定书，荆州市中级人民法院（2015）鄂荆州中民立终字第00070号；"郑某、徐某婚姻家庭纠纷再审审查与审判监督民事裁定书，湖北省高级人民法院（2017）鄂民申2456号；"郑某、徐某婚姻家庭纠纷二审民事判决书，湖北省荆州市中级人民法院（2017）鄂10民终45号。

也充分说明，夫妻关于冷冻胚胎的处置意愿分歧时有发生。从理论分析来看，其核心问题在于，在妻子未经丈夫同意而单方植入胚胎的情形下，施于丈夫的后果能否被认定为侵权法上的损害。

除了上述夫妻因体外胚胎处置意愿分歧引发的一般纠纷外，我国实务中还出现了在夫妻离婚、一方或双方死亡等更为特殊情形下的体外胚胎处置争议。[①] 其中涉及诸多伦理与法律问题，有待将其类型化之后进行深入研究。

第二节 生育权的内部协调

一 夫妻间生育权冲突化解的法理基础

对于夫妻之间的生育权冲突，有学者提出，"生育是家庭内部事务，属于'法外空间'，所谓的'夫妻生育权的冲突'应当留给夫妻之间通过协商加以解决，法律没有必要对此做出规整"[②]。法律虽应对婚姻家庭内部事务保持一定谦抑，但并非全然置身事外，各国婚姻家庭法对夫妻人身与财产关系都有适当的规定；更何况，自然人并不会因进入婚姻关系而丧失人格权，配偶也是其人格权的义务主体，婚内侵权等问题在婚姻内部不一定不会发生；此外，法定离婚事由是法律介入家庭的典型方式，在生育权问题上，妻子擅自终止妊娠等行为作为法定离婚事由已由我国司法解释所明确规定。诚然，夫妻能够通过协商解决生育权冲突无疑是最好的局面，但一旦协商不成，通过基本法理设计其冲突解决方案则非常必要。

权利冲突现象在社会中普遍存在。作为一种"无法消灭且不可避免"[③]的法律现象，权利冲突主要源自"资源稀缺和分配不公"的社会现实，[④] 以及权利自身的"边界模糊性"与"交叉性"[⑤]。对此，学界

[①] 其中，最后两种情形下夫妻一方或双方主体已不存在，并非严格意义上的生育权行使争议，但它与夫妻生育权的行使关系密切，故放在本书一并探讨。
[②] 王世贤：《生育权之检讨》，《河北师范大学学报》（哲学社会科学版）2006年第3期。
[③] 彭诚信、苏昊：《论权利冲突的规范本质及化解路径》，《法制与社会发展》2019年第2期。
[④] 陈林林：《反思中国法治进程中的权利泛化》，《法学研究》2014年第1期。
[⑤] 张平华：《权利冲突辨》，《法律科学》2006年第6期。

提出的权利冲突解决方案主要有"权利位阶论"[①]与"权利边界论"[②]。实际上，当两项权利在行使中发生冲突时，对于其关键争议点，通过判断该情形之下两项权利位阶的高低固然可以解决，但其本质上也是在为两项权利的外延划定清晰的边界。从这一角度看，在解决权利冲突的问题上，"权利位阶论"与"权利边界论"异曲同工，皆可用于处理权利冲突问题。

夫妻生育权冲突可借助上述理论予以解决，本书主要通过"权利位阶论"展开论述。在夫妻一方分别主张生育或不生育时，其主张均反映了各自对生育自由的追求，两者原则上应处于平等地位。但生育权的特殊性使夫妻双方生育权在特定情形下有优先与劣后之分，而判断何者生育权处于更优越的地位，至少应考虑以下两个因素：第一，后代利益保护。夫妻生育意愿分歧时，如果主张生育一方使用强制或欺骗等不当手段使对方配合其生育行为，那么即使生育子女，也可能不利于后代成长。因此，在夫妻生育权冲突时，应采取平等协商方式，不应采取过激行为。第二，平衡女性在生育中的天然生理弱势。学界普遍认同，解决夫妻生育权冲突时应遵循夫妻生育权协商行使原则和妇女生育权优先原则。[③] 当然，这里的"妇女生育权优先"并非无条件的，否则便违反男女平等原则。实际上，在处理生育权冲突中更倾向于照顾女性，源于其在生育权中"承担的风险和心理压力大于男方"[④]；且在妊娠阶段，女性生育权与其身体权、健康权密切相关，故而妻子在该阶段的生育权应得到相对更充分的保护。

---

① 参见苏力《法治及其本土资源》，中国政法大学出版社1996年版，第178—182页；林来梵、张卓明《论权利冲突中的权利位阶——规范法学视角下的透析》，《浙江大学学报》（人文社会科学版）2003年第6期；王利明《民法上的利益位阶及其考量》，《法学家》2014年第1期。

② 参见王克金《权利冲突研究中需要进一步澄清的问题》，《法制与社会发展》2010年第5期；王博《权利冲突化解路径的经济法律分析——兼与苏力等教授商榷》，《法学》2016年第11期。

③ 参见樊丽君《生育权性质的法理分析及夫妻生育权冲突解决原则》，《北京化工大学学报》（社会科学版）2005年第4期；王之、强美英《夫妻生育权平等的冲突及其法律思考》，《医学与哲学》（人文社会医学版）2007年第10期；张作华、徐小娟《生育权的性别冲突与男性生育权的实现》，《法律科学》2007年第2期。

④ 参见苟某与谭某离婚纠纷一审民事判决书，石柱土家族自治县人民法院（2016）渝0240民初2553号。

二　夫妻生育权行使的分阶段优先原则

（一）夫妻生育权分阶段优先原则的内容

在夫妻的生育权冲突问题上，我国学者已观察到，在生育的不同阶段，夫妻之间的生育权之"相对优先性状态"有所差异，即生育权的"动态性"与"阶段性"特征。[①] 基于此，夫妻生育权行使中的冲突处理应采"分阶段优先原则"：

在妊娠之前，关于是否使妻子受孕的立场冲突，夫妻的生育权从身份意义上看绝对平等，但根据双方立场的不同而具有不同的优先性。其中，消极生育权优先于积极生育权，即主张不受孕的一方，优先于主张受孕的一方。[②] 从分析法学的角度看，其原因在于，根据霍菲尔德的法律概念分析理论，不生育的自由毋需他人积极配合，在性质上接近于"特权（privilege）"，其相关概念为"无权利（no-right）"，[③] 即对方无权要求权利人不享有生育自由；而其自身则"无义务（no-duty）"，即没有放弃不生育自由的义务。而对于主张生育的一方，在需要对方配合时，却不享有法律上的请求权，因此其结果表现为，以消极方式行使生育权一方优先于积极的一方。从利益法学角度看，双方尚未对生育与否达成一致意见时，若苟加允许一方通过强制、药物等方式要求对方配合以生育为目的的性行为，不仅侵害对方身体自由，同时不利于夫妻感情和谐，进而对子女成长造成负面影响。因此，在妻子尚未怀孕的阶段，夫妻生育意愿不同的情形下，应尊重主张不生育一方的意愿。

在妊娠之后，胎儿出生之前的阶段，夫妻之间的生育意愿冲突主要体现在是否继续妊娠的问题上。在这一阶段，妻子的生育权处于优先保护的法律地位，[④] 对于生育或不生育具有绝对的决定权。其主要原因在于，在自然生育的过程中，女性妊娠与其身体健康密不可分，决定是否继续妊娠的生育权与其身体权处于捆绑状态，该人格权不容侵犯。此

[①] 朱振：《妊娠女性的生育权及其行使的限度——以〈婚姻法〉司法解释（三）第9条为主线的分析》，《法商研究》2016年第6期。

[②] 参见姜玉梅《生育权辨析》，《西南民族学院学报》（哲学社会科学版）2002年第12期。

[③] 王涌：《寻找法律概念的"最小公分母"——霍菲尔德法律概念分析思想研究》，《比较法研究》1998年第2期。

[④] 朱晓峰：《评最高人民法院指导案例50号：兼论生育权保护》，《西安电子科技大学学报》（社会科学版）2016年第5期。

外，男女生理结构差异使得女性在妊娠过程中承受更多的痛苦与责任，赋予女性更优先的生育权符合实质上的男女平等价值，我国《民法典婚姻家庭编解释（一）》第二十三条即采取了这一立场。在我国台湾地区，虽然1984年公布的"优生保健法"第九条第2款①规定了关于女性终止妊娠的"配偶同意权"，对限制怀孕妇女的自主权构成了限制，但2016年公布的"病人自主权利法"第四条②赋予了病人完全的自主决定权。对此，学界分析认为，妇女对于选择继续怀胎与否，其本身即属对自我身心状况最为了解之人，应当尊重怀孕妇女本身之意愿，否则将加深妇女在社会中因既有性别不平等结构中所造成之劣势地位；配偶之同意与否并无由较诸孕妇之贴身经验或专家之判断更具确信力；孕妇为胎儿发育过程中天生之载体，必须承担怀孕或分娩所造成之心理及生理上之重大风险，其可能因避孕失败、考量失业经济问题、身心健康、环境、婚姻和睦、子女教养、个人生涯等诸多原因，形成身心之重大影响；而他方配偶亦可能基于自身利益，罔顾怀孕对妇女身心可能肇生之影响，致使妇女之意愿遭受有意的忽略，因此，对女性堕胎的"配偶同意权"在司法实务上已"名存实亡"，应排除前述"优生保健法"第九条第2款后段之适用。③从这一角度看，我国大陆地区与我国台湾地区对于女性妊娠期间的夫妻生育权协调问题的立场较为一致，即妊娠女性可自主决定继续妊娠或中止妊娠。

（二）分阶段优先原则的意义与局限

厘清夫妻间生育权的优先原则具有较大现实意义：（1）该原则划定了夫妻各自的生育权边界，实质上也明确了在夫妻生育意愿分歧情形下配偶应尽的义务。更确切地说，该规定诠释了夫妻一方作为另一方生育权的义务人，在生育的各个阶段不干涉或尊重对方生育权的具体方式。（2）更进一步的是，该原则为夫妻之间生育权侵权责任构成的判断提供依据，

---

① 该款后段规定：有配偶者，依前项第六款规定施行人工流产，应得配偶之同意。但配偶生死不明或无意识或精神错乱者，不在此限。

② 该条规定：病人对于病情、医疗选项及各选项之可能成效与风险预后，有知情之权利。对于医师提供之医疗选项有选择与决定之权利。病人之法定代理人、配偶、亲属、医疗委任代理人或与病人有特别密切关系之人（以下统称关系人），不得妨碍医疗机构或医师依病人就医疗选项决定之作为。

③ 林萍章：《新时代的告知说明与同意：突变与进化》，《月旦医事法报告》2020年总第41期。

违反前述义务的行为则可能构成对配偶生育权的侵害。一方面，对于夫妻一方正在实施的违反生育权分阶段优先原则之行为，对方有权行使人格权请求权，使对方承担停止侵害、排除妨碍等防御性侵权责任；另一方面，该行为可能引发损害赔偿责任，但因婚内侵权是否成立目前尚有争议，故对其有待专门探讨，本书将在第四章第一节予以详述。

不过，在自然人生育权实现这一目标面前，前述规则不具有终极性，而仅仅是暂时性的、最小伤害的冲突解决方案。申言之，在夫妻生育意愿冲突时，两者生育自由的实现非此即彼，[1] 分阶段优先原则也仍使夫妻一方的生育自由处于压抑状态。在这样的情形下，正如学者们所提出的，若双方要完全实现生育自由，法律只能采用排除权利实现障碍的办法，即解除婚姻的办法，使婚姻中的一方另外创造条件实现他的权利。[2] 这虽然是"法律的无奈"[3]，但却是目前文明社会中唯一行之有效的方法。其原因正如前文所述，婚姻关系本身对自然人生育自由构成道德上的天然约束。在夫妻生育意愿分歧时，为寻求个人的生育自由，若夫或妻与婚外第三人完成生育行为则有悖道德伦理，故而只能通过解除现有婚姻关系并在新的婚姻关系中合意实现生育权。

三　夫妻间生育协议的效力判断

在家庭内部，夫妻之间存在以协议方式提前设定双方权利义务的情形。在生育问题上，有学者将夫妻间生育协议视为自然人行使生育权的方式之一，且认为这是避免生育纠纷、通过协商达成解决冲突方案的有效途径，提出"生育或不生育协议可采用书面、口头或默示方式。默示方式如夫妻性行为中未采用任何避孕措施而怀孕，或者避孕失败后，如果任何一方未及时主张不生育，则视为达成生育协议"。[4] 本书认为，订立生育协议固然是当事人自由表达生育意愿的方式，但由于该协议涉及对其人身的处分，故其是否具有法律约束力，以及该协议能够作为夫

---

[1] 参见朱振《妊娠女性的生育权及其行使的限度——以〈婚姻法〉司法解释（三）第9条为主线的分析》，《法商研究》2016年第6期。

[2] 参见吴俐《生育权的尴尬与选择》，《人口与经济》2003年第4期。

[3] 周平：《配偶间生育权冲突之法律规制》，《中南民族大学学报》（人文社会科学版）2011年第6期。

[4] 王旭霞：《夫妻生育权的实现与救济》，《甘肃政法学院学报》2009年第2期。

妻生育权冲突时的处理依据等问题，目前仍面临争议。

我国司法实践中已出现了"生育承诺"①"生育保证金"②"香火协议"③等案例，法院对此类契约倾向于认定为无效，其理由主要是此类契约违背公序良俗。学界对此看法不一，当下对于夫妻生育协议的效力判断存在"有效说"④与"无效说"⑤等观点之争。前者认为该契约只要是基于双方自愿且真实的意思表示，一方面可基于协议向另一方主张违约责任。后者则认为生育协议不同于一般的民事合同，该协议系对人格权的不当限制，因此属于无效的约定，即使夫妻一方违反生育协议也毋需承担法律责任。也有学者认为，订立行为仅属"情谊行为"，该合同属法律调整范围之外的纯粹生活事实，在其效力问题上，应秉持家庭自治理念，依婚恋道德予以判断，⑥为承认该类合同的法律约束力。

在比较法上，德国联邦最高法院 1986 年"由女方服用避孕药之约定"的经典判例对此问题曾提出过鲜明的立场。该案当事人为同居的男女双方，双方约定由女方服用避孕药物以防妊娠生育，但随后女方私自停止服药并怀孕，男方得知后两人感情破裂并分手，之后女方生下小孩。在该案判决中，德国联邦最高法院认为，双方之间针对服用避孕药的"约定"，不构成合同法意义上的意思表示；即使认为其属于意思表示，因为服用避孕药的自由涉及个人人格及其自主发展最核心的领域，因此不能通过法律行为对其进行禁止或限制，所以该约定因违反公序良俗而无效。⑦该判决对同居双方关于避孕约定的性质及法律后果阐释得较为清楚，不过该约定毕竟不是婚内夫妻双方而是同居关系中主体的约定，在探讨夫妻生育协议问题上不一定具有绝对的借鉴意义。

目前学界研究较为的成熟夫妻"忠诚协议"效力问题对本书具有较

---

① 参见李小年《夫妻生育权若干法律问题探讨》，《学习与探索》2008 年第 2 期。
② 参见高某与郑某返还财产纠纷一审民事判决书，沂南县人民法院（2016）鲁 1321 民初 849 号。
③ 张兆利：《公婆与儿媳的"香火协议"为何无效》，《湖南农业》2006 年第 12 期。
④ 参见马忆南《夫妻生育权冲突解决模式》，《法学》2010 年第 12 期；王旭霞《夫妻生育权的实现与救济》，《甘肃政法学院学报》2009 年第 2 期；申卫星《从生命的孕育到出生的民法思考》，《法学杂志》2010 年第 1 期。
⑤ 参见邢玉霞《从民事权利的角度辨析生育权的性质》，《东岳论丛》2012 年第 3 期。
⑥ 参见王雷《论身份情谊行为》，《北方法学》2014 年第 4 期。
⑦ 参见邵建东《德国民法总则编典型判例 17 则评析》，南京大学出版社 2005 年版，第 17—18 页。

大的参照价值。在理论上，关于"忠诚协议"效力的观点主要有"有效说"[①]"无效说"[②]"自然之债说"[③]以及"区分判断说"[④]。实际上，"忠诚协议"是较为笼统的说法，生活中围绕夫妻忠实义务的约定中具体内容差别很大，尤其是责任条款中的"赠与""赔偿""分割"等不同表述可能对协议的性质认定产生较大影响。对此，司法机关根据具体案情做出了较好的回应。具体裁判中虽未形成统一确定的标准，但基本立场已经形成，即司法机关一般不会直接否定合同的效力，而是认定协议对当事人具有约束力，但其中违反法律、行政法规的强制性规定及违背公序良俗的条款无效。其中，肯定忠诚协议属于民法调整范围最主要的原因在于，夫妻间忠诚义务由《民法典》第一千零四十三条明确规定。诚然，根据《民法典婚姻家庭编解释（一）》第四条，仅仅违背夫妻忠实义务，而没有重婚或与他人同居的情形时，法院在程序上不予受理。换言之，夫妻忠实义务属于道德义务，不能由法律强制力保证实施；即使出现重婚或有配偶者与他人同居的情形，法律依然不能强制要求夫妻一方履行忠实义务，而只能将其作为离婚及离婚损害赔偿的事由。但是，夫妻互相忠实是法律所明确倡导的道德准则，绝非游离于法律视野之外。[⑤]在这样的背景之下，夫妻间忠诚协议相当于顺理成章地通过双方意思表示将道德义务法律化，"忠诚协议并未对道德构成破坏，附条件可以使动机提升为法律行为的组成部分"。[⑥]司法机关由此也认为，该协议是对夫妻忠诚和家庭伦理道德义务的细化和强调，[⑦]符合婚姻法的立法精神，有

[①] 参见王旭冬《"忠诚协议"引发的法律思考》，《南通师范学院学报》2004年第4期；孙良国、赵梓晴《夫妻忠诚协议的法律分析》，《社会科学战线》2017年第9期；吴晓芳《"婚姻契约"问题的思考——兼与陈甦研究员商榷》，《人民法院报》2007年2月8日第5版；吴晓芳《当前婚姻家庭案件的疑难问题探析》，《人民司法》2010年第1期。

[②] 参见陈甦《婚内情感协议得否拥有强制执行力》，《人民法院报》2007年1月11日第5版；黄蓓、程泽时《论夫妻忠诚协议》，《求实》2009年第2期。

[③] 参见韩彧博《自然之债视域下夫妻忠诚协议的效力判断》，《学习与探索》2017年第6期；何晓航、何志《夫妻忠诚协议的法律思考》，《法律适用》2012年第3期。

[④] 参见熊金才《婚姻家庭变迁的制度回应——以未成年子女权益保障为视角》，《学术研究》2011年第5期；王歌雅《夫妻忠诚协议：价值认知与效力判断》，《政法论丛》2009年第5期；刘加良《夫妻忠诚协议的效力之争与理性应对》，《法学论坛》2014年第4期。

[⑤] 参见王洪《婚姻家庭法》，法律出版2003年版，第35页。

[⑥] [德]迪特尔·施瓦布：《民法导论》，郑冲译，法律出版社2006年版，第462页。

[⑦] 参见何某与颜某离婚纠纷一审民事判决书，佛山市顺德区人民法院（2015）佛顺法容民初字第905号。

利于维护平等和睦文明的婚姻家庭关系，具有法律约束力。① 但作为例外，司法实践中也有否认"忠诚协议"效力的判决，其情形主要有二：一是当事人在协议中限制或剥夺了自然人的基本人身权益，② 具体包括人身自由权、子女探视权、监护权、继承权等，属于违背公序良俗的情形。二是在条款表述属于"以离婚为目的的附条件的财产分割协议"③，根据《民法典婚姻家庭编解释（一）》第六十九条认定该协议无效。

但是，夫妻生育协议与忠诚协议的价值导向具有本质不同，本书不认同前者在合同法上的效力。即使认为夫妻之间关于是否生育，并涉及法律责任的协议属于民法上的合同，它也将因构成"违反人权和人格尊严的行为类型"④ 而属于违背公序良俗的行为，依法属于无效合同。虽然生育协议往往是夫妻真实、自愿的意思表示，但其标的涉及限制人身自由，不受法律保护。尽管"忠诚协议"中的"要求配偶忠诚"客观上也是对其自由的限制，但出轨的自由已被法律予以明文限制，而夫妻生育与否在法律上并无明确的评价，故完全属于家庭自治的事项。其根本原因在于，现代婚姻与生育观念日益多元，婚姻不再与生育有必然关系，因此法律所要保障的仅仅是个人的生育自由，不必也不应对生育与否做出评价。即使在"婚姻高度合同化"⑤ 的今天，夫妻间所能约定的内容也不能凌驾于生育自由之上，否则便不具有法律效力。

四　非婚生育伙伴之间的生育权协调机制

在理论中，共同实施生育行为的男女双方常常被称为"生育伙伴"⑥

---

① 参见陈某与高某离婚纠纷二审民事判决书，沧州市中级人民法院（2015）沧民终字第268号。
② 参见何某与颜某离婚纠纷一审民事判决书，佛山市顺德区人民法院（2015）佛顺法容民初字第905号。
③ 参见刘某、张某离婚纠纷二审民事判决书，德州市中级人民法院（2017）鲁14民终3075号。
④ 梁慧星：《市场经济与公序良俗》，载梁慧星主编《民商法论丛》（第1卷），法律出版社1994年版，第58页。
⑤ 孙良国、赵梓晴：《夫妻忠诚协议的法律分析》，《社会科学战线》2017年第9期。
⑥ 参见焦少林《试论生育权》，《现代法学》1999年第6期。

或"生育行为伙伴"①。其中,生育行为并不一定发生在夫妻之间,非婚生育的现象在社会中客观存在,本书将夫妻之外共同实施生育行为,或准备共同实施生育行为的男女双方表述为"非婚生育伙伴"。非婚生育主要可分为"未婚生育""不婚生育""失婚生育""婚外生育"四种情形。②在法律层面,我国多个省份通过地方性法规对未婚生育设置了相关法律责任,主要为征收社会抚养费或罚款,但中央和地方立法中均并未明确禁止非婚生育行为,且2015年底《国务院办公厅关于解决无户口人员登记户口问题的意见》也提出为非婚生子女办理户口登记的程序和办法,解决了多年来非婚生子女的落户难问题。因此总体来看,非婚生育行为未受公法的根本性限制,非婚生育人员在私法上的生育权处于较为圆满的状态。在现实中,非婚生育在我国作为一种"亚生育"现象一直存在,其中青年同居者是非婚生育的"高发群体"③。

与夫妻双方的生育意愿分歧类似,非婚生育伙伴之间往往也会出现生育意愿矛盾的情形,即双方在生育权行使的过程中出现权利冲突。在我国司法实践中,非婚生育伙伴之间生育权冲突也曾引发民事诉讼,其情形主要包括女方擅自堕胎④、女方不顾男方反对继续妊娠分娩⑤等行为导致的生育权侵权纠纷、抚养费纠纷等,与前述婚内生育权冲突情形基本一致。对于非婚生育伙伴而言,各方生育权不因其同居或恋爱关系而克减。与婚内男女各方的生育权相比,非婚生育伙伴各方的生育权完全褪去了婚内生育自由所附加的"配合对方生育"这一道德层面的身份义务,从而呈现出更为典型的人格权属性。因此,在非婚生育情境下,双方生育意愿发生分歧时,应参照前述依据人格权冲突化解理论得出的"分阶段优先原则",即参照夫妻生育权冲突化解方法,来协调非

---

① 参见朱振《妊娠女性的生育权及其行使的限度——以〈婚姻法〉司法解释(三)第9条为主线的分析》,《法商研究》2016年第6期。
② 参见张楠、潘绥铭《性关系的核心结构及其意义——非婚同居与婚姻的实证比较研究》,《学术界》2016年第6期。
③ 参见阚凯、高博《青年人非婚同居的现实考察与法律应对》,《学术交流》2014年第10期。
④ 参见原告宋某诉被告李某一般人格权纠纷一案民事判决书,成都市温江区人民法院(2015)温江民初字第3455号。
⑤ 参见蒋某一与赵某抚养费纠纷一审民事判决书,武汉市武昌区人民法院(2017)鄂0106民初1182号;明某甲与李某抚养纠纷一审民事判决书,武汉市武昌区人民法院(2015)鄂武昌民初字第00033号。

婚生育伙伴之间的生育权冲突：关于是否怀孕的问题，主张不怀孕一方的生育权优先；在怀孕后，关于是否继续妊娠分娩的问题，女方的生育权优先。

第三节　生育权的外部限制

任何自由权利都不是绝对的和无限制的，生育权关乎人口与经济、社会的动态平衡，且涉及生命伦理，因此"限制是生育权的固有属性"[①]。自由只有为了自由本身才能被限制，[②] 对生育权的限制主要源于法律规定与公序良俗，其中公序良俗中的公共秩序已经内化为法律之内的价值秩序，而善良风俗是法律之外的伦理体系。[③] 对此，我国《人口与计划生育法》《母婴保健法》以及人类辅助生殖技术相关的一系列部门规章，对家庭生育子女数量、胎儿性别鉴定等方面已有相关限制，对冷冻胚胎的冷冻、保存、复苏及移植过程中的患者身份、行为操作等方面也列出"负面清单"，这均构成了对生育权的正当限制；同时，除法律规定外，在人类辅助生殖技术的具体应用过程中，也形成了某些在我国尚未上升至法律规定的伦理规范，诸如限制冷冻胚胎最长保存时间等规则。

一　限制家庭生育子女数量

前已述及，历史上各个国家的公共政策均对家庭生育子女数量做出过不同程度的控制。在我国，为控制人口数量，提高人口素质，计划生育政策在1982年被定为基本国策，并于同年写入《宪法》；《人口与计划生育法》对计划生育进行直接确认，并将其规定为生育权主体应尽的义务，且规定了违反计划生育政策后缴纳社会抚养费等法律后果。随着社会经济发展，我国计划生育政策的具体规定从"独生子女"到"单独二孩""全面二孩"，再到现在的"三孩"政策，生育权所受到国家政策限制的程度虽有逐渐弱化之态势，私法上生育权的保护提供了越来越广的空间。不过，计划生育政策仍作为一项基本国策长期存在，国家

---

① 姜玉梅：《中国生育权制度研究》，西南财经大学出版社2006年版，第94—95页。
② ［美］罗尔斯：《正义论》，何怀宏等译，中国社会科学出版社1988年版，第234页。
③ 陈自强：《民法讲义Ⅰ契约成立与生效》，法律出版社2002年版，第150页。

对子女数量依然进行着有效的宏观控制。质言之，虽然计划生育这一外在框架有所松动，它带来的制约与公民自身生育意愿之间的张力越来越小，但该框架作为限制生育自由的合理事由依然存在。

二 禁止非医学需要的胎儿性别鉴定

在生育领域，受生产力发展需求及传统宗族观念影响，我国的"男孩偏好"思想由来已久，而胎儿性别鉴定医疗技术的产生也使生育男孩的愿望成为可能。然而，根据人类生育规律，人为改变新生婴儿的性别比例，势必打破总人口性别比的相对平衡，引发后代中新的人口生产问题。[1] 一旦婴儿性别比例持续失调，除了影响人口的再生产，还会导致婚姻挤压现象，并有引发性产业泛滥的风险。[2] 据此，现行2017年修正的《母婴保健法》第三十二条第2款、2021年修正的《人口与计划生育法》第三十九条，以及我国2016年颁布的《禁止非医学需要的胎儿性别鉴定和选择性别人工终止妊娠的规定》均禁止了非医学需要的胎儿性别鉴定行为。虽然"男孩偏好"的心理需求与生育观念难以扭转，却可以通过立法禁止产前胎儿性别鉴定以阻止后续选择。在理论上，前述条款均直接限制了父母对胎儿性别的知情权，进而限制其基于胎儿性别的生育选择权，但保障胎儿性别基本均衡符合我国人口发展的长远目标，基于对公共利益的保护，该限制具有合理性。

三 禁止为单身妇女实施人类辅助生殖技术

2019年12月23日，"全国首例冻卵案"在北京市朝阳区人民法院开庭审理，原告为单身妇女，因医疗机构拒绝为其提供冻卵服务而向法院提起人格权侵权诉讼，该案在社会上引起广泛争议。[3] 在我国法律规范层面，2001年的部门规章《人类辅助生殖技术规范》第三条第（十三）项、《人类辅助生殖技术和人类精子库伦理原则》第一条第（四）项均明文禁止"给不符合国家人口和计划生育法规和条例规定的夫妇和

---

[1] 参见姜玉梅《中国生育权制度研究》，西南财经大学出版社2006年版，第101页。
[2] 参见武秀英《法理学视野中的权利——关于性·婚姻·生育·家庭的研究》，山东大学出版社2005年版，第185页。
[3] 苏迪：《单身女性"冻卵"，法律的确应审慎待之》，《光明日报》2019年12月31日第002版。

单身妇女实施人类辅助生殖技术"。① 不过，在地方性法规中，吉林省人大常委会通过的《吉林省人口与计划生育条例》第二十九条却做出了相反规定，允许单身女性通过人工生殖技术生育子女。对于前述两个内容相反条款的效力问题，根据我国《立法法》第九十五条第 1 款第（二）项②对地方性法规与部门规章之间条文矛盾时的适用规则，在吉林省范围内究竟该适用本省地方性法规抑或是部门规章，仍有待进一步明确；但在我国吉林省以外的范围，原则上禁止单身妇女通过人类辅助生殖技术生育子女。

值得明确的是，"禁止单身妇女通过人类辅助生殖技术生育子女"并不等同于"禁止单身妇女生育子女"。其区别在于，前者一般通过精子库供精生育子女，根据互盲原则③，其生物学父亲的身份不被知晓，而后者所生子女的父亲身份一般为该子女及其母亲所知晓，且该父亲依法应承担相应抚养义务。尽管有学者提出，既然单身人士享有生育权，那么他们也应该有权通过体外授精和其他形式的非性交生殖进行生育。④ 但本书认为，就我国当下的生育观念而言，前者的伦理风险巨大，这种全新的观念无疑会对我国长期以来形成的传统家庭模式和社会道德观念造成严重冲击；⑤ 此外，由于供精者身份因避免伦理道德问题而保密，捐献者和受捐者之间、其各自子女之间因近亲关系可能导致后代健康问题；⑥ 更有学者批判到，技术生育是"无爱生育"，其根本问题在于"伦理虚无"，技术生育"可能因为越来越远离生育的伦理规则而使我们的心灵蒙羞并成孤魂"，这也使后代在社会观念中被置于尴尬

---

① 参见原卫生部《关于修订人类辅助生殖技术与人类精子库相关技术规范、基本标准和伦理原则的通知》（卫科教发［2003］176 号）。

② 该项规定：地方性法规与部门规章之间对同一事项的规定不一致，不能确定如何适用时，由国务院提出意见，国务院认为应当适用地方性法规的，应当决定在该地方适用地方性法规的规定；认为应当适用部门规章的，应当提请全国人民代表大会常务委员会裁决。

③ 根据《人类辅助生殖技术和人类精子库伦理原则》，"互盲原则"是指，凡使用供精实施的人类辅助生殖技术，供方与受方夫妇应保持互盲、供方与实施人类辅助生殖技术的医务人员应保持互盲、供方与后代保持互盲。

④ J. A. Robertson, "Embryos, Families, and Procreative Liberty-the Legal Structure of the New Reproduction", *Southern California Law Review*, Vol. 59, No. 5, 1986, p. 964.

⑤ 申卫星：《从生到死的民法学思考——兼论中国卫生法学研究的重要性》，《湖南社会科学》2011 年第 2 期。

⑥ 邢玉霞：《从民事权利的角度辨析生育权的性质》，《东岳论丛》2012 年第 3 期。

的位置上，在现实中甚至可能比"私生子"的社会处境更为恶劣。① 因此总体来看，此种情形下的子女缺乏父亲角色陪伴，对其身心健康发展极为不利，不符合儿童利益保护理念；同时，在女性经济日渐独立趋势下，允许其借助人类辅助生殖技术生育子女将导致结婚率降低，这对各项社会制度将带来潜在挑战。相较而言，如本书第二章第四节所述，对于达到法定婚龄但未婚女性、离异以及丧偶等单身妇女，因"生育权与婚姻没有必然联系，非婚同居双方也有生育权"②，单身妇女通过自然方式生育子女的权利不受限制。综上所述，无配偶之妇女通过自然生育的方式生育子女的权利不受限制，但其通过人类辅助生殖技术生育子女的权利因悖俗而应受禁止。

关于前述部门规章中对单身妇女实施人类辅助生殖技术的禁止性规定，在司法实践中容易引发争议的焦点在于对"单身妇女"的理解，更确切地说，"单身妇女"究竟是否包括"丧偶妇女"，这关系到后者在丈夫死亡后能否单方植入冷冻胚胎。在对这一问题的解释上，我国不同法院曾给出完全相反的意见③。本书认为，对该问题的剖析有必要回归其立法旨意，该规定主要用于防止单身妇女实施人类辅助生殖技术可能引发的结婚率降低、传统家庭组织解构等一系列社会问题，并避免出现子女"知其母不知其父"的心理及单亲家庭经济等条件不足对其成长的不利影响。根据体系解释，该规定处于《人类辅助生殖技术和人类精子库伦理原则》第一条第（四）项"社会公益原则"，而非"保护后代的原则"项下，说明相较于儿童利益，该条更多地是针对于单身妇女实施人类辅助生殖技术带来的大规模社会风险的防范。那么与亡夫保存冷冻胚胎的"丧偶妇女"毕竟数量极少，而且允许其植入冷冻胚胎不会像允许未婚女性实施人类辅助生殖技术那样，引发前述大范围的结婚率降低、家庭观念涣散等问题，因此"丧偶妇女"不属于该条所规制的对象，其植入冷冻胚胎的生育权不受前述限制。

---

① 参见穆光宗《生育权利：什么生育？什么权利？》，《人口研究》2003年第1期。
② 孙良国：《夫妻间冷冻胚胎处理难题的法律解决》，《国家检察官学院学报》2015年第1期。
③ 参见杨某与舟山市妇幼保健院医疗服务合同纠纷一审民事判决书，浙江省舟山市定海区人民法院（2016）浙0902民初3598号；郭某与山东山大附属生殖医院有限公司合同纠纷一审民事判决书，山东省济南市市中区人民法院（2017）鲁0103民初7541号。

四　生育权的其他外部限制

在借助人类辅助生殖技术实现生育权的情形中，由于该技术的复杂性、风险性、伦理性，我国通过部门规章对其做出了诸多限制，包括禁止买卖配子、合子、胚胎，禁止实施代孕，禁止胚胎赠送助孕技术等，这均构成对自然人生育权的法律限制。

除此之外，关于对冷冻胚胎最长保存时间的限制有待探讨。我国大陆地区部门规章未明确限制冷冻胚胎的最长保存时间，仅在原卫生部2005年发布的《实施人类辅助生殖技术病历书写和知情同意书参考样式》中的《胚胎冷冻、解冻及移植知情同意书》写到"我们知道，胚胎不能无限期保存，如果超过保存期，我们同意将胚胎：1. 丢弃；2. 去标识后作为教学科研用。"对其具体的最长保存期，我国大陆地区尚未有明确规定，我国台湾地区2007发布的"人工生殖法"第二十一条规定，受术夫妻为实施人工生殖形成之胚胎，保存逾十年者，人工生殖机构应予以销毁。该规定主要考虑到冷冻胚胎保存过长可能引发的高龄产妇孕育胎儿的生理条件下降，以及亲属之间代际年龄差距紊乱等社会问题。在比较法上，根据英国1990年《人工授精与胚胎学法案》[1]第十四条及修正后的2008年《人工授精与胚胎学法案》[2]第十五条，体外配子或冷冻胚胎的最长保存期限为10年。基于我国大陆地区对此无明确的规范性法律文件，且知情同意书条款的效力有待明确，而为冷冻胚胎设置最长保存期限又是社会公共利益的需求，因此在未来相关立法中有必要明确对生育权的这一合理限制，而在当下的实务操作中也应自觉避免这一伦理风险。

第四节　体外胚胎上特殊的生育权行使秩序

我国相关规范性法律文件[3]对体外胚胎处置等问题仅有相应原则性

---

[1]　The United Kingdom. *Human Fertilisation and Embryology Act*, c. 37, 1990.

[2]　The United Kingdom. *Human Fertilisation and Embryology Act*, c. 22, 2008.

[3]　其中主要有原卫生部2001及2003年出台、修订的《人类辅助生殖技术管理办法》《人类精子库管理办法》，以及《人类辅助生殖技术规范》《人类精子库基本标准和技术规范》《人类辅助生殖技术和人类精子库伦理原则》等相关部门规章。

规定，民法典人格权编第一千零九条新增的关于"从事人体基因、人体胚胎等有关医学和科研活动"之条款也仅对其做出了概括性规定，难以直接用于规范前述问题。冷冻胚胎的处置之所以在现有私法体系中出现法律适用难题，本质是由于传统民法中的主客体秩序划分、人格权制度建构及婚姻家庭关系皆是以人的自然受孕、生育为基本前提；而在人类辅助生殖技术格局下，人体外冷冻胚胎系非常特殊之存在，其与自然孕育生命过程在法律层面的本质区别产生于，技术手段的介入客观上阻断了夫妻生育意愿表达的连续性，且在终止孕育新生命问题上将母体的生命健康与其生育意愿更为明显地区分开来。鉴于人工生殖对传统生育行为关系的本质性颠覆，体外胚胎的特殊私法秩序亟待建构。

一 比较私法上的体外胚胎处置规则镜鉴

在比较法上，冷冻胚胎的法律地位近年来广受学界关注，且学者们并往往以此作为前提，来探讨夫妻离婚等特殊情形下冷冻胚胎的所有权（ownership rights）或保管（custody）问题。[1]

在大陆法系国家，法国以《生物伦理法》与《公共健康法典》对人工生殖中的体外胚胎做出了相应规制，未承认胚胎的主体地位。其中，《生物伦理法》未对冷冻胚胎设置明确规则，但确立了"尊重人类胚胎的尊严；尊重生命的各个阶段；尊重人权"的原则；[2] 根据《公共健康法典》第 L2141-2 条，伴侣成员一方死亡、提出离婚请求、别居，或者生活共同体的解体，都构成人工授精或胚胎移植的阻却事由。[3] 由此可见，法国在立法上前瞻性地为冷冻胚胎的移植设置了较为明确、严格的条件，恰好为前述我国司法实践中广受争议而立法尚为空白的几类问题提供了镜鉴。不过，法国这种一刀切的禁止模式难免对生育权构成了过多的限制，其法律效果有待考察。此外，日本立法中未明确冷冻胚胎的法律地位，但在实践中主要以"知情同意"规则处理其销毁与保存问题。[4] 在意大利，

---

[1] Carinne Jaeger, "Yours, Mine, or Ours: Resolving Frozen Embryo Disputes through Genetics", *Seattle University Law Review*, Vol. 40, No. 3, 2017, p. 1144.

[2] Erica Steinmiller-Perdomo, "Is Personhood the Answer to Resolve Frozen Pre-Embryo Disputes", *Florida State University Law Review*, Vol. 43, No. 1, 2015, p. 328.

[3] 参见叶名怡《法国法上的人工胚胎》，《华东政法大学学报》2015 年第 5 期。

[4] 参见周江洪《法制化途中的人工胚胎法律地位——日本法状况及其学说简评》，《华东政法大学学报》2015 年第 5 期。

《医学辅助生殖规范》与《人工辅助生殖指南》分别赋予了人工受孕体"主体"与"已出生的人"之地位,但为保护孕妇权益,司法机关倾向于将人工受孕体的法律地位降为"受保护的客体"。① 此外,瑞典、奥地利等国也陆续颁布《体外授精法》《基因技术法》等法律,规制人工生殖技术的实施。②

英美法系国家对该问题的研究较为成熟。关于冷冻胚胎的法律地位,其学界目前主要有"生命(life)""财产(property)""生命与财产的融合(an amalgamation of the two)"③ 三种观点,这与我国的相应分类相似。受宗教、伦理等观念的影响,美国大多数州立法对于冷冻胚胎的主体或客体地位语焉不详,仅有少数州对此有明确规定。其中,密苏里州立法认为人类生命始于受孕,体外胚胎属于人之范畴;④ 路易斯安那州规定体外胚胎系"法律上的人(juridical persons)"⑤,"具有法律赋予的某些权利"⑥。总体看来,各州立法对冷冻胚胎的法律地位规定较少,但其在学说上的探讨已较为成熟。在此基础上,关于冷冻胚胎的处置规则,⑦ 学说上主要形成了"契约路径(the contractual approach)""同时合意路径(contemporaneous mutual consent approach)"以及"利益衡量路径(the balancing test approach)"三种规则。⑧

---

① 参见徐国栋《人工受孕体在当代意大利立法和判例中的地位》,《华东政法大学学报》2015 年第 5 期。

② 参见李贤华、贺付琴《域外辅助生殖技术法律制度速览》,《人民法院报》2018 年 12 月 14 日第 8 版。

③ Tracy J. Frazier, "Of Property and Procreation: Oregon's Place in the National Debate over Frozen Embryo Disputes", *Oregon Law Review*, Vol. 88, No. 3, 2009, p. 936.

④ Anna El-Zein, "Embry-Uh-Oh: An Alternative Approach to Frozen Embryo Disputes", *Missouri Law Review*, Vol. 82, No. 3, 2017, p. 889.

⑤ LA. STAT. ANN. § 9.129 (2019).

⑥ LA. STAT. ANN. § 9.121 (2019).

⑦ 后述模式主要用于分析同质人工授精,而对于异质人工授精情形,学界倾向于认为,在夫妻离婚时,为冷冻胚胎提供遗传物质一方享有"所有权(rights of ownership)",另一方无权处置该冷冻胚胎。See Carinne Jaeger, "Yours, Mine, or Ours: Resolving Frozen Embryo Disputes through Genetics", *Seattle University Law Review*, Vol. 40, No. 3, 2017, p. 1162.

⑧ See Paige Chamberlain Ornduff, "Who Gets the Bun That Doesn't Make It to the Oven: The Rights to Pre-Embryos for Individuals in Same-Sex Relationships", *Charleston Law Review*, Vol. 8, No. 4, 2014, pp. 568 – 574; Carinne Jaeger, "Yours, Mine, or Ours: Resolving Frozen Embryo Disputes through Genetics", *Seattle University Law Review*, Vol. 40, No. 3, 2017, pp. 1145 – 1148.

（一）契约路径

契约路径通过要求夫妻在进行体外授精之前就其冷冻胚胎的未来处置达成有约束力的协议，以避免后续可能发生的处置争议，一些法院及州立法者都认可这种路径。[1] 这一模式下的典型判例主要有三：

在 *Kass v. Kass* 案[2]中，夫妻在离婚诉讼中针对参与体外授精计划而培育的 5 个体外冷冻"预合子（pre-zygotes）"[3] 的监管（custody）发生争议，妻子要求享有单独的处置权。一审法院认为妻子享有监管的权利。丈夫提出上诉后，该判决被推翻。随后，妻子又提出上诉，最终，纽约上诉法院判决认可了夫妻双方事前所签协议之效力，认为：（1）配子供体之间关于处置其"预合子"的协议通常应被视为是有效且具有约束力的，并且在任何争议中均应得到执行；（2）对于该监管纠纷，应根据当事人在低温保存之前签署的知情同意书，将"预合子"捐赠以用于科研目的。

在 *Litowitz v. Litowitz* 案[4]中，一对夫妇签署了一份冷冻保存协议，声明"如果夫妇不能就他们的胚胎处置达成实际决定，他们必须向有管辖权的法院申请关于该胚胎适当处置的指示。"该夫妻离婚后，丈夫希望将胚胎植入人体以供收养，而妻子则希望将胚胎植入体内以继续妊娠。诉至法院后，华盛顿最高法院并未满足任何一方的诉求，而是尊重这对夫妇合同中的一项条款，该条款规定在胚胎冷冻保存五年后，不得进一步发育，须被解冻并最终销毁。

在较近的 *Szafranski v. Dunston* 案[5]中，伊利诺伊州上诉法院也采用了契约模式。一对情侣分手后关于他们冷冻胚胎的处置发生争议，女方希望将胚胎植入体内，而男方声称自己有权不生育，并请求法院阻止她植入胚胎。女方辩称，双方先前签订的合同赋予她对胚胎的完全监管权；另一方面，她要求法院平衡双方的利益并判决她享有监管权。法院最终认为，争议应通过"遵守双方达成的任何预先协议"来解决，但

---

[1] Carl H. Coleman, "Procreative Liberty and Contemporaneous Choice: An Inalienable Rights Approach to Frozen Embryo Disputes", *Minnesota Law Review*, Vol. 84, No. 1, 1999, p. 71.

[2] *Kass v. Kass*, 696 N. E. 2d 174 (1998).

[3] 法院解释到，"pre-zygotes" 是指 "eggs which have been penetrated by sperm but have not yet joined genetic material"，即被精子穿透但尚未加入其遗传物质的卵子。

[4] *Litowitz v. Litowitz*, 48 P. 3d 261 (2002).

[5] *Szafranski v. Dunston*, 34 N. E. 3d 1132 (2015).

如果不存在协议，则同意采用平衡利益的方法。运用这一框架，法院认定：（1）这对情侣此前曾签订口头合同将对于胚胎的处置权赋予女方，因此法院认为女方拥有对胚胎的唯一监管权和使用权；（2）如果没有口头或书面合同，法院仍会在利益平衡测试中为女方赋权，因女方对使用胚胎的利益高于男方防止女方使用胚胎的利益。

（二）同时合意路径

在同时合意路径下，关于冷冻胚胎处置的决定权属于作为配子提供者的男女双方，各方均有权就如何处置胚胎享有平等的发言权；任何一方均不得擅自使用胚胎，将其捐赠、投入科学研究或未经双方同意而销毁；在先协议将不被视为具有约束力的合同。如果任何一方对事先做出的处置方案有改变的想法，则该人当前的反对意见将优先于事前意见；如果其中一方当事人退出了预设的处置决定，而另一方没有这样做，则将无法满足共同同意原则，也无法执行先前商定的处置决定。[1]

美国佛罗里达州的立法是同时合意模式的典型示例，[2] 根据其现行州立法第七百四十二章第十七条"卵子、精子或早期胚胎的处置；继承权（disposition of eggs, sperm, or pre-embryos; rights of inheritance）"的规定，其规则主要为：（1）患者夫妇应与医务人员签订书面协议，约定在离婚、配偶死亡或任何其他不可预见情况下，患者夫妇的卵子、精子和胚胎的处置方法。（2）如果没有书面协议，任何剩余的卵子或精子应由提供卵子或精子的一方处置。（3）如果没有书面协议，关于早期胚胎的处置权（decision-making authority）由患者夫妇共同拥有。（4）如果没有书面协议，若患者夫妇中的一名成员死亡，任何卵子、精子或早期胚胎应由幸存一方控制。（5）在将卵子、精子或胚胎移植子宫之前，若遗传物质的提供者死亡，该胚胎孕育而成的后代对该死者的遗产没有继承权，除非根据死者遗嘱获得继承权。[3]

在 A. Z. v. B. Z. 案[4]中，马萨诸塞州最高法院也采取了这一立场。

---

[1] Carl H. Coleman, "Procreative Liberty and Contemporaneous Choice: An Inalienable Rights Approach to Frozen Embryo Disputes", *Minnesota Law Review*, Vol. 84, No. 1, 1999, p. 110.

[2] Anna El-Zein, "Embry-Uh-Oh: An Alternative Approach to Frozen Embryo Disputes", *Missouri Law Review*, Vol. 82, No. 3, 2017, p. 890.

[3] FLA. STAT. ANN. § 742.17 (2019).

[4] A. Z. v. B. Z., 725 N. E. 2d 1051 (2000).

该案中，当事人夫妻从 1988 年到 1991 年接受了体外授精治疗。基于 1991 年的治疗，妻子于 1992 年怀孕并生下双胞胎女儿，在该过程中形成的胚胎前体比立即植入所需的要多，两瓶胚胎前体被冷冻以备将来可能的植入。1995 年，妻子想要更多的孩子，擅自使剩下的一小瓶胚胎解冻，但在此期间，夫妻感情破裂并离婚，妻子未能继续植入胚胎。离婚时，剩余一个装有四个冷冻胚胎的小瓶仍存放在诊所，丈夫提出申请，要求获得永久禁令，禁止妻子"使用"剩余的一小瓶冷冻胚胎。在此之前，该夫妻曾在知情同意书中明确选择其冷冻胚胎的处置方式：如果他们分居，就将冷冻胚胎留给女方进行移植。

最终，马萨诸塞州最高法院基于公共政策原因，在男方反对女方植入胚胎的情形下，拒绝承认前述双方协议的效力。其具体原因在于：（1）知情同意书的主要目的是向患者解释冷冻的好处和风险，并记录患者处置冷冻胚胎的愿望，以便在患者不再希望使用冷冻胚胎时向诊所提供指令。知情同意书没有表明，如果夫妻后来对处置有不同意见，他们打算将同意书作为他们之间具有约束力的协议。相反，它似乎只是为了将患者作为一个整体来定义其与诊所的关系。（2）知情同意书未包含期限规定。妻子在丈夫签署同意书四年后，在发生重大变化且丈夫反对的情况下，才来寻求执行这一特殊的协议，考虑到他们关系已发生根本变化的情形，不应假设配子供体打算在胚胎被冷冻四年后根据知情同意书支配其处置。（3）该案知情同意书中使用了术语"分居"，它与离婚有不同的法律含义。当一对夫妇离婚时，法律的适用会发生变化，而当一对夫妇分居时，法律的变化不会发生。因为离婚在法律上结束了一对夫妇的婚姻，所以在没有任何相反证据的情况下，法院不认为在离婚的情况下，适用于先前关于分居情形的约定。（4）同意书不属于马萨诸塞州通用法律注释（Massachusetts General Laws Annotated）第二百零八章第三十四条规定的离婚诉讼中对夫妇有约束力的分居协议。从法律视角看，知情同意书在几个重要方面是不充分的，没有达到在夫妻纠纷中作为可执行合同所需的最低完整性水平。（5）除涉及离婚或分居的案件外，我们的法律一般不致力于解决婚姻关系中固有的许多微妙问题。法院不应命令丈夫或妻子为怀胎或防止受孕做任何必要的事情，也不应执行将个人与未来家庭关系捆绑在一起的先前协议。

（三）利益衡量路径

根据利益衡量路径，在没有事先书面协议的情况下，法院应权衡双方当事人在生育方面的个人宪法权利，其中不愿生育的一方通常应比主张生育的一方具有更优先的利益。[①] 有学者更详细地提出，该模式无视事前协议，仅仅权衡双方利益，通常不会允许一方强迫另一方成为父母；作为唯一的例外，仅仅在女方不使用冷冻胚胎便永远无法实现生育目的之特殊情形下，才允许其违背另一方的意愿而使用该冷冻胚胎。[②] 采取该路径的典型案例如下：

Davis v. Davis 案[③]系美国较早涉及冷冻胚胎处置问题的判例。在该案中，Davis 夫妇在离婚诉讼中对于冷冻胚胎的处置发生争议，妻子希望将胚胎捐赠给另一对夫妇，丈夫则希望销毁该冷冻胚胎。田纳西州最高法院最终认为，根据田纳西州宪法，生育权是个人隐私权的重要组成部分；涉及体外胚胎的争议应通过考量夫妻的意愿予以解决，如果夫妻双方对此存在争议，则应先依事先达成的协议。如果没有事先达成的协议，则必须权衡双方在使用或不使用该冷冻胚胎相对利益，通常希望避免生育的一方优先。据此，法院做出了有利于男方的判决。

在 *J. B. v. M. B.* 案[④]中，夫妻离婚后对其冷冻胚胎的处置产生分歧，女方主张废弃该胚胎，男方则主张对胚胎的所有权，以便其实施代孕或捐赠胚胎。尽管这对夫妇在进行体外授精之前就已经达成了协议，但新泽西最高法院认为，该合同违反了新泽西州的公共政策。如果允许男方通过代孕使用该胚胎生下前妻的孩子，则前妻的不生育权将被不可逆转地消灭，因此不应强迫前妻违背她的意愿成为母亲。而对于男方而言，他还能够通过自然生育或是今后的人工生殖，即使不适用该涉案胚胎，他未来也有成为其他孩子生物学父亲的机会。基于此，法院平衡了双方的利益，最终认为女方对不生育的利益优先于男方对生育的利益。

Reber v. Reiss 案[⑤]中的情形较为特殊，在因冷冻胚胎处置发生争议的

[①] Deborah L. Forman, "Embryo Disposition, Divorce & Family Law Contracting: A Model for Enforceability", *Columbia Journal of Gender and Law*, Vol. 24, No. 3, 2013, p. 383.

[②] Anna El-Zein, "Embry-Uh-Oh: An Alternative Approach to Frozen Embryo Disputes", *Missouri Law Review*, Vol. 82, No. 3, 2017, pp. 885–886.

[③] *Davis v. Davis*, 842 S. W. 2d 588 (1992).

[④] *J. B. v. M. B.*, 783 A. 2d 707 (2001).

[⑤] *Reber v. Reiss*, 42 A. 3d 1131 (2012).

男女双方中，女方身患乳腺癌，该冷冻胚胎的卵子取自其治疗之前。离婚后，男方再婚生育，主张废弃原冷冻胚胎，而女方主张享有处置权以待将来植入。基于双方并未曾对冷冻胚胎的处置达成协议，法院认为，尽管虽然通常希望避免生育的一方处于优先考虑地位，但该案中的冷冻胚胎可能是患癌妻子实现生儿育女的唯一机会，也是她实现生儿育女自由的最佳机会，因此在利益衡量之下倾向于支持女方处置胚胎的主张。

二 生育权作为体外胚胎处置的理论依据之证成

（一）人格物理论解释体外胚胎的意义与不足

我国学界对冷冻胚胎法律问题的解决往往始于对其属性的界定，似有将之作为冷冻胚胎私法秩序建立的前置性问题之态势。对于其属性界定，我国学界在十几年来曾产生过"主体说""客体说""中间说"等主要观点，目前尚未形成一致结论。[1] 其中，较为主流的学说认为，应将体外胚胎纳入物之序列，并定义为"伦理物"[2]或"人格物"[3]。这两种定义异曲同工，效果均在于将冷冻胚胎与普通的物权客体区别开来。通过将冷冻胚胎界定为极为特殊的物，解决冷冻胚胎毁损灭失时财产损害与精神损害双重赔偿的问题，以更为妥适和全面地保护冷冻胚胎的物质与精神价值。

然而，该双重赔偿目的之达成并非必需该理论的建立。正如前述所援引之裁判文书，即使不创设这一概念，法院也决不会忽视冷冻胚胎之上的精神利益。换言之，将冷冻胚胎冠以"人格物"之名，对其所涉及侵权责任的划定并无裨益。更重要的是，该理论远不能完成冷冻胚胎私法秩序的构建：一方面，在权利利益区分保护的理论背景下，冷冻胚胎之上的人格利益无主观权利之外观，故侵权构成要件严苛，难以达到充分救济之效果。另一方面，相较于侵权问题，在夫妻意见分歧、夫妻

---

[1] 参见徐国栋《体外受精胎胚的法律地位研究》，《法制与社会发展》2005年第5期；冷传莉《"人格物"的司法困境与理论突围》，《中国法学》2018年第5期；张素华《体外受精胎胚问题的私法问题研究》，《河北法学》2017年第1期；周华《论类型化视角下体外胚胎之法律属性》，《中南大学学报》（社会科学版）2015年第3期。

[2] 参见杨立新《冷冻胚胎是具有人格属性的伦理物》，《检察日报》2014年7月19日第3版。

[3] 冷传莉：《"人格物"的司法困境与理论突围》，《中国法学》2018年第5期。

一方或双方死亡等特殊情形下对冷冻胚胎的处置等问题才是理论及实务中最为棘手的症结所在，而其"人格物"或"伦理物"的性质界定无助于该问题的解决，甚至由于其"物"之名引人误解。在其能否被继承的问题上，便有学者在冷冻胚胎的"伦理物"及"人格物"学说的基础上进一步认为冷冻胚胎属于可被继承的标的，①也有学者更为明确地提出"既然冷冻胚胎的法律属性是物，那么在物的所有权人死亡后，冷冻胚胎当然就成为遗产，是继承人继承的标的"②，这样的观点认为冷冻胚胎可以像普通物那样作为财产继承，完全没有考虑到冷冻胚胎将来孕育而成的民事主体之尊严与福祉，实待斟酌。

　　人格物理论虽对于"具有特殊纪念意义的照片、录像带、奖章、证书、祖传物品、族谱，具有特定社会意义的民居、文物，甚至人体器官、遗体、骨灰等"③有其独特的理论价值；但冷冻胚胎与前述物有本质区别，"胚胎是生命的种子，与人相关，与物无关"④，其具有发展成为主体的潜在可能性。因此，冷冻胚胎之上所蕴含的孕育后代之精神利益，在中国传统观念中与一般的精神利益不可同日而语，而且冷冻胚胎未来发展而成的后代之生理、心理健康保护等重大问题也是其他物所没有负载的。此外，即使为冷冻胚胎赋予一个"人格物"属性，在其"归属"等问题上依然无法沿用既有规则，诸如其能否被继承等问题仍然悬而未定，故该属性界定的价值无从体现。因此，对于冷冻胚胎这样看似为"身外之物"实则系"身内之物"的存在，实际上没有必要思维定式，一定要在私法"人—物"二分格局下独立地界定其静态属性。正如有学者提出的，对冷冻胚胎的私法秩序构建而言，"人格物"实在"难以充当一个有用的分析性概念"⑤，反而徒增问题的复杂性。

（二）生育权作为体外胚胎处置的理论依据之优越性

　　基于前文所述人格权理论在统摄冷冻胚胎私法秩序中的不足，结合域

---

① 参见李娜玲《关于冷冻胚胎的法律属性和处分难题研究》，《政法论丛》2016年第3期。
② 杨立新：《人的冷冻胚胎的法律属性及其继承问题》，《人民司法》2014年第13期。
③ 冷传莉：《论民法中的人格物》，法律出版社2011年版，第2页。
④ 刘士国：《中国胚胎诉讼第一案评析及立法建议》，《当代法学》2016年第2期。
⑤ 刘小平：《为何选择"利益论"？——反思"宜兴冷冻胚胎案"一、二审判决之权利论证路径》，《法学家》2019年第2期。

外相应理论与实践经验,本书认为生育权理论应作为解决这一问题的可行路径。其中,冷冻胚胎应被视为生育权的对象或载体。[1] 根据我国《人类辅助生殖技术和人类精子库伦理原则》第一条第(一)项,"不育夫妇对实施人类辅助生殖技术过程中获得的配子、胚胎拥有其选择处理方式的权利",及第(二)项"接受人类辅助生殖技术的夫妇在任何时候都有权提出中止该技术的实施",此处"选择处理方式的权利"及"有权提出中止该技术的实施"系不育夫妇行使生育自决权的重要方式之一,类似于民事主体对自我身体的支配。这样的定位虽未体现出冷冻胚胎的独立属性——而这恰恰是不必要的,却能够较为恰当地描述供体与冷冻胚胎这种"既非主客体,又无比关切"之关系,本书认为较为妥当。

此前也有学者将生育权与冷冻胚胎联系起来。有学者明确提出,生育权应作为"解构"体外冷冻胚胎法律属性的核心理论工具。[2] 有观点认为"丈夫单方废弃冷冻胚胎,侵犯了妻子的生育知情权和可期待利益"[3],而知情同意权系生育权行使的前提,知情同意权的目的恰恰是生育自决权的实现;也有学者提出"冷冻胚胎作为'生育权'实现的载体,它是基于'生育目的'而存在的"[4],此处的"生育权"之核心内涵便是生育自决权;我国台湾地区学者也曾提出将生育权理论用于体外胚胎毁损情形中的侵权认定之中。[5] 在域外,也有学者提出,在离婚时关于冷冻胚胎的处置系美国宪法第十四修正案中生育或不生育的权利。[6] 由此看,冷冻胚胎之上存在生育权的观点在学界并非首创,而是已有相关理论基础,但现有相关研究的体系性亟待加强。

在以生育权理论解释冷冻胚胎处置问题之范式中,实质上并未单独定义冷冻胚胎的法律地位,即其既不是主体,也不是客体,而是将其作为生

---

[1] 冷冻胚胎系生育权行使的对象,并非客体,生育权的客体为生育自主这一人格要素。
[2] 周华:《论类型化视角下体外胚胎之法律属性》,《中南大学学报》(社会科学版)2015年第3期。
[3] 陈文军:《丈夫废弃冷冻胚胎案件中的侵权责任认定》,《法律适用》2018年第9期。
[4] 刘小平:《为何选择"利益论"?——反思"宜兴冷冻胚胎案"一、二审判决之权利论证路径》,《法学家》2019年第2期。
[5] 该学者明确提出"因受寄人过错致胚胎毁坏,系侵害寄托人基于胚胎之人格利益或生育之自主决定权,寄托人自得请求赔偿其精神慰抚金"。参见曾品杰《论人工胚胎之法律地位——从法国法谈起》,《交大法学》2016年第1期。
[6] Alexandra Faver, "Whose Embryo Is It Anyway: The Need for a Federal Statute Enforcing Frozen Embryo Disposition Contracts Student", *Family Court Review*, Vol. 55, No. 4, 2017, p. 633.

育权的载体或对象。相较于人格物理论，前者主要有两方面的优势：

第一，该理论有助于从人格权行使的角度解释夫妻处置冷冻胚胎之行为，而非仅从侵权法角度认定其财产及精神损害。在生育权理论视野下，夫妻与人类辅助生殖机构签订知情同意书、要求进行胚胎植入或销毁的行为均系行使生育权的行为，而对于在夫妻一方甚至双方死亡后，其配偶或其他家属能否向人类辅助生殖机构主张处置冷冻胚胎便涉及该权利的主体及权利限制问题。至此，前述问题虽未迎刃而解，但至少已形成可行探讨方向与规范的理论框架。第二，该理论有助于明晰夫妻在冷冻胚胎之上的生育权配置，并协调这一过程中的权利冲突。仅仅将冷冻胚胎作为特殊的物，难以清晰地界定其上存在的物权、人身权，以及两者之间的关系；而一旦将其作为生育权的对象或载体，则可借助权利冲突解决理论来应对特殊情形中的生育权处置争议，因此生育权概念对此类问题具有较大的理论与实践意义。

不过，也有学者对冷冻胚胎之上的生育权持否定态度，其理由主要有：（1）精子和卵子脱离身体并加以结合的目的是"谋求新的人格体的创造"，该利益很难被纳入传统的合法人格权益范畴之中；（2）因夫妻"共同地对于该胚胎享有权利"，故两者的生育权难以调和；（3）生育权的"不可让渡性"无法满足胚胎捐赠这种"真诚而高尚的愿望"；（4）在侵权人只破坏了一对夫妻多枚冷冻胚胎之一时，似乎很难说对于权利人的生育权构成了侵害。不过，提出前述质疑的学者也认可"在两性创造出的体外胚胎上投射出双方的人格"，但是"如何合理地解释和定位这一人格，是当前的人格权客体说未竟的工作"[1]。（5）另有学者在评述"丈夫单方废弃冷冻胚胎案"判决文书时也提出，对于生育知情权是否为"独立的人格权"，以及"生育知情能否作为民事权利客体"，目前"均无法律的明文规定，习惯和法理亦无认可，以侵害生育知情权作为侵权行为的侵害客体有一定的风险"。[2]

虽然生育权内部构造相对复杂，但决不能因噎废食，在对其研究初期轻易否定它在私法理论及实践，甚至将来立法中的地位及价值。本书

---

[1] 马丁：《体外胚胎在我国民法上的应然属性及其价值考量——基于国情和社会发展趋势的分析》，《东方法学》2017年第4期。

[2] 杨立新：《单方废弃夫妻共有的人体胚胎之侵权责任认定》，《法律适用》2018年第9期。

对前述观点的回应如下：（1）人格权是开放而非封闭的体系，正如从隐私向隐私权的发展过程，生育权虽在目前并非法定人格权，但其从价值位阶等角度看都足以被纳入人格权序列，"不传统"并不意味着"不正当"。即使是反对民法中生育权概念的学者也赞同生育权的保护，只不过认为"民法上的一般人格权或其他人格利益已经包含了生育自主权的具体内涵"。（2）对于夫妻之间关于冷冻胚胎的生育权及其协调规则，前文已将其明确，此处不再赘述。（3）在捐赠胚胎问题上，且不论我国卫生部《人类辅助生殖技术规范》第三条第（六）项明确规定，"禁止实施胚胎赠送"。即使胚胎赠送被允许，其赠送行为并非学者所认为的对生育权的让渡，而恰恰是对生育权的行使。（4）在侵权人只破坏了一对夫妻多枚冷冻胚胎之一时，当然构成了对生育权的侵害，因为生育权包括对生育数量自我决定的权利，况且植入冷冻胚胎存在较大的失败风险，破坏一枚冷冻胚胎所造成的损害后果是显而易见的。（5）作为生育权行使的基础，侵犯主体的生育知情权必然害及生育选择权，因此生育知情权也属于生育权的范畴。而学者提出生育知情权"无法律的明文规定，习惯和法理亦无认可"的说法实在有待商榷，生育知情权、生育选择权概念确实尚未成为我国成文法上的权利，但司法实践中，尤其是在对胎儿产前诊断失误致使身体缺陷婴儿出生的民事裁判中已应用甚广，且我国理论界对该概念都颇为认可。

总体来看，生育权理论在解释体外胚胎法律问题上有其优越性。在法律效果上，以生育权作为理论工具，可藉由权利理论解决复杂现实场景中的体外胚胎处置纠纷，使得民事主体积极行使体外胚胎之上的权利成为可能，且有助于厘清夫妻之间生育权的关系，并在此基础之上明晰其侵权责任构成要件。诚然，当前学界对生育权概念及其法律关系存有质疑，但这主要是由于冷冻胚胎之上生育权理论体系构建尚不完善所致，下文将针对作为冷冻胚胎配子供体的夫妻生育意见发生分歧或离婚后生育权的行使、救济，及夫妻一方或双方死亡后冷冻胚胎的处置做详细分析，并充分考量夫妻间有无生育协议、夫妻签订知情同意书等情形。

三 夫妻间体外胚胎处置分歧的一般解决原则

理论及实务界基本赞同，对冷冻胚胎处置应基于夫妻双方的合意，但司法实践中冷冻胚胎分歧恰好是由夫妻未能达成合意引发。因此问题的关键在于,如何在夫妻对冷冻胚胎处置发生冲突时协调双方的生育权冲突。对此,我国学界的观点主要包括:(1)意见不合时直接销毁,即"屈从于一方的意见,无异于剥夺另一方的所有权,不能达成合意情况下,应将冷冻胚胎予以销毁。"[①] (2)女性生育权优先于男性,此观点以前述"丈夫单方废弃冷冻胚胎案"裁判文书为代表,其主要基于女性客观上"为妊娠、分娩较男方承担更多生理风险及心理压力"[②]。(3)"不行使生育权利一方的利益应优于行使生育权一方"[③],此"不强制当事人做父母"的观点主要是出于对后代利益的保护。(4)通过个案的利益衡量,即根据个案中夫妻双方的具体身体状况及生育意愿等因素得出结论。

本书认为,在对冷冻胚胎处理问题上,夫妻享有平等的生育权,首先须以夫妻合意为原则,一方不得强行植入胚胎而强迫对方成为父母,也不能擅自废弃胚胎剥夺对方生育权。在夫妻未能达成合意的情形下,可暂且采取继续保存冷冻胚胎的处置方法。这主要是因为,与在自然生育的妊娠阶段中只有终止妊娠、继续妊娠两种选择不同,对人工生殖中对冷冻胚胎的处置方法除了销毁、植入两种选择之外,还有"继续保存"这样的第三条折中道路,这种"继续保存"的方式既能缓和夫妻间的生育意愿冲突,且不产生明显不利的后果,为双方嗣后合意处置该冷冻胚胎提供条件。

四 医疗机构知情同意书的效力判断

在体外胚胎的处置问题上,司法实践中容易引发争议的是手术前所签知情同意书的效力问题,即知情同意书条款能否作为人类辅助生殖机构处置冷冻胚胎的依据。根据《人类辅助生殖技术和人类精子库伦理原则》第一条第(二)项"知情同意的原则","人类辅助生殖技术必须在夫妇双方自愿同意并签署书面知情同意书后方可实施"。在现实操作

---

① 杜换涛:《民法视角下冷冻胚胎的法律属性与处分规则》,《苏州大学学报》(哲学社会科学版)2016年第4期。

② 参见原告王某与被告孙某离婚纠纷一审民事判决书,江苏省南京市玄武区人民法院(2017)苏0102民初4549号。

③ 孙良国:《夫妻间冷冻胚胎处理难题的法律解决》,《国家检察官学院学报》2015年第1期。

中，人类辅助生殖机构也往往与患者签订各项知情同意书，一般包括《体外受精—胚胎移植（IVF-ET）知情同意书》《卵胞浆内单精子显微注射（ICSI）知情同意书》《胚胎冷冻、解冻及移植知情同意书》，以及《留存遗传标本知情同意书》《废弃无用卵子、剩余精子及胚胎处理知情同意书》等。由于我国大陆地区立法对夫妻离婚、一方或双方死亡后冷冻胚胎的处置无强制性规定，而医疗机构的知情同意书中却常常有在此类情形下将销毁冷冻胚胎的条款，但在前述情形发生时，夫妻一方或其亲属却可能要求继续保存、取回或植入该冷冻胚胎。因此，厘清知情同意书的效力是解决这类问题的关键。

医疗知情同意书系患者行使知情同意权的重要方式，学界对医疗知情同意书的效力历来存有争议。理论与实务界对医疗知情同意书的性质存在着"契约说"①"单方法律行为说"②以及"告知义务证明说"③等观点，其中的核心争议在于，医疗知情同意书能否作为医疗机构的行为准则与归责依据。对于《胚胎冷冻、解冻及移植知情同意书》而言，在夫妻一方或双方死亡时，冷冻胚胎是否依据该知情同意书而无法移植，其关键在于判断该知情同意书是否具有合同效力。

在前述案例中，有法院直接认可知情同意书的合同效力，并将丈夫死亡作为缺乏《冷冻胚胎解冻及移植知情同意书》中"每次冷冻胚胎复苏移植前需要夫妇同时签字确认"这一"合同依据"的案件事实，从而否认了妻子移植冷冻胚胎的权利。④ 也有法院认为，虽然《胚胎冷冻知情同意书》属于"医疗服务合同的组成部分"，且其内容中的"我们夫妇一方或双方均死亡而没有留下有关冷冻胚胎的处理遗嘱，我们允许生殖中心终止胚胎冷冻保存"属于"合同双方的约定"，但该条"是人类辅助生育机构拟定的格式条款，依照合同法的规定，当有两种以上解释时，应当做出不利于提供格式条款一方的解释"，"丈夫生前表达

---

① 苏荣刚、邓延杰：《对我国现行手术签字制度的法律思考》，《中华医院管理杂志》2002年第4期。
② 华婷：《手术同意书的法律性质及效力》，《中国卫生法制》2011年第6期。
③ 艾尔肯、秦永志：《论医疗知情同意书——兼评〈侵权责任法〉第55条、第56条的规定》，《东方法学》2010年第3期。
④ 参见郭某与山东山大附属生殖医院有限公司合同纠纷一审民事判决书，山东省济南市市中区人民法院（2017）鲁0103民初7541号。

了以冷冻胚胎孕育子女的意愿，实施胚胎移植术不违反丈夫的意愿，其死亡后没有留下冷冻胚胎的处理遗嘱，不应视为其放弃冷冻胚胎"①；质言之，该判决尽管认可了《胚胎冷冻知情同意书》的合同性质，但通过将其视为格式合同，并对丈夫生前意思表示的目的性扩张解释，支持了妻子在丈夫死亡后继续植入冷冻胚胎的诉求，法院虽表面上认可了知情同意书的合同效力，但为实现实质正义却对合同内容做出了与其字面意思不符的具体解释，属于一种较为折中的处理路径。因此，从司法机关的态度来看，对医疗机构知情同意书性质的"契约说"立场在实务中颇受认可。

然而，理论界对于涉及冷冻胚胎处置的知情同意书条款合同效力倾向于持否定意见。针对《胚胎冷冻、解冻及移植知情同意书》中关于夫妻一方或双方死亡时，冷冻胚胎应予以销毁的条款，学者们提出，"简单地将签署同意书作为当事人真实意图的表达远非充分"②，"以附加条款的形式作为知情同意书的一款，不能提供足够的合意空间，不利于保护当事人的自主决定权"③，"对于包含有潜在生命的冷冻胚胎应当予以特别的保护，应当不受知情同意书的限制，只服从于法律的规定"④。由此观之，学者们基于对患者意思自治表达空间的尊重，以及对潜在生命价值的保护，认为应否定该特殊知情同意书的合同效力。

对于患者的知情同意权，我国《民法典》较原《侵权责任法》进行了更高程度的保护。其中最为明显的变化在于，《民法典》第一千二百一十九条将医务人员对于需要实施手术等特殊情形下的医疗风险等的"说明"义务更改为"具体说明"义务，并将取得患者的"书面同意"修改为"明确同意"。这一变化实际上加重了医务人员的告知说明义务，也使得患者行使知情同意权的方式更为灵活。其中，签订医疗知情同意书仍然是最普遍、最重要的表达告知说明与知情同意的方式。实际

---

① 参见杨某与舟山市妇幼保健院医疗服务合同纠纷一审民事判决书，浙江省舟山市定海区人民法院（2016）浙0902民初3598号。

② 孙良国：《夫妻间冷冻胚胎处理难题的法律解决》，《国家检察官学院学报》2015年第1期。

③ 熊静文：《体外胚胎的处理：协议解释与利益衡量》，《烟台大学学报》（哲学社会科学版）2019年第1期。

④ 杨立新：《人的冷冻胚胎的法律属性及其继承问题》，《人民司法》2014年第13期。

上，手术前的医疗知情同意书之目的，在于告知作为相对弱势一方的患者所采取的手术医疗方案和可能出现的风险，以保障患者对手术方案的同意是基于充分知情而做出。然而，这并非意味着患者自甘风险，[1] 医疗机构不能由此取得医疗风险变现而事故时的免责依据，亦不能由此获得凌驾于患者后续意愿之上的处置患者人身权的实体权利。在医患关系中，由于医疗行为的刚需性，医疗机构一定的公益性，医疗标的的人身性，以及医患双方在专业知识上的极其不对等性，患者在其中的意思自治空间被严重挤压，尽管患者在医疗知情同意书中签字，但该文件与以平等自愿为精神内核的民事合同仍存在实质性区别。虽然从表面上看，将知情同意书视为合同似乎能够营造出和谐的医患关系，然而一旦发生医疗事故或相关意外事件，对知情同意书条款效力的现实争议恰恰是引起双方聚讼纷纭的关键所在。因此，医疗知情同意书仅能督促并证明医疗机构尽到具体的告知说明义务，防止未具体告知而侵犯患者知情权，不应被定义为合同性质。

对于更为特殊的《胚胎冷冻、解冻及移植知情同意书》，则更不应将其视为具有约束力的双方合同。人类辅助生殖手术在操作流程、医疗风险以及计费方式等方面都较为专业，而展示给患者的知情同意书很大程度上是为了使不具备专门知识的患者了解手术的主要信息，患者进行签字仅仅是医疗机构履行告知说明义务的典型方式和重要证据。就其法律约束力而言，冷冻胚胎的处置涉及夫妻生育权及后代的生存发展，并非一纸合同可以预先设置，尤其关于夫妻一方或双方死亡后的冷冻胚胎处置面临巨大伦理困境，即使将该知情同意书视为合同，该合同也因违背公序良俗而无效。在知情同意书预先设置的冷冻胚胎处置方案不具有法律约束力的情形下，应通过对冷冻胚胎自身涉及的人身权体系进行深入剖析，对于其中较为复杂的代际权利冲突，下文将探讨如何通过权利限制理论及利益衡量的方法予以妥善解决。

五 夫妻离婚情形下的体外胚胎处置规则

在夫妻离婚的特殊情形下，双方感情已经破裂，而对于曾寄托双方

---

[1] 吴运来：《医疗损害救济的合同路径研究——兼与侵权路径比较》，《北方法学》2017年第5期。

情感的冷冻胚胎,一般会一致同意将其予以销毁或去标识后用于教学科研。而问题在于,由于女性在取卵等冷冻胚胎形成过程中承受了更多生理痛苦,并可能对冷冻胚胎寄予更多的情感,因此现实中曾出现女方希望植入冷冻胚胎的情况;而男方可能基于抚养费、自身后续生活质量等因素主张废弃冷冻胚胎,由此便对冷冻胚胎的处置产生了意见分歧。若双方离婚时未对冷冻胚胎处置达成一致意见,冷冻胚胎便面临着销毁①、植入抑或是继续保存的选择难题。另外,如果双方均希望在离婚后继续植入,甚至继续保存冷冻胚胎,这种意愿是否因伤及后代利益而违背伦理?

我国司法机关此类案件中曾提出,在双方未达成一致意见时,任何一方无权移植该体外胚胎,对该胚胎的处置应建立在双方合意的基础之上。② 不过司法机关仅仅指出了处置的原则和方法,而未对双方无法达成合意时的确切后果做出说明,当然,后者也并非该案的审理范围;但对于该问题的伦理、法律后果,应予以进一步探讨和明晰。据前文,比较法上对此主要有"遵循事前约定原则"③"事后一致同意原则"④"利益平衡原则"⑤ 三种不同立场。本书认为前两种原则有待商榷,"事前约定"因涉及限制人身权利而不具备法律效力;"事后一致同意"的条件过于严苛,且一旦不能达成一致意见,其后果究竟是继续保存抑或是销毁冷冻胚胎也未能明晰;对此,应结合我国法律法规与伦理秩序做出妥当衡量。

---

① 因选择销毁与用于教学科研对于作为供体的夫妻而言法律效果相似,因此本书不单独讨论捐赠用于教学科研的情形,其参照销毁的选择机制即可。

② 法院认为,"生育权是我国法律赋予公民的一项基本权利,只有夫妻双方协商一致,共同行使这一权利,生育权才可得以实现。夫妻双方虽然在婚姻关系存续期间共同做出形成冷冻胚胎的决定,但若双方离婚,在夫妻双方未达成'合意'的情况下,一方无权决定其移植,处置冷冻胚胎的问题应该在充分征求配子提供者双方意愿的基础上进行解决。"参见不孕夫妻闹离婚"冷冻胚胎"归谁?》,《山东商报》2012年5月2日第A8版。

③ See *Kass v. Kass*, 91 N. Y. 2d 554 (1998); Ceala E. Breen-Portnoy, "Frozen Embryo Disposition in Cases of Separation and Divorce: How Nahmani V. Nahmani and Davis V. Davis Form the Foundation for a Workable Expansion of Current International Family Planning Regimes", *Maryland Journal of International Law*, Vol. 28, No. 1, 2013, p. 311.

④ Kimberly Berg, "Special Respect: For Embryos and Progenitors Note", *George Washington Law Review*, Vol. 74, No. 3, 2005, p. 525.

⑤ Carinne Jaeger, "Yours, Mine, or Ours: Resolving Frozen Embryo Disputes through Genetics", *Seattle University Law Review*, Vol. 40, No. 3, 2017, p. 1148.

若夫妻离婚时双方不能达成协议，由于我国禁止医疗机构实施代孕技术，丈夫无法在我国借助该冷冻胚胎达到生育目的，但妻子在生理上却能够通过植入该冷冻胚胎而生育子女。因此，所谓的夫妻双方不能达成协议的情形，主要是指妻子希望离婚后植入或继续保存冷冻胚胎，而丈夫希望直接销毁；或者妻子希望直接植入或销毁，而丈夫则希望继续保存。诚然，直接销毁冷冻胚胎可免去后续子女抚养等难题。然而，实施人类辅助生殖技术的患者为无法自然生育的夫妻，即使夫妻感情破裂，但他们对于冷冻胚胎往往寄予生育期望。此外，夫妻离婚后仍不排除复婚之可能，若两者复婚而冷冻胚胎已被销毁之事实对双方则是巨大的无谓损失。因此，即使夫妻离婚时对冷冻胚胎的处理不能达成合意，也不能直接销毁。但也不能任由一方，尤其是女方进行胚胎移植，否则容易引发一系列的生育权救济、子女抚养等纠纷。① 本书认为，在合意不能达成时可以采取继续保存的折中方案，待双方能够达成合意之时再依合意处置。正如有学者提出的，"在婚姻危机面前，保持一份冷静，继续交费，保持冷冻胚胎活力，有备无患，对男方来说也未必没有益处。"②

对于夫妻离婚时所达成的植入或继续保存冷冻胚胎之合意，本书认为应予保护。夫妻感情破裂与其共同生育子女的期望并不绝对冲突，且现实中也存在双方复婚的客观可能性。在后代利益保护方面，因该胚胎的植入和孕育均基于其父母双方的一致同意，父母感情的破裂对其生存和成长利益不构成根本影响；且依本章第三节，丧偶妇女植入体外胚胎的正当性已受到认可，举重以明轻，离异夫妇有权经合意将体外胚胎植入母体。在后代的身份问题上，人工授精手术是一个持续的过程，受孕成功需要多个环节的合意，对人工授精所生子女是否为婚生子女的判断，究竟是用授精时间、植入时间还是出生时间与婚姻存续期间比较呢？参照最高人民法院指导案例第50号，丈夫死亡前夫妻一致同意并植入胚胎，丈夫死亡后子女才出生，该婴儿仍被认定为婚生子女。因此，对人工授精所生子女的法律地位判断，应该以受胎时间，即胚胎植入母体时间，而非体外精子与卵子

---

① 参见杨立新《单方废弃夫妻共有的人体胚胎之侵权责任认定》，《法律适用》2018年第9期。

② 陈文军：《丈夫废弃冷冻胚胎案件中的侵权责任认定》，《法律适用》2018年第9期。

结合时间,与婚姻存续期间相比较。如若双方同意离婚后植入冷冻胚胎,或继续保存一段时间后将其植入,在双方未复婚的情形下,该胚胎发育而成的子女系非婚生子女,根据我国《民法典》第一千零七十一条享受与婚生子女同等的被抚养、继承等民事权利。

六 夫妻一方或双方死亡情形下的体外胚胎处置规则

(一)夫妻一方死亡时的体外胚胎处置

1. 丈夫死亡情形下的体外胚胎处置

丈夫死亡后,若妻子主张销毁体外胚胎,或将其去标识后用于教学科研,参照自然怀孕中妊娠女性的堕胎自由,应尊重妻子以该方式行使生育权的权利。而如果妻子主张植入冷冻胚胎,我国司法机关处理此类问题时的立场有所不同:

其中,支持妻子诉讼请求的理由主要包括法律规则和伦理原则两个层面:(1)尽管2003年修订《人类辅助生殖技术规范》第三条第(十三)项、《人类辅助生殖技术和人类精子库伦理原则》第一条第(四)项均禁止为单身妇女实施人类辅助生殖技术,但此处"单身妇女"不包括丧偶妇女。[①](2)患者在实施人类辅助生殖技术过程中获得的胚胎的处置权,应被视为"生育权的延伸,具有人身专属性",医疗机构无权处置。丈夫生前表达了以冷冻胚胎孕育子女的意愿,故不能认为丈夫愿意放弃冷冻胚胎,那么以放弃冷冻胚胎为前提的后续处置,亦无从谈起。(3)妻子要求实施胚胎移植术,是"继续履行既有的医疗服务合同的请求",而非"签订并履行新的医疗服务合同的请求",即使丈夫未做出新的意思表示,亦不必然对继续履行合同构成妨碍。(4)结合丈夫生前的"意思表示、具体行为和本地群众普遍认同的传统观念以及人之常情"来判断,实施胚胎移植术不违反丈夫的意愿,因此不应拘泥于不能签署新的知情同意书这一形式问题,继续实施人类辅助生殖技术,有利于保障夫妻的生育权,并不违反"知情同意原则"。(5)涉案后代虽可能生长在单亲家庭,但这并不意味着其会因此遭受严重的生理、精神等损害,目前并无证据表明妻子的诉求在医学、亲权等方面于后代不利的情形,因此为遗孀实施人类辅助生殖技术不违反"保护后代

---

① 参见《妻子还能不能怀上"遗腹子"》,《北京晚报》2017年3月15日第25版。

原则"。①

　　与之相对，另有两例案件的审判机关同样考虑到前述保护后代原则、禁止对单身妇女实施人类辅助生殖技术的社会公益原则，以及合同法相关规则，但因法律解释方法不同，以及案件事实的微妙差异，得出了与前述判决相反的结论：（1）该子女从一出生就将面临身份地位不明确的尴尬状态，无疑会给相关社会关系带来一定的不稳定因素，对该子女来说也可能会造成心理上的巨大压力，不利于其身心的健康成长。（2）妻子在丈夫死亡后即为单身妇女，为其实施人类辅助生殖技术将违反部门规章的规定。（3）《冷冻胚胎解冻及移植知情同意书》中载明每次冷冻胚胎复苏移植前需要夫妇同时签字确认，而丈夫已经死亡后无法做出该项意思表示，故合同所约定的进行冷冻胚胎复苏移植的条件无法实现，继续履行合同缺乏合同上的依据。② 此外，尤其值得说明的是，这两例案件中丈夫生前夫妻均已借助人类辅助生殖技术生育了一名女婴，因此法院也提出"区卫计生委生殖中心已为妻子进行两次体外受精—胚胎移植术，且已产下一女，即区卫计生委生殖中心已经按照医疗服务合同的约定履行相应义务，覃某要求区卫计生委生殖中心继续履行医疗服务合同没有事实依据"③，尽管该案合同义务是否已完全履行有待商榷，但先前的成功手术已为亡夫留下血脉或许是法院的潜在考量因素，因此驳回妻子诉讼请求较为合理。

　　由此可见，我国司法机关目前既有支持的立场也有反驳的立场，其中可能考量了案中丧偶妇女此前是否已经育有子女这一因素——恰好在法院所支持丧偶妇女请求人类辅助生殖机构植入冷冻胚胎主张的判决中，其与亡夫一般都尚未育有子女；而在驳回其请求的案例中，妇女先前均已通过人类辅助生殖技术育有子女。④ 据此观之，审判机关也可能

---

① 参见杨某与舟山市妇幼保健院医疗服务合同纠纷一审民事判决书，浙江省舟山市定海区人民法院（2016）浙 0902 民初 3598 号。

② 参见郭某与山东山大附属生殖医院有限公司合同纠纷一审民事判决书，山东省济南市市中区人民法院（2017）鲁 0103 民初 7541 号。

③ 参见覃某与广西壮族自治区卫生计生委生殖中心医疗服务合同纠纷一审民事判决书，广西壮族自治区南宁市青秀区人民法院（2018）桂 0103 民初 5920 号。

④ 不过，我国也有司法机关在妻子已育有一名子女的情形下，认为丈夫亡故之后，妻子仍有权继续植入冷冻胚胎孕育子女。参见吴怡《丈夫意外去世 妻子还能怀上"遗腹子"吗？》，《云南法制报》2019 年 10 月 9 日第 4 版。

是判决背后进行了合理的利益衡量，照顾到中国香火延续的传统观念而做出裁判。

本书认为，在我国立法无明确规定的背景下，丈夫死亡后冷冻胚胎的处置应取决于妻子如何行使生育权。据本章第三节所述，即使相关部门规章禁止对单身妇女实施人类辅助生殖技术，但根据体系解释及目的解释，该"单身妇女"不包括"丧偶妇女"；此外，原卫生部2004年曾就此类问题专门做出批复，认为"冻融胚胎仍属于辅助生殖的一部分"[1]，于是同意广东省妇幼保健医院为丧偶妇女王某提供冻融胚胎移植技术。因此，在正常情形下，该体外胚胎之上承载着夫妻双方的生育权，而如果丈夫不幸身亡，该体外胚胎之上则仅仅剩余妻子一方的生育权，那么妻子便有权单方处置该体外胚胎。此外，即使丈夫生前对该冷冻胚胎的处置留有遗嘱，但因遗嘱为处分个人财产的意思表示[2]，其中涉及他人人身关系的部分无效，因此其意思表示与妻子生育权冲突时，应依照妻子意愿处置冷冻胚胎。

2. 妻子死亡情形下的体外胚胎处置

与前一情形类似，在作为配子供体的妻子死亡后，丈夫的生育权处于绝对地位，丈夫当然有权销毁体外胚胎。但如果男方希望通过该体外胚胎生儿育女，由于我国部门规章已明确禁止实施代孕技术，其是否有权要求医疗机构返还体外胚胎这一问题在实践中也引发了争议。

对此，我国法院在"南京鼓楼医院与高某、汪某一、罗某医疗服务合同纠纷"[3] 一案中给出了肯定意见。在该案中，在作为冷冻胚胎卵子供体的妻子汪某二意外死亡后，其丈夫、父母要求医院返还两枚冷冻胚胎。尽管医院基于涉案胚胎返还后的道德风险，以及我国禁止胚胎赠送、买卖，禁止代孕的法律现状而拒绝返还，但该案一审、二审法院均认为，原告在私法中有权要求鼓楼医院返还案涉胚胎，鼓楼医院提出的

---

[1] 蔡民等：《丈夫车祸身亡妻子为留种要求继续胚胎移植》，《信息时报》2004年10月29日第A7版。

[2] 也有个别例外情形，根据《民法典》第29条，被监护人的父母担任监护人的，可以通过遗嘱指定监护人。

[3] 参见南京鼓楼医院与高某、汪某、罗某医疗服务合同纠纷一审民事判决书，南京市鼓楼区人民法院（2018）苏0106民初1680号；"高某与汪某、罗某、南京鼓楼医院医疗服务合同纠纷二审民事裁定书，江苏省南京市中级人民法院（2018）苏01民终5641号。

风险仅仅是对涉案胚胎的后续合理利用问题，其不能成为不返还胚胎的正当理由，故此三人"作为汪某二的法定继承人对胚胎享有合法民事权益"，鼓楼医院应返还胚胎。

此外，有学者也提出"中国不允许代孕，但可以到代孕合法化的其他国家进行代孕，如印度"[1]，本书赞同这一观点。毋庸讳言，丈夫要求取回冷冻胚胎一般是希望通过代孕产下子女，而我国部门规章仅仅禁止医疗机构实施代孕技术，但赴海外代孕的行为并未为我国法律明文禁止，在私权的行使上，法无禁止即自由。即使从后代利益保护视角看，既然前文已述及丧偶妇女可以通过植入冷冻胚胎并独自抚养子女，从根本上说并不违反保护后代原则，那么丈夫独立抚养子女也应被允许。因此，在妻子死亡后，丈夫有权基于生育权而处置冷冻胚胎，可以将其销毁或继续保存，其中包括取回后在其他机构保存。

(二) 夫妻双方死亡情形下的冷冻胚胎处置

在作为配子供体的夫妻双方死亡时，其体外胚胎的处置问题在理论及实务界已有较多讨论，该讨论主要由2014年的"全国首例冷冻胚胎监管权与处置权纠纷案"引发。在该案中，沈某、刘某在医疗机构保存冷冻胚胎期间因意外身亡，双方父母因取回冷冻胚胎之诉求而与医疗机构发生纠纷。对此，两审法院的立场有所不同，一审判决提出"沈某、刘某对手术过程中留下的胚胎所享有的受限制的权利不能被继承"[2]，但二审法院则认为"沈某、刘某父母享有涉案胚胎的监管权和处置权"[3]。学界对此结果褒贬不一，该终审判决虽照顾到了人伦情感，但其法律适用上对法教义学的背离却备受诟病。近年来学界虽对该案进行了较为深入的评析，却未能达成一致意见。

冷冻胚胎上所承载的权益主要为生育权，而该生育权的主体为夫妻个人，但如果夫妻双方死亡，冷冻胚胎之上再无生育权的主体，因而冷冻胚胎也不再是生育权的载体。因此从理论上讲，作为冷冻胚胎供体的夫妻双方死亡后，冷冻胚胎应予销毁。但是，基于冷冻胚胎之

---

[1] 朱振：《冷冻胚胎的"继承"与生育权的难题》，《医学与哲学（A）》2015年第3期。

[2] 参见沈某、邵某与被告刘某、胡某继承纠纷一审民事判决书，江苏省宜兴市人民法院（2013）宜民初字第2729号。

[3] 参见沈某、邵某与刘某、胡某，第三人南京鼓楼医院监管权和处置权纠纷二审民事判决书，江苏省无锡市中级人民法院（2014）锡民终字第01235号。

上还承载着夫妻双方父母的精神利益，前述案件的终审法院认为死亡夫妇的父母享有对冷冻胚胎的监管权与处置权，且主审法官专门撰文认为，"承认失独老人对于亡故子女所遗留的胚胎具有天然正义的情感和倾向。"① 该判决体现出了"儒家家庭主义价值决定着生育主体具有家庭性"② 之理念，充分照顾了中国传统的血脉传承观念。尽管该案判决在社会上及学界好评如潮，但也有学者冷静指出其在法律适用上的粗浅与偏颇③。学界大部分持客观态度，但无论是赞誉者抑或是贬斥者，都未能给出更合理的方案，因为司法实用主义带来的好处符合中国传统正义观念。

　　本书认为，冷冻胚胎之上承载的夫妻双方之父母的精神利益并非一定值得保护。且不论判决书所提出的"监管权"与"处置权"在民事权利序列中无迹可寻，且无法在概念分析法学框架下自圆其说，④ 即使采用判决中所采取的利益衡量路径，其结论也极其不妥当。该判决几乎一边倒地论证传宗接代对于四位老人何等重要，但在裁判者所设置的"中国式的利益理论"⑤ 格局中却唯独没有考虑未来一出生就是孤儿的后代的利益。如果说在丧偶男性或丧偶女性的生育权与后代"生活在完整家庭"之利益的艰难抉择中选择前者，是因为即将出生的后代仍能享受到父亲或母亲一方的亲情，这尚能被公序良俗所接受。那么为了祖父母与外祖父母的情感利益，而通过海外代孕使得一位孤儿出生，不可谓不残忍，已有违背公序良俗之嫌。在世界范围内，20 世纪中期后的家庭法呈现"私法公法化"或"身份法公法化"的趋势，其中"子女最佳利益原则"得以成为国家介入亲子关系时的最高指导原则；⑥ 在我国，该原则也被明文写入《人类辅助生殖技术和人类精子库伦理原

---

① 张圣斌、范莉、庄绪龙：《人体冷冻胚胎监管、处置权归属的认识》，《法律适用》2014 年第 11 期。
② 曹永福：《应该赋予家庭对遗留胚胎的处置权——儒家生命伦理学的视角》，《伦理学研究》2014 年第 6 期。
③ 叶名怡：《法国法上的人工胚胎》，《华东政法大学学报》2015 年第 5 期。
④ 侯学宾、李凯文：《人体冷冻胚胎监管、处置权的辨析与批判——以霍菲尔德权利理论为分析框架》，《苏州大学学报》（哲学社会科学版）2016 年第 4 期。
⑤ 刘小平：《为何选择"利益论"？——反思"宜兴冷冻胚胎案"一、二审判决之权利论证路径》，《法学家》2019 年第 2 期。
⑥ 王洪：《论子女最佳利益原则》，《现代法学》2003 年第 6 期。

则》。因此，赋予四位老人对冷冻胚胎的监管权与处置权，无异于将四位老人情感利益凌驾于儿童保护的价值之上，颇值商榷。

本章小结

生育权的实现需以生育伙伴事实上的配合为前提，而生育伙伴之间，尤其是夫妻之间的生育意愿分歧往往造成双方生育权的内部冲突；同时，生育权的行使方式，尤其是人类辅助生殖技术的介入关乎我国公共利益与公序良俗的维护，具有显著的外部性特征。因此，通过民事权利理论理顺生育权运行的基本逻辑，是生育权理论建构中的关键环节；在这一过程中，夫妻生育意愿冲突、体外胚胎处置纠纷等难题也透过生育权视角得到解决，这也是该概念发挥现实功能的重要体现。

在生育伙伴内部，夫妻之间的生育权冲突实质是各自人格权之间的冲突，通常表现为双方对于是否怀孕，以及怀孕后是否继续妊娠等问题的意愿分歧。化解该冲突须遵循夫妻生育权行使的"分阶段优先原则"：在妻子尚未怀孕时，夫妻之间的生育权绝对平等，当一方主张生育，而另一方主张不生育时，后者应优先于前者；在妊娠阶段，妻子的生育权处于优先保护的地位。该规则旨在划定夫妻各自生育权的边界，违反该规则便有承担侵权责任之虞。夫妻之间的"生育协议"涉及对人身自由的约束，因违背公序良俗而不具备民法上的效力。此外，非婚生育伙伴之间关于是否生育的意愿分歧，因无涉配偶之间配合生育的身份性道德义务，呈现出典型的人格权冲突之本质，可参照前述夫妻间的"分阶段优先原则"予以解决：对于是否怀孕的问题，主张不怀孕一方的生育权优先；在怀孕之后，对关于是否继续妊娠分娩的问题，女方的生育权优先。

在生育权的外部，基于人口政策、生命伦理等方面原因，我国相关法律法规为生育权的行使设置了一系列直接或间接的，针对生育权主体或医疗机构的负面清单。该清单具体包括限制子女数量、禁止非医学需要的胎儿性别鉴定、禁止为单身妇女实施人类辅助生殖技术，以及禁止买卖配子、合子、胚胎，禁止实施代孕，禁止胚胎赠送助孕技术等。此外，我国大陆地区对体外胚胎最长保存时间暂无法律规范层面的限制，考虑到体外胚胎保存时间过久可能导致的亲属代际年龄差距紊乱等后果，未来应适当借鉴比较法经验，设置体外胚胎保存时间上限。

　　人类辅助生殖技术运用中的体外冷冻胚胎处置是夫妻行使生育权的特殊方式，无论是在婚姻存续期间抑或在离婚之后，其处置均应由双方合意进行，一方擅自植入、废弃体外胚胎系对对方生育权的侵犯；协议不成的，可暂且采取继续保存冷冻胚胎的折中处置方案。由人类辅助生殖机构出具、夫妻双方签字的"知情同意书"仅仅是医疗机构履行告知说明义务的证明，且其中关于体外胚胎处置的条款涉及患者人身权，因此不具备合同法上的效力。在夫妻一方死亡的情形下，另一方有权基于生育权处置冷冻胚胎；在夫妻双方死亡的情形下，鉴于冷冻胚胎之上的生育权主体不复存在，考虑到儿童利益最佳原则，该冷冻胚胎原则上不应被继续孕育成人。

第四章　私法中生育权的救济规则

无救济则无权利。在生育权的救济规则建构中，基于生育行为之上所附加的家庭伦理、生命伦理等方面的重大争议，侵害生育权的违法行为认定标准、侵害生育权造成损害的可赔偿性等难题有待澄清。具体来看，我国司法实践中生育权侵权纠纷的行为类型主要包括生育伙伴之间生育意愿冲突引发的侵权行为、错误妊娠诉讼中医疗机构的过失行为、错误出生诉讼中医疗机构的过失行为、人工生殖中医疗机构的过失行为等；其侵权主体主要包括生育伙伴、医疗机构以及其他不特定第三人。由于不同主体的生育权侵权行为具有较强的典型性，本章将采取类型化的分析方式，以行为人及其侵权行为作为分类标准，逐步澄清生育权私法救济中的法律适用问题。

第一节　生育伙伴侵害生育权的侵权责任

一　配偶侵害生育权的侵权责任适用条件

围绕婚内侵权行为成立与否的争议反映了民法一般规则在婚姻家庭领域中的适用困惑。此类责任的保护对象是自然人的人格权、所有权等绝对权，而其特殊之处在于实施加害行为的主体系受害人的配偶。[①]虽然婚内侵权的起诉期间可在婚内或离婚之后，但其行为发生于婚姻关系存续期间，因此本书统一将其表述为"婚内侵权"。生育权的婚内侵权

[①] 广义的婚内侵权行为还包括第三人干扰婚姻关系行为，不过这通常不作为婚内侵权的讨论对象。参见夏吟兰、罗满景《夫妻之间婚内侵权行为的中美法比较》，《比较法研究》2012年第3期。

问题关乎"家庭自治与法律干预"① 两者之间的平衡,对此,我国立法上的表述疑窦丛生,理论与实践中也存在颇多争议。

(一) 配偶侵害生育权侵权责任的适用争议

在司法实践中,一起典型案件中各审法院的不同态度集中反映了生育权婚内侵权行为能否成立的争议。在该案中,夫妻通过人类辅助生殖技术在某诊疗中心储存了由各自配子培育而成的冷冻胚胎,其后夫妻双方感情不和而分居,在分居期间,妻子徐某未经丈夫郑某同意,单方面到某诊疗中心,通过篡改胚胎移植委托书复印件的日期、代替起诉人签署胚胎移植知情同意书、盗用起诉人居民身份证复印件等途径顺利实施了胚胎移植手术,并受孕分娩一女。由于这一事实,丈夫认为妻子的行为系对其生育权的侵犯,并诉请妻子承担赔礼道歉等侵权责任。对此,一审法院提出,"由于起诉人郑某所陈述的事实与理由发生在其与徐某夫妻关系存续期间,关于生育子女的问题,是夫妻生活、家庭生活的重要组成部分,夫妻之间选择什么时候生育、采用何种方式生育,均属家庭内部事务,不是民事法律调整的对象,所引起的纠纷也不是人民法院受理民事诉讼的范围。据此,依照《中华人民共和国民事诉讼法》第一百二十三条规定,裁定对郑某的起诉不予受理。"② 而二审法院则认为,"郑某以其生育权受到侵害为由起诉徐某,请求判令徐某道歉等,符合《中华人民共和国民事诉讼法》第一百一十九条规定的起诉条件。原审法院以郑某的起诉不属于民事诉讼受案范围为由裁定不予受理确有错误,应予纠正。"③ 该案两审法院的不同立场分别反映了其在家庭自治与法律干预之间的不同选择,暴露出当前婚内侵权可诉性的争议。

在学界,对于生育权的婚内侵权行为能否成立也存在不同观点。持肯定立场的学者认为,"对于配偶间的侵害生育权行为,准予离婚后,受害方还可提出侵权损害赔偿,适用一般的侵权行为救济方法,"④ 该

---

① 王洪:《家庭自治与法律干预——中国大陆婚姻法之发展方向》,《月旦民商法》2005年第8期。

② 参见郑某婚姻家庭纠纷一审民事裁定书,荆州市沙市区人民法院 (2015) 鄂沙市民初字第01435号。

③ 参见上诉人郑某婚姻家庭纠纷不予受理二审民事裁定书,荆州市中级人民法院 (2015) 鄂荆州中民立终字第00070号。

④ 张荣芳:《论生育权》,《福州大学学报》(哲学社会科学版) 2001年第4期。

观点未涵盖离婚前的损害赔偿，但认为离婚之后可适用侵权法上的损害赔偿规则；也有学者更进一步提出，"夫妻之间侵权的救济……可选择诉讼的方式要求停止侵害或请求赔偿……生育权是一种人身性权利，不能强制要求对方履行义务，"① 这一观点明确赞同在婚内具有成立生育权侵权责任的可能性。另外也有学者指出，丈夫强制妻子怀孕与生育是一种侵权行为，在情节严重时还应追究其相关刑事责任。② 然而，也有学者认为，夫妻一方不配合对方生育或不生育的行为不具有违法性，不构成侵权行为，仅仅系对配偶的不尊重。③

实际上，配偶侵害生育权的侵权责任适用难题目前主要源于两个方面的争议，一是生育权这一人格权的特殊性，二是婚内侵权制度本身的争议性。对于前者，前文已基本厘清生育权的概念与行使规则，质言之，生育权作为较为特殊的人格权所带来的理论问题已被解决；对于后者，婚内侵权制度的正当性及其适用条件仍有待明确，下文将从损害赔偿责任和防御性侵权责任两个方面展开分析。

（二）配偶侵害生育权损害赔偿责任的适用限度

我国立法一直未能正面规定婚内损害赔偿责任的适用问题。原《民法通则》《侵权责任法》《民法总则》等立法在涉及侵权责任时均未明确根据侵权人与被侵权人的身份关系而加以区分对待。原《婚姻法》中也未专门对夫妻在婚姻关系存续期间的相互侵权问题做出规定，仅有第四十六条规定了与之相关的离婚损害赔偿制度。学者们探讨婚内侵权责任的规范依据主要是原《婚姻法解释（一）》第二十九条第2款、第3款④，但学界对该司法解释的理解也众说纷纭，第一种观点认为该条完全否认了夫妻婚内损害赔偿责任；第二种观点认为该条仅仅否认了原《婚姻法》第四十六条提及的四种情形下的婚内损害赔偿责任；第三种观点认为该解释是原《婚姻法》第四十六条题中之义，该条的适用本身就要以离婚为前提，而司法解释仅仅是重申其法条原意，并不能妨碍

---

① 樊林：《生育权探析》，《法学》2000年第9期。
② 参见李小年《夫妻生育权若干法律问题探讨》，《学习与探索》2008年第2期。
③ 参见邢玉霞《从民事权利的角度辨析生育权的性质》，《东岳论丛》2012年第3期。
④ 此两款规定：人民法院判决不准离婚的案件，对于当事人基于婚姻法第四十六条提出的损害赔偿请求，不予支持。在婚姻关系存续期间，当事人不起诉离婚而单独依据该条规定提起损害赔偿请求的，人民法院不予受理。

当事人根据侵权责任法的一般规定寻求救济。本书认为，第三种观点符合该司法解释的文义与目的，即对婚内侵权行为的规制应适用侵权法的一般规则。

尽管在法理基础及规则体系上，对婚内侵权行为适用侵权法上的损害赔偿制度在我国目前存在一定的障碍，但我国学界大多数学者仍然提出借鉴比较法的经验，承认婚内损害赔偿制度，并提出增设夫妻非常法定财产制的情形作为婚内损害赔偿的制度基础，① 旨在平等保护婚内各方当事人的合法权益。本书也认为，婚姻的缔结不能抹杀自然人人格权保护的正当性与必要性，"现代婚姻法以夫妻别体主义为原则"②，提倡尊重夫妻个人的人身权，且我国立法及司法解释未明确规定婚内损害赔偿责任的豁免；同时，婚内损害赔偿制度并非一定破坏婚姻的伦理性，婚内责任追索也不必然伴随婚姻破裂。③ 这样对婚内侵权的"肯定说"也是现在学界的主流观点，④ 本书对此也持赞同态度。

鉴于我国以夫妻共同财产制为主流的社会现实，考虑到损害赔偿责任承担的物质基础，对生育权婚内侵权行为的损害赔偿责任承担应依具体情形而定：在婚姻存续期间，损害赔偿责任仅仅发生于采取约定分别财产制的夫妻之间，而依法定通常夫妻财产制共同共有家庭财产的夫妻之间无法产生损害赔偿之债；在夫妻离婚之后，针对婚内侵权行为，则可依侵权责任法的一般条款追究行为人的损害赔偿责任。

（三）配偶侵害生育权的防御性侵权责任承担

在我国民法典侵权责任编奉行"小侵权模式"的理念下，侵权责任编实质上主要规定了"损害赔偿责任"。对于生育权这一绝对权而言，

---

① 参见林建军《规制夫妻暴力民事立法的功能定位与制度完善》，《中国法学》2012年第6期；王金堂《婚内人身损害赔偿问题研究》，《法学杂志》2010年第8期；刘廷华、李凤军《婚内侵权责任的理论反思与制度完善》，《南京人口管理干部学院学报》2012年第4期；冉克平《论夫妻之间的侵权损害赔偿》，《华中科技大学学报》（社会科学版）2010年第2期。

② 马特：《论同居权与婚内强奸》，《山东社会科学》2014年第7期。

③ 郗伟明：《论婚内一般侵权责任制度的建立——兼评离婚损害赔偿制度》，《南京大学学报》（哲学·人文科学·社会科学版）2010年第3期。

④ 参见张力、郑志峰《中止抑或不完成：诉讼时效完成障碍之婚姻关系》，《河北法学》2015年第5期。

其广义的救济方式不仅包括损害赔偿责任,还包括停止侵害、排除妨碍、消除危险这类人格权请求权,即防御性侵权责任。[①] 对此,我国民法典人格权编第九百九十七条明确规定了禁令规则,[②] 该禁令的申请不需要证明侵权损害后果的发生,与《中华人民共和国民事诉讼法》第一百零三条第1款[③]中的行为保全制度接轨,为落实人格权请求权提供了更为完善的制度保障。

据前所述,在物质条件允许的情形下,生育权婚内侵权损害赔偿责任有其正当性与可行性。举重以明轻,停止侵害、排除妨碍、消除危险的人格权请求权可以在夫妻之间产生。作为防御性的侵权责任形式,其不受夫妻通常法定共同财产制的限制,且能有效保护受害人的权益。对于生育权而言,人格权请求权的行使能够有效预防夫妻在生育权发生冲突时违背冲突处理规则而损害对方正当权益,具体表现为防止夫妻一方以强制方式实施以怀孕为目的的性行为、防止丈夫强制妻子终止妊娠、防止夫妻一方擅自废弃体外冷冻胚胎等,对于生育权具有较大的预防性保护价值。

二 配偶侵害生育权的损害赔偿责任构成要件认定

(一)一般情形下配偶侵害生育权的损害赔偿责任认定

在配偶侵害生育权的损害赔偿责任认定中,由于该侵权行为往往由夫妻生育意愿冲突引起,因此行为人的主观过错一般为故意,其因果关系要件也较为清晰。实践中容易引发争议的主要是对违法行为、损害的判断,下文也主要探讨这两项要件。

1. 违法行为

夫妻之间的生育意愿冲突客观存在,其本身不具有法律上的可责难

---

① 王利明:《论人格权请求权与侵权损害赔偿请求权的分离》,《中国法学》2019年第1期。
② 根据该规则,民事主体有证据证明行为人正在实施或者即将实施侵害其人格权的行为,不及时制止将使其合法权益受到难以弥补的损害的,有权依法向人民法院申请采取责令行为人停止有关行为的措施。
③ 该款规定:人民法院对于可能因当事人一方的行为或者其他原因,使判决难以执行或者造成当事人其他损害的案件,根据对方当事人的申请,可以裁定对其财产进行保全、责令其作出一定行为或者禁止其作出一定行为;当事人没有提出申请的,人民法院在必要时也可以裁定采取保全措施。

性。正如有学者将生育自主权与婚姻自主权所类比的那样,"夫妻双方都享有婚姻自主权,不能因为一方想离婚另一方反对,而认为想离婚的一方侵犯了对方的婚姻自主权",生育权与婚姻自主权类似,不能因为当事人存在权利冲突就认为一方必然构成侵权。① 正因如此,前文才致力于厘清的夫妻生育权"分阶段优先原则",目的恰恰是在冲突产生之后划定双方的权利边界。在此基础之上,应以违背前述规则、超越自身权利边界为标准来判断违法行为的存在。其中,具体的违法行为类型主要包括:夫妻一方强制实施以生育为目的的性行为;丈夫强迫妻子继续妊娠或堕胎;丈夫或妻子单方废弃体外冷冻胚胎,或者妻子未经丈夫同意而擅自将冷冻胚胎植入体内等。

2. 损害

在夫妻生育权发生冲突时,即使夫妻一方的行为具有前文所述的过错,也并不一定构成对配偶的侵权责任。其症结在于对损害后果的认定上。诚然,当加害人的过错发生于选择不生育的行为中,诸如单方废弃冷冻胚胎、强迫妻子堕胎情形下,其侵害配偶生育权所导致的严重精神损害后果显而易见。

然而,与前述情形均有本质不同的是,如果加害人的过错发生于以积极方式行使生育权的行为中,诸如单方植入冷冻胚胎、强迫妻子怀孕或生育,其虽侵害配偶生育权,但造成的后果还包括孩子的出生,那么该子女的抚养费用是否属于侵权法上的损害?将生命出生视为损害来源是否在伦理上难以证成?生命出生带来的精神愉悦能否成为损益相抵规则适用的理由?妻子被迫怀孕后决定继续妊娠产子是否构成与有过失?

在本书第三章第一节所述妻子擅自移植冷冻胚胎的两个典型案例中,其争议主要在事实层面,裁判文书中关于丈夫对妻子授权委托书的真实性等问题阐述较多,而未涉及生育自主与生命价值的冲突衡量。此外,本书第三章第二节所述德国联邦最高法院关于"由女方服用避孕药之约定"案例虽发生于同居关系的男女之间,与夫妻之间的生育权冲突有一定的区别,但在损害的认定等问题上面临同样的道德困境。在法院提出的女方私自停止服用避孕药行为不构成侵权的原因中,就有"考虑

---

① 参见马忆南《夫妻生育权冲突解决模式》,《法学》2010年第12期。

到孩子的成长利益与人格尊严,避免使孩子的出生成为母亲向父亲承担侵权责任的原因"的论述。① 由此也不难看出,父母生育权与"因过错出生"孩子的尊严价值可能处于对立的格局,在这样的情形之下,侵害生育权的损害认定面临极具争议的伦理困境。

这样的典型困境并非仅仅发生于夫妻之间生育权侵权的场景,受到比较法更为广泛关注的是后文将要论述的错误怀孕、错误出生等情形,后者的侵权纠纷发生于医疗机构与子女的父母之间,而非本章论述的夫妻之间。但其共同点在于,对损害赔偿责任构成要件的认定均涉及对意外或"不受期待"之子女生命价值的评判,因此数十年来争议不断。对这一问题,法理及比较法中一个基本看法是,侵害生育权致使不被期待的子女出生,确实存在侵权法上的某些损害,对此将在本章第二节详细探讨。

(二) 妻子错误陈述亲子关系情形下丈夫的生育权保护

在夫妻间的生育权纠纷中,较为特殊的是妻子错误陈述亲子关系的情形。② 我国司法实践中的此类纠纷多发生于离婚诉讼中,法院一般认可为该子女支出的抚养费属于对丈夫造成的财产损害,并认定丈夫因人格权受到侵害而遭受严重精神损害。至于该人格权是否包括生育权,裁判文书中的表述不尽一致:大部分裁判明确指出,妻子的隐瞒行为侵害了丈夫的生育权,并在离婚判决中支持丈夫的精神损害赔偿诉讼请求;③ 但也有法院在支持精神损害赔偿的基础上,否定了原告所诉求的"生育权障碍费用"④;也有法院根据原告是否再婚生育的具体情形,认

---

① 邵建东:《德国民法总则编典型判例 17 则评析》,南京大学出版社 2005 年版,第 18 页。

② 即妻子婚内通奸生育与丈夫不具有血缘关系子女并隐瞒事实的情形,也有学者将其称为"欺诈性抚养"。参见张红《道德义务法律化——非同居婚外关系所导致之侵权责任》,《中外法学》2016 年第 1 期。

③ 参见赵某某因与被上诉人曹某某离婚纠纷二审民事判决书,株洲市中级人民法院(2016)湘 02 民终 760 号;周某甲与文某离婚纠纷一审民事判决书,株洲市石峰区人民法院(2015)株石法民一初字第 1300 号;陈某与林某甲离婚纠纷一审民事判决书,株洲县人民法院(2015)株县法民一初字第 228 号;张某甲与沈某离婚后损害责任纠纷二审民事判决书,无锡市中级人民法院(2016)苏 02 民终 3911 号;曹甲某与赵某某离婚纠纷一审民事判决书,株洲市芦淞区人民法院(2016)湘 0203 民初 63 号等 40 余份持类似观点的司法裁判文书。

④ 参见熊某与杨某某离婚纠纷一审民事判决书,遵义市红花岗区人民法院(2014)红民重字第 31 号。

为"虽然被告的行为给原告造成了巨大的伤害，但原告王甲在离婚后已与他人结婚，并已生育一子，并不存在生育权损失问题，且被告所赔精神损害抚慰金，已一定程度弥补了原告的损失，故原告要求被告再赔偿生育权损失50000元的请求无相应的法律依据，本院不予支持"。① 总体上看，法院对此类行为是否构成对丈夫生育权的侵害莫衷一是。

本书倾向于认为，在妻子错误陈述亲子关系的案件中，妻子违反夫妻间忠实义务，且侵害丈夫的人格尊严，并使得丈夫不当支付该子女抚养费，丈夫得向妻子请求精神损害赔偿与财产损害赔偿；但至于妻子是否侵害丈夫的生育权，应视具体情形而定，即妻子的错误陈述是否影响了丈夫生育意愿的自主表达。换言之，并非所有的妻子错误陈述亲子关系情形都侵犯丈夫生育权，仅仅在造成丈夫错过生育年龄等影响其生育自主的后果时，才构成过失侵害对方生育权，否则在精神层面仅仅构成对丈夫人格尊严的侵害。

三 非婚生育伙伴侵害生育权的侵权责任适用

基于主流伦理观念，生育行为发生于夫妻之间。但现在社会中，未婚生育、婚外生育、失婚生育等非婚生育行为及其引发的生育权纠纷时有发生。对这一现象，有法院评价为，"摒弃婚前性行为，杜绝未婚生育，是一种公认的良好社会公德，也是每个公民应当遵守的道德准则。"② 也有法院进一步提出，"从社会发展与观念进步的角度观察，女方对自身性权利的自我处分不宜受有过多负面之评判，但在做出行为选择前，对社会公序良俗和作为女性自我保护的意识亦应作为做出决定的重要考量基础"。③ 一般而言，非婚生育伙伴关系之间的身份关系不属于民法调整的范畴；但非婚生育过程中发生的人身权侵权问题应受民法的规范。与婚内生育相比，非婚生育伙伴各自的生育权未受婚姻关系的影响，呈现出更典型的人格权属性；同时，非婚生育伙伴无法定的共同

---

① 参见俞某某与王甲一案一审民事判决书，杭州市萧山区人民法院（2010）杭萧义民初字第2号。

② 参见雷某一与雷某二、雷某三、雷某四婚约财产纠纷一审民事判决书，桂阳县人民法院（2015）桂阳法民初字第991号。

③ 参见韦某与苏某生命权、健康权、身体权纠纷一审民事判决书，南宁市江南区人民法院（2016）桂0105民初2386号。

财产，互相具有承担损害赔偿责任的经济基础，能够适用一般侵权责任规则。

在我国目前的司法实践中，非婚生育伙伴之间的生育权侵权纠纷情形主要有：

第一，已婚男性婚外伪造结婚证致使女方怀孕生子。在"廖甲与廖乙一般人格权纠纷"一案中，被告廖乙恶意隐瞒自身已婚已育的事实，伪造假身份证，并使用假名字与原告廖甲恋爱，其后与原告共同拍摄婚纱照，并伪造结婚证，致使其误以为自己已婚，并生育子女。法院经审理认为，原告廖甲对其性权利、婚姻自主权及生育权所作的选择，是因被告廖乙的有意蒙蔽和恶意欺骗所致，其侵权行为造成原告身心的严重伤害。据此，判决廖乙向廖甲书面赔礼道歉，并酌情判决廖乙赔偿廖甲精神损害赔偿金 15 万元的处理。[①] 该案的案由为一般人格权纠纷，在裁判理由部分，司法机关并未明确指出女方的何种权利受到侵害，仅仅指出女方"对其性权利、婚姻自主权及生育权所作的选择"是由男方欺骗所致，对权益侵害的具体内容语焉不详。其关键在于，该"欺骗行为"是否构成对这三项权利的侵害。性权利、婚姻自主权及生育权在理论上均属于自由性人格权，对此类权利的侵害须造成违背权利人自身主观意愿的后果。然而，即使男方使用了欺骗手段，女方对婚姻、性、生育所做出的选择依然是有意识的、基于其主观意愿的，因此男方的行为并未侵害女方的性权利、婚姻自主权及生育权。但是依据《民法典》第一百零九条，自然人的人格尊严依法受到保护，男方的欺骗行为构成对女方人格尊严的侵害，具有违法性，并造成女方严重精神损害，应承担损害赔偿责任。

与之类似，司法实践中也有出现未婚男女恋爱过程中，女方未婚先孕，但最终双方未能缔结婚姻的情形，但其中男方行为不应被视为具有违法性。虽然女方基于缔结婚姻之考量而与男方同居并受孕，且因男方的作为与不作为受有伤害，但其作为完全民事行为能力人，在婚前自愿与男方同居并自愿受孕，虽是受到男方行为之影响，但同时亦未慎重考

---

① 参见廖甲与廖乙一般人格权纠纷一审民事判决书，佛山市顺德区人民法院（2013）佛顺法民初字第 703 号；廖乙诉廖甲一般人格权纠纷申请申诉再审民事裁定书，佛山市顺德区人民法院（2014）佛顺法立民申字第 5 号。

虑未婚先孕所可能带来之不利后果。因此，这种情形下男方的行为并不构成侵权，对于女方最终终止妊娠带来的人身及财产损害，在双方均无过错情形下，男方应给予女方适当补偿。

因此，在恋爱关系中男方因欺骗行为造成女方怀孕生子，或因其他原因造成女方怀孕生子但最终双方未能缔结婚姻的情形中，女方的生育行为系出于自愿，不应被评价为生育权受到侵害；其中，在伪造结婚证致使女方相信双方之间存在婚姻关系的严重欺骗行为中，男方行为虽不属于对女方生育权的侵害，但应承担侵害女方人格尊严的损害赔偿责任。

第二，非婚生育中女方擅自堕胎。在"宋某诉被告李某一般人格权纠纷"一案中，2013年原告宋某和被告李某确立恋爱关系。恋爱期间被告怀孕，于2014年8月16日在郫县中西医结合医院进行了流产手术；后原、被告双方分手，原告以被告私自进行流产手术侵犯其生育权为由诉至法院，请求判令被告赔偿其失子之痛的精神损失费9999元。司法机关认为，依据《婚姻法解释（三）》第九条，妻子擅自堕胎尚且不构成对丈夫生育权的侵害，更何况本案原被告双方之间并无合法的婚姻关系，故驳回原告的诉讼请求。[①] 本书赞同法院的立场，妊娠女性决定是否堕胎，系对其生育权的合法行使，无论其是否缔结婚姻，任何人不得干涉其堕胎自由。司法解释已明确赋予已婚的妊娠妇女相对于其丈夫的生育或不生育的自由，举重以明轻，未婚的妊娠妇女相对于其男友更是享有绝对的生育自由，其擅自堕胎不构成对男方生育权的侵害。

第三，女方未经男方同意生子。与前一情形类似，恋爱关系中女方怀孕后未经男方同意生下子女，系其行使生育自由的行为。虽然未婚先孕行为与传统道德观念有所龃龉，但我国《民法典》第一千零七十一条已明确承认非婚生子女与婚生子女具有同样法律地位，相当于认可了未婚女性同样享有生育自由，且这一立场已基本为现代社会伦理观念所接受。司法机关对此类情形均明确指出，"生育决定权是女性独有的权利，妇女有按照国家有关规定生育子女的权利，生育子女不需要男女双方的合意，女方单方决定即可。男方即使反对非婚生子，也应当在孩子

---

① 参见原告宋某诉被告李某一般人格权纠纷一案民事判决书，成都市温江区人民法院（2015）温江民初字第3455号。

出生后承担抚养责任"。① 因此，在恋爱关系中女方怀孕后，即使男方不同意生下子女，女方仍有权决定是否继续妊娠分娩，其擅自生下子女的行为不构成对男方生育权的侵害，且男方对该非婚生子女具有承担其部分生活费和教育费的义务，直至子女能独立生活为止。

第二节 医疗机构在错误妊娠诉讼中的侵权责任

一 我国的实践概况与理论争议

"Wrongful Pregnancy"，即错误妊娠诉讼，主要是指因医务人员绝育手术失败或避孕药方错误而导致女性意外受孕生育子女，或因医务人员在堕胎手术中的过错而继续妊娠生育子女等情形下，患者自身或患者夫妇向医务人员或医疗机构提起的诉讼。在我国大陆地区，司法实践中错误妊娠的案例数量其实并不多，至少不如比较法中描述的那样普遍。究其缘由，盖因在我国堕胎自由的公法及道德背景之下，绝育手术失败导致的意外怀孕、堕胎手术失败并不一定引起婴儿出生的后果，孕妇往往会选择堕胎避免新生命的出生。换言之，由于妇女享有堕胎的自由，错误妊娠不一定导致新生命诞生，因而也不会面临生育自由与生命价值之间的抉择。但即便如此，避孕失败的孕妇可能由于身体健康等客观原因，不宜进行引产手术，从而被动接受新生命诞生。因此，即使女性享有堕胎自由，错误妊娠案例在我国仍有可能发生，本书选取近年来两个较为典型的案例展开分析。

在"刘某、郑州大学第三附属医院医疗损害责任纠纷"一案②中，原告刘某在由被告实施绝育手术后，又意外怀孕并生育一女。在该案中，两审法院均认为，因郑大三附院医务人员在绝育手术中存在医疗过错，造成刘某严重身体伤害和精神伤害以及经济损失，酌定郑大三附院承担50%的赔偿责任。赔偿的范围包括：（1）医疗费、护理费、误工

---

① 参见蒋某一与赵某抚养费纠纷一审民事判决书，武汉市武昌区人民法院（2017）鄂0106民初1182号；明某甲与李某抚养纠纷一审民事判决书，武汉市武昌区人民法院（2015）鄂武昌未民初字第00033号。

② 参见刘某、郑州大学第三附属医院医疗损害责任纠纷二审民事判决书，河南省郑州市中级人民法院（2017）豫01民终173号。

费、营养费、住院伙食补助费、交通费、鉴定费、残疾赔偿金、抚养费[①]，共计15万余元。（2）精神抚慰金酌定为15000元。（3）关于双方所争议的"刘某女儿因医学原因不当出生导致的抚养费"，司法机关认为法律依据不足，不予支持。

在"雷某、张某等与惠水县仁爱医院医疗损害责任纠纷"一案[②]中，被告所实施的无痛人流手术失败，而医患双方均不知情，后经检查原告雷某仍处于妊娠状态，且因客观原因不宜引产，最终产下新生儿。法院在法律关系认定中明确指出，"公民具有选择是否生育的权利，故本案被告的过错行为侵害了原告雷某的生育自主权，依法应当承担相应的侵权责任，本案属于违约之诉与侵权之诉的竞合"。在损害的认定上，法院将损害分为三个部分进行阐述：（1）医院因过错造成雷某人身损害，应承担其人工流产手术费、分娩费、因分娩而引起的收入减少、支出的其他合理费用等损害赔偿责任，具体包括医疗费、护理费、住院伙食补助费、营养费、误工费。（2）不支持雷某与丈夫张某关于精神抚慰金的诉讼请求。原因在于，精神抚慰金的请求权基础是侵害行为给被侵权人造成精神损害的后果。本案中，被告的过错行为导致的结果是一个新生命的诞生，生命是无价的，一个健康的新生命的诞生带来的更多的是精神上的愉悦，而不能理解为是一种精神损失，若支持这种精神损失，在孩子以后的成长中告知孩子"你的出生给父母造成精神损失"，这明显严重违反了道德伦理底线，违反了公序良俗的法律准则，故原告诉请被告支付精神抚慰金的诉讼请求既无请求权的基础，亦违反公序良俗的法律准则，依法不予支持。（3）不支持雷某与丈夫张某关于子女抚养费赔偿的诉讼请求。原因在于，生命是无价的，有生命胜于无生命，虽然被告的过错行为侵害了原告雷某的生育自主权，但侵害的后果是原告获得了一个孩子的生命，原告作为孩子的父母已成既定事实。父母对子女负有法定的抚养义务，父母承担子女的一般抚养费用并不能作为父母的损失来由他人予以赔偿，当然，若今后原告在抚养孩子的过程中所承担的抚养费超

---

① 根据裁判文书的内容，该"抚养费"并非原告对错误出生女儿的抚养费。
② 参见雷某、张某等与惠水县仁爱医院医疗损害责任纠纷一审民事判决书，贵州省惠水县人民法院（2017）黔2731民初1088号。

过了一般的抚养费，而超过部分的费用又与被告的诊疗过错具有法律上的因果关系，原告可就超过一般抚养费的部分向被告主张权利。本案中，因被告的过错导致的不当怀孕所生育的新生儿目前属于健康的新生儿，同时原告所主张的抚养费、教育费属于一般抚养费，属于原告应尽的法定抚养义务，故依法不予支持。

前述两个错误妊娠的案例分别由绝育手术失败、人工终止妊娠手术失败而引发，其判决中有颇多相似点，也有不同之处。两者相似点在于：其均认可女性在医疗过程中因健康权受到侵害，基于医疗费、误工费、交通费等的财产损害赔偿责任；未支持意外出生子女的抚养费作为财产损害赔偿责任范围。关于精神损害赔偿，两个案例中司法机关有不同的意见：前一案件基于子女人格尊严与生命价值考量，法院认为侵害女性生育自主权而造成新生命诞生的行为，在法律上不应被评价为引起精神损害赔偿责任；后一案件虽支持原告精神损害赔偿的诉讼请求，但根据裁判文书的表述，该精神抚慰金系基于女性健康权，而非生育自主权受到侵害而产生，与子女生命价值无关。总体来看，两例判决在具体问题的认识上没有直接的观点冲突，但各自不免有遗漏之处；当然，这也可能基于当事人诉讼请求本身不够清晰之缘故。但将两者对法律关系及法律后果的立场拼接起来看，能够较为明确地反映出我国实务界对错误妊娠问题的基本看法。

在学理上，错误妊娠案中的责任承担问题也面临诸多方面的争议，具体表现为：（1）请求权基础，即违约责任与侵权责任之间的选择。（2）诉讼主体，即除孕妇外，其丈夫是否有权要求损害赔偿。（3）违法性判断，即医疗机构究竟仅仅侵害孕妇健康权等物质性人格权，抑或是侵害孕妇夫妻的生育权。（4）损害赔偿的范围，其是否包括意外出生子女的抚养费、父母生育权受到侵害的精神损害赔偿等。（5）与有过失、损益相抵等免责事由能否适用及适用的范围。

下文将围绕前述争议展开具体探讨，因丈夫与妻子接受绝育手术失败后的法律关系基本相同，故后文为表述方便主要以女性接受绝育手术与终止妊娠手术的情形为讨论对象。另外，前述的某些争议不仅仅存在于错误妊娠诉讼中，同样也存在于下一节探讨的错误出生诉讼中，因此对其共性问题，本节将一并研究。

二 比较法上的损害赔偿责任考察

(一) 美国

1934 年 *Christensen v. Thornby* 案①系美国首例错误妊娠诉讼。在该案中，Christensen 先生被医生告知，其妻子的身体状况不适宜再度怀孕，否则会有生命危险。基于此，Christensen 先生接受结扎手术，且得到医生保证，其妻子不可能再次怀孕；但后来，Christensen 太太怀孕生下健康婴儿。Christensen 先生据此提起诉讼，认为医生存在欺诈行为，但实际上并无客观证据可以证明医生有恶意欺骗之故意；Christensen 先生在该诉讼中未主张由医生承担结扎手术失败的债务不履行或过失侵权责任。明尼苏达州最高法院认为，绝育手术并未为明尼苏达州法规所禁止，该契约不违反公共政策，系有效契约；然而，原告的主张并无理由，因其未能证明被告有欺诈之故意，更重要的是，法院认为健康子女的出生是祝福（blessing），并非损害。该案法官也暗示，如果原告以契约不履行或过失侵权损害赔偿为诉求，有可能获得赔偿。因此，该案原告诉讼请求被驳回的重要原因之一，便是其诉讼请求的方向不够准确，因而未能将被告行为定性为欺诈行为而获得救济；同时，法院对不被期待的新生命之态度也具有鲜明的历史特色。

1964 年 *Ball v. Mudge* 案②是首例以医务人员过失侵权为由提起的错误妊娠诉讼。③ 该案中 Ball 先生在接受结扎手术后，医务人员未告知其应接受术后生育能力的检查，也未提供任何术后医疗照顾。随后，其妻子再度怀孕生子。为此，夫妻双方以医务人员的过失导致结扎手术失败为由提起侵权诉讼，要求对方赔偿因子女出生、养育、照顾所需费用，以及夫妻身体及精神上的财产与非财产损害。法院并未支持原告诉求，理由有二：一是医生施行结扎手术之过失并非原告配偶怀孕的近因；二是原告深爱该新生儿，不愿将其送养，可见该子女的出生对原告并未造成损害。较之案件事实相似的前述 *Christensen v. Thornby* 案，该案原告虽选择了不同的诉讼请求，但法院也以新的理由，即因果关系不足而否定

---

① *Christensen v. Thornby*, 255 N. W. 620 (1934).
② *Ball v. Mudge*, 391 P. 2d 201 (1964).
③ 吴家庆：《意外怀孕、意外生育、意外生命的"损害"——以比较法的分析及人性尊严观点的评价为中心》，博士学位论文，台湾政治大学，2013 年，第 109 页。

了错误妊娠之诉。

1967年 Custodio v. Bauer 案①是美国首次获得损害赔偿的错误妊娠之诉。在该案中，Custodio 夫妻在育有九名子女后，因妻子身体状况不宜再次怀孕而接受输卵管部分切除手术。但一年后，妻子却再次怀孕并生下健康婴儿，该夫妇因此提起诉讼要求医生赔偿其身体、精神损害，以及该子女自出生至成年的抚养费用。法院认为，绝育手术不违反公共政策，且孩子的出生是因医生之过失所致，具有可预见性，因此医生应赔偿孩子出生所致损害，其范围包括夫妻身体与精神损害，以及子女抚养费，该费用不是给意外出生的孩子，而是为了填补家庭财源，不致因新生命诞生而剥夺其他家庭成员在既有家庭收入下的物质分配。

此后，错误妊娠诉求在美国各州已经被广泛认可。② 在过去，该诉求不为法院所承认，很大程度上是受社会对避孕、绝育及堕胎的质疑态度影响；而随着社会发展，关于生育的自主权得到越来越多的保护，法院对错误妊娠诉求的态度也更为积极。目前，虽然错误妊娠情形下的损害赔偿已逐步得到认可，但关于赔偿的范围仍有争议，多数法院至今仍拒绝准予适用完全赔偿规则，其赔偿范围在实践中大致有"拒绝赔偿""部分赔偿"与"完全赔偿"三种路径，③ 其中的"部分赔偿"包括对子女抚养费的可赔偿性不予认可，以及适用损益相抵规则两种情形。

申言之，（1）对于错误妊娠诉求采取完全的"拒绝赔偿"立场系基于固有原理——健康孩子的出生不是损害，此前在美国持这一立场的仅有内华达州与堪萨斯州④，后来仅剩内华达州拒绝错误妊娠侵权之诉。⑤

---

① *Custodio v. Bauer*, 251 Cal. App. 2d 303 (1967).

② Christopher D. Jerram, "Child Rearing Expenses as a Compensable Damage in a Wrongful Conception Case: Burke V. Rivo", *Creighton Law Review*, Vol. 24, No. 4, 1991, p. 1643.

③ David Kerrane, "Damages for Wrongful Pregnancy", *Journal of Contemporary Legal Issues*, Vol. 11, No. 1, 2000, pp. 467-471.

④ Benjamin Lee Locklar, "Jackson V. Bumgardner: A Healthy Newborn-a Blessing or a Curse", *American Journal of Trial Advocacy*, Vol. 12, No. 1, 1988, p. 163.

⑤ 内达华州虽否认基于错误妊娠的侵权之诉，但支持其违约之诉。参见李燕《不当怀孕损害赔偿研究——从上海"绝育手术不绝育索赔案"说起》，《东岳论丛》2009年第10期。

（2）对此采折中态度的"部分赔偿"的观点为美国多数法院支持，[1] 即因过失直接造成的医疗费，甚至精神损害、工资收入损失具有可赔偿性，[2] 而孩子抚养费的损害则排除在外。其原因包括抚养费损害充满"投机性"[3]；健康孩子的利益远远超过任何经济损失，子女抚养费与医生责任相较显然不成比例，由他人而非父母承担抚养费的事实被孩子知悉后会对其有心理层面的负面影响；[4] 此外，也有法院提出孩子的抚养费应根据案件的具体情况，与父母所获得的财产与非财产利益相互抵消，其中可以将家庭人口数量、家庭经济收入、父母年龄与婚姻状况等因素纳入考量，由法官在个案中自由裁量。[5]（3）"完全赔偿"的观点仅被新墨西哥州等少数州采纳，[6] 即赔偿范围包括抚养费在内的财产与非财产损害。[7] 其原因在于，子女抚养费损害具有可预见性，其费用非常具体，且有法院认为这与医生的责任并非不合比例；另一方面，该赔偿并不会对孩子的心理造成伤害，反而可以缓和家庭经济负担，增进孩子福祉，而强迫父母承担原本可以藉由结扎手术避免支出的抚养费，对父母而言并不公平。[8] 总体来看，美国错误妊娠诉讼正逐步得到认可，父母在诉讼中生育自主或家庭计划的权利受到侵害之事实往往得到认同，相应的医疗费与精神损害的赔偿也在绝大多数州被支持，但意外出生子女的抚养费的可赔偿性问题目前还存在较大争议。

（二）英国

英国的错误妊娠诉讼中最典型的判例系 1999 年的 *Macfarlane v. Tayside Health Board* 案。不过在此之前，英国已有两个错误妊娠判例

---

[1] See *Kingsbury v. Smith*, 122 N. H. 237, 442 A. 2d 1003 (1982); *P. v. Portadin*, 179 N. J. Super. 465, 432 A. 2d 556 (Ct. App. Div. 1981); *Weintraub v. Brown*, 98 A. D. 2d 339, 470 N. Y. S. 2d 634, 641–42 (1983); *James G. v. Caserta*, 332 S. E. 2d 872, 873 (W. Va. 1985).

[2] *Johnson v. University Hospitals of Cleveland*, 540 N. E. 2d 1370 (1989).

[3] *Schork v. Huber*, 648 S. W. 2d 861 (1983).

[4] *Johnson v. University Hospitals of Cleveland*, 540 N. E. 2d 1370 (1989).

[5] *University of Arizona Health Sciences Center v. Superior Court of State In and For Maricopa County*, 667 P. 2d 1294 (1983).

[6] Serena Scurria and Asmundo Alessio et al., "Cross-Country Comparative Analysis of Legislation and Court Rulings in Wrongful Birth Actions", *Journal of Legal Medicine*, Vol. 39, No. 1, 2019, p. 48.

[7] *Provencio v. Wenrich*, 261 P. 3d 1089 (2011).

[8] *Marciniak v. Lundborg*, 450 N. M. 2d 243 (1990).

以违约之诉请求民事救济，主要争议在于合同条款的解释问题。其中，在 1986 年的 *Eyre v. Measday* 案①中，原告在接受绝育手术后，作为被告的医生仅仅告诉原告手术是不可逆的，但并未告知该手术后仍有小于百分之一的再次怀孕风险；一年后原告怀孕并生下女儿，因此认为医生违反合同约定，要求损害赔偿。英国上诉法院认为，医生并未明确指出手术会绝对实现绝育目标，因此医患双方无担保的意思，医生不需要承担违约责任。在同年的 *Thake v. Maurice* 案②中，原告在接受输精管切除手术时，医生告知该原告，手术是终局的，并在术后将会对其进行两项精子测试，以验证手术是否成功；两年后，原告之妻怀孕并生下一名婴儿，该夫妇以被告违约为由诉至法院，一审及二审法院均判决原告胜诉。本案与前述案件的不同之处在于对合同内容的确定，由于该案中医生的承诺足以使得与原告处于同一处境的一般理性人相信自身已丧失生育能力，因此医生所做陈述中包含着手术一定实现避孕目的的意思，那么医生所实施的手术最终被证明未达避孕目的则构成违约。这两个案例都是以合同责任作为对错误妊娠请求赔偿的依据，其关键在于探知手术时医生的承诺内容，这是判断其是否违约的重要依据。

在前述 1999 年的 *Macfarlane v. Tayside Health Board* 案③中，原告选择了侵权之诉，而非违约之诉。在该案中，原告夫妇在已育有四个孩子后，考虑到家庭经济状况，丈夫接受了输精管切除的绝育手术，且在术后检查中被医生告知已达到避孕目的；然而，后来其妻子再次怀孕，并生下第五名子女。夫妻为此向医院提起诉讼，要求医生赔偿妻子意外怀孕过程中的生理及精神损害，以及该名子女的抚养费。法院最终判决医生赔偿原告怀孕及分娩期间承受的痛苦及精神压力之非财产损害赔偿，但驳回了子女抚养费的财产损害赔偿诉求。基于该案的影响力，英国目前对于错误妊娠诉讼，一般均支持对父母的精神痛苦以及怀孕和分娩的痛苦赔偿，而不赔偿与抚养孩子有关的费用，主要由于人的生命价值和与健康孩子的存在有关的利益无法计算。④

---

① *Eyre v. Measday*, 1986 WL 408091.
② *Thake v. Maurice*, 1986 WL 407648 (1986).
③ *Macfarlane v. Tayside Health Board*, [1999] 3 WLR 1301.
④ Serena Scurria and Asmundo Alessio et al., "Cross-Country Comparative Analysis of Legislation and Court Rulings in Wrongful Birth Actions", *Journal of Legal Medicine*, Vol. 39, No. 1, 2019, p. 42.

2003 年的 *Rees v. Darlington Memorial Hospital NHS Trust* 案[1]重申了对子女抚养费不予赔偿的立场。在该案中，原告因自身患有先天性视力障碍疾病，认为自己没有能力生育及抚养子女，因此去医院接受了绝育手术；但因医生的过失，该手术并未成功，原告怀孕并生下健康女婴。原告向医院提起诉讼，主张被告赔偿因意外怀孕出生之婴儿的抚养费。英国上诉法院认为，原告自身具有身体障碍，因子女需要额外支出抚养费，其应该获得赔偿。被告上诉到英国贵族院（House of Lords）[2]，最终贵族院认为该抚养费不具有可赔偿性，因为判断的标准在于"新生命是否健康"；而该案中新生婴儿系健康婴儿，因此其抚养费不具有可赔偿性。

（三）德国

德国联邦最高法院认可因医疗失误造成的损害赔偿既有合同依据，也有非合同依据；认为错误妊娠不仅侵犯了家庭人口计划权利（the right to family planning），也构成了孕妇的身体伤害；在对损害的认定上，区分了健康婴儿的出生与该婴儿的抚养费：仅仅后者属于损害，一般而言具有可赔偿性，而鉴于人的尊严是一项基本权利，婴儿本身不能被视为损害。[3] 德国错误妊娠诉讼最为典型的案例系 1980 年的两起诉讼，在因绝育手术过失而导致妇女受孕生子的情形下，联邦最高法院认为如果因医生过失而导致家庭生育计划落空，即怀孕是因绝育措施失败而引发，且违背夫妻意愿，那么应支持子女抚养费的损害赔偿。[4]

不过，错误妊娠出生子女的抚养费并非总能得到赔偿。在 1995 年堕胎手术失败导致健康婴儿出生的诉讼中，原告以违约责任为由提起诉讼，德国联邦最高法院认为，医生应返还约定报酬，并承担堕胎失败的直接赔偿，但子女的抚养费不具有可赔偿性，原因在于该请求系原告逃避自己的法定义务，而将抚养费转由医生负担，是将子女的出生视为损

---

[1] *Rees v. Darlington Memorial Hospital NHS Trust*, [2003] UKHL 52.

[2] 英国贵族院（House of Lords）系英国最高司法裁判机构，得上诉至贵族院的民事案件，必须涉及具有原则上重要性的法律问题，且必须得到原第二审法院的许可。参见王泽鉴《英美法导论》，北京大学出版社 2012 年版，第 62 页。

[3] Serena Scurria and Asmundo Alessio et al., "Cross-Country Comparative Analysis of Legislation and Court Rulings in Wrongful Birth Actions", *Journal of Legal Medicine*, Vol. 39, No. 1, 2019, p. 44.

[4] BGH 76, 259; BGH 76, 249.

害的表现，违反德国基本法第一条保护的人格尊严。[1] 但在其他的绝育手术失败导致健康婴儿出生的案例中，德国联邦最高法院又倾向于认为，如果施行绝育手术是以避免经济负担为目的，那么因医生过失而导致健康婴儿出生，无论是以违约或侵权责任提起诉讼，子女抚养费均具有可赔偿性。[2]

（四）法国

法国理论界对错误出生诉讼的讨论较多，实务界的立场也不尽一致，在探索过程中形成了影响力较广的立法改革文本与代表性案例；但在错误妊娠诉讼领域，法国采取了一以贯之的否定立场，其司法实践较为典型的是1991年法国最高法院一则判决[3]。在该案中，原告怀孕期间在妇科医生处实施堕胎手术，但一个月后检查发现自己仍处于怀孕状态，并在六个月后产下健康女婴，该妇女因此提起诉讼，要求医生赔偿对该婴儿的抚养费。法国民事最高法院驳回了原告的诉讼请求，原因在于，女婴的存在不能被看做可赔偿的损害，产下正常健康的子女不构成可以获得赔偿的理由。

（五）南非

"关于生育事项的自我决定权"是1966年《南非共和国宪法》第12条明确规定的权利。同年，南非颁布《终止妊娠选择法》，其第2条对女性怀孕前12周，第13—20周，以及20周以后设置不同的堕胎条件。赋予女性终止妊娠的权利，是南非在经过40多年种族隔离与性别压迫后，实现的承认其黑人妇女生育权的重大象征性胜利。[4] 在女性生育自由日渐得到保障之后，南非的错误妊娠诉讼得以发展。其中，有三个案例较为典型：

---

[1] BGH 129, 178.

[2] 吴家庆：《意外怀孕、意外生育、意外生命的"损害"——以比较法的分析及人性尊严观点的评价为中心》，博士学位论文，台湾政治大学，2013年，第121—122页。

[3] Cour de Cassation, Bulletin Cour de Cassation, Chambre Civiles, première partie, No 213, 1991.

[4] Audrey E. Haroz, "South Africa's 1996 Choice on Termination of Pregnancy Act: Expanding Choice and International Human Rights to Black South African Women Notes", *Vanderbilt Journal of Transnational Law*, Vol. 30, No. 4, 1997, p. 863.

第一，在 *Behrmann v. Klugman* 案①中，原告夫妻是一个健康孩子的父母，这个孩子是在被告（一名外科医生）对其父亲进行输精管切除手术后出生的，该对夫妻因此提起违约之诉。案件的争议焦点主要在于事实部分，即医生是否明确告知患者该手术操作与其真正丧失生育能力之间存在的具体时间差。原告认为医生使他们相信输精管切除手术将使该男子在 10 周后不育；而医生认为他已告知患者，再过 9 个月，经医生进行检查并通知后，患者方能确信该项手术真正产生避孕效果。根据法庭上查明的事实，法官做出了有利于外科医生的裁判，法院不认为原告真的相信 10 周后会达到不育，因为他们在没有其他避孕手段情况下已经等了很长时间之后才实施性行为。法院认为，原告未能证明他们与医生之间的合同包含关于手术永久成功的明示或默示条款。鉴于法院对事实的调查结果，没有必要考虑更基本的问题，即承认这类索赔是否违背道德准则。在该案中，尽管原告的要求被驳回，但判决并不排除在事实支持的情况下原告在错误妊娠诉讼中胜诉的可能性。可以推断，如果原告能够证明他没有被适当告知，在恢复无避孕手段的性行为之前必须首先排除输精管再通的风险，那么该项诉求有可能得到支持，同时该案例也反映出诊疗活动中全面记录医生对告知义务履行情况的重要性。

第二，在 *Edouard v. Administrator Natal* 案②中，被告与原告及其妻子签订合同，在该妇女剖腹产生第三个孩子时对其实施输卵管结扎手术。在第三个孩子出生后，夫妇认为绝育手术已经进行，没有采取任何预防措施来防止怀孕，该妇女在第三个孩子出生 4 个月后怀孕。第四个孩子出生后，又重新进行输卵管结扎手术。值得注意的是，双方一致认为，患者寻求输卵管结扎的原因是原告和他的妻子无力抚养更多的孩子。孩子的父亲基于违约之诉请求损害赔偿，要求赔偿的范围包括：（1）给妻子施行输卵管结扎手术的费用；（2）其意外出生的第四个孩子从出生到年满 18 岁的主要抚养费用；（3）其妻子因怀孕和剖腹产分娩而遭受的不适、痛苦以及生活便利丧失（a loss of amenities of life）而带来的精神损害。被告承认，由于未能成功实施输卵管结扎手术，自己

---

① L. C. Coetzee, "Legal Liability for Failure to Prevent Pregnancy (Wrongful Pregnancy)", *South African Medical Journal*, Vol. 107, No. 5, 2017, p. 395.

② See *Edouard v. Administrator Natal*, 1989 (4) SA 309 (D), 1989 (2) SA 368 (D); *Administrator, Natal v. Edouard*, 1990 (2) SA 374 (A), 1990 (3) SA 581 (A).

有责任对违反合同的损害进行赔偿,但仅应支付输卵管结扎手术的费用。关于损害赔偿的范围,南非最高法院德班和海岸地方分庭(the Durban and Coast Local Division of the Supreme Court),以及上诉法院均支持了该父亲的财产损害赔偿请求,驳回了其精神损害赔偿请求。对于精神损害赔偿,法院认为非财产损失不能因违反合同而得到赔偿,并拒绝遵循英国法院的做法,在英国,这种损害确实可以通过合同索赔。此外,该案法官支持抚养费赔偿的态度在比较法上较为鲜见,这也基于该案事实的特殊性,由于原告实施绝育手术的目的在于避免生育一个他们无经济能力抚养的孩子,那么判决被告赔偿抚养费并非消除父母抚养孩子的义务,而是帮助他们履行义务;同时,法院对其判决的适用性进行了限定,指出抚养费赔偿仅适用于出于经济原因要求实施绝育手术这一种情况,即如果影响手术决定的考虑因素不是经济因素,则医院不用承担孩子抚养费。该案对错误妊娠诉讼中子女抚养费可赔偿性问题的探讨具有较大理论价值。

第三,在 *Mukheiber v. Raath* 案[①]中,一对夫妻在孩子出生后向妇科医生要求赔偿分娩费用和孩子抚养费,原因在于这个孩子是在他们认为被绝育后怀孕出生的。在该名妇女上一个孩子预产期之前约 11 天,她向妇科医生表示希望在分娩后接受绝育手术的意愿,该妇科医生要求该妇女与丈夫讨论此事,并在下一次咨询时向他转达他们的决定;那天晚上,这位妇女没有和丈夫讨论这件事,第二天一早却提前分娩。事后查明,医患双方从未就绝育问题事先达成一致意见,妇科医生也从未做过绝育手术。但事实认定的关键争议在于,在分娩后六天,这名妇女在丈夫的陪同下去看妇科医生并取出缝线时,原告坚称,在移除缝线后,妇科医生将病人的丈夫叫到手术室并告诉他们,病人已经做了绝育手术,他们不需要担心避孕;而被告则提出,该段对话并未发生。一审法院无法查明案件事实,因此认定原告没有尽到举证责任;在向开普高等法院(the Cape High Court)合议庭上诉时,前述判决被推翻;妇科医生随后向最高上诉法院提出上诉,最高上诉法院驳回上诉,并做出有利于患者的推定,认为妇科医生做出其已经实施绝育手术的虚假陈述。基于此,法院认为该意外出生孩子的分娩费用和抚养费都具有可赔偿性,不过该

---

① *Mukheiber v. Raath*, 1999(3) SA 1065.

抚养费应受到两项限制，一是不能超过父母"根据其生活方式和地位"抚养子女的义务，二是抚养费用的计算截止孩子应当能够养活自己之时。较前一判例，该案判决的创新之处在于，对错误妊娠中子女抚养费的赔偿，不以其父母避孕目的系无力供养新生子女为限，放松了赔偿的条件。

总体来看，南非法院对绝育手术失败导致意外怀孕情形之损害赔偿的范围认定呈现出逐渐扩大的趋势。尽管从现有裁判看，对于新生儿父母的精神损害赔偿一般无法得到支持，但在子女抚养费的赔偿问题上，南非法院的立场较为宽松和积极，并未将该赔偿视为对子女生命价值的贬损，反而认为是帮助父母履行抚养义务之表现。此外，有学者根据绝育手术失败情形下法院的态度推定，在堕胎手术失败而导致子女意外出生的情形下，只要该堕胎符合前述《终止妊娠选择法》规定的条件，该父母也可以获得相应的损害赔偿。① 综观之，南非法院对错误妊娠情形下的损害赔偿问题已较为明晰，大体表现为"重财产损害赔偿，轻精神损害赔偿"的倾向，且在子女抚养费问题上表现出不同于其他大多数国家的积极立场。

（六）新西兰

在新西兰，立法与司法对于错误妊娠损害赔偿的立场，经历了多次转变。与其他诸多法域不同，新西兰1972年通过的《事故赔偿法》中提出的"新西兰事故赔偿计划（New Zealand Accident Compensation Scheme，下称ACC）"摒弃过错责任原则，规定对于人身损害不论原因而一概由"事故赔偿机构（Accident Compensation Corporation）"承担无过错赔偿责任，确立了具有社会保障性质的综合性事故赔偿制度。② 这种模式的核心理念在于，避免几乎所有的基于人身损害的侵权之诉。③ 该法自颁布至今经历了多次修改，其所涵盖的对象，即人身损害范围也有所变化。其中，立法、理论与实务中争议最大的是"纯粹精神损害"

---

① L. C. Coetzee, "Legal Liability for Failure to Prevent Pregnancy (Wrongful Pregnancy)", *South African Medical Journal*, Vol. 107, No. 5, 2017, p. 398.

② Anthea. Williams, "Wrongful Birth and Lost Wages: J V Accident Compensation Corp Case", *New Zealand Women's Law Journal*, Vol. 2, No. 2, 2018, p. 295.

③ Peter H. Schuck, "Tort Reform, Kiwi-Style", *Yale Law & Policy Review*, Vol. 27, No. 1, 2008, p. 190.

与"广义的错误出生损害"两种类型。① 其原因主要在于,这两种损害与传统的人身损害有所不同,因而在数次修法中处于被涵盖与不被涵盖的动态变动之中。自 1972 年以来,新西兰事故赔偿基本法律经过了十余次修改,目前适用的是 2001 年制订的《伤害预防、恢复和赔偿法》②,该法经历 2003 年③、2005 年④、2007 年⑤、2008 年⑥、2010 年⑦数次修正,更名为 1972 年最初使用过的名称《事故赔偿法》,此后又经历 2013 年⑧、2015 年⑨、2016 年⑩、2019 年⑪的数次修正。在这一过程中,错误妊娠情形中的损害赔偿问题也主要经历了三个阶段:

第一,1972 年《事故赔偿法》及其修正案阶段。1972 年的《事故赔偿法》规定了其赔偿对象为"因意外事故造成的人身损害",这一术语的外延最初并不明晰,1974 年该法修正⑫后,将其对象扩张解释为 4 项,包括:(1)任何伤害行为或意外事故造成的身体或精神损害;(2)内科、外科、牙科或急救事故损害;(3)该法第六十五至六十八条规定的因职业疾病或工业性耳聋导致的工作能力丧失;(4)该法第 105B 条规定的实际身体伤害(actual bodily harm,主要是指因刑事犯罪导致的怀孕或震惊损害)。根据新西兰上诉法院对这一赔偿事由的解释,因

---

① Rosemary Tobin, "Common Law Actions on the Margin", *New Zealand Law Review*, Vol. 2008, No. 1-4, 2008, p. 42.

② New Zealand. *Injury Prevention, Rehabilitation, and Compensation Act* 2001, No. 49, 2001.

③ New Zealand. *Injury Prevention, Rehabilitation, and Compensation Amendment Act* 2003, No. 29, 2003; New Zealand. *Injury Prevention, Rehabilitation, and Compensation Amendment Act* (*No 2*) 2003, No 80, 2003.

④ New Zealand. *Injury Prevention, Rehabilitation, and Compensation Amendment Act* 2005, No 12, 2005; New Zealand. *Injury Prevention, Rehabilitation, and Compensation Amendment Act* (*No 2*) 2005, No. 45, 2005.

⑤ New Zealand. *Injury Prevention, Rehabilitation, and Compensation Amendment Act* 2007, No. 8, 2007.

⑥ New Zealand. *Injury Prevention, Rehabilitation, and Compensation Amendment Act* 2008, No. 46, 2008.

⑦ New Zealand. *Accident Compensation Amendment Act* 2010, No. 1, 2010.

⑧ New Zealand. *Accident Compensation Amendment Act* 2013, No. 44, 2013; New Zealand. *Accident Compensation Amendment Act* (*No 2*) 2013, No 105, 2013.

⑨ New Zealand. *Accident Compensation Amendment Act* 2015, No 71, 2015.

⑩ New Zealand. *Accident Compensation Amendment Act* 2016, No 73, 2016.

⑪ New Zealand. *Accident Compensation Amendment Act* 2019, No 10, 2019.

⑫ New Zealand. Accident Compensation Amendment Act 1974, No 71, 1974.

绝育失败造成的错误妊娠属于 ACC 的赔偿事由。① 在前述法案的框架下，错误妊娠情形中受害人可获赔偿的损害包括孕妇怀孕及分娩带来的身体损害，以及在此期间的医疗费、误工费，但不包括孩子出生之后带来的各项支出。在 1984 年 XY v. ACC 案件②中，法院拒绝了原告要求赔偿错误妊娠情形中出生孩子 6 年抚养费的诉求，原因在于，此案中的损害仅仅是意外怀孕事件本身，而孩子的存在并非损害，抚养孩子是为人父母之应尽的义务内容。

第二，1992 年《事故恢复和赔偿保险法》③ 及其修正案④适用阶段。为降低赔偿成本，该法对 ACC 的赔偿对象范围进行了限缩，主要体现在其第三条将"由卫生专业注册人员进行或在其指导下进行的医疗行为"排除在事故范围之外。⑤ 基于该法，错误妊娠赔偿被新西兰法院所拒绝。⑥ 在输卵管结扎失败的案例中，ACC 也一直坚持主张，怀孕与医疗行为之间没有直接联系，而是由性行为或输卵管再通而造成；⑦ 分娩后的并发症并不构成身体伤害，其为自发事件，而非由卫生专业注册人员的医疗行为引起。⑧ 总体来看，这一阶段的错误妊娠情形中的受害人难以得到 ACC 的赔偿。

第三，2001 年《事故赔偿法》及其修正案适用阶段。该法被广泛

---

① Accident Compensation Commission v. Auckland Hospital Board, 2 NZLR 748 (1980).
② XY v. Accident Compensation Corporation, 2 NZFLR 376 (1984).
③ New Zealand. Accident Rehabilitation and Compensation Insurance Act 1992, No 13, 1992.
④ New Zealand. Accident Rehabilitation and Compensation Insurance Amendment Act 1992, No 91, 1992; New Zealand. Accident Rehabilitation and Compensation Insurance Amendment Act (No 2) 1992, No 136, 1992; New Zealand. Accident Rehabilitation and Compensation Insurance Amendment Act 1998, No 102, 1998.
⑤ Rosemary Tobin, "Common Law Actions on the Margin", New Zealand Law Review, Vol. 2008, No. 1 – 4, 2008, p. 48.
⑥ See DK v. Accident Rehabilitation & Compensation Insurance Corporation (1995) NZAR 529; MM v. Accident Rehabilitation & Compensation Insurance Corporation (DC Rotorua, DN91/96, DCA217/95, 12 September 1996); Bell v. Accident Rehabilitation & Compensation Insurance Corporation (DC Wellington, DN98/99, DCA98/96, 22 April 1999).
⑦ Bell v Accident Rehabilitation & Compensation Insurance Corporation (DC Wellington, DN98/99, DCA98/96, 22 April 1999, Judge Middleton).
⑧ Pritchard v Accident Rehabilitation & Compensation Insurance Corporation (DC Wellington, DN 104/96, 3 October 1996, Judge Lovell-Smith).

认为是对 1972 年《事故赔偿法》的回归。① 不过该法实施之初，上诉法院在判决中认为广义的错误出生不属于该法涵盖的赔偿事由。② 但在 2012 年的 *Allenby v. H* 案③中，新西兰高等法院认可了绝育失败导致的意外怀孕属于 2001 年《事故赔偿法》中的医疗错误行为，因而承认怀孕、分娩的人身损害应获得赔偿。在该案判决后的两年之后，ACC 共接受了 18 例因绝育失败而主张的赔偿，总体上，新西兰一直有数量不多但较为稳定的错误妊娠赔偿诉求。④ 除了怀孕、分娩的人身损害获得赔偿，2017 年的 *J v. Accident Compensation Corporation* 案⑤走得更远，原告主张索赔自己因抚养错误妊娠所生子女而无法工作的误工费，上诉法院最终驳回了该请求，原因在于选择不工作是出于其个人选择或父母责任，这与怀孕、分娩的人身损害没有因果关系。

三 违约责任与侵权责任的请求权基础选择

在错误妊娠诉讼中，根据《民法典》第一百八十六条，对于侵害身体权、健康权、生育权等固有利益的损害赔偿请求权基础的选择，存在着违约责任与侵权责任两种路径：

从契约角度看，绝育手术或终止妊娠手术发生于诊疗活动中，因此可以认为妇女与医疗机构之间实际上存在合同关系。此类合同在我国《民法典》中并未有名化，我国学界主流观点称其为"医疗服务合同"⑥，认为其法律关系最为接近"委托合同"⑦；近年来，也有学者在我国民法典编纂的背景下建议将此类合同作为独立、有名的"医疗合同"⑧；我国台湾学者通常认为其"属于委任契约或近于委任的非典型契约"⑨。在比较

---

① Anthea. Williams, "Wrongful Birth and Lost Wages: J V Accident Compensation Corp Case", *New Zealand Women's Law Journal*, Vol. 2, No. 2, 2018, p. 297.
② *Accident Compensation Corporation v. D*, NZCA 576 (2008).
③ *Allenby v. H*, 3 NZLR 425 (2012).
④ Anthea. Williams, "Wrongful Birth and Lost Wages: J V Accident Compensation Corp Case", *New Zealand Women's Law Journal*, Vol. 2, No. 2, 2018, p. 297.
⑤ *J v. Accident Compensation Corporation*, (2017) 3 NZLR 804 [J (CA)].
⑥ 王利明：《合同法分则研究》（下卷），中国人民大学出版社 2013 年版，第 590 页。
⑦ 参见丁春艳《"错误出生案件"之损害赔偿责任研究》，《中外法学》2007 年第 6 期；韩世远：《医疗服务合同的不完全履行及其救济》，《法学研究》2005 年第 6 期。
⑧ 刘炫麟：《民法典编纂与医疗合同典型化》，《法治研究》2019 年第 3 期。
⑨ 吴家庆：《意外怀孕、意外生育、意外生命的"损害"——以比较法的分析及人性尊严观点的评价为中心》，博士学位论文，台湾政治大学，2013 年，第 192 页。

立法上，《荷兰民法典》第七编单独规定了"医疗服务合同"，《德国民法典》第八章第八节第二目规定了"医疗合同"，《欧洲示范民法典草案》第四卷第三编"服务合同"第八章规定了"医疗合同"①。根据我国《民法典》合同编的具体内容，不同的合同定性将对违约责任的归责原则产生影响，本书暂且称其为"医疗服务合同"，但在《民法典》合同编未明确其具体规则的前提下，直接适用严格责任与其合同本质不符。医疗服务合同系患者向医疗机构或医务人员支付报酬以进行诊疗行为的合同，由于医疗行为与治疗结果之间的非人为因素较多，医疗服务合同并非以达到特定治愈效果的合同，因此与承揽合同具有根本差异。即使是绝育手术，虽以达到避孕为目的，但在技术上并非保证达到绝对不生育的结果，意外怀孕的结果可能并非由医务人员过错导致。综观我国立法中的有名合同，医疗服务合同与有偿的委托合同的法律关系最为接近，根据《民法典》第四百六十七条可参照适用后者的相关规定。在其归责原则问题上，根据我国《民法典》第九百二十九条第1款，有偿委托合同的违约损害赔偿责任采一般的过错责任原则，因此医疗服务合同也参照适用该原则。

从侵权视角看，在错误妊娠案例中，医疗机构的诊疗活动侵害患者的人身权益，由此引起的损害赔偿纠纷属于广义医疗损害责任纠纷。在侵权之诉中，错误妊娠属于一般的医疗损害责任，根据我国《民法典》第一千二百一十八条，医疗损害责任的归责原则系过错责任原则。在对过错的认定上，《民法典》明确规定了过错责任原则，仅仅在第一千二百二十二条规定了三种采过错推定原则的特殊情形。2020年修改后的最高人民法院《关于审理医疗损害责任纠纷案件适用法律若干问题的解释》重申并细化了这一原则。因此，一般情形下错误妊娠的医疗损害侵权之诉中采取过错责任的归责原则，与对其采违约之诉的归责原则一致。需要特别说明的是，侵权法主要保护固有利益，且对固有利益的损害赔偿责任是错误妊娠诉讼的重点，但对于先前失败的绝育手术或终止妊娠手术所支出的手术费也是原告的损失。而因医务人员过错导致这一

---

① 参见［德］巴尔、［英］克莱夫《欧洲私法的原则、定义与示范规则：欧洲示范民法典草案》（第4卷），于庆生等译，法律出版社2014年版，第630—707页。

"改善型"① 医疗服务合同履行利益的落空，患者如何主张其手术费的损失，在理论上存有争议。主流意见认为其只能通过违约责任主张损失，② 类似于瑕疵担保责任的承担；而这一损失与患者固有利益的损害可以在同一诉讼中并行主张，构成请求权的聚合，而非竞合。③ 本书认为这样的方案既符合法教义学理念且能够较为完善地填补受害人损失。只是我国的司法实践对加害给付的责任承担问题往往采取更为大胆的做法，以错误妊娠诉讼为例，在当事人仅仅选择侵权之诉时，法院均支持了原告基于绝育手术或终止妊娠手术而支出的医疗费。④ 实务中这一做法实际上违反了法律规则，却更为便捷地实现了损害填补之目的。基于这一理论与实践的脱节，本书虽坚持规范的理论学说，却不能对实践中的做法及其效果全盘否定，而这关乎本书对错误妊娠诉讼中选择违约或侵权之诉的比较结果。不过即使坚持理论上的以违约责任救济先前医疗费损失，其也可以与后续对固有利益的损害赔偿请求权同时出现在一个诉讼中，因此，与仅仅提起违约之诉相比，针对固有利益的救济选择侵权之诉不会造成额外的讼累。

上述违约损害赔偿请求权与侵权损害赔偿请求权相互竞合，在错误妊娠诉讼中，只能择一行使。根据我国现有法律规范，两者在错误妊娠情形中的归责原则相同，但存在着诉讼主体、精神损害赔偿方面的区别：

在诉讼主体问题上，根据合同相对性原则，违约损害赔偿之诉的原告仅能为接受手术后仍意外怀孕的女性本身。虽然法国司法实践中"亦缓和契约相对性，认为在此情形得默示成立第三人利益契约，而肯定他方配偶的请求权"⑤，然这一立场在我国当下法律背景下难以实现。若

---

① 王成：《医疗损害赔偿的规范途径》，《政治与法律》2018年第5期。
② 丁春艳：《"错误出生案件"之损害赔偿责任研究》，《中外法学》2007年第6期。
③ 参见朱晓喆《瑕疵担保、加害给付与请求权竞合——债法总则给付障碍中的固有利益损害赔偿》，《中外法学》2015年第5期；刘芳：《加害给付救济模式之建构——以合同法的适用为视角》，《浙江社会科学》2012年第12期。
④ 参见刘某、郑州大学第三附属医院医疗损害责任纠纷二审民事判决书，河南省郑州市中级人民法院（2017）豫01民终173号；雷某、张某等与惠水县仁爱医院医疗损害责任纠纷一审民事判决书，贵州省惠水县人民法院（2017）黔2731民初1088号。
⑤ 王泽鉴：《财产上损害赔偿（二）——为新生命而负责：人之尊严与损害概念 Wrongful birth 及 Wrongful life》，《月旦法学杂志》2006年总第131卷。

适用侵权责任法，医疗机构的行为不仅侵害患者本身的健康权、生育权，也构成对其丈夫生育权的侵害。换言之，如若选择侵权之诉，则适格的原告包括夫妻双方，其损害赔偿的范围更为完满。从这一角度看，选择侵权之诉能够较为全面地填补受害人的损害。

在精神损害赔偿的问题上，违约之诉与侵权之诉的区别尚存争议，尤其是在《民法典》人格权编第九百九十六条"违约造成人格权损害的精神赔偿"条款设立之后。其关键在于柳经纬教授所提出的，"违约精神损害赔偿不能等同于违约造成精神损害的赔偿"①。在约定俗成的术语使用的背景下，学界集中探讨的、作为争议焦点的"违约精神损害赔偿"一般更为狭义，系指旅游服务合同、婚庆服务合同等服务合同中因人格权以外的精神利益受到损害的赔偿，诸如旅行团"违约造成精神损害的赔偿"项目临时取消、婚庆现场播放哀乐造成的精神上的沮丧、伤心、尴尬等。而"违约造成精神损害的赔偿"范围更大，不仅包括违约行为侵害人格权以外权益造成的精神损害，还包括违约行为侵害人格权造成的精神损害。

本书认为，在违约之诉中请求赔偿侵害人格权造成的精神损害，是《民法典》总则编第一百八十六条的题中之义，这一立场又被《民法典》人格权编第九百九十六条所重申。根据《民法典》第一百八十六条，因当事人一方的违约行为侵害对方人身、财产权益的，受损方可以选择要求对方承担违约责任，而受损方所遭受损害当然包括精神损害，其所要求的赔偿也应包括精神损害赔偿。但根据体系解释，该条中的"侵害人身、财产权益"范围应该有所限缩，至少不应广于侵权责任法保护的对象范围，因此不应包括前述特殊的以精神享受为目的的服务合同中，因特定合同目的落空造成的精神痛苦。对此，《民法典》人格权编第九百九十六条②更为明确地提出在违约之诉中可以请求精神损害赔偿，但必须以侵害受损方人格权，且造成严重精神损害为条件。当然，学界一直以来都有呼吁借鉴比较法经验的声音，认为应支持狭义的违约精神损害赔偿，其法理基础在于对"旨在保护和满足非财产性利益的合同义务"的违反；换言

---

① 柳经纬：《违约精神损害赔偿立法问题探讨——以〈民法典各分编（草案）〉第七百七十九条为对象》，《暨南学报》（哲学社会科学版）2019 年第 7 期。

② 根据该条，因当事人一方的违约行为，损害对方人格权并造成严重精神损害，受损害方选择请求其承担违约责任的，不影响受损害方请求精神损害赔偿。

之，应适当扩大因违约造成的精神损害赔偿责任范围，不将其限制于违约行为侵害人格权的情形，而将"合同本身存在精神利益、违约损害自然人亲属关系的情形"① 等情形造成的精神损害也纳入违约责任救济范畴之中。

实际上，错误妊娠之诉中的精神损害赔偿请求权不涉及狭义的"违约精神损害赔偿"争议，而属于因违约行为侵害人格权的精神损害赔偿问题。申言之，医患之间对节育手术的契约并非直接以精神享受为目的，患者及其丈夫的精神损害并不直接由合同目的落空造成，而是由其对患者及其丈夫固有利益的侵害而造成。因此，根据《民法典》第一百二十二条或第九百九十六条，无论是违约之诉或侵权之诉，因违约行为侵害了患者的健康权、生育权，及其丈夫的生育权等人身权，在违约或侵权之诉中均可主张精神损害赔偿。我国司法机关在与错误妊娠类似的错误出生案件裁判中也有明确采这一观点的案例，认为"被告孝昌第一人民医院的不诚实信用履行合同的行为致使原告丧失了知情权和优生优育选择权，原告因此失去了进行进一步检测和决定是否中止妊娠的机会，并导致缺陷患儿出生，增加了原告的抚养困难，并由此带来精神痛苦，原告因此受到的精神损害，被告孝昌第一人民医院应当予以赔偿。"② 这也印证了本书所认同的，在违约之诉中，也可以基于生育权受到侵害请求精神损害赔偿。

总体来看，在错误妊娠诉讼中主张违约责任或侵权责任的差别主要在于后者的适格原告范围更大。同时由于理论及实务界对错误妊娠诉讼中因违约造成的精神损害赔偿责任存在反对观点，③ 以及我国关于医疗损害责任已有较为成熟的规定，司法实践中当事人大都在错误妊娠诉讼中选择侵权之诉。在笔者于"威科先行"统计的近495例错误出生案例中，④ 医疗服务合同纠纷仅有117例，不到总量的四分之一，而剩下的均系医疗损害责任纠纷。鉴于此，下文主要以侵权责任为例探讨错误妊

---

① 柳经纬：《违约精神损害赔偿立法问题探讨——以〈民法典各分编（草案）〉第七百七十九条为对象》，《暨南学报》（哲学社会科学版）2019年第7期。
② 参见汤某、周某与孝昌县第一人民医院、武汉康圣达医学检验所有限公司医疗服务合同纠纷一审民事判决书，孝昌县人民法院（2016）鄂0921民初830号。
③ 张红：《错误怀孕之侵权损害赔偿》，《私法研究》2011年第2期。
④ 前已述及，由于我国堕胎自由的法律背景，错误妊娠诉讼在我国数量较少，故此处通过与之同理的错误出生诉讼来分析侵权之诉与违约之诉在实践中的分布情况。

娠诉讼中损害赔偿责任的构成及赔偿范围。

四 损害赔偿责任的构成要件认定

医疗损害责任虽为特殊的侵权责任类型，但其本身在归责原则、构成要件上与一般侵权责任无本质差别，仅仅在医疗过失的客观认定标准、法定情形下的举证责任分配等问题上有更为细化的规则。其中，错误妊娠引起的侵权责任属于医疗损害责任中较为特殊的情形，其特殊之处在于：适格原告除患者本身外，还包括其配偶；权益侵害的对象不仅仅是健康权等物质性人格权，还包括生育权这一精神性人格权；损害赔偿的范围可能包括意外出生子女的抚养费等。本部分将按照从客观要件到主观要件的顺序，探讨错误妊娠诉讼中医疗损害责任的具体认定。

（一）违法行为认定

1. 诊疗行为

侵权责任构成中的行为包括作为与不作为。在错误妊娠情形中，医务人员实施了绝育或终止妊娠手术这一作为之事实，这在当事人之间应无争议。而手术失败后，医务人员未能及时察觉，亦未告知患者避孕或终止妊娠失败的后果，系以不作为方式违反《民法典》第一千二百一十九条的告知义务。前述一系列行为的客观存在，是继续探讨错误妊娠诉讼中损害赔偿责任成立的基础。

2. 诊疗行为违法性的判断——权益侵害

在对诊疗行为违法性的判断上，学界有诸多争议。本书赞同杨立新教授的观点，即"医疗损害责任的违法性系对患者享有的权利的不可侵义务的违反，包括对患者的生命权、健康权、身体权、自我决定权以及隐私权、所有权等民事权利的侵害"。[①] 在错误妊娠诉讼中，患者受到侵害的权益包括健康权、生育权：

（1）孕妇的健康权受到侵害

在错误妊娠案例中，理论及实务中所涉及的女性健康权受到侵害的事实可能有二：一是终止妊娠手术失败对女性健康的影响；二是妊娠、分娩本身对女性健康的影响。前者在理论及实务中均无争议，盖因终止妊娠手术失败通常直接造成孕妇机体生理机能的正常运作受到影响，有

---

① 杨立新：《医疗损害责任构成要件的具体判断》，《法律适用》2012年第4期。

害于其身心健康，因此构成对其健康权的侵害。

至于妊娠、分娩这一事件本身是否属于对女性健康权的侵害，目前仍有不同意见。我国台湾地区有些学者认为应将其分为自愿怀孕与非自愿怀孕分别评价，一方面，怀孕客观上会造成身体上一些变化与影响，甚至提高健康风险，但仍是生理上之自然现象，因此仅是怀孕事实无法直接认定是损害；然而，若怀孕系因违法行为所迫使导致之结果，则违反女性个人自由意愿之怀孕在法体系下就可能被认定为损害。[①] 在其他法域，德国学术界倾向于认为妊娠、分娩乃为自然生理进程，而不应被视为损害。[②] 此外，英国判例法主张将妊娠分娩看作身体伤害，但更多的法域，如奥地利、法国、荷兰、南非、新西兰，都认为身体伤害应为病理学事宜，而妊娠分娩乃为生理学过程。[③] 总体来看，比较法上对此没有一致看法。本书倾向于认为，怀孕本身往往引起女性生理机能、身体构造上的变化，使妇女必须承担怀孕带来的各种身体不适，影响其身体功能正常发挥，甚至可能出现妊娠并发症而危及妇女生命，[④] 并使其承担分娩带来的疼痛与不便。即使在自愿怀孕的情形下，前述健康条件变化也客观存在，但由于其系当事人自身选择，系对其身体健康之自主支配，不存在权益侵害。但在非自愿怀孕的情形下，其健康受损由他人引起，当然可被评价为权益受到侵害；只是至于该损害是否为法律上应获得赔偿的损害，有待于通过对损害赔偿责任范围进一步的规范评价而得出结论。因此，我国大陆学者也基本认同，[⑤] 在绝育手术失败造成的意外怀孕、终止妊娠手术失败造成的继续怀孕时，此类非自愿怀孕事件本身成立对孕妇健康权的侵害。

对于孕妇的身体权而言，基于本书第二章第五节对身体权的定义，

---

① 参见侯英泠《"计划外生命"与"计划外生育"之民事赔偿责任之争议》，《成大法学》2002年第4期；吴家庆：《意外怀孕、意外生育、意外生命的"损害"——以比较法的分析及人性尊严观点的评价为中心》，博士学位论文，台湾政治大学，2013年，第248页。

② ［德］马克西米利安·福克斯：《侵权行为法》，齐晓琨译，法律出版社2006年版，第17页。

③ ［德］马格努斯：《侵权法的统一：损害与损害赔偿》，谢鸿飞译，法律出版社2009版，第299页。

④ 吴志正：《论人工流产自主决定权之侵害与损害》，《东吴法律学报》2007年第2期。

⑤ 参见张红《错误怀孕之侵权损害赔偿》，《私法研究》2011年第2期；丁春艳：《"错误出生案件"之损害赔偿责任研究》，《中外法学》2007年第6期。

在错误妊娠诉讼中，孕妇意外怀孕或被迫继续妊娠，但其身体完整不一定受有损害，其行动自由也难谓受到影响，因此未侵害其身体权。但目前我国学理上对身体权外延采扩张理解，学界大多赞同，在错误妊娠情形下孕妇的身体权受到侵害。[①] 本书认为，依严格意义上的身体权概念，及其独立于健康权的地位，错误妊娠案中一般不成立对孕妇身体权的侵害。

（2）孕妇与其配偶的生育权受到侵害

依前文所述，生育权系我国立法上未明确列举的人格权，应属于《民法典》侵权责任编的保护范围。错误妊娠情形下，医疗过失致使妇女"被生育"，侵害了妇女自主决定是否生育的权利，这一观点也基本为学界所认可。至于该医疗行为是否侵害孕妇的丈夫的生育权，本书认为，男性的生育权同样受到保护，而妻子意外怀孕也使丈夫关于家庭计划的意愿受到影响，因此医务人员的过失行为侵害了丈夫的生育权。

此外，我国台湾学者在错误妊娠诉讼中还提出了"家庭计划的权利（Recht auf Familienplanung）"的侵害，该权利源自德国判例，内容"包括伴侣对是否、何时以及多少子女的决定"，学界认为其系"一般人格权的次类型"或"一般人格权放射效力所及"。[②] 王泽鉴教授则明确提出，家庭计划的权利是生育自主权的另一种称谓而已。[③] 本书也认为，从前述学者对"家庭计划的权利"的解释来看，其与生育权价值基础及内容并无二致，前者在我国大陆地区学界认可度较低，因此本书采纳对生育权的侵害之说。

（二）事实上的损害认定

权益侵害不一定造成损害后果，而损害赔偿责任的成立须以损害发生为必要条件，我国《民法典》侵权责任编改变了原《侵权责任法》的表述，在第一千一百六十五条明确将"造成损害"的构成要件吸纳入一般条款。损害分为客观上的损害与法律上的损害，其区分的理由在于，并非所有客观意义上的损害都可获得法律之救济，即"任何人身或

[①] 参见张红：《错误怀孕之侵权损害赔偿》，《私法研究》2011年第2期；吴志正：《论人工流产自主决定权之侵害与损害》，《东吴法律学报》2007年第2期。

[②] 吴家庆：《意外怀孕、意外生育、意外生命的"损害"——以比较法的分析及人性尊严观点的评价为中心》，博士学位论文，台湾政治大学，2013年，第218页。

[③] 王泽鉴：《侵权行为》，北京大学出版社2016年版，第174页。

财产上的不利益，只有在法律上被认为具有补救的可能性和必要性时，才产生民事责任"。[1] 其中"产生民事责任"的损害，即"具有可赔偿性"[2]的损害，《欧洲私法原则、定义和模范规则》则将其命名为"与法律相关的损害（legally relevant damage）"，其主要基于因果关系等方面的考量，旨在阻断距权益侵害过于遥远的损害。本部分将尽可能多地列举出错误妊娠诉讼中原告的客观损害，进而在后文通过因果关系及价值判断筛选出其中可赔偿的、法律上的损害。在错误妊娠诉讼中，不被期待的新生命出生是一种事实，该事实带来的客观上的财产与精神损害包括：

第一，孕妇健康权受到侵害引起的人身损害。在错误妊娠诉讼中，绝育手术或终止妊娠手术失败，以及怀孕本身往往造成对孕妇健康权的侵害，并引发财产损害与精神损害。前者主要包括医疗费、交通费、误工费等所受财产损失、所失财产利益；后者即因物质性人格权受到侵害所遭受的精神痛苦。

第二，夫妻生育权受到侵害引起的精神损害。生育权在性质上属于精神性人格权，当避孕目的落空而意外怀孕生子，该夫妻对于关于生育的自主决定受到侵害，该不生育的决定背后所寄托的对个人事业、身心调养、家庭发展等对未来的规划被打乱，且抚育子女的辛劳与其他时间、精力的消耗随之而来，此即无法以金钱加以计算的严重精神损害。但不可否认的是，婴儿的降生对父母也带来喜悦与希望，而能否基于这样的精神利益，在责任范围的确定上适用损益相抵规则，是后文应衡量的问题。

第三，意外出生子女抚养费的财产损害。理论与实践中往往对其损害认定采"差额说"，若受害人在加害人行为发生之前的财产状况较行为发生后的财产状况存有差额，则有损害。在错误妊娠诉讼中，医务人员手术失败后患者意外生育子女，抚育后代的费用显然是家庭增加的支出。因此，根据"差额说"，子女抚养费对于家庭而言属于客观的财产损害。

（三）因果关系认定

有损害不一定有赔偿，因果关系判断是阻断或限制两者之间联系

---

[1] 王利明：《侵权责任法研究》（上），中国人民大学出版社2010年版，第354页。
[2] 程啸：《侵权责任法》，法律出版社2015年版，第216页。

的手段之一。质言之，在违法行为与损害后果之间，事实上的因果关系链条千丝万缕，客观上损害的范围也漫无边际，该范围必须经过合理限制以达到法律视野中可获得赔偿的程度。在因果关系的理论学说中，大陆法系将其区分为责任成立的因果关系与责任范围的因果关系，相当于英美法系中，事实上的因果关系与法律上的因果关系之区分。① 申言之，即以行为与损害之间是否具备因果关系判断损害赔偿责任是否成立，以具体原因力的大小认定损害赔偿责任的范围。在因果关系是否具备、具体原因力大小的判断方法上，比较法上的学说异彩纷呈，② 本书采我国通说，即"相当因果关系说"；同时辅之以"法规目的说"补充判断。

1. 相当因果关系判断

相当因果关系说是科学的，③ 该理论系根据"案件的具体情况、法律规定、经验、常识"④ 判断"行为对损害发生可能性的提升程度是否具有相当性"⑤。在错误妊娠诉讼中，针对侵害生育权的精神损害及子女抚养费之损害赔偿责任的成立与范围，均可适用这一理论。

在错误妊娠诉讼中，对于诊疗行为与侵害健康权的人身损害之因果关系判断，可参照一般医疗损害责任构成的因果关系认定方式，即由司法鉴定机构通过医疗损害鉴定以确定因果关系是否存在及其原因力的大小。在前述所分析的错误妊娠案例"刘某、郑州大学第三附属医院医疗损害责任纠纷"中，鉴定机构经鉴定认为医疗过错与刘某的损害后果之间存在因果关系，医院过错责任参与度酌定为40%—60%，两审法院均具体酌定医疗机构承担50%的赔偿责任。⑥ 其中，诊疗行为与手术失败的人身损害之间的因果关系是客观的，固然可由司法鉴定得出；而至

---

① 程啸：《侵权责任法》，法律出版社2015年版，第221页。
② 比较法上区分事实上因果关系与法律上因果关系、责任成立上因果关系与责任范围上因果关系，对其分别提出了"but-for规则""重大性因素测试说""合理预见理论""条件说""法规目的说""义务射程说"等诸多理论，我国统一对因果关系采相当因果关系说。参见程啸《侵权责任法》，法律出版社2015年版，第228—238页。
③ 梁慧星：《雇主承包厂房拆除工程违章施工致雇工受伤感染死亡案评释》，《法学研究》1989年第6期。
④ 王利明：《侵权责任法研究》（上），中国人民大学出版社2010年版，第385—386页。
⑤ 叶金强：《相当因果关系理论的展开》，《中国法学》2008年第1期。
⑥ 参见刘某、郑州大学第三附属医院医疗损害责任纠纷二审民事判决书，河南省郑州市中级人民法院（2017）豫01民终173号。

于该行为与患者生育权受侵害的精神损害、子女抚养费的财产损害之间的因果关系，还有赖于根据一般的生活常识与事物的通常进程进行评判。

对于诊疗行为与侵害生育权的精神损害之因果关系，依一般生活常识，如果医务人员告知患者避孕手术后可能存在一定的怀孕率，患者可能会同时采取其他避孕措施；同时，医务人员也应可以想见，若手术失败或不告知患者术后性生活怀孕几率，则可能导致患者不生育的意愿被剥夺，且因生育不被期待的后代而遭受精神痛苦。因此，错误妊娠中的诊疗行为与侵害生育权的精神损害之间存在相当因果关系。

对于医疗行为与子女抚养费支出的因果关系，比较法上争议颇多。我国有学者明确肯定其因果关系，认为"错误怀孕侵犯的是父母之生育权，此种侵害结果表现为多抚养一个孩子所为之必要支出，此种必要支出因被告的过错而必然产生"。① 本书的立场与其基本一致，根据一般生活经验，绝育手术或终止妊娠手术本身清晰地指向在正常性生活的情况下不发生生育的后果，而手术失败必然导致避孕目的不达，在正常的夫妻之间，避孕失败极易怀孕生子，抚养该新生儿则需要家庭支出费用，因此可以认为手术失败与新生儿抚养费具备因果关系。但也有学者提出，"怀孕父母对于自己生下之子女，不管他的决定如何，对于自己的子女都有抚养义务，妇女对于计划外生命之抚养负担，是每个人怀孕生子之必然结果。"② 这一立场的关注点从具体案件事实转向法定义务，实际上规避了对因果关系的探讨。而实际上，绝育或终止妊娠手术与子女抚养费确实存在相当因果关系，不过，这并不意味着该抚养费应由医疗机构承担，后文在探讨责任范围时将予以详述。总体来看，在错误妊娠情形下，医疗行为与前文所列举的三项损害均具备相当因果关系。

2. 法规目的判断

源自德国理论界的"法规目的说"主张在因果关系认定上考量相关侵权法条文的目的。③ 质言之，在损害赔偿责任的界定中，必须充分考量规范文本的涵摄范围，考量具体的损害是否属于法律所要防止发生的

---

① 张红：《错误怀孕之侵权损害赔偿》，《私法研究》2011年第2期。
② 侯英泠：《"计划外生命"与"计划外生育"之民事赔偿责任之争议》，《成大法学》2002年第4期。
③ 曾世雄：《损害赔偿法原理》，中国政法大学出版社2001年版，第113页。

损害。但关于这一考量是不是要在认定因果关系的逻辑阶段进行，学界有不同观点，其也构成了对因果关系的"法规目的说"之反对。不过，所有的反对理由其实都不是指向法规目的考量本身，而是认为其不属于因果关系认定中的问题。有学者认为对法规目的的考察属于"对责任法中的保护性规范进行的结果上合乎逻辑的法解释而已"[1]，有学者则认为它属于对违法性要件的判断。[2] 本书认为，在错误妊娠诉讼中，其过错的判断较为简单，而诊疗过失行为与子女抚养费等损害之间的因果关系在实践中争议较大，确有必要通过法规目的的衡量其因果关系，以构成对相当因果关系的辅助和补充。

对于侵害健康权的人身损害，在错误妊娠诉讼中，绝育或终止妊娠手术失败，尤其是终止妊娠手术失败，以及怀孕本身往往造成对孕妇健康权的侵害。根据《民法典》第一千一百八十二条、第一千一百八十三条，及最高人民法院《关于审理人身损害赔偿案件适用法律若干问题的解释》，侵害他人造成的人身损害及严重精神损害，具有可赔偿性。在我国错误妊娠的司法实践中，法院一般都支持了前述损害赔偿请求权，且明确提出"分娩费"及"因分娩而引起的收入减少"也属于原告的财产损失，[3] 相当于肯定了因怀孕本身造成的损害为可赔偿的损害。因此，孕妇因前述手术失败及怀孕本身健康权受到侵害而遭受的财产损害与精神损害为法律上可获得赔偿的损害。

对于侵害生育权的精神损害，依前文，非自愿怀孕对孕妇及其配偶的生育权构成侵害，以致于其家庭计划、个人生涯规划陡然受到影响，其经济压力、心理压力增加，此即对该妇女及其配偶的严重精神损害。根据《民法典》第一千一百八十三条，绝育或终止妊娠手术失败造成的精神损害在法律认为可救济的范围之内。

关于侵害生育权的子女抚养费之财产损害，依《民法典》第一千一百八十二条，侵害他人人身权益造成财产损害，该财产损害可获赔偿，其肯定了人身权益的财产价值。对于生育权而言，其属人身权益，但其

---

[1] A. Spickhoff, Gesetzesverstoss und Haftung, 1988, S. 260. 转引自程啸《侵权责任法》，法律出版社 2015 年版，第 237 页。

[2] 叶金强：《相当因果关系理论的展开》，《中国法学》2008 年第 1 期。

[3] 参见雷某、张某等与惠水县仁爱医院医疗损害责任纠纷一审民事判决书，贵州省惠水县人民法院（2017）黔 2731 民初 1088 号。

受侵害确实会带来子女抚养费支出这一财产损失。但有观点认为，该条的"人身权益"所涵摄的对象原则上仅仅包括姓名权、肖像权等具有财产价值的人身权益，且以侵犯可商业化利用的人格标识为典型；而对于其他诸如"性自主权、人身自由、人格尊严以及身份权"等精神性人格权益，因其无法投入商业化利用，仅能通过精神损害赔偿制度予以救济。① 本书认为，这样对法条的限缩解释不无道理，但与文中所列举的不具有商业化利用价值的人格权不同，生育权虽也无法商业化利用，但非自愿生育清晰地包括了子女抚养费这一财产上的不利益。换言之，积极或消极的财产利益并不仅仅来自于商业化利用及其损失，还可能来自于某项人格权自身包含的特殊财产特质。根据对《民法典》第一千一百八十二条的文义解释及目的解释，只要因人身权益受到侵害而遭受财产损害，被侵权人即可因此受到赔偿，而毋论该损害是否为商业化利用方面的损害。因此，在错误妊娠诉讼中，生育权受到侵害将直接、必然地遭受子女抚养费损害，子女抚养费的财产损害应属《民法典》第一千一百八十二条的法规目的之内，从因果关系的视角看具有可赔偿性。

（四）过错认定

医疗损害责任中对行为人过错的认定采客观标准，即违反《民法典》第一千二百一十九条、第一千二百二十一条中的告知说明义务与诊疗义务，错误妊娠诉讼中也应采取这一标准进行判断。值得留意的是，一般的医疗损害侵权规则主要适用于健康权等物质性人格的情形，因此仅仅需要过失要件即可；在探讨错误妊娠诉讼中侵害生育权的损害赔偿责任构成要件时，之所以也能够适用过失要件，盖因生育权与健康权可被视为同一位阶之权益，因此对过错认定采过失立场方可对其进行较为妥当的保护。如果仅将其视为人格利益，在过错认定上则可能因权利利益区分保护理论而对采取更为苛刻的标准，难以妥善救济生育权，而这也体现出将生育权有名化的必要性。

经上文对错误妊娠诉讼中损害赔偿责任各构成要件的逐一检验，医疗机构应承担侵害患者健康权、生育权，以及患者配偶生育权的损害赔

---

① 参见岳业鹏《论人格权财产利益的法律保护——以〈侵权责任法〉第 20 条为中心》，《法学家》2018 年第 3 期。

偿责任，其中，具备因果关系的损害包括患者人身损害、患者夫妇生育权受侵害的精神损害、子女抚养费损害。但前述损害因具有浓厚伦理色彩，子女抚养费是否均为最终可赔偿的损害，以及相关减责事由能否适用，在理论及实务中有不同意见，后文再予探讨。

五 子女抚养费的可赔偿性判断

前已述及，尽管损害赔偿责任的构成要件对责任范围本身已形成限制，但在错误妊娠等特殊案例中，患者夫妇的子女抚养费损害是否为最终可赔偿的损害，理论上争议较大。质言之，错误妊娠诉讼中，"法技术"层面被认可的损害赔偿，在"法政策"视角面临着考问。尽管有法院提出应从纯粹分析法学的角度出发去进行裁判，而尽量避免掺杂主观的法政策因素，原因在于后者是"一匹非常不守规矩的马，一旦骑上它，你永远不知道它会把你带到哪里去"。[①] 然而对于错误妊娠等诉讼，价值判断难以避免，在比较法上有通过生命伦理、父母法定抚养义务、防卫性医疗等因素对损害赔偿范围进行限制的观点，其合理性涉及对完全赔偿原则的适用及其缓和的探讨。

子女抚养费支出来自于新生命降生，而新生命降生被评价为损害来源难免有违背伦理之嫌，这是导致这两类损害的可赔偿性面临争议的主要原因。实际上，不单单是错误妊娠中面临此种对生命价值的评价困境，在前文对夫妻间生育权侵权致使非基于共同意愿出生之子女造成父母一方抚养费支出的赔偿问题上，以及后文将要探讨的错误出生诉讼中的损害赔偿判断问题上，均面临这一难题。我国司法裁判中有法院明确否定了对子女抚养费的赔偿，原因在于"原告作为孩子的父母已成既定事实；父母对子女负有法定的抚养义务"。[②] 从其判决理由的内容来看，法院主要考量的是伦理价值与其他法政策因素，而非基于子女抚养费损害赔偿在侵权责任构成要件的阙如，这一定程度上是对侵权法上完全赔偿原则的突破，至于该突破的正当性，下文将予以详细探究。

---

① *Richardson v. Mellish*, 2 Bing 229 (1824).
② 参见雷某、张某等与惠水县仁爱医院医疗损害责任纠纷一审民事判决书，贵州省惠水县人民法院（2017）黔 2731 民初 1088 号。

(一) 完全赔偿原则及其缓和

完全赔偿原则是指符合损害赔偿责任构成要件的损害应全部得到赔偿，对赔偿范围的判断不考虑各构成要件的具体程度及当事人的其他情况。该原则旨在完全实现侵权责任法的损害填补功能。然而，侵权责任作为事后法律救济制度，基于社会生活的复杂性，对损害赔偿范围的确定实际上无法精确还原至损害发生以前，其中不可避免地掺杂法律价值的考量。正因如此，我国对完全赔偿原则的存废有诸多探讨与争议，有学者甚至明确提出"纯粹的完全赔偿原则只存在于人们的想象中"[1]。学界对完全赔偿原则的反思主要是基于对"蛋壳脑袋"案、"生存机会丧失案"以及"天价葡萄案"等[2]典型案例的探讨，试图将行为人过错程度、道德正当性、行为人生计、公平理念等"法外"因素作为对损害赔偿范围的酌减因素。本书将在厘清完全赔偿原则及其限制条件的正当性之基础上，着重探讨错误妊娠诉讼中生命伦理等因素对损害赔偿范围的影响。

目前，学界赞同与反对完全赔偿原则的两派观点虽在逻辑形式上存在分歧，但在对损害范围的实质评断上已越来越走向共识。即使是支持完全赔偿原则的学者也承认，该原则存在诸多限制，但该限制的存在不能动摇该原则"基本价值起点"[3]的地位。实际上，学界对其持不同观点的本质原因在于对其定位的差异上，支持完全赔偿原则的学者将其作为"原则"，即使存在例外也不构成对原则本身的否定；批判完全赔偿原则的学者将其作为"规则"，一旦存在越来越多的例外情形，则提出改弦更张之建议，即适用奥地利学者提出的"动态系统论"[4]或"比例责任"[5]。鉴于此，本书将抛开其表象争议，重点考察在损害赔偿责任成立之后，影响责任范围确定的主要因素及其正当性。

为平衡行为人自由与受害人救济之间的关系，我国立法明确规定的

---

[1] 郑晓剑：《侵权损害完全赔偿原则之检讨》，《法学》2017年第12期。
[2] 徐银波：《论侵权损害完全赔偿原则之缓和》，《法商研究》2013年第3期。
[3] 徐建刚：《论损害赔偿中完全赔偿原则的实质及其必要性》，《华东政法大学学报》2019年第4期。
[4] [日]山本敬三：《民法中的动态系统论》，解亘译，载梁慧星主编《民商法论丛》(第23卷)，金桥文化出版有限公司2002年版，第172—266页。
[5] 郑晓剑：《侵权损害完全赔偿原则之检讨》，《法学》2017年第12期。

突破完全赔偿原则之情形主要有最高赔偿限额规则、惩罚性赔偿规则等。而在我国理论探讨上，对完全赔偿原则构成限制的因素较多，学者们的主张主要有二：一是通过考量各构成要件的具体情况及其他影响结果公平的因素对损害赔偿责任范围进行酌减；二是前述各因素形成相互影响的动态系统，具体酌减方案应在个案中加以衡量。① 其中的考量因素，首先是行为人过错程度。反对完全赔偿原则的学者几乎都会提出这一例外，认为基于公平理念，"损害结果与侵权人过失程度严重失衡时，应可酌减责任"②；对此，维护完全赔偿原则的学者的理由其实不那么彻底，即主张用因果关系阻断行为与过巨赔偿之间的"相当性"，③ 这实际上过分扩张了因果关系判断的作用，使因果关系判断沦为价值判断的领地。从这一角度看，本书更赞同前一观点。同理，除行为人过错程度外，本书也认同根据"道德正当性"④，"被侵害标的特殊性""对损失的可预见性"⑤ 等因素对损害赔偿范围予以酌减，以实现侵权责任法的预防与补偿功能；不过，对于当事人经济状况的考量，本书认为有待商榷，如果因行为人经济状况不佳或受害人经济状况良好而从法律角度减轻损害赔偿责任，则有惩罚富人之嫌，对社会公平正义反而产生负面影响。因此，基于实质公平与社会正义考量，完全赔偿原则有缓和之必要，据以缓和的因素主要包括行为人过错程度、被侵害标的特殊性、对损害的可预见性等。

（二）子女抚养费可赔偿性的反思

在错误妊娠诉讼中，意外出生子女抚养费的可赔偿性涉及完全赔偿原则的适用。申言之，由医疗机构赔偿子女抚养费有违反生命伦理之嫌，且涉及对父母法定抚养义务的冲突，同时，该赔偿范围或与医疗机构的过失程度不相称，可能造成过度的防御性医疗。鉴于此，理论及实践中普遍认为，错误妊娠诉讼中子女抚养费的可赔偿性有待商榷。

---

① 叶金强：《论侵权损害赔偿范围的确定》，《中外法学》2012 年第 1 期。
② 徐银波：《论侵权损害完全赔偿原则之缓和》，《法商研究》2013 年第 3 期。
③ 徐建刚：《论损害赔偿中完全赔偿原则的实质及其必要性》，《华东政法大学学报》2019 年第 4 期。
④ 孙鹏：《"蛋壳脑袋"规则之反思与重构》，《中国法学》2017 年第 1 期。
⑤ 徐银波：《论侵权损害完全赔偿原则之缓和》，《法商研究》2013 年第 3 期。

对于错误妊娠中计划外出生之子女抚养费的可赔偿性，生命伦理与人性尊严层面的考量是研究的重点。奥地利最高法院曾提出，亲子关系包含精神与情感各方面，在一般理解下不能视其为损害；不过家庭关系的形成，若系弱势一方被强迫、因他人过失行为所致者，一旦对父母造成无法预期的经济负担，或超越一般自然生产的精神压力，可认为是一种损害，从而产生财产上不利益，应肯定其可获得赔偿。[1] 我国理论及实务界主流观点不赞同将该抚养费列为赔偿范围，其理由主要在于，"婴儿出生""生命诞生"或"生命存在"本身，是一种价值实现，并非是一种损害。如果承认生命本身即是一种损害，不但是对子女生命价值的歧视，有害于生命的神圣性及伦理性，而且由于母亲在试图抛弃此一生命而失败后，欲将此项"损害"转嫁他人负担，将造成子女的羞耻感，侵害其人格尊严。[2] 与之相对，学说上认同其可赔偿性的理由在于，胎儿的人格尊严与认定其抚养费属于损害不能混为一谈，赔偿其抚养费不但无害子女的价值与尊严，同时有助于父母尽其对子女的照顾义务。[3] 换言之，该费用纯系家庭财产之减少，与错误怀孕之侵权损害赔偿子女之人格尊严无关。[4] 两种立场的共同点在于对生命尊严的肯定与尊重，不同之处在于如何看待生命尊严与抚养费赔偿的关系。依笔者拙见，割裂"子女出生事实"与"子女抚养费支出"二者关系的观点有待商榷，该抚养费由子女出生而来，肯定抚养费为损害，相当于认定子女出生对家庭而言系负面事件，对子女尊严之贬抑不言而喻。此外，即使"金钱赔偿非但不足以减损人格价值，反而可以提高其被尊重性"，[5] 但这也是对于被害人本身的损害和赔偿而言，其尊重的是受害人自身的人格价值；而对于错误妊娠中计划外出生的子女，其并非生育权侵权的受害人，但对父母的金钱赔偿却建立在认定其降生带来损害的价值评价

---

[1] 吴家庆：《意外怀孕、意外生育、意外生命的"损害"——以比较法的分析及人性尊严观点的评价为中心》，博士学位论文，台湾政治大学，2013年，第291页。
[2] 陈忠五：《产前遗传诊断失误的损害赔偿责任——从"新光医院唐氏症事件"论我国民事责任法的新课题》，《台大法学论丛》2005年第6期。
[3] 吴家庆：《意外怀孕、意外生育、意外生命的"损害"——以比较法的分析及人性尊严观点的评价为中心》，博士学位论文，台湾政治大学，2013年，第282页。
[4] 张红：《错误怀孕之侵权损害赔偿》，《私法研究》2011年第2期。
[5] 王泽鉴：《人格权之保护与非财产损害赔偿》，载《民法学说与判例研究》（第1册），中国政法大学出版社1998年版，第54页。

上，有损子女尊严。因此，从尊重子女生命价值的角度看，错误妊娠诉讼中子女抚养费不应具备可赔偿性。

另一种质疑错误妊娠中子女抚养费可赔偿性的理由为，父母对子女负有法定的抚养义务。[①] 质言之，将子女抚养费作为父母的损失来由他人予以赔偿，系不当转嫁法律义务。但相反的观点认为，"法定抚养义务"不同于"法定抚养费用"，前者与亲子身份密不可分，不得单独抽离由他人负担；而后者为履行法定抚养义务所必须支出的费用，仅仅涉及纯粹经济上的利害关系，并无人身专属性，可与亲子身份关系分离而由他人负担。[②] 诚然，抚养义务不仅仅是支出抚养费，抚养费来源不具有绝对的身份关系属性，如同人身损害案件中被害人因伤致残而获赔的被扶养人生活费。但在错误妊娠诉讼中，作为受害人的婴儿父母并未因医疗过失行为而丧失劳动能力，其对子女的抚养义务不应有所克减，其中的抚养费也应由其自己负担。

此外，在错误妊娠诉讼中，手术失误的过失程度与子女抚养费之间的相当性也常常面临考问。在医疗损害责任中，对医疗机构或医务人员课以过重的实体性或程序性的责任有导致防御性医疗之虞。王泽鉴教授在探讨错误妊娠诉讼时曾指出，"基于医疗行为具有极端复杂性、危险性与不确定性，为避免医疗机构或医务人员负担过重的赔偿责任，进而影响医疗业务自由裁量的空间，应否定生活费用损害赔偿的请求。"[③] 但也有学者明确提出，"与怀孕生产相关的医疗职业属于高风险职业，法律本就为这一行业的从业人员设置了较高的注意义务"，[④]"由医方支付此项损害赔偿，与其过错相适应，并未侵害其职业自由。"[⑤] 由此看出，即使用同一思考路径，不同学者也可能得出不同结论，这也源自该问题本身就具有较大主观性。本书倾向于认为，医疗行为中由过失造成患者重大人身损害的情形比比皆是，其中较轻的过失程度并不能作为减

[①] 参见雷某、张某等与惠水县仁爱医院医疗损害责任纠纷一审民事判决书，贵州省惠水县人民法院（2017）黔2731民初1088号。

[②] 陈忠五：《产前遗传诊断失误的损害赔偿责任——从"新光医院唐氏症事件"论我国民事责任法的新课题》，《台大法学论丛》2005年第6期。

[③] 王泽鉴：《侵权行为法》，北京大学出版社2009年版，第103页。

[④] 王洪平、苏海健：《"错误出生"侵权责任之构成——一个比较法的视角》，《烟台大学学报》（哲学社会科学版）2008年第3期。

[⑤] 张红：《错误怀孕之侵权损害赔偿》，《私法研究》2011年第2期。

责或免责事由,因宽容医务人员而苛待受害者不是侵权责任法应该采取的立场;较为折中的办法可能是通过鼓励医疗机构参加医疗责任保险,以分散医疗行为中的固有风险,这也为我国 2018 年实施的《医疗纠纷预防和处理条例》所倡导。在侵权责任法内部,本书认为错误妊娠诉讼中医务人员的过错程度较轻不能作为免于新生命抚养费赔偿的理由。

总体来看,错误妊娠诉讼中的子女抚养费赔偿存在伦理、法律、社会等各方争议,对该问题解决有赖于对侵权责任法中完全赔偿原则的适当缓和,这也是比较法上的趋势。在错误妊娠中,即使认为子女抚养费赔偿与医疗行为过错程度之间具有妥当的比例性,但因该费用赔偿与子女生命尊严、父母法定抚养义务、亲子人伦秩序存在冲突,所以子女抚养费不具有法律上可赔偿性,应被排除在损害赔偿范围之外。

六 减责事由的适用

(一)与有过失

根据我国《民法典》第一千一百七十三条,在损害赔偿责任的确定上适用与有过失规则。有学者称其为基于法政策目的对完全损害赔偿原则的合理突破,[1] 也有学者将其视为完全赔偿原则的题中之义。[2] 无论如何看待与有过失和完全赔偿原则的关系,该规则系我国立法所明确认可,具备在错误妊娠的医疗损害诉讼中适用的基本前提。

当绝育手术或终止妊娠手术失败后,在我国堕胎自由的法律和观念背景下,实际上仍有通过终止妊娠手术避免非自愿生育的机会,除非其因体质等客观原因无法实施人工堕胎手术。但如果患者在因医疗过失而非自愿怀孕后,即使客观条件允许其堕胎,而其出于避免健康损害等原因未接受堕胎手术,能否将这一选择视为患者的过错,从而减轻行为人责任?本书对此持否定观点,其基本理由在于,将"不堕胎"视为过错有鼓励堕胎之嫌,有违生命伦理;同时,堕胎对孕妇健康造成的损害甚巨,即使其客观上能够承受堕胎手术的伤害,主观上也有不生育的意愿,但选择不堕胎可以被认为是对其身体健康的正当保护,不应将其视

---

[1] 周友军:《我国侵权法上完全赔偿原则的证立与实现》,《环球法律评论》2015 年第 2 期。

[2] 徐建刚:《论损害赔偿中完全赔偿原则的实质及其必要性》,《华东政法大学学报》2019 年第 4 期。

为过错。因此，在错误妊娠诉讼中，妇女在发现其意外怀孕而选择继续妊娠，并非与有过失规则适用的情形。

（二）损益相抵

损益相抵规则在我国立法中未被明确规定，但司法实践中认可这一规则，其法理基础在于禁止得利，即受害人所获得的赔偿以其所受实际损失为限。在错误妊娠诉讼中，损益相抵规则的适用需要厘清的问题主要是，精神损害能否适用损益相抵规则，即精神受益是否具有可扣减性。

对于侵权行为引起的精神利益增加，有学者明确提出，如果适用损益相抵规则而将其扣除，则"与人的社会心理相违背，不符合法律的价值判断"，同时该精神层面的得利"难以确定和计量，且其与该赔偿原因事实的因果关系具有极大的偶然性"，[①] 由此认为损益相抵规则中的"益"仅仅包括财产利益，不包括精神利益。不过，域外判例中出现了不同的观点，美国有法院认为，即使承认妇女因子女的意外出生遭受一定损害，但新生命带来的精神利益却远超其损害，因此原告的损害赔偿请求权不应获得支持。[②] 无独有偶，我国的司法机关往往也认为"一个健康的新生命的诞生带来的更多的是精神上的愉悦"，若支持原告的精神损害赔偿则将"严重违反道德伦理底线，违反公序良俗的法律准则"[③]，这实际上认可了精神利益领域对损益相抵规则的适用。同时，也有学者明确提出，"孩子的出世与成长给父母带来的快乐应当与父母为养育其所花费的精神消耗相抵消，而不宜与不同质的经济损失相抵消"；[④] 类似的观点还有"父母为子女劳神之痛往往通过子女给其带来的快乐所冲抵，因损益同质而抵消。"[⑤] 换言之，损益相抵的规则可适用于精神利益，但只能用于扣减同质的精神损害，而不能扣减异质的财产损害。

[①] 程啸：《损益相抵适用的类型化研究》，《环球法律评论》2017年第5期。

[②] G. B. Robertson, "Civil Liability Arising from Wrongful Birth Following an Unsuccessful Sterilization Operation", *American Journal of Law & Medicine*, Vol. 4, No. 2, 1978, p. 135.

[③] 参见雷某、张某等与惠水县仁爱医院医疗损害责任纠纷一审民事判决书，贵州省惠水县人民法院（2017）黔2731民初1088号。

[④] 丁春艳：《"错误出生案件"之损害赔偿责任研究》，《中外法学》2007年第6期。

[⑤] 张红：《错误怀孕之侵权损害赔偿》，《私法研究》2011年第2期。

错误妊娠诉讼中针对新生命为家庭带来的精神利益，应适用损益相抵规则，对侵害生育权造成的精神损害予以扣减。这主要是因为，错误妊娠中新生命降生的精神利益极具特殊性：一般侵权案件中，侵权行为能否带来积极的精神利益极具偶然性，以及较大的主观性，即使是缔结婚姻关系在精神层面的利害得失也难有定论，因此侵害婚姻自主权而迫使受害人结婚情形中一般不考虑其精神利益之增加，然而，健康子女降生带来的喜悦却出于人之自然本性的、几乎是客观确定的精神利益，这一共识不难形成。鉴于此，这一精神利益与医疗过失行为之间具有必然的因果关系，不得不纳入扣减生育自主受损之精神损害的考量因素。诚然，新生命降生可能打乱父母职业规划，甚至造成本意欲离婚之夫妻难以抉择，此外在其成长过程中也为父母带来一时的焦虑或痛苦；但无法否认，与子女之情感联结对父母自身而言是宝贵的精神体验，更是对自我生命的延续，加之传统宗族观念对我国当下社会之影响犹在，故其情形更是如此。

第三节　医疗机构在错误出生诉讼中的侵权责任

"Wrongful Birth"，即狭义的错误出生诉讼，是指因产前诊断失误导致残障婴儿出生，其父母请求损害赔偿的诉讼类型。[①] 出于为父母与子女生活质量的考虑，生育健康子女对于家庭的重要性不言而喻，医疗技术的发展也使得父母能够一定程度上进行产前选择，以便确保生出健康婴儿。即使在禁止堕胎的国家和地区，胎儿有严重身体缺陷往往也能成为堕胎的正当理由。2019 年 5 月美国阿拉巴马州通过的 HB314《人类生命保护法令》被认为是"最严苛的反堕胎法令"，根据该法令，即使被性侵导致怀孕情形下的堕胎也被禁止，仅仅在经诊断胎儿对母亲身体有严重健康威胁或胎儿本身有致命不足（Lethal Anomaly）[②] 才允许堕胎，否则将面临刑事处罚。由于比较法上对残障胎儿堕胎的开放态度，错误出生诉讼在世界范围内私法上才形成较为典型的诉讼类型。

[①] 在比较法理论中，广义的错误出生诉讼一般包括错误妊娠诉讼、狭义的错误出生诉讼、错误生命诉讼。

[②] 根据该法令第 3 条，"Lethal Anomaly"是指胎儿在出生后不久便会死亡或胎死腹中。

"Wrongful Life",即错误生命诉讼,是指因产前诊断失败而出生的残障孩子请求损害赔偿的诉讼类型。错误生命诉讼与狭义的错误出生诉讼案件事实相同,均系产前诊断失误导致残障婴儿出生,且常常用以描述同一诉讼中不同原告的诉讼请求;其区别主要在于诉讼主体不同,前者的原告系新出生孩子的父母,后者的原告系新出生的孩子。因此严格地说,错误生命诉讼不涉及对原告生育权的侵害,仅仅是与生育有关的诉讼,但因其常常与生育权侵权之诉一并提起,故本书在此也加以探讨。

广义的错误出生诉讼,包括错误妊娠、狭义的错误出生(下文直接称之为"错误出生")、错误生命诉讼在法律关系上具有诸多共性问题。其中,较为前置性的共性结论在于对侵权之诉与违约之诉的选择问题,因侵权之诉在诉讼主体、精神损害赔偿上的优势,错误出生、错误生命与前文所述的错误妊娠诉讼类似,司法实践中原告大多选择侵权责任作为请求权基础。由于前一节对错误妊娠诉讼的探讨中对此已经做过阐述,本节不再重复,下文将首先梳理错误出生、错误生命诉讼在国内外理论与实务中的争议,在此基础上厘清其损害赔偿责任的构成要件及免责事由,并重点探讨子女一般抚养费与特殊抚养费的可赔偿性,以及错误出生之子女能够作为适格原告等问题。

一 我国的实践概况与理论争议

近年来,优生优育观念及医疗技术的发展,使得产前诊断越来越普及。与之相应,产前诊断失误引发的残障孩子出生的案例屡见报端。本书在威科先行数据库以"错误出生 OR 错误生命 OR 不当出生 OR 不当生命 OR 优生优育选择权 OR 生育选择权"为运算符[①]搜集到的近500份相关裁判文书中,其中3份由最高人民法院做出裁判,17份由各高级人民法院做出裁判,本书主要深入剖析这20份裁判文书。[②] 其中,各个案件中法院认定的事实千差万别,但在法律关系认定的关键问题上,有着共同的法律关系与争议焦点:

在权益侵害上,各裁判文书表述有所不同,但主要围绕生育自主与优

---

① 即采取高级搜索的方法,以"OR"连接各关键词,表示搜索包含其中任一或多个关键词的裁判文书,以便尽可能全面地搜索相关案例,且在案例数量统计上又不像单独搜索各关键词再简单相加那样重复计算。

② 同时,本书将对其他中级人民法院与初级人民法院的相关裁判文书做抽样分析。

生优育相关权益展开。在最高人民法院裁判的3个案件中，其判决理由部分关于残障子女之父母权益侵害中分别使用了"健康生育选择权"[①]"生育知情权和优生优育选择权"[②]与"生育选择权"[③]的表述。这反映出我国司法机关对生育权的实质认可，但由于立法及司法解释未能明确规定，因此在术语使用上不尽统一。

在诉讼主体上，原告一般为新生儿之父母。司法实践中也有新生儿作为原告提起诉讼的情形，对此司法机关大都明确指出，优生优育选择权由父母享有与行使，承担抚育义务和承受精神损害的也是婴儿之父母，错误出生的子女不具有诉讼主体资格。[④]但也有司法机关认为"本案损害应当为陈某、张某的精神损害，陈某、张某主张的生活护理费实质是因新生儿存在生理缺陷导致新生儿生活成本的增加，主张相应权利的主体应为该新生儿，不属于本案的侵权损害范围，不宜在本案中予以处理"。[⑤]后者相当于支持错误生命之诉，但明确持该观点的高级法院裁判文书仅有此一例，大部分裁判文书未涉及这一问题或明确反对新生儿作为原告。

对于错误出生诉讼中的损害赔偿范围，我国司法实践争议较大。残障新生儿之父母的精神损害赔偿请求权一般可获得支持；由于实务中鲜有残障新生儿之父母针对该子女衣食住行的一般抚养费请求损害赔偿，故司法机关对此也几乎未提出意见。争议最大的是对该残障子女的医疗费、残疾辅助器具费、护理费等因其身体残障而额外支出的特殊抚养费之可赔偿性。在前述由最高人民法院或各省高级人民法院做出的20份裁判文书中，有11例支持了残障婴儿之父母对所支出的全部或部分特殊抚养费的损害赔偿请求权，剩下的9份裁判文书并未支持该费用的赔

[①] 参见崔某、陈某与泰安市中心医院医疗损害赔偿纠纷申请再审民事裁定书，最高人民法院（2012）民再申字第219号。

[②] 参见山西医科大学第一医院、张某医疗损害责任纠纷再审审查与审判监督民事裁定书，最高人民法院（2018）最高法民申4593号。

[③] 参见李某与长沙市妇幼保健院、潘某医疗损害赔偿纠纷再审案民事判决书，最高人民法院（2016）最高法民再263号。

[④] 参见李某一、沧州玛丽亚妇产医院医疗损害责任纠纷再审审查与审判监督民事裁定书，河北省高级人民法院（2018）冀民申584号；卓某、刘某医疗损害责任纠纷再审民事判决书，江西省高级人民法院（2018）赣民再74号。

[⑤] 参见张某、陈某与重庆市綦江区妇幼保健院等医疗损害责任纠纷申请再审民事裁定书，重庆市高级人民法院（2018）渝民申1493号。

偿请求权。可见在残障子女特殊抚养费的赔偿上，我国司法机关意见分歧很大，这也是本书探讨的重点。

此外，我国台湾地区曾出现错误出生的经典案例，即王泽鉴教授所称的"唐氏症儿案"[①]或陈忠五教授所称的"新光医院唐氏症事件"[②]，两者系同一案例，在学界引起过多次讨论。该案经过多次审理，[③] 历时近十年之久才由我国台湾地区"最高法院"做出最终判决。其中历审判决不详细阐述，该案最终结论为，判决残障婴儿之母朱某获赔医疗费用、人力照顾费、特殊教育费共计约 725 万元新台币；其配偶张某不得基于医疗机构侵权行为或债务不履行请求损害赔偿责任。该案具体裁判理由具有较大研究价值，学界对其研究的焦点也在于损害赔偿的范围问题上。

二 比较法上的损害赔偿责任考察

（一）美国

1. 错误出生

在美国，绝大多数州均支持错误出生诉讼，其中包括阿拉巴马州、阿拉斯加州、加利福尼亚州、科罗拉多州、康涅狄格州、特拉华州、佛罗里达州、伊利诺伊州、印第安纳州、爱荷华州、路易斯安那州、马里兰州、马萨诸塞州、内华达州、新罕布什尔州、新泽西州、纽约州、罗德岛州、田纳西州、得克萨斯州、弗吉尼亚州、华盛顿州、西弗吉尼亚州、怀俄明州等。[④] 2006 年，新罕布什尔州最高法院归纳了错误出生诉讼的裁判原则，提出错误出生索赔不同于任何其他医疗事故诉讼，因为它涉及终止妊娠或生下残障子女的极其独特、重要的个人选择，因此法院应考量原告在面对产前诊断信息时的心理和身体反应，同时考虑孕妇

[①] 王泽鉴：《侵权行为》，北京大学出版社 2016 年版，第 173 页。

[②] 陈忠五：《产前遗传诊断失误的损害赔偿责任——从"新光医院唐氏症事件"论我国民事责任法的新课题》，《台大法学论丛》2005 年第 6 期。

[③] 参见我国台湾地区士林地方法院 1995 年重诉字第 147 号判决；高等法院 1996 年重上字第 464 号判决；"最高法院"2001 年台上字第 468 号判决；高等法院 2001 年重上更（一）字第 48 号判决；"最高法院"2003 年台上字第 1057 号判决。

[④] Paola Frati and Fineschi Vittorio et al., "Preimplantation and Prenatal Diagnosis, Wrongful Birth and Wrongful Life: A Global View of Bioethical and Legal Controversies", *Human Reproduction Update*, Vol. 23, No. 3, 2017, p. 344.

是否愿意、是否有能力前往允许堕胎的州实施堕胎。①。在 2010 年以后的判决中，伊利诺伊州法院再次确认这些原则，并认定可赔偿的损害不仅包括照顾残障儿童直至十八岁生日的费用，而且包括父母的精神损害。② 在爱荷华州，错误出生诉讼中可赔偿的损害包括三类：（1）财产损害，包括额外抚养费用，医疗费用，教育费用以及与残障或天生缺陷有关的任何其他费用，不包括抚养正常、健康的孩子的普通费用；这些费用不应限于孩子的未成年阶段，因为爱荷华州对不能独立生活的成年子女之父母施加了持续的义务，如果父母因子女的状况而需要给予特别照顾，则在确定救济措施时应考量这种照顾的损害赔偿以及工资损失。（2）精神损害，即由于父母被剥夺了知情权、自决权而遭受的精神伤害；不过在计算这些损失时，父母从孩子那里得到的任何情感上的好处都应该考虑在内。（3）配偶间相互权利的丧失（loss of spousal consortium），即由于配偶受到伤害而丧失陪伴和婚姻关系中的其他无形利益，以及婚姻家庭的有形利益。③

值得说明的是，有学者提出，错误出生理论具有显著的负外部性——因将孩子视为母亲的伤害，错误出生诉讼使母亲明显不符合"好母亲"形象而受到公开批评，即母亲们可能会因为追求错误出生损害赔偿而承担巨大的心理压力。为了减轻这些外部性，法院、陪审团、律师、媒体、学者，甚至作为原告的母亲本身都必须接受关于母亲矛盾心理普遍性的教育，以便她们能够理解，希望有机会流产有遗传异常的胎儿并不否定母亲对孩子的爱。基于此，将错误出生中的核心损害定位为"剥夺生育选择"，可能会将焦点从有缺陷的儿童和不良母亲，转移到疏忽大意的医务人员，即认为这些医务人员剥夺了母亲在宪法上的生育选择权。④

然而，在少数州，由于法律文化的差异，即使堕胎不触及刑法，但公共政策上仍不认可堕胎机会丧失的损害，错误出生造成的损害没有得

---

① *Hall v. Dartmouth Hitchcock Medical Center*, 899 A. 2d 240 (2006).
② *Clark v. Children's Memorial Hospital*, 955 N. E. 2d 1065 (2011).
③ Haley Hermanson, "The Right Recovery for Wrongful Birth", *Drake Law Review*, Vol. 67, No. 2, 2019, p. 558.
④ S. Yakren, "'Wrongful Birth' Claims and the Paradox of Parenting a Child with a Disability", *Fordham Law Review*, Vol. 87, No. 2, 2018, pp. 627 – 628.

到承认。在 *Liddington v. Burns* 案中，俄克拉荷马州法院驳回了该诉求，理由有二：一是产前诊断结果并不能使堕胎行为正当化，二是没有证据表明该孕妇愿意并可以在怀孕的前三个月堕胎。[1] 此外，在一些州的法规中又明确禁止了错误出生诉讼，包括堪萨斯州、南达科他州、俄克拉荷马州、密苏里州、密歇根州、明尼苏达州、缅因州、爱达荷州、亚利桑那州等。[2]

2. 错误生命

"错误生命"这一术语在美国首次出现在 1963 年 *Zepeda v. Zepeda* 案[3]中，其含义与现在的"错误生命"有所不同。前者系非婚生子女 Zepeda 起诉亲生父亲隐瞒已婚事实，与其母在婚外生下自己，要求其赔偿因自己无法成为合法婚生子女、不能生活在正常家庭、没有法律承认的婚生父亲，以及因尴尬身份而受嘲讽的损害。该案法院认为原告的亲生父亲对其有抚养义务，但基于公共政策考量，以及防止此类诉讼数量过多而驳回了其侵权损害赔偿。1967 年 *Gleitman v. Cosgrove* 案[4]是美国第一个因产前诊断失误而导致残障婴儿出生的错误生命诉讼，即后来一般意义上的"错误生命"诉讼。[5] 该案中，Jeffrey Gleitman 的母亲在怀孕两个月时的产前咨询中告知医生她曾于一个月前感染德国麻疹，但医生告知该情形不会影响胎儿；然而，新生儿 Jeffrey Gleitman 却患有耳聋等先天残疾，因此 Jeffrey Gleitman 提起错误生命之诉，主张自己不出生将会更好；其母亲也表示，如果其知悉该情形，一定会预先施行堕胎手术。但法院驳回了原告诉求，认为婴儿的先天病变本质上并非医疗过失所致，而是由孕妇罹患德国麻疹，并感染体内胎儿造成；同时，在"具有生命瑕疵的婴儿"与"毫无生命可言的死胎"之间，无法比较其利益高低，而保护生命的价值大于一切。据此，美国首例错误妊娠之诉未被认可，其核心理由在于，原告所提出的"不出生将会更好"的说法

---

[1] *Liddington v. Burns*, 916 F. Supp. 1127（1995）.

[2] Deborah Pergament and Ilijic Katie, "The Legal Past, Present and Future of Prenatal Genetic Testing: Professional Liability and Other Legal Challenges Affecting Patient Access to Services", *Journal of clinical medicine*, Vol. 3, No. 4, 2014, pp. 1447–1449.

[3] *Zepeda v. Zepeda*, 190 N. E. 2d 849（1963）.

[4] *Gleitman v. Cosgrove*, 227 A. 2d 689（1967）.

[5] Thomas A. Burns, "When Life Is an Injury: An Economic Approach to Wrongful Life Lawsuits", *Duke Law Journal*, Vol. 52, No. 4, 2003, p. 808.

属于自相矛盾。①

目前，除了华盛顿州、新泽西州和加利福尼亚州等少数州之外，②美国其他各州均不认可错误生命之诉，这是基于一个假设——不存在"选择作为一个完整的、正常的人出生之权利"。③基于此，不可能通过比较残疾生命的价值和"生命不存在"的价值来评估损害，对于残疾人或公众舆论而言，承认这种损害具有极大的负面效应。④质言之，法院驳回错误生命诉讼通常基于两个理由：（1）因为人的生命是神圣的，出生之事实不能构成可赔偿的伤害。（2）即使"人的生命神圣不可侵犯"并不妨碍法院比较残障生命与无生命之价值，相关的计算也超出了法院的能力。不过，也有学者对此提出反对意见而支持错误生命之诉，原因在于：（1）应该规避生命神圣性（sanctity-of-life）的立场，而采取无神论者的观点，通过理性人假设，在个案基础上进行生命与非生命的"成本—效益"分析。这种分析摒弃神学，采取了世俗意义上的公平和效率观念。（2）在决定原告的残障是否严重到足以赔偿的程度之问题上，法院不应对不出生的假设过于重视，而应基于对所有已知和可知事实的合理预测，关注原告生活中的不利因素是否超过其利益；相关的计算虽然通常很困难，但并不比其他传统侵权领域更困难。该观点旨在放宽错误生命诉讼的标准，并呼吁法院或立法机构重新建立必要的错误生命的正式边界。⑤另有支持错误生命之诉的学者认为，虽然在某些情况下很难确定可赔偿的损害内容，但不能否认此类诉讼的法律逻辑分析，也不应允许医生因公共政策而逃避其应尽的告知义务。⑥

---

① F. Allan Hanson, "Suits for Wrongful Life, Counterfactuals, and the Nonexistence Problem", *Southern California Interdisciplinary Law Journal*, Vol. 5, No. 1, 1996, p. 2.

② 马萨诸塞州、康涅狄格州的高等法院后来也相继支持错误生命之诉；不过，尽管这些州法院承认子女提起的错误生命之诉，但对其非财产损害赔偿请求权则未予以支持。参见吴家庆《意外怀孕、意外生育、意外生命的"损害"——以比较法的分析及人性尊严观点的评价为中心》，博士学位论文，台湾政治大学，2013年，第170页。

③ Serena Scurria and Asmundo Alessio et al., "Cross-Country Comparative Analysis of Legislation and Court Rulings in Wrongful Birth Actions", *Journal of Legal Medicine*, Vol. 39, No. 1, 2019, p. 49.

④ Wendy F. Hensel, "The Disabling Impact of Wrongful Birth and Wrongful Life Actions", *Harvard Civil Rights-Civil Liberties Law Review*, Vol. 40, No. 1, 2005, p. 184.

⑤ James A. Jr. Henderson, "Things of Which We Dare Not Speak: An Essay on Wrongful Life", *George Washington Law Review*, Vol. 86, No. 3, 2018, pp. 709-710.

⑥ Anonym, "A Cause of Action for Wrongful Life: A Suggested Analysis", *Minnesota Law Review*, Vol. 55, No. 1, 1970, p. 80.

(二) 英国

英国对于错误出生诉讼的损害赔偿总体上持肯定态度，包括对于比较法上争议较大的子女抚养费的赔偿。在 2000 年的 *Rand v. East Dorset Health Authority* 案中，法院认为，因为父母没有被告知表明母亲可能生下患有唐氏综合症的婴儿的测试结果，父母有权要求与子女抚养费相关的损害赔偿，因为他们无法行使终止妊娠的权利。[①] 在 2002 年的 *Parkinson v. St James e Seacroft Hospital NHS Trust* 案中，残障儿童的成长费用、收入损失费用和教育费用均获得了赔偿。[②] 在 2017 年 *Meadows v. Khan* 案中，法官也判决子女抚养费可以获得赔偿。[③]

英国不支持错误生命诉讼，其法律依据主要为 1976 年的《生而残障民事责任法》，根据该法，"就以其专业能力负责向孩子父母亲提供治疗或咨询意见中的作为或不作为，被告不对孩子承担任何责任"。[④] 英国较为典型的错误生命诉讼系 *Mckay v. Essex Area Health Authority and Another* 案[⑤]，该案中原告 Mary McKay 系先天缺陷儿，其将医生诉至法院，认为因被告未能在其母的产前诊断中尽到告知义务，致使其母未能及时终止妊娠，最终生下严重残疾的自己。英国上诉法院驳回了其诉讼请求，原因在于，医生并无杀死残障胎儿的义务，原告的主张违反人类生命的神圣性，出生本身并非法律意义上的损害等。有学者在评论中指出，损害赔偿的目的在于使得原告回复到损害发生之前的状态，但该案中难以估量婴儿回到未出生之状态所需要的赔偿，将"残疾的生命"与"生命不存在"进行比较，显然超出法院的能力。[⑥] 总体来看，英国对错误生命之诉持否定态度。

---

① Majid Hassan and Chitty Lyn et al., "Wrongful Birth: Clinical Settings and Legal Implications", *Seminars in Fetal & Neonatal Medicine*, Vol. 19, No. 5, 2014, p. 312.

② Paola Frati and Fineschi Vittorio et al., "Preimplantation and Prenatal Diagnosis, Wrongful Birth and Wrongful Life: A Global View of Bioethical and Legal Controversies", *Human Reproduction Update*, Vol. 23, No. 3, 2017, p. 345.

③ *Meadows v. Khan*, [2017] EWHC 2990 (QB).

④ 吴家庆:《意外怀孕、意外生育、意外生命的"损害"——以比较法的分析及人性尊严观点的评价为中心》，博士学位论文，台湾政治大学，2013 年，第 158 页。

⑤ *Mckay v. Essex Area Health Authority and Another*, [1982] Q. B. 1166.

⑥ Robin Mackenzie, "From Sancitity to Screening: Genetic Disabilities, Risk and Rhetorical Strategies in Wrongful Birth and Wrongful Conception Cases", *Feminist Legal Studies*, Vol. 7, No. 2, 1999, p. 183.

（三）德国

在德国，错误出生之诉为德国联邦法院所支持。在赔偿范围上，残障子女的抚养费被认为并不违反孩子的尊严，具有可赔偿性，[1] 该抚养费不仅包括残障子女的特殊护理与治疗费用，还包括日常生活费用；除此之外，其母亲因怀孕、分娩带来的身体损害也可以获得赔偿，但单纯因孩子残障带来的精神损害未能获得赔偿。[2] 不过，错误生命之诉未得到支持，其原因在于，无论是根据侵权行为法抑或是合同法，医务人员的产前诊断并未侵害婴儿在《德国民法典》第八百二十三条中的合法权益，且其与婴儿父母之间的医疗保健契约也并不能延伸到对婴儿的保护，因此残障子女提起的诉讼没有请求权基础。[3]

其中，德国历史上被引用最多的错误出生与错误生命案例是德国联邦法院1983年的判决。[4] 该案的原告为夫妻双方与其残障子女，该子女的出生系因医生未能告知其父母正确的产前诊断信息所致，否则其父母将及时堕胎。法院最终未支持该子女提起的错误生命之诉，但支持了其父母的错误出生之诉。其具体理由在于：（1）在母亲感染德国麻疹之后的一段时间内，其享有堕胎权，医务人员若为其堕胎不违反刑法第二百一十八条的规定。（2）基于医务人员的违约行为造成了家庭额外支出，该案中夫妻可以请求财产损害赔偿，因该案中其仅仅请求了因孩子残障而额外支出的费用赔偿，而未请求孩子全部的抚养费，因此法院仅在原告诉求的范围内支持了其财产损害赔偿请求。（3）因被告之过失，导致妇女怀孕、分娩时的身体疼痛与精神痛苦，因此原告的精神损害赔偿请求权具有正当性。（4）人必须接受自己生命的一种自然状态，没有权利就其出生提起诉讼，正如尽管一个母亲依法律可以选择堕胎，但这并不意味着孩子被赋予对其母亲主张"不存在"的权利，因此错误生命之诉没有请求权基础。

---

[1] I. Giesen, "Of Wrongful Birth, Wrongful Life, Comparative Law and the Politics of Tort Law Systems", *Journal for Contemporary Roman-Dutch Law*, Vol. 72, No. 2, 2009, p. 262.

[2] Serena Scurria Asmundo Alessio et al., "Cross-Country Comparative Analysis of Legislation and Court Rulings in Wrongful Birth Actions", *Journal of Legal Medicine*, Vol. 39, No. 1, 2019, p. 44.

[3] Dina Soritsa Lahe Janno, "The Possibility of Compensation for Damages in Cases of Wrongful Conception, Wrongful Birth and Wrongful Life. An Estonian Perspective", *European journal of health law*, Vol. 21, No. 2, 2014, p. 148.

[4] BGH, 86, 240.

除此之外，另有一典型案例重申了这一立场，且更加明确地指出了此类诉讼的赔偿范围。[1] 在该案中，因医生在提供产前遗传咨询中的过失，导致原告生下患有严重遗传疾病的子女。德国地方高等法院认为原告所提出的为该子女所支出的全部抚养费，而不仅限于医疗费用，均可获得赔偿，且该母亲因怀孕、剖腹产所遭受的财产与精神损害也可以获得赔偿，但原告因其子女患有先天遗传疾病所带来的精神负担不应在抚慰金的权衡上加以考虑；同时，法院拒绝了该新生儿的错误生命之诉，原因在于该诉求超出了法律上请求权规范的界限，任何人都有可能因为先天或自然原因使生命遭遇挫折，但无人有权对自身不想存活于世而对他人有所请求。

（四）法国

2002 年 3 月，针对错误出生诉讼，法国出台《病患权利与保健服务质量法》，该法第一条[2]规定：任何人都不能仅仅因为出生这一事实而主张损害……当专家或卫生机构对生而残障孩子父母的责任，是存在于妊娠期间因专业上过失之原因而未发现时，父母亲仅能就自己所受损害请求赔偿，此处所指之损害不包括孩子终身残障所产生的额外费用，残障者的赔偿属于国家的共同责任（国民连带）。[3] 依该规定，法国的错误出生之诉原则上只能在有限的程度上实现。[4] 不过，针对该法的溯及力问题，欧洲人权法院在两则判决中指出，若承认该法的溯及力，则剥夺了残障婴儿父母的合法"财产"，构成对《欧洲人权公约》第一议定书第一条的违反，因此判决对该法实施之前发生但未解决的错误出生纠纷，医疗机构仍应赔偿照料残障儿童的全部费用。[5] 此后，在 2005 年及 2007 年，法国对 1975 年的《残障人士照顾法》做出全面改革，重新制定对残障人士的经济照顾机制，将补偿请求权扩张适用到 20 岁以下残障人士以及典型的生育损害案例中，残障婴儿的父母可以为其子女申

---

[1] BGH 124. 128；1 BvR 307/94.

[2] 现已成为《社会行动与家庭法典》第 L. 114 – 5 条。参见王泽鉴《侵权行为》，北京大学出版社 2016 年版，第 180 页。

[3] Vera Lucia Raposo, "Wrongful Birth and Wrongful Life Actions (the Experience in Portugal as a Continental Civil Law Country)", *Italian Law Journal*, Vol. 3, No. 2, 2017, pp. 423 – 424.

[4] I. Giesen, "Of Wrongful Birth, Wrongful Life, Comparative Law and the Politics of Tort Law Systems", *Journal for Contemporary Roman-Dutch Law*, Vol. 72, No. 2, 2009, p. 262.

[5] Draon v. France, [2005] ECHR 679；Maurice v. France, [2005] ECHR 683.

领补助津贴、身心障碍儿童教育津贴，至此，错误出生情形中的特殊抚养费问题得以在社会法上得到保障。

在错误生命诉讼领域，前述2002年新法否定了该类诉讼，这与此前饱受争议的法国民事最高法院裁判的Perruche案之立场截然相反，[①]前者系法国错误生命民事诉讼的分水岭。在2000年的Perruche案中，Perruche的母亲因医生产前检查的过失而相信胎儿健康，未能避免残障婴儿Perruche的出生。法国民事最高法院不仅支持了其父母提出的财产损害与精神损害赔偿，也支持了Perruche自身提起的错误生命之诉。[②]该案对错误生命之诉的肯定态度招致了社会上的较多批判，被认为流露出对残障人士的敌意与歧视。基于此，前文所述2002年被称为"反Perruche案法"的立法才介入此类诉讼。[③] 此后，经前述2007年立法，法国民事裁判中的错误生命之诉被彻底终结，残障人士的相应保障转而由社会法承担。

（五）意大利

在意大利，关于是否承认错误出生和错误生命损害赔偿的辩论已经进行了多年。一般而言，如果残障儿童的父母因医务人员失误而未能终止妊娠，且符合前述《意大利孕妇社会保护与终止妊娠法》的终止妊娠条件，他们有权主张生育权受到侵害，并应得到非财产损害赔偿。法官在决定损害赔偿时会考虑几个因素，包括因失去终止妊娠的机会而造成的精神痛苦、因担心孩子的未来而造成的焦虑和压力，以及抚养残疾孩子带来的生活变化。其中，父母可以获得生物学上损害（biological damage）赔偿[④]，包括因错过终止妊娠和生下患有严重畸形的孩子而造成的心理损害。意大利最高法院最近的一项裁决将孕妇因失去了解胎儿

[①] Serena Scurria and Asmundo Alessio et al., "Cross-Country Comparative Analysis of Legislation and Court Rulings in Wrongful Birth Actions", *Journal of Legal Medicine*, Vol. 39, No. 1, 2019, p. 43.

[②] Magnus, Ulrich ed.: Unification of Tort Law, Hague: Kluwer Law International, 2001, pp. 84–85.

[③] 吴家庆：《从责任法到社会法——法国计划外生命损害赔偿的后续发展》，《法学新论》2012年总第35期。

[④] 在意大利，侵权法上的损害分为三种形态，包括财产损失、精神损害和生物学上的损害。参见［德］克雷斯蒂安·冯·巴尔《欧洲比较侵权行为法》（下卷），焦美华译，法律出版社2001年版，第25页。

在诊断时真实健康状况的机会而遭受的错误出生损害列为可赔偿的非财产损害。①大多数法院都赞同这样的假设,即规范自愿终止妊娠的《意大利孕妇社会保护与终止妊娠法》旨在保护健康,而不是妇女的财产。因此,在堕胎权受到损害的情况下,唯一可赔偿的财产损害是"消除对妇女健康产生负面影响的经济困难所需的费用"。②2015年12月,意大利最高法院第25767号判决③明确认可错误出生之诉,将其作为侵权责任的来源,同时驳回错误生命之诉。④

在意大利,由于"孩子无权在出生与不出生之间做出决定","错误生命的损害"的概念如今并不存在。⑤在其历史上,意大利最高法院对错误生命之诉的态度曾发生过转变,其立场从肯定变为否定主要基于两个标志性判决。2012年10月,意大利最高法院在第16754号判决⑥中不仅支持了新生儿父母的错误出生之诉,也支持了该新生儿的错误生命之诉,原因在于若非医生的误诊,该婴儿就不会出生,从而不会遭受痛苦和折磨,因此侵犯了其健康权,并非侵害其"生来健康的假设权利";同时,该案中新生儿的兄弟姐妹也获得了赔偿,理由是家中有一名残疾儿童剥夺了其他兄弟姐妹的"正常"家庭生活。但有学者评价认为,医生和孕妇之间的关系不应延伸到保护家庭中剩余的儿童,尽管该孕妇的生育权受到侵害,但该侵害仅能延伸到其丈夫受到的损害,不应认定家庭中其他子女受到损害。⑦然而如前文所述,到2015年12月,

---

① Section III, January 10, 2017, No. 243.

② Serena Scurria and Asmundo Alessio et al., "Cross-Country Comparative Analysis of Legislation and Court Rulings in Wrongful Birth Actions", *Journal of Legal Medicine*, Vol. 39, No. 1, 2019, pp. 40 – 41.

③ Corte di Cassazione-Sezioni unite 22 December 2015 no 25767, Giurisprudenza costituzionale, 1568 (2016).

④ Paola Frati and Fineschi Vittorio et al., "Preimplantation and Prenatal Diagnosis, Wrongful Birth and Wrongful Life: A Global View of Bioethical and Legal Controversies", *Human Reproduction Update*, Vol. 23, No. 3, 2017, p. 345.

⑤ Serena Scurria and Asmundo Alessio et al., "Cross-Country Comparative Analysis of Legislation and Court Rulings in Wrongful Birth Actions", *Journal of Legal Medicine*, Vol. 39, No. 1, 2019, p. 39.

⑥ Corte di Cassazione 2 October 2012 no 16754, Responsabilitd civile e previdenza, 124 (2013).

⑦ Vera Lucia Raposo, "Wrongful Birth and Wrongful Life Actions (the Experience in Portugal as a Continental Civil Law Country)", *Italian Law Journal*, Vol. 3, No. 2, 2017, p. 439.

意大利最高法院在前述第25767号判决中，否定了错误生命之诉，此后所有其他意大利法院均遵循了这项判决。①

三　损害赔偿责任的构成要件认定

对于错误出生损害赔偿责任的构成要件，其在违法行为与过错认定问题上较为清晰。其中，医务人员在产前检查中误诊导致父母未能及时选择终止妊娠，而生下先天残障的子女，该误诊行为导致父母基于错误的信息决定是否继续妊娠并分娩，系对该父母生育权的侵害，因此该行为符合违法性要件。产前诊断中医务人员的行为过失以违反诊疗义务或告知义务为标准，因其判断过程具有较强的专业性，司法实践中往往由司法鉴定机构予以鉴定。如果鉴定结果显示医疗机构或医务人员不存在过错行为，则不构成侵权责任，但这也便不属于本书研究对象之典型的错误出生诉讼。错误出生诉讼中，行为人过错要件一般能够具备，这也是后文研究的基础。

在错误出生诉讼中，其主要争议在于损害、可赔偿的损害之认定。对此，本章采取与前章一致的思路，首先列举因生育权受到侵害所引起的受害人客观上的财产与精神损害，其后再经因果关系及法政策考量筛选出可赔偿的损害。鉴于错误出生与错误妊娠的损害赔偿责任在各构成要件上的诸多共同点，本章对于前一章类似之处不再赘述，重点阐述错误出生诉讼在损害认定中的特殊之处。

（一）客观上的损害认定

在错误出生诉讼中，原告因被告过错而丧失堕胎机会，最终导致残障子女出生之结果，客观上引起的损害包括财产损害与精神损害。该损害计算的比对基础并非生育健康婴儿，而是诊断结果准确情形下，孕妇终止妊娠。因此，产前诊断过错导致孕妇继续妊娠这一后果本身不属于人身损害，盖因产前诊断结果可能引起继续妊娠或终止妊娠两种后果，诊断失误虽致使孕妇选择继续妊娠并分娩，但相较于堕胎而言，继续妊娠并未导致或增加孕妇的身体伤害，因此继续妊娠不属于错误出生诉讼

---

① Paola Frati and Fineschi Vittorio et al., "Preimplantation and Prenatal Diagnosis, Wrongful Birth and Wrongful Life: A Global View of Bioethical and Legal Controversies", *Human Reproduction Update*, Vol. 23, No. 3, 2017, p. 347.

中的身体或健康损害。此外，我国司法实践中有原告主张将"分娩费用"作为其财产损害，但法院否定了这一诉讼请求；[1] 理论探讨中也有学者认为产妇得请求生产子女的相关费用（如住院费用、生育期间减少的收入），[2] 支持将分娩费用等为生产支出的费用作为获赔项目；也有学者在认可该费用可赔偿性的基础上，明确提出应扣减终止妊娠的费用。[3] 对此，本书认为后一观点，即以堕胎费用扣减分娩费用较为适当。

在错误出生诉讼中，侵害生育权的精神损害主要在于，新生儿之父母依其规划而生育健康子女的希望之破灭，以及因新生儿身体残障引起的痛苦。尽管残障婴儿的诞生也为家庭带来一定的喜悦，而父母一般原本也有生育子女的计划，且有时残障子女为父母带来之利益，甚至超过健康子女为父母带来之利益，但依据一般社会观念，新生子女的身体残障确实会为父母带来一定精神痛苦。至于生命诞生的喜悦对该痛苦的扣减，后文将在减责事由部分详细探讨。

错误出生中的财产损害主要是子女抚养费的支出，司法实践中的损害认定还曾涉及母亲分娩费用等支出。子女抚养费包括一般抚养费与特殊抚养费。前者系为维持残障子女衣食住行等一般日常生活开销所需支出的生活费用；后者系残障子女因产前诊断中应检而未检出之疾病而花费的医疗费、护理费、残疾辅助器具费等。在对后者具体计算时，司法机关往往参照《最高人民法院关于审理人身损害赔偿案件适用法律若干问题的解释》中关于因伤致残的残疾赔偿金、护理费、残疾辅助器具费等具体费用的计算方法予以确定。客观地看，残障子女出生导致家庭所支出的一般抚养费与特殊抚养费均系父母的财产损害。关于该财产损害的可赔偿性，下文将结合因果关系判断、完全赔偿原则的缓和进行详细分析。

（二）因果关系认定

错误出生诉讼中的因果关系判断所评价的是产前诊断行为与损害后果之间的联系。首先需要澄清的是，错误出生之诉中子女罹患遗传疾病或身体残疾，系本身自然形成的生理特征，与医疗行为无关，更非由医

---

[1] 参见卓某、刘某医疗损害责任纠纷再审民事判决书，江西省高级人民法院（2018）赣民再74号。

[2] 王泽鉴：《侵权行为》，北京大学出版社2016年版，第175页。

[3] 参见丁春艳《"错误出生案件"之损害赔偿责任研究》，《中外法学》2007年第6期。

疗疏失造成，因此"医疗过失"与"子女身体缺陷"之间并无因果关系。① 然而，子女出生系产生诊断过错所致，"子女不该出生却出生"，因此"医疗过失"与"身体缺陷子女的出生"之间存在因果关系。在司法实践中，对错误出生因果关系的判断往往借助司法鉴定，典型的错误出生诉讼中产前诊断失误与损害后果之间存在因果关系，其中有相当一部分鉴定结论认为产前诊断失误在损害参与度上仅具有一定的百分比，司法机关往往据此确定具体的损害赔偿。

在我国司法实践中，有部分裁判认为否认诊疗行为与损害后果之间的因果关系。有法院提出，"黄某一所患疾病系自母体怀胎受孕开始就存在的缺陷，这种缺陷与保健院的医疗行为之间不存在因果关系"②；"患儿的畸形系先天发育不良所致，非医疗行为造成。原审法院据此认为，院方应依其过错对何某、樊某的生育选择权侵害承担30%的赔偿责任，对患儿的各项损失不承担赔偿责任，并无不当"③；"因葛某一的残疾系先天形成，与民族医院的诊疗行为并无直接因果关系，故原审法院不予支持该部分诉请，并无不当"。④ 对于此类观点，本书不予认同，产前诊断目的本身就是为胎儿是否出生提供参考信息，虽然残障婴儿的身体残疾当然不是由医务人员造成，但其出生是由医务人员的过失造成，那么其出生带来的损害与诊疗行为确实存在因果关系。

值得注意的是，残障子女的一般抚养费和特殊抚养费与产前诊断失误之间均有因果关系，两者在事实判断上不能予以割裂。有观点将"生命存在本身"与"生命残缺不全"分开讨论，认为一般抚养费是家庭计划范围之内的支出，仅有特殊抚养费是家庭意愿之外或计划范围之外的支出，因此认为前一财产损害与医疗行为之间不具有因果关系。但实际上，假如不发生产前诊断失误这一事件，父母获知胎儿真实健康状况则会选择终止妊娠，其结果将是"整个生命不存在"，其不但可以不必

---

① 吴家庆：《意外怀孕、意外生育、意外生命的"损害"——以比较法的分析及人性尊严观点的评价为中心》，博士学位论文，台湾政治大学，2013年，第301页。
② 参见黄某一、成都市金牛区妇幼保健院医疗损害责任纠纷再审审查与审判监督民事裁定书，四川省高级人民法院（2018）川民申664号。
③ 参见何某、樊某与上海市第一妇婴保健院医疗损害责任纠纷审判监督民事裁定书，上海市高级人民法院（2017）沪民申1130号。
④ 参见葛某与伊通满族自治县民族医院及唐某、葛某医疗损害责任纠纷再审审查民事裁定书，吉林省高级人民法院（2017）吉民申2196号。

负担生命残缺不全所必须支出的额外抚养费用,即连维持子女生命所必须支出的生活费用也不必负担。[①] 因此客观地看,残障子女的一般抚养费与特殊抚养费与医疗行为之间均具有因果关系。不过,由于生命伦理、防御性医疗等因素介入,子女抚养费的可赔偿性有待进一步探讨。

四 一般抚养费与特殊抚养费的可赔偿性判断

基于法政策层面的多重因素,学说上对错误出生诉讼中的损害赔偿范围观点分歧较大。其中,对于残障婴儿父母的精神损害,理论及实践中一般予以支持。对于支出抚养费的财产损害,我国理论上主要有"全部赔偿说""不予赔偿说""部分赔偿说"三种不同观点,司法实践中的立场更接近"部分赔偿说"。综观之,其争议主要在于残障新生儿特殊抚养费、一般抚养费的可赔偿性问题上。

(一)特殊抚养费

前已述及,在错误出生诉讼的比较法理论与实践中,因婴儿身体残障额外支出的医疗费、护理费、残疾辅助器具等一般被认为应获得赔偿。但也存在反对观点,其原因主要在于,从生命尊严视角看,前文否定了错误妊娠诉讼中子女抚养费的可赔偿性,此处若认为因残障子女出生可获得特殊抚养费的赔偿,则被认为贬损身体残障孩子的人格尊严与平等价值。正如有学者提出的,一旦赋予社会从"理性人"的角度判断残障人士的生命是否比自始便不降生更为糟糕之权利,那么残疾人的自我身份认同感就会严重削弱。[②] 因此,尽管正是医疗机构提供的错误信息使得该残障孩子得以降生,但由该医疗机构为该孩子承担额外费用,在伦理上看似有不妥。

然而,从世界范围内的理论学说与实践经验看,现代社会已普遍接受并正视基于孩子身体不健全而获得赔偿具有正当性。身体残障之事实确实对于孩子及其父母造成损害,即使是尊重生命价值的理念,也不能成为粉饰这一损害的理由,而由医疗机构承担治疗费用等财产损害赔偿,更能体现出对孩子生活质量的重视以及孩子在父母心中的崇高地

[①] 陈忠五:《产前遗传诊断失误的损害赔偿责任——从"新光医院唐氏症事件"论我国民事责任法的新课题》,《台大法学论丛》2005年第6期。

[②] Wendy F. Hensel, "The Disabling Impact of Wrongful Birth and Wrongful Life Actions", *Harvard Civil Rights-Civil Liberties Law Review*, Vol. 40, No. 1, 2005, p. 194.

位,并非贬损残障生命的价值。① 从利益平衡和侵权责任法的规范目的看,由医疗机构承担这一损失,对其自身和孩子父母而言都是较为公允的选择,由资力更为雄厚的医疗机构负担其医疗费等费用,不失为新生儿健康状况好转、生命维持的更佳保障。

此外,有学者提出,应由国家代替医疗机构来承担错误出生孩子的抚养费,通过国家福利构建一个"所有生命不论是健全或不健全,都能实现其生命意义的社会,而不是一个不欢迎任何带有残疾小孩"②的社会。无独有偶,有学者在分析法国对计划外生命Perruche损害赔偿案判决及其后续学说争议、立法进展中提出,残障者生存、教育各方面的需求,转而由全体国民负担,最后以"国民连带"方式解决产检失误的法律责任,或许是这一涉及法律、生命价值与道德的难题的新的解决途径。③ 我国《残疾人保障法》规定了残疾人权益特殊保障的内容,包括对生活确有困难或生活不能自理的残疾人的社会救助和补贴等,但并未特别规定因产前诊断失误生而残疾的儿童抚养费承担问题。本书认为,由社会福利承担错误出生婴儿的特殊抚养费虽不失为一种风险分担机制,但该方案的落地施行还需要经过公法与私法层面更为严密的论证,不能单单因为私法上难以抉择就转嫁由社会承担这一责任。对于错误出生婴儿的特殊抚养费从"责任法"向"社会法"的转型不能一蹴而就,现阶段可以通过医疗责任保险一定程度上分散医疗机构的风险。

(二) 一般抚养费

对于错误出生婴儿基本生活所需一般抚养费,我国司法实践倾向于认为,医疗机构不负担赔偿责任。其原因与前述错误妊娠诉讼中健康子女抚养费不可赔偿性的理由类似,尽管该财产损害与医疗行为之间存在因果关系,但从亲子人伦与生命尊严两个方面来看,抚养残障婴儿系父母法定义务,该义务包括负担子女的基本生活费,这一费用具有身份性,由医疗机构负担有违法律与亲子人伦;同时,若连残障子女的基本

---

① Joseph S. Kashi, "The Case of the Unwanted Blessing: Wrongful Life", *University of Miami law review*, Vol. 31, No. 5, 1977, p. 1432.

② 侯英泠:《"计划外生命"与"计划外生育"之民事赔偿责任之争议》,《成大法学》2002年第4期。

③ 吴家庆:《从责任法到社会法——法国计划外生命损害赔偿的后续发展》,《法学新论》2012年总第35期。

生活费都由医疗机构负担，相当于否定其生命到来的正面价值，而仅由医疗机构承担因其身体残障额外支出费用，对于该子女而言，有助于提高其健康及生活质量，也不至于过分损害其尊严。鉴于此，理论及实务界主流观点认为残障子女一般抚养费不具备可赔偿性，本书也持这一立场。

不过，我国也有学者支持该错误出生中一般抚养费的可赔偿性。有学者认为，"抚养费与抚养义务不同"，父母转嫁抚养费并不违反抚养义务；且"生活费用与生命本身是两回事，不能将生命本身简单地化约成维持或延续此一生命所必须支出的生活费用"，[①] 那么父母不负担生活费不损及残障子女生命价值。这一观点虽在逻辑上具有一定说服力，但在法律视野下，抚养费是抚养义务的法律表现方式，经济赔偿的法律意义不容抹煞，将抚养费用与抚养义务割裂开来过于理想化，与社会通常观念不符。同时，肯定特殊抚养费赔偿在子女的一般观念中相当于是对身体残疾的负面评价，这并不害及其生命尊严；而肯定一般抚养费赔偿确有家庭不欢迎业已出生子女的嫌疑，一如对错误妊娠中子女抚养费赔偿的分析，对子女生命价值产生动摇，不利于子女成长。此外，仅仅由医疗机构承担特殊抚养费，与其过错程度相适应，符合公平理念；否则，医疗机构为避免侵权责任，采取防御性医疗措施，动辄建议孕妇终止妊娠，其负面后果不堪设想。综观之，父母应该承担其子女的基本生活费用，该一般抚养费不具有可赔偿性。

五 减责事由的适用

作为我国侵权责任法中法定的减责事由，与有过失在规范层面有适用于错误出生诉讼的可行性。但严格来说，错误出生诉讼中残障婴儿的父母在决定是否继续妊娠的问题上一般不存在过失；如果其在妊娠阶段得知胎儿健康状况异常而不堕胎，则医疗机构或医务人员即不存在误诊行为，且该产前诊断与残障婴儿出生不具备因果关系，那这也便不属于典型的错误出生诉讼。因此在本书研究的错误出生诉讼类型中，与有过失规则不具有适用的空间。

---

① 陈忠五：《产前遗传诊断失误的损害赔偿责任——从"新光医院唐氏症事件"论我国民事责任法的新课题》，《台大法学论丛》2005年第6期。

前已述及，在错误妊娠诉讼中，新生命降生带来的精神利益可依据损益相抵规则而扣减生育自主受侵害的精神损害。与之类似，错误出生诉讼中，精神利益也有适用损益相抵规则的可能性。但即便新生婴儿为家庭带来喜悦与希望，但婴儿的健康状况不佳也难免成为家庭隐痛。"残疾生命未必优于无生命"①，这一精神痛苦并非来自对残障婴儿的歧视或嫌弃，而是父母对后代身体残障的关切和同理心，及其生育自主被不当干扰的痛苦。依一般社会观念，虽然婴儿出生的精神利益可以扣减一部分因其残障带来的精神痛苦，但其并不能完全抵消，因此总体来看残障婴儿之父母仍受有严重精神损害。

六　子女作为请求权主体的否认

在司法实践中，由意外出生的残障子女作为原告提起损害赔偿诉讼的案件也时有发生，即"错误生命之诉"。我国司法机关一般不支持子女作为原告的诉讼，认为其"并非违约或侵权损害赔偿法律关系的适格主体，不是本案适格的原审原告。"②但前文在梳理实务中错误出生案例诉讼主体问题时也提到，有个别司法机关肯定残障子女的诉讼主体地位，认为"因新生儿存在生理缺陷导致新生儿生活成本的增加，主张相应权利的主体应为该新生儿"。③对此，本书持否定立场，其原因主要在于，对残障子女本身而言，其出生并非损害。

一般而言，侵权责任成立层面上的损害认定系客观判断，但对生命降生对其自身而言是否属于损害这一问题的认定，将不可避免地掺杂价值考量。支持错误生命之诉的原因在于，伴随着残障出生是对新生儿本身的伤害，其背后的逻辑基础在于，胎儿具有选择是否出生的"权利"，即孩子的"同意权"。而这显然难以成立，若从这一逻辑出发，那么生育在道德上便是一项危险的活动，因为在任何情况下，生育都会给孩子带来巨大的风险和负担，重大负担和风险不是异常生育的特征，

---

① 张学军：《错误的生命之诉的法律适用》，《法学研究》2005 年第 4 期。
② 参见李某与长沙市妇幼保健院、潘某医疗损害赔偿纠纷再审案，最高人民法院（2016）最高法民再 263 号；李某一、沧州玛丽亚妇产医院医疗损害责任纠纷再审审查与审判监督民事裁定书，河北省高级人民法院（2018）冀民申 584 号。
③ 参见张某、陈某与重庆市綦江区妇幼保健院等医疗损害责任纠纷申请再审民事裁定书，重庆市高级人民法院（2018）渝民申 1493 号。

而是所有生育的特征,因此从哲学上讲,将责任仅限于异常生育情形似乎是不妥的。[①] 正如美国大多数法院所认同的,"活着尚存希望,而死去便一无所有(For the living there is hope, but for the dead there is none)"。[②] 对此,王泽鉴教授也曾明确指出,生而有残疾的子女,诚属不幸,然其残障并非因医生过失所致,出生为一种生命价值的实现,非为损害,并无得向医生主张赔偿的请求权基础。[③] 申言之,孩子的生命际遇在出生时无法预料,"若认为生而残障的孩子属于损害,则人生原本即由各种酸甜苦涩的感觉积累而成,孩子的成就与孩子是否不幸,实与孩子个人遭遇、周遭环境、亲友接受度、受扶持之程度有关,非必然与其生而残障相关;尤其每个人生活感受未必相同,但不受伤害、依个人原本在母体内所形成之体态、性别以及原始状况活着出生,系属价值实现而欢乐幸福之事,出生本身对孩子而言并非损害。"[④]

进一步讲,人无法选择出身,更不该归咎出身,包括健康、肤色、种族、贫富等等。正如有学者在探讨私生子因其身份遭受羞辱和尴尬而起诉其父亲的情形中谈到的,任何人都没有权利选择在一种境况而非另一种境况下出生,或者生在父母一方,而不是生在另一方,父亲不应因子女的非婚生子女地位本身而承担损害赔偿责任。[⑤] 这与错误出生的情形类似,前者为子女带来的主要是精神痛苦,后者则主要是身体损害,但两者均是生而有之,对于此类与生俱来的"损害","过多的赔偿对孩子来说可能更糟,因为美好而充实的生活通常需要学会对典型生活负担的自我管理"[⑥]。如果允许残障儿童可因其出生之事实起诉医疗机构,难免滋生社会中享乐主义和宿命论之倾向。相较之下,福利国家更应给予残障儿童私法之外的补救措施,以使其积极

[①] Seana Valentine Shiffrin, "Wrongful Life, Procreative Responsibility, and the Significance of Harm", *Legal Theory*, Vol. 5, No. 2, 1999, p. 137.

[②] *Gleitman v. Cosgrove*, 227 A. 2d 689 (1967).

[③] 王泽鉴:《财产上损害赔偿(二)——为新生命而负责:人之尊严与损害概念 Wrongful birth 及 Wrongful life》,《月旦法学杂志》2006 年总第 131 卷。

[④] 吴家庆:《从责任法到社会法——法国计划外生命损害赔偿的后续发展》,《法学新论》2012 年总第 35 期。

[⑤] John R. Brantley, "Wrongful Birth: The Emerging Status of a New Tort", *Mary's Law Journal*, Vol. 8, No. 1, 1976, p. 154.

[⑥] Seana Valentine Shiffrin, "Wrongful Life, Procreative Responsibility, and the Significance of Harm", *Legal Theory*, Vol. 5, No. 2, 1999, p. 142.

接纳自身生命，而非抱怨先天残障。① 同时，在操作性的问题上，即使将其出生认定为侵权法上的损害，但其生命存在与不存在之间的差额，实在难以计算。因此，在价值判断及可操作性层面，都不应将残障孩子的出生认定为对其自身的损害，其对医疗机构也不享有损害赔偿请求权。

第四节 医疗机构在人工生殖中侵害生育权的侵权责任

近年来，在人工生殖的过程中，关于体外冷冻胚胎的民事纠纷数量及类型逐渐增多。生育权包括通过人类辅助生殖技术，向后代传承某些个人、家庭和文化特征的权利，而这种血脉延续的渴望的重要性，及其对个人决定所带来的重大影响，使得法律有必要保护这种利益，并认可因人类辅助生殖技术中过失操作造成生殖损害的可赔偿性。② 域外常常将在人类辅助生殖技术实施中患者受到的这类损害专门称为"人类辅助生殖技术实施中的过失伤害"（Assisted Reproductive Technology ART Negligence Injury）或"生育伤害（reproductive injury）"③，其行为类型主要包括在冷冻胚胎或配子被人工辅助生育机构毁损、错植等情形。除过失侵权外，人工生殖领域的生育权侵权还包括人类辅助生殖机构在特殊情形下拒绝返还冷冻胚胎等故意侵权行为。本书第三章第四节对冷冻胚胎之上的生育权行使规则已做详细分析，本节着重探讨作为冷冻胚胎配子供体的夫妻和人类辅助生殖机构（下文简称为"医疗机构"）之间生育权侵权纠纷④。

---

① G. Tedeschi, "On Tort Liability for Wrongful Life", *Israel Law Review*, Vol. 1, No. 4, 1966, p. 532.

② Fred Norton, "Assisted Reproduction and the Frustration of Genetic Affinity: Interest, Injury, and Damages", *New York University Law Review*, Vol. 74, No. 3, 1999, p. 799.

③ Erika N. Auguer, "The Art of Future Life: Rethinking Personal Injury Law for the Negligent Deprivation of a Patient's Right to Procreation in the Age of Assisted Reproductive Technologies", *Chicago-Kent Law Review*, Vol. 94, No. 1, 2019, pp. 55–68.

④ 从我国司法实践来看，此类纠纷也可能表现为医疗服务合同纠纷，两者在损害赔偿认定上具有一定共性，本书主要从侵权法救济的视角展开探讨。

一 过失毁损或丢失配子或体外胚胎的侵权责任

（一）典型判例

目前，我国司法实践中尚未出现因人类辅助生殖机构过错导致冷冻胚胎毁损灭失的裁判，但在比较法上，已发生相当数量的此类判例。以前述德国1987年"精子灭失案"[①]为代表，其主要类型包括：液氮低温存放在人类辅助生殖机构的配子意外解冻而不可逆地失去活力；[②] 人类辅助生殖机构未经癌症患者同意而处理其低温储存的卵巢组织样本；[③] 人类辅助生殖机构操作不当而使患者存放的精子、卵子与胚胎受到污染；[④] 人类辅助生殖机构未能标记癌症患者低温保存的精子样本，以表明由于其癌症治疗而无法从他那里获得更多的精子，因此在第一次人工授精尝试操作中就解冻并用尽所有样本；[⑤] 医务人员不当毁损体外受精卵；[⑥] 冷冻胚胎在运往另一人类辅助生殖机构途中被损坏[⑦]等情形。总体来看，在世界范围内人类辅助生殖技术的应用及其应用中的过失行为越来越普遍，但对不孕症的避讳以及对亲密关系中隐私泄露的担忧，使得此类侵权在社会上往往得不到应有的关注。[⑧] 下文将主要对其中较为典型的四个判例做详细分析：

1. *Yearworth v. North Bristol NHS Trust* 案

在人类辅助生殖技术运用中丢失配子等情形引发的损害赔偿诉讼之领域，近年来最经典的案例系英国2009年的 *Yearworth v. North Bristol NHS Trust* 案。[⑨] 与前述德国20世纪的"精子灭失案"类似，在该案中，六名男子被诊断患有癌症，并将在被告医院接受化疗；且每个病人都被

---

① 程啸：《侵权责任法》，法律出版社2015年版，第129—130页。
② *Lam v. University of British Columbia*, [2015] 4 W. W. R. 213.
③ *Witt v. Yale-New Haven Hosp.*, 977 A. 2d 779 (2008).
④ *Doe v. Irvine Scientific Sales Co. Inc.*, 7 F. Supp. 2d 737 (1998).
⑤ *Baskette v. Atlanta Ctr. for Reprod. Med.* LLC, 648 S. E. 2d 100 (2007).
⑥ *Institute for Women's Health, P. L. L. C. v. Imad*, 2006 WL 334013.
⑦ *Kazmeirczak v. Reproductive Genetics Institute, Inc.*, 2012 WL 4482753.
⑧ Dov Fox, "Reproductive Negligence", *Columbia Law Review*, Vol. 117, No. 1, 2017, p. 152.
⑨ Erika N. Auguer, "The Art of Future Life: Rethinking Personal Injury Law for the Negligent Deprivation of a Patient's Right to Procreation in the Age of Assisted Reproductive Technologies", *Chicago-Kent Law Review*, Vol. 94, No. 1, 2019, p. 55.

告知，化疗过程可能会损害生育能力，并建议他们冷冻精子以防化疗影响其将来自然生儿育女的能力。基于此，每个人都选择由被告储存自己的精子，被告承诺采取一切合理的措施确保精子在十年内仍能被使用。然而，由于被告未能维护存储精子的液氮水平，导致病人们的精子在一次意外中解冻并永久受损。得知这一不幸消息后，六名病人中的五名称他们因此患上精神疾病，不过其中三人在化疗结束恢复了自然生育能力；第六名原告没有患精神疾病，但他意识到自己可能再也没有机会生孩子时，也对所经历的精神痛苦提起诉讼要求赔偿损失。被告承认其在此过程中存在过失行为，也认同原告因此受到了损害，然而，该损害既不是人身损害，也不是财产损害，不属于过失侵权责任构成要件中要求的损害类型，因此主张原告无权获得赔偿。总体来看，该案的争议焦点主要有：（1）原告是否受到侵权法中的人身损害；（2）原告是否受到侵权法中的财产损害；（3）原告是否可以基于被告违反寄托义务而请求赔偿。

与德国"精子灭失案"的裁判不同，该案上诉法院法官经审理认为：（1）原告未受到人身损害。如果认为一个人身体产生的物质因储存目的被移走后造成的损害仍构成人身损害，这则是想象中的人身损害，因此原告的精子受损不构成人身伤害。（2）原告的精子构成了他们合法拥有的财产，原因在于，男性通过他们的身体单独产生精子；这样做的唯一目的是为了以后可以满足他们（及其配偶）的利益；根据1990年《人类受精和胚胎法案》，未经男性同意，精子不能储存或继续储存，除了提供精子的每个男性之外，无论是人类还是企业，任何人对其生产的精子都没有任何权利。因此，原告对他们的精子享有所有权，被告的行为侵害了原告的所有权。（3）被告违反了寄托义务。原因在于，被告向原告表明自己具有保存敏感生物材料的专业技能，且占有原告的精子，但却违反合理注意义务，未能在要求的温度下监控和储存精子，以致精子在低温储存罐中解冻。（4）因此，根据合同法和侵权法，被告对原告负有责任，同时，损害赔偿的衡量标准更应该依照违反合同的衡量标准，而不是侵权行为的衡量标准。对于原告因得知他们的精子受到不可挽回的毁损而遭受的精神疾病或痛苦，其可获得的损害赔偿应属于合同法而不是侵权法的范围。根据合同法，只要合同的主要目的是提供"快乐、舒适或安心"，且因违约而遭受的精神痛苦或精神疾病是被告违反保管中的照管义务之可预见后果,则该精神损害应得到赔偿。

该案采取了对所有权扩张解释的做法,将对脱离身体的组织定义为所有权的客体,代表了财产权范式的某种演变。学界对该案毁誉参半,一方面认为其在受害人遭受损失的情形中尽力提供了救济办法,从而维护了公平正义;而另一方面,有学者对财产范式的扩展感到遗憾,并质疑为何自然人享有控制自己身体的自由,须以将自己的身体财产化或违背现有法律原则为前提。[1] 总体来看,该案也反映了英美法系中对人工生殖领域因过失施加精神痛苦之侵权诉讼的一种否定态度,最终通过将该损害评价为财产损害,并认可特定合同中的违约损害赔偿实现了对受害人的救济。

2. *Lam v. University of British Columbia* 案

六年后,在加拿大不列颠哥伦比亚省上诉法院裁判的 *Lam v. University of British Columbia* 案[2]中,法院采取了与 *Yearworth v. North Bristol NHS Trust* 案类似的立场。该案为集体诉讼,原告代表患者一方,这些患者在被诊断出癌症后将精子存放在被告处,后来储存患者们精子的低温冷冻机发生了电源中断的故障,以致损坏或彻底毁坏了储存的精子。原告主张被告的行为构成过失侵权与违约。被告依据与患者们协议中的免责条款提出抗辩,该条款内容是,机构不对设备的任何故障负责,即使故障原因在机构的控制范围内。在这样的情形下,法院遵循 *Yearworth v. North Bristol NHS Trust* 案中的裁判观点,认为患者对冷冻精子享有"所有权",被告不能依靠协议的免责条款来减轻其对该"财产"的"注意和勤勉"的合同义务,从而支持了原告的诉讼请求。该案与前述案件的裁判立场如出一辙,前者严格地遵循了先例。

3. *Doe v. Irvine Scientific Sales Co. Inc.* 案

在美国 *Doe v. Irvine Scientific Sales Co. Inc.* 案[3]中,一对夫妻对某白蛋白的销售者与经销商提起诉讼,原因在于,原告的精子、卵子和胚胎在体外放置于被告销售的白蛋白品中,但该白蛋白可能已被克雅氏病(Creutzfeldt - Jakob disease,一种可导致人类致命神经障碍的疾病)污

---

[1] Shawn H. E. and Graeme T. Laurie Harmon, "Yearworth V. North Bristol Nhs Trust: Property, Principles, Precedents and Paradigms", *Cambridge Law Journal*, Vol. 69, No. 3, 2010, p. 493.

[2] *Lam v. University of British Columbia*, [2015] 4 W. W. R. 213.

[3] *Doe v. Irvine Scientific Sales Co. Inc.*, 7 F. Supp. 2d 737 (1998).

染。原告认为被告在召回市场上潜在的受污染白蛋白方面存在疏忽。因此，原告请求基于因该白蛋白污染而导致的"胚胎植入不安全"之损害请求赔偿。严格来说，由于该案被告并非医疗机构，而是产品生产者，不属于本节研究的范围，但其中的法律关系与本节密切相关，故在此一并探讨。

美国弗吉尼亚东区地方法院认为，胚胎无法像人一样得到保护，即使其有发展为人的潜力，但也不能赋予其像人一样的地位，因此原告不能代表胚胎要求被告承担过失侵权责任。此外，该法院还分析了原告提出的因疏忽造成精神痛苦的损害赔偿。原告认为，由于胚胎可能接触受污染的白蛋白，使其不适合植入，他们被迫开始寻找供体卵子，并重复植入过程再次进行体外授精；妻子因植入可能接触受污染白蛋白的胚胎而遭受身体伤害，这种侵入性的、痛苦的、耗费情感的胚胎植入手术造成了身体伤害。法院不认同这一论点，认为接触受污染的白蛋白之事实，并不构成身体伤害或精神痛苦损害赔偿的充分依据。同时，胚胎植入手术不是被告行为造成的伤害，而是原告自愿选择经历的过程，不管胚胎是否被污染，该植入手术所伴随的生理痛苦都客观存在。由于原告缺乏可认知的身体伤害，他们无权对被告因疏忽造成的精神痛苦提出索赔。此外，原告并未感染克雅氏病，由于原告也没有受到明显的人身伤害，因此无权要求被告承担精神损害赔偿责任。

4. *Kazmeirczak v. Reproductive Genetics Institute, Inc.* 案

在 *Kazmeirczak v. Reproductive Genetics Institute, Inc.* 案[1]中，两对夫妇的六个冷冻胚胎从伊利诺伊州的一家生育诊所转移到密歇根的另一家诊所时被毁损，因此起诉了联邦快递和一家生育诊所。当被毁损的胚胎到达密歇根后，原告向伊利诺伊州法院提起诉讼，认为被告构成过失侵权和违约，其过失行为和疏忽包括未能适当保护胚胎及其未能妥善保存冷藏罐以备运输。联邦快递将此案移交给联邦法院，依据的是联邦法院对由普通承运人运输的货物灭失或损坏索赔具有管辖权。美国伊利诺伊州北部地区地方法院拒绝解决其面临的问题，而是选择将案件发回州法院，其理由在于，伊利诺伊州在处理生育诊所在持有、运输、保存和处置人类遗传物质的责任和注意义务标准方面还没有一个实质性的判例法

---

[1] *Kazmeirczak v. Reproductive Genetics Institute, Inc.*, 2012 WL 4482753.

体系，伊利诺伊州的法院在如何对待不同的对人类胚胎、配子和遗传物质毁损的赔偿这一问题还有待观察，但是考虑到这些问题的新颖性和重要性，最好由州法院先行处理。该案目前仍未有明确的裁判结果，有待继续关注。

（二）理论探讨

前述案件表明，在英美法系的过失侵权判例体系下，对于人类辅助生殖技术实施中的配子或胚胎毁损灭失等情形，其造成的后果难以被认定为其传统侵权法中的人身损害范畴。这带来的问题是，为了弥补对个人遗传物质以及潜在未来生育机会的丧失所造成的巨大的情感伤害，法院倾向于将该损害作为经济损害加以认定。然而，此类情形下对财产法的扩张是否妥当，或者说是否必须以援引财产法来充当经济救济途径，在学界看来有待商榷。

一方面，将体外配子、胚胎的毁损仅作为经济损失是不够的，应对受害人予以精神损害赔偿。财产损失通常是根据替代物的成本来计算的。在此类情形下，遗传物质可以被重新收集，精子只需几美元，卵子只需几千美元，而制造新胚胎所需的药物则需要几百美元。然而，对于那些因为医务人员的过失行为而丧失生育机会的人，其失去拥有完整家庭之损害的"市场价值"却难以计算。尽管在美国大多数州的过失侵权传统中，精神损害赔偿的前提是受害人器官上的身体伤害，或其作为侵权事件旁观者受到惊吓而承受精神痛苦等，而此类案例不属于前述两大类情形。然而，此类案件中受害人通过现代生殖技术而生育子女的自主权被过失行为侵犯，失去生育自主权和家庭未来的损失远远超出任何财产损失，其真正失去的是遗传物质所承载的深刻情感意义——对自己孩子的深切渴望。此外，将人体的某些部分归类为财产不可避免地会让人联想到奴隶制社会的某些观念。因此，英美法中有必要扩大过失侵权中"personal injury"的定义，以涵盖体外冷冻保存的精子、胚胎和人体组织的破坏或损失，以弥补受害人的精神痛苦。[①]

另一方面，对于受害人因体外配子或胚胎丢失或毁损带来的损

---

① Erika N. Auguer, "The Art of Future Life: Rethinking Personal Injury Law for the Negligent Deprivation of a Patient's Right to Procreation in the Age of Assisted Reproductive Technologies", *Chicago-Kent Law Review*, Vol. 94, No. 1, 2019, p. 63.

害，违约责任的救济路径也有待商榷。第一，与商事合同的当事人不同，此类案件的受害人为患者，对于人类辅助生殖技术实施相关协议内容不具备专业知识，因而处于弱势地位，容易进入对其不利的合同条款，而法院也很难对其做出较好的区别保护。第二，违约责任与侵权责任具有不同的法律理念与目标，侵权法虽然旨在填补损害，但也涉及对不当行为的威慑和惩罚，其通过划定行为标准来保护社会成员免受不法行为的侵害；而违约责任的主要目的是补偿，其旨在产生统一、稳定和有效的交易行为，强调经济原则，而不是社会控制。第三，根据先例，违约损害赔偿一般不包括精神损害赔偿，除非被告有理由知道，在订立合同时，违反合同会造成对方金钱损失之外的精神痛苦。① 而在人类辅助生殖技术的实施中，医务人员过失毁损患者遗传物质造成的精神痛苦有可预见性。从这个意义上看，违约诉讼也可以为此类受害者提供获得精神损害赔偿，但这一观点在实践中仍未获得一致认可。②

（三）小结

从生育权侵权的角度看，由于我国人格权法律条文的延展性与开放性，即使生育权尚未作为法定人格权类型，人类辅助生殖技术实施过程中丢失配子或胚胎的情形在我国也可以通过对人格利益的保护对当事人进行合理救济。但在英美法系，过失施加精神痛苦（negligent infliction of mental distress）的侵权损害赔偿争议较大。③ 从历史上，由于精神损害本身的不确定性以及人类个体的差异性，美国法上始终没有将精神损害赔偿作为一种普适性的救济手段。④ 在过失施加精神痛苦的情形中，法院曾采取"被害人的人身是否须与行为人的过失行为有某种程度的接触""被害人是否须身处可能受到伤害的危险区域""行为人是否需对被害人所受精神痛苦有合理预见"等判断标准。⑤ 基于此，人类辅助生

---

① *Hadley v. Baxendale*, 9 Ex. 341 (1854).

② Erika N. Auguer, "The Art of Future Life: Rethinking Personal Injury Law for the Negligent Deprivation of a Patient's Right to Procreation in the Age of Assisted Reproductive Technologies", *Chicago-Kent Law Review*, Vol. 94, No. 1, 2019, pp. 64–67.

③ 王泽鉴：《英美法导论》，北京大学出版社2012年版，第175页。

④ 冯恺：《美国侵权法：判例和解释》，中国政法大学出版社2016年版，第387页。

⑤ John L. Diamond ed., *Understanding Torts*, Durham: Carolina Academic Press, 2018, pp. 168–175.

殖技术实施过程中丢失配子或胚胎引起的精神损害赔偿诉求因先例不足，在其裁判规则上尚有争议；但在英美法学说上，已经逐步倾向于认为，该类情形下被害人的生育权受到侵害，其精神损害赔偿请求权在地位上应逐渐像 Wrongful Birth、Wrongful Pregnancy 般成为典型的过失侵权类型。

二 过失错植配子或体外胚胎的侵权责任

在人类辅助生殖技术的实施过程中，医务人员错植配子或胚胎情形下的这类诉讼，被有的学者归纳称为"Wrongful Fertilization"[1]，即"错误受孕"。根据实施人工生殖时是否准备完全使用夫妻共同的遗传物质，错植配子或体外胚胎可分为两大类情形：在同质人工授精[2]中，医务人员错将他人精子作为原告丈夫的精子植入妻子体内，或错将其他胚胎作为原告夫妇的体外胚胎植入；在异质人工体内授精[3]中，医务人员错将他人精子作为原告选定捐精者的精子植入妻子体内，或错将其他胚胎作为由原告夫妇一方遗传物质与选定捐精者遗传物质结合而成的体外胚胎植入等。下文将对错植配子、错植胚胎两类情形下的生育权救济加以探讨。

（一）错植配子

1. 同质人工授精中的配子错植典型案例

在同质人工授精技术实施中，我国曾发生错植精子的案件。该案中，丈夫王某和妻子陈某通过人工授精使妻子受孕并分娩一子，随后在经新生儿例行体检及后续亲子鉴定，证明新生儿与母亲陈某具有生物学上的亲子关系，但与其丈夫王某无血缘关系，经查证是系人工辅助生殖机构错配精子所致。该案经法院调解，以双方达成赔偿协议而告终。[4] 在该案中，原告并无身体上损害，但孩子的血缘并非出于其生育意愿，

---

[1] Bernice Tan, "An Unwanted Child: Awards for Damages in the Tort of Negligence", *Singapore Comparative Law Review*, Vol. 2018, No. 1, 2018, p. 97.

[2] 即使用夫妻的遗传物质实施的人工生殖。参见陈苇主编《婚姻家庭继承法学》，群众出版社 2017 年版，第 144 页。

[3] 即使用夫妻一方与配子捐赠者的遗传物质实施的人工授精。参见陈苇主编《婚姻家庭继承法学》，群众出版社 2017 年版，第 145 页。

[4] 赵西巨：《生命的缔造、期许与失落：人工生殖服务领域的医疗损害责任法》，《东南大学学报》（哲学社会科学版）2016 年第 2 期。

因人类辅助生育机构的过失导致原告夫妇未能生育符合其预期的子女，系对其生育自主的侵害。在侵权责任的认定上，此类案件与前述错误妊娠等案件有相似之处，因对生育自主的侵害导致了不被期待的生命降生，因此在对精神损害、财产损害的认定及其可赔偿性上有待深入探讨。

与之类似，新加坡上诉法院 2017 年审结的 *ACB v. Thomson Medical Pte Ltd* 案[①]也是域外较为典型的同质人工授精错植精子案，且该案的裁判结果具有较强创新性。在该案中，上诉人 ACB 在接受体外授精手术时，医生因过失用一名印度捐赠者的精子而非她德国丈夫的精子使其受精，以致于她生下的女儿与父母有明显不同的身体特征，ACB 因此提出损害赔偿诉求。该案争议的焦点主要为三类损害的可赔偿性：一是孩子的抚养费；二是个人自主受到侵害；三是"遗传亲缘关系的丧失"。其裁判结果为：（1）对于孩子抚养费的赔偿请求，上诉法院未予支持。原因主要有两个方面，一是从因果关系上看，根据"but for"规则，即使没有医生的过失行为，该抚养费也会发生，因此医生行为与该抚养费之间没有因果关系；二是从公共政策的角度看，父母身份包含了一系列不可分割的权利义务，其兼具法律和道德性质，且超越了金钱的范畴，如果允许对孩子抚养费的赔偿，则意味着向孩子提供情感关怀和支持等其他父母义务都可能被不当地相互割裂。[②]（2）对于侵害个人自主的损害赔偿请求，上诉法院同样未予支持。反对的理由有三个方面：一是"基于概念的反对"，"自主"并非确定的法律概念，而是道德、哲学和政治领域的基本概念；二是"基于连贯性的反对"，妨碍自主并非传统英美法上客观损害的范畴，不能单独作为损害赔偿责任产生的原因；三是"针对赔偿过宽的反对"，个人自主的范围过于宽泛，而几乎任何损害实际上都可以解读为对自主的损害，如果承认对纯粹个人自主的损害赔偿，则可能破坏过失侵权损害赔偿的边界。（3）法院支持了上诉人的"遗传亲缘关系"丧失的损害赔偿，认为该损害才是上诉人真正的损害，赔偿的数额酌定为子女抚养费的 30%。在 20 世纪，英美法中对

[①] *ACB v. Thomson Medical Pte Ltd*, 1 SLR 918 (2017).

[②] Bernice Tan, "An Unwanted Child: Awards for Damages in the Tort of Negligence", *Singapore Comparative Law Review*, Vol. 2018, No. 1, 2018, p. 98.

"遗传亲缘关系"丧失所受损害的认定尚犹疑不决,[①] 而该案裁判中对"遗传亲缘关系"损害的认定准确地描述了受害人所受损害,且厘定了其损害赔偿的数额,是此类案件中的首创,对新加坡及澳大利亚的判例法具有里程碑意义。[②]

2007年,美国纽约市高等法院也裁判过此类案件。在 Andrews v. Keltz 案[③]中,体外授精手术中的妻子、丈夫以及他们的孩子对诊所、诊所的所有者和管理者、医生等提起医疗事故和过失诉讼,认为疏忽地使用丈夫以外的人的精子给妻子的卵子受精,导致孩子不是亲生父亲的,并基于缺乏知情同意、违反合同、欺诈以及人身伤害请求损害赔偿。经审理,该案法官认为,原告因被剥夺生育由该夫妻遗传物质共同塑造的子女的机会之精神损害不能获得赔偿,但由于该夫妻对于其一方或双方的遗传物质可能被不当地植入他人体内,他们可能有一半或整个的生物学子女,以及且他们所生的女儿的亲生父亲今后可能出现并主张对该女儿的权利,从而干涉他们作为父母的身份关系,这种对未来持续的不确定性带来的精神损害可以获得赔偿;原告的其他诉求均不能获得支持。该案法官的角度也较为特别,仅仅支持了原告的精神损害赔偿,其理由并非生育自由受到侵害,而是基于对原告之遗传物质去向、错误受孕子女身份不确定性带来的精神痛苦。

2. 异质人工授精中的配子错植典型案例

在异质人工授精配子错植问题上,较为典型的是2017年美国 Cramblett v. Midwest Sperm Bank 案[④]。在该案中,原告 Cramblett 在2014年向伊利诺伊州法院提起了错误出生与违约诉讼,但在联邦法院程序中原告放弃了错误出生之诉,仅仅提起违约之诉,原因在于她女儿出生的 Midwest Sperm Bank 向她提供了错误的黑人精子,使其生下与之肤色不

[①] Fred Norton, "Assisted Reproduction and the Frustration of Genetic Affinity: Interest, Injury, and Damages", *New York University Law Review*, Vol. 74, No. 3, 1999, p. 810.

[②] Jordan English and Mohammud Jaamae Hafeez-Baig, "Acb V Thomson Medical Pte Ltd: Recovery of Upkeep Costs, Claims for Loss of Autonomy and Loss of Genetic Affinity: Fertile Ground for Development", *Melbourne University Law Review*, Vol. 41, No. 3, 2017, p. 1382.

[③] *Andrews v. Keltz*, 838 N. Y. S. 2d 363 (2007).

[④] *Cramblett v. Midwest Sperm Bank LLC*, 230 F. Supp. 3d 865 (2017).

同的婴儿。实际上，错植精子的案件在美国此前也不乏先例。[①] 不过 Cramblett 诉求的特殊性在于，她主要通过错误出生之诉请求赔偿，而这与狭义的错误出生情形有所不同。Cramblett 在合同中要求的捐精者子标本为白色、蓝眼睛、金发捐赠者的标本，但却因诊所失误被植入黑人精液，并于 2012 年生下一个"美丽的，明显为混合肤色的小女孩"。尽管 Cramblett 与家人声称他们爱这个孩子，但起诉该诊所要求赔偿 5 万美元，理由是"人身伤害、医疗费用、疼痛、痛苦、情绪困扰以及其他经济和非经济损失"，尤其是从"种族不容忍""全白人环境"搬到"更具种族色彩""对黑人友好"环境的费用。州法院最终驳回了该项错误出生诉讼，因为小女孩并没有健康问题和身体缺陷。这一异质人工授精中的精子错植案例之所以引发争议，主要在于其涉及到美国种族问题，即因避免因肤色受到偏见和歧视而付出的额外抚养成本。[②]

无独有偶，北爱尔兰上诉法院在 *A v. A Health and Social Services Trust* 案[③]中也曾驳回了由"错误受孕"子女提起的类似诉讼请求，其在裁判理由中引用先前英国贵族院（House of Lords）在苏格兰 *MacFarland v. Tayside Health Board* 案中的判决观点"将正常健康的婴儿视为麻烦和代价在道德上是不正当的"[④]，并认为上诉人没有遭受法律上的损害，其不属于英国 1976 年《先天残疾（民事责任）法》的适用范围。申言之，法官认为，与周围大多数人及其父母的肤色不同，正如所收养的孩子与养父母的肤色不同一样，不能被视为损害或残障。上诉人由于其肤色而受到不当对待的事实是由于他人的粗鲁和不礼貌的行为造成，这种行为源于某些人无法接受和容忍其他人的差异，在我们渴望生活的多元化、充满同情心和宽容的社会中，不应有这种行为出现的余地。但在我们生活的不完美世界中，不可避免地会有一些人会就他人的差异问题发

---

① Dov Fox, "Reproductive Negligence", *Columbia Law Review*, Vol. 117, No. 1, 2017, p. 153.

② Kimani Paul-Emile, "When a Wrongful Birth Claim May Not Be Wrong: Race, Inequality, and the Cost of Blackness Symposium: Fifty Years of Loving V. Virginia and the Continued Pursuit of Racial Equality", *Fordham Law Review*, Vol. 86, No. 6, 2018, p. 2819.

③ *A v. A Health and Social Services Trust*, 2011 WL 6943179.

④ *Macfarlane v. Tayside Health Board*, [1999] 3 WLR 1301.

表不愉快的评论，无论是肤色、宗教信仰、头发的颜色、穿着的衣服以及他们的家庭背景。但无论如何，受到言语冒犯并不导致伤残，冒犯性言论事实的存在并不意味着该评论的承受者受到了法律上的损害。该论证过程较为清晰地展现出法院对异质人工授精中错植精子情形的态度，从中可以看出法院对因肤色不同导致的精神痛苦可赔偿性的否定态度。不过在我国，由于在我国异质授精的精子错植一般难以如前述案例那样通过孩子的肤色等外在体貌特征觉察，且即使错植，也难以证明与"预订"类型后代有何本质区别，因此本书主要研究同质授精，即以患者丈夫的精子作为人工授精配子的情形。

3. 理论探讨

医务人员在人工生殖中错植配子的情形，与错误出生、错误妊娠情形类似，该新生儿实际上并非该夫妻所期待降生的生命。而不同的是，后者中的子女与该夫妻均有血缘关系，前者中子女与该丈夫无血缘关系。依我国传统血脉传承观念，在错植配子或胚胎的情形下，该丈夫的精神损害极其严重。同时，由于血缘关系阙如，法律上是否承认其具有亲子关系决定着该夫妇对其抚养费的承担等问题，这便涉及该夫妇的财产损害。因此，一个前置性的问题在于此类情形下法律上亲子关系的认定。

我国规范性法律文件对人工生殖领域亲子关系的规定较少。《民法典婚姻家庭编解释（一）》沿用了已废止的原1991年《最高人民法院关于夫妻离婚后人工授精所生子女的法律地位如何确定的复函》的内容，规定"婚姻关系存续期间，夫妻双方一致同意进行人工授精，所生子女应视为婚生子女，父母子女间的权利义务关系适用民法典的有关规定。"该规定主要解决了依夫妻双方合意而实施的同质或异质人工授精所生子女的法律地位，但现实操作中情况较为复杂，该复函无法解决所有的人工生育子女法律地位认定问题，错植精子或胚胎并非该复函规范的对象。在体内同质人工授精中，因医务人员过失致使误用第三人精液注入妻子体内而出生的子女，有学者提出，出于对子女利益的保护，应将该子女视为夫妻双方的婚生子女。申言之，在自然生育中，若婚生子女的亲子关系被否认，尚可通过其生父自愿认领或请求生父强制认领来确定亲子关系；而在人工生殖中，该子女的亲子关系一旦被否认，则将在法律上沦为父亲身份不明的孩子，其地位可能连非婚生子女都不如。

鉴于此，出于对儿童利益的保护，应将其视为该夫妻的婚生子女，并由医院承担相应的医疗赔偿责任，给予丈夫经济上的救济。① 这一观点的合理性主要在于对儿童利益的特殊保护，不过却一定程度上牺牲了丈夫的利益，且由医院承担损害赔偿责任的请求权基础及损害赔偿范围的确定也面临争议。本书认为，错植精子的情形不同于夫妻一致同意的体内异质人工授精，两者虽然在结果上都是由第三人与妻子的配子结合而生育后代，但后者基于丈夫同意，将该子女视为婚生子女具备正当性；而前者事先并未经丈夫同意，且丈夫本身具有提供精子的能力，强行赋予其对不具有血缘关系孩子的父亲身份有悖于人伦，且并不一定有利于该子女成长。因此，在错植精子情形下有必要尊重丈夫的意愿。丈夫可提起婚生子女否认之诉，推翻其父亲身份的推定；也可以承认或追认孩子为其婚生子女，放弃其否认权。

在财产损害层面，若丈夫追认孩子为婚生子女，则由其与妻子负担孩子抚养费，若丈夫否定其父亲身份，则应由妻子与孩子的生物学父亲负担孩子抚养费。对于前者，孩子父亲所要承担的抚养费是否属于财产上的损害？可否由医疗机构赔偿？对此，本书持否定意见，其理由与错误妊娠之诉中健康子女的抚养费不具有可赔偿性类似，虽"错植出生"孩子并非其法律上父亲所意欲成就之后果，但为孩子尊严考虑，并防止防御性医疗之发生阻碍人工生殖技术的运用，孩子的抚养费应由依前述方法所认定的法律上的父母承担。

在精神损害方面，无论丈夫做何选择，都无法改变其夫妻双方生育自主遭受侵害的事实。家庭成员之间的生物学关系有着重要社会意义，家庭中的血缘关系是其情感纽带的重要组成部分，他们能够从彼此外貌或性情中看到这种共同的生物身份。② 后代的遗传特征之所以具有象征意义，是因为他们将父母和孩子视为同一群体的成员，并防止一个民族的过去和未来之间遗传连续性的丧失。③ 基于此，生育与自身具有血缘关系子女的权利意义重大，这种生育选择关乎遗传物质的传递与家族血

---

① 参见陈苇主编《婚姻家庭继承法学》，群众出版社 2017 年版，第 144 页。

② Dov Fox, "Paying for Particulars in People-to-Be: Commercialisation, Commodification and Commensurability in Human Reproduction", *Journal of Medical Ethics*, Vol. 34, No. 3, 2008, p. 165.

③ Dov Fox, "Reproductive Negligence", *Columbia Law Review*, Vol. 117, No. 1, 2017, p. 182.

脉传承。据此，因医疗行为过错而错植精子，导致生下与自身不具备血缘关系，却与妻子具备血缘关系的子女，这种情形下夫妻受到的严重精神损害具有可赔偿性。

（二）错植胚胎

医务人员错植胚胎时，孕妇产下与该夫妻均无血缘关系的孩子，严重影响了夫妻真正意义上生育子女的自主选择，系对该夫妻生育权的侵害。基于孕妇在妊娠期间对胎儿付出的情感寄托和营养供给，以及发现与孩子无血缘关系后的心理落差，人类辅助生殖机构的过错对该夫妇造成严重精神痛苦。此类案例类似于司法实践中医疗机构疏忽导致产妇抱错孩子的情形，我国司法机关在对后者的判决中曾提出"父母对子女监护、教育及子女被父母照顾、呵护，是基于血缘关系而与生俱来的一种权利，这种权利与身份关系密切相连，是一种人格利益，应当受到保护"，[①] 对该人格利益的侵害是在孕妇分娩之后，是因重大过失对亲权的侵害；而错植胚胎发生在妊娠阶段，是对生育权的侵害。在这两种情形下，夫妻的严重精神损害基于类似的原因，均具有可赔偿性。

在财产损害层面，夫妻若为该不具有自然血亲，又不具有拟制亲子关系的孩子支出了抚养费，那么该抚养费支出确由医疗机构过错造成，但根据差额说，即使胚胎未被错植，该夫妻抚养亲生子女同样需要支出该笔抚养费，因此在财产层面可视为未受损失；更何况，这种情形下一般不仅这一对夫妇承担此后果，与错植胚胎所生孩子具有血缘关系的夫妻往往也同样错植了胚胎，因此作为原告的孩子一般也在被另一家庭抚养，根据损益相抵规则，其在财产上未受损害。当然，也可能存在原告夫妇的体外胚胎并未被移植等更为复杂的情形，对此本书认为，对错植胚胎而出生孩子的抚养费，医疗机构原则上不负担财产赔偿责任，应由与其具有血缘关系的父母承担抚养义务；若无法找到亲生父母，可依《民法典》第三十二条规定由民政部门等担任孩子的监护人，但对原告在亲子鉴定前已支出的抚养费，医疗机构应承担与其过错程度相适应的一定赔偿。

---

① 参见付某、谭某与中国医科大学附属第四医院侵权责任纠纷一审民事判决书，辽宁省沈阳市和平区人民法院（2019）辽 0102 民初 4669 号。

三 拒绝返还或故意销毁体外胚胎的侵权责任

在人工生殖中，除前述丢失、毁损、错植配子或体外胚胎等过失侵权行为，医疗机构的生育权侵权行为还存在故意侵权的情形，即人类辅助生殖机构拒绝返还体外胚胎。一般而言，患者在人类辅助生殖机构实施"试管婴儿"手术时，在体外胚胎形成之后的冷冻期间，有权以取回冷冻胚胎的形式行使自己的生育权。但由于冷冻胚胎作为生物材料较为脆弱，且保存难度大，不便将其交由个人处置，因此人类辅助生殖机构在面对患者返还冷冻胚胎的请求时较为谨慎，甚至就患者是否有权取回其冷冻胚胎引发诉讼。在我国的一例此类案件中，法院最终判决人类辅助生殖机构应依法返还患者的冷冻胚胎，在其执行过程中，法院要求患者确保交接时提供相应保存设备和运输工具，以保障胚胎安全。①

实际上，司法实践中人类辅助生殖机构拒绝向患者返还冷冻胚胎的情形，主要存在于作为体外胚胎配子供体的夫妻一方死亡等特殊情形之中，其中的生育权侵权责任认定难点在于对违法行为之判断。对此，本书第三章第四节所厘定的体外胚胎上特殊的生育权行使秩序，即体外胚胎的处置规则在侵权责任法上的意义，实质上就在于确定人类辅助生殖机构的行为规范，那么对该规范的逾越则可被认定为侵权行为。依前文，在作为配子供体的丈夫死亡后，冷冻胚胎的处置取决于妻子如何行使生育权，妻子可以选择将该冷冻胚胎植入、销毁、继续保存，或捐献为教学科研使用，人工辅助生殖机构无权干涉；同样地，作为配子供体的妻子死亡后，丈夫的生育权处于绝对地位，丈夫可以将冷冻胚胎销毁、继续保存、捐献为教学科研使用，且有权取回冷冻胚胎等待放开代孕，或通过海外代孕的方式行使生育权。② 对此，人类辅助生殖机构也负有尊重和不干涉的义务，无权拒绝返还体外胚胎，否则将构成侵害患者生育权的行为。

不过，由于医疗机构拒绝返还体外胚胎的行为往往不对患者造成实质的财产或精神损害，因此不引起损害赔偿责任，此类纠纷中的责任承

---

① 参见肖波、周湘情《冷冻胚胎这样"完璧归赵"》，《人民法院报》2019年12月18日第8版。

② 参见朱振《冷冻胚胎的"继承"与生育权的难题》，《医学与哲学（A）》2015年第3期。

担方式主要为停止侵害、排除妨碍等防御性侵权责任，依照民法典编纂中"小的侵权责任法"布局，此类诉讼中原告的请求权类型实质上为人格权请求权。但是，如果在前述特殊情形下，医疗机构采取故意销毁胚胎等极端措施，则产生实际的损害后果，应对患者承担损害赔偿责任。目前，正因销毁胚胎对于配子提供者的侵权风险，以及体外胚胎的独特伦理价值，尽管医疗机构中现存数量众多的"无主胚胎"[①]，即配子供体失联的体外胚胎，但医疗机构也无法贸然依照事先的知情同意书，在患者停止续费的情形下销毁胚胎，只能继续保存此类胚胎，从而对医疗机构造成沉重负担。对此，有待于将来出台行业标准，形成明晰的行业操作办法，合理配置人类辅助生殖机构与患者之间的权利与义务，并设置明确的法律责任，保障人工生殖技术的规范发展。

第五节 其他不特定主体侵害生育权的侵权责任

一 侵害夫妻一方生殖健康的侵权责任

生殖健康权属于生育权的内容之一。司法实践中的生殖健康权纠纷主要是受害人生育功能丧失引发的生育权侵权诉讼，司法实践中主要表现为因交通事故、医疗事故等造成夫妻一方生育功能丧失，由直接受害人或其配偶或两者共同提起的生育权侵权损害赔偿之诉。此类案件在司法实践中的争议焦点往往有二：一是受害人的生育权是否受到侵害，尤其是健康权救济能否涵盖生育权损害问题；二是受害人配偶的生育权是否受到侵害。

对于生育权与身体权、健康权的关系，本书第二章已有所述及。本书认为健康权系物质性人格权，与生育权这一精神性人格权的性质、价值基础具有本质不同。在因生殖健康受损而影响生育功能的侵权纠纷中，健康权与生育权侵权损害赔偿请求权系相互聚合的请求权，并非发生竞合，两者并行不悖，互不包含。司法机关也基本上持这一立场，在受害人因医疗事故、机动车交通事故而造成子宫误切除、双侧输精管断裂等生殖健康损害时，因导致受害人丧失生育能力，裁判文书明确认可

[①] 廖君、林苗苗、鲍晚菁：《试管婴儿剩余"无主胚胎"无处安放 专家建议完善法律法规出台行业标准》，《经济参考报》2019年8月23日第7版。

该行为系侵害原告生育权的行为，并支持原告基于生育权受到侵害的精神损害赔偿。① 因此，在生殖健康受损的案件中，健康权救济不能涵盖生育权侵权损害，生育权作为独立的损害赔偿请求权基础应得到认可。

对于直接受害人的配偶之生育权侵权是否成立，本书持肯定立场。尽管夫妻别体主义在现代婚姻法中广泛确立，其实这也使得夫妻各自的姓名权、名誉权等人格权均相互独立，互不牵连，但生育行为由两性配合完成，夫妻之间关于生育的联系与其说是生育权在价值评价上的关联，毋宁说是生育行为在事实上的关联。因此，夫妻一方生殖健康权受到损害，所造成的另一方生育权受到损害，并不违反夫妻别体的原则，而是在婚内生育的社会伦理框架下，基于该另一方本身的生育自由客观上受到侵害而造成。在美国侵权法中，也有此类规则，其属于"间接干扰婚姻关系侵权案件"。我国司法实践对因生殖能力受损的受害人之配偶的生育权损害赔偿大多也持肯定态度，② 其主要是基于直接受害人的配偶因该侵害行为无法通过生育行为拥有子女而受到严重精神损害，是一种典型的生育权侵权行为，这也印证了生育权系精神性人格权，而非物质性人格权。

二 侵害孕妇致其终止妊娠的侵权责任

孕妇在遭受人身损害时，其腹中胎儿的健康可能受到影响，甚至引起流产的严重后果。若胎儿在出生以前，其健康遭受损害，根据对《民法典》第十六条胎儿利益保护条款的解释，主流观点认为胎儿出生后为活体的，有独立的损害赔偿请求权，③ 这种情形下不涉及孕妇的生育权。但如果孕妇在怀孕期间，人身遭受损害致其流产或出现其他导致胎儿死亡的情形，因胎儿不享有生命权，故不构成对胎儿生命权的侵害。

---

① 参见赵某与德惠仁爱妇产医院医疗服务合同纠纷一审民事判决书，德惠市人民法院（2016）吉0183民初2479号；陈某与西充县人民医院医疗损害责任纠纷一审民事判决书，西充县人民法院（2016）川1325民初2613号。

② 参见孙某与靖江市人民医院医疗损害责任纠纷一审民事判决书，靖江市人民法院（2014）靖民初字第2616号；高某与大连甘井子机场前门诊部生命权、健康权、身体权纠纷一审民事判决书，大连市甘井子区人民法院（2013）甘民初字第4729号；高某与大连甘井子机场前门诊部生命权、健康权、身体权纠纷二审民事判决书，大连市中级人民法院（2014）大民一终字第1358号。

③ 谭启平主编：《中国民法学》，法律出版社2018年版，第92页。

对孕妇而言，有学者认为构成对其健康权的侵害，[1] 本书认为这种情形比侵害孕妇健康更为复杂，侵害行为还影响了孕妇继续妊娠，可能同时构成对其生育权的侵害。

在我国司法实践中，侵害孕妇导致流产的情形主要出现在机动车交通事故侵权与医疗损害侵权中。对此，法院往往认定加害人应该承担侵害孕妇生育权的损害赔偿责任。有裁判文书明确指出，"生育权乃是人的自然属性，基于自然事实，与自然人之人格不可分割，宜肯定为人格权。因为交通事故，最终流产使原告刘某丧失了继续妊娠的机会，该损害客观存在，且必然导致其精神上的痛苦，结合原告在本次事故中负同等责任的事实，精神抚慰金以 4000 元为宜。"[2] 此外，在交通事故中导致孕妇流产的类似案例[3]中也支持了侵害孕妇生育权的精神损害赔偿，其具体抚慰金数额从 4000 至 50000 元不等。此外，司法实践也有因医疗行为中的过失造成胎儿死亡的案例，[4] 对此司法机关支持了原告精神损害赔偿的诉求，但未明确认定原告何种权利受到侵害，有学者评价其为"实用主义的做法，而未能去试图解决理论的自洽问题"[5]。本书认为，医疗机构过失构成加害给付，在诊疗过程中造成胎儿死亡，系对原告生育权的侵害，应基于违约或侵权责任要求医疗机构承担相应的损害赔偿责任。

至于在孕妇遭受侵害而流产情形中，丈夫的生育权是否受到侵害，我国司法裁判中观点不一，前述案例中大都认可"准父母"的生育权均受到侵害，但也有法院提出，"本院认为，本案诉争所涉事故的发生，造成孙某引产，贾某作为丈夫，精神上同样受到伤害，但其基于生育权

---

[1] 程啸：《侵权责任法》，法律出版社 2015 年版，第 129 页。

[2] 参见刘某与范某、金坛市天霸汽车运输有限公司、中国太平洋财产保险股份有限公司金坛支公司、李某道路交通事故损害赔偿纠纷一案一审民事判决书，金坛市人民法院（2013）坛民初字第 2352 号。

[3] 参见王某诉孔某、中华联合财产保险股份有限公司平顶山中心支公司交通事故人身损害赔偿纠纷一案一审民事判决书，郏县人民法院（2011）郏民初字第 387 号；孔某与王某、中国人民财产保险股份有限公司平顶山市新华支公司机动车交通事故责任纠纷一案一审民事判决书，郏县人民法院（2014）郏民初字第 905 号。

[4] 参见北京市海淀区某某保健院与闫某等医疗事故赔偿纠纷一案民事判决书，北京市海淀区人民法院（2003）海民初字第 6622 号；北京市海淀区某某保健院与闫某等医疗事故赔偿纠纷二审民事判决书，北京市第一中级人民法院（2003）一中民终字第 10341 号。

[5] 王成：《医疗损害赔偿的规范途径》，《政治与法律》2018 年第 5 期。

受到伤害要求进行精神损害赔偿,缺乏法律依据,本院不予支持。"[1]依前文,男性也享有生育权,在妻子怀孕后,其生育权虽不能"对抗"妻子的生育权,但并不意味着不特定第三人不负有尊重该准父亲生育权的义务。第三人因过错导致妇女流产,致使该妇女及其丈夫生育意愿和期待落空而遭受严重精神损害。即使该夫妇可能将来仍有怀孕生子的可能性,但失去这一胎儿已经对其生育自主造成侵害,妻子在这一过程中因同时遭受健康损害而可能比丈夫承受更多痛苦,但在生育自主的层面,夫妻二人所遭受的失去准子女的精神痛苦可视为等同的。因此,在孕妇遭受侵害而流产情形中,其丈夫也有权基于其自身生育权受到侵害而主张精神损害赔偿。

本章小结

在生育权救济规则的澄清上,其难点主要为婚内侵权的正当性争议、侵害积极生育权的损害认定之伦理争议、人工生殖中侵害生育权的违法行为认定争议等。通过考察国内外司法实践中的生育权侵权诉讼,按照侵权行为主体进行分类讨论,其救济规则主要包括:

第一,在生育伙伴之间的生育权侵权中,夫妻一方违反夫妻生育权冲突处理规则侵害另一方生育权造成损害时,若夫妻采约定分别财产制,则受害方有权请求对方承担损害赔偿责任;若采通常法定共同财产制,则无损害赔偿的财产基础,但受害人可请求对方承担停止侵害等防御性侵权责任。其中,在妻子错误陈述亲子关系,导致丈夫"欺诈性抚养"与其无血缘关系之子女时,系侵害丈夫人格尊严,对于是否侵害丈夫生育权应视具体个案中的损害后果而定。非婚生育伙伴双方均享有生育权,双方内部的生育权侵权行为认定,也主要视其是否违反前述非婚生育伙伴间的生育权协调规则,违反该规则造成对方损害则应承担损害赔偿责任。

第二,在错误妊娠诉讼中,因绝育手术、堕胎手术过失导致妇女生

---

[1] 参见贾某与洛阳陆航汽车运输有限公司、姬某、中国太平洋财产保险有限公司洛阳分公司机动车交通事故责任纠纷二审民事判决书,洛阳市中级人民法院(2015)洛民终字第357号。

下计划外子女时，原告夫妇往往更倾向于选择侵权之诉而非违约之诉请求救济。尽管医务人员的过失行为侵害了原告生育权，但新生命降生为家庭带来之喜悦作为精神得益可扣减其父母生育权受到侵害的精神损害；基于亲子人伦、生命尊严及父母义务等考量因素，应缓和适用完全赔偿原则，故子女抚养费不具有可赔偿性；错误妊娠诉讼中医疗机构最终须赔偿的仅仅是因手术失败侵害患者健康权造成的损害。

第三，在错误出生诉讼中，因产前诊断过失未查明胎儿健康状况导致残障婴儿出生的情形中，医疗机构侵害该子女之父母的生育权，具体表现为生育知情权与生育选择权，应向该父母承担精神损害赔偿责任与残障子女特殊抚养费的财产损害赔偿责任。基于子女生命尊严与亲子人伦秩序考量，并为避免防御性医疗，残障子女的一般抚养费应由其父母承担，不具备可赔偿性。该残障子女的出生对该子女自身而言不应被评价为损害，该子女不具备诉讼主体资格，错误生命之诉难以成立。

第四，在人类辅助生殖技术实施中，医疗机构因过失而丢失、毁损、错植配子或体外胚胎等行为构成对患者夫妇生育权的侵害，应承担相应的损害赔偿责任。除此类过失侵权外，在体外胚胎冷冻保存期间，若作为配子供体的夫妻一方亡故，生存的另一方有权行使生育权，对于医疗机构拒绝将冷冻胚胎交由生存的一方处置的行为，其有权要求医疗机构排除妨碍；对于医疗机构故意销毁冷冻胚胎的行为，患者有权要求医疗机构承担损害赔偿责任。

第五，在医疗事故、交通事故等导致受害人生殖健康受损，或导致孕妇终止妊娠的案件中，身体权或健康权救济不能涵盖生育权侵权损害，生育权作为独立的损害赔偿请求权基础应得到认可。同时，直接受害人配偶的生育权在前述情形下也受到侵害，且往往遭受严重精神损害，因此直接受害人及其配偶均为损害赔偿请求权人。

第五章　我国私法中生育权的立法完善

法谚有云，法律为未来作规定，法官为过去作判决。[1] 尽管随着社会伦理变迁与生命科技发展，生育权概念的独立性与救济的紧迫性已愈加凸显，但我国在私法规范层面仅有《妇女权益保障法》部分地、不彻底地认可了生育权概念。从严格的人格权法定主义视角看，生育权的人格权地位尚未确立。中国已成为人格权学术与立法上的大国，[2] 在我国在民法典编纂中拟将人格权独立成编的背景下，对生育权有名化的探讨有其理论与实践上的必要性。"民法要扩张，刑法要谦抑"，[3] 近年来我国具体人格权体系的日益繁荣便反映了这一倾向。但同时，将一项人格利益上升为法定权利切不可恣意，为避免权利泛化，须对该项利益的本体论与救济论、理论体系与实践样态、历史与未来之境况穷幽极微，方有可能得出较为客观的结论，这也是前文试图完成的工作。行文至此，生育权制度的图景已大致勾勒，本章拟解决的问题主要是，在立法技术层面，生育权何以成为有名化的人格权类型，以及如何表达生育权的具体内容。

第一节　我国民法典编纂相关的生育权立法探讨

一　民法典编纂前的生育权立法提议

民法典是法治文明程度的基本标志。[4] 在新中国成立以后，我国曾

---

[1] 张文显：《法理：法理学的中心主题和法学的共同关注》，《清华法学》2017年第4期。
[2] 徐国栋：《人格权制度历史沿革考》，《法制与社会发展》2008年第1期。
[3] 王利明：《民法要扩张 刑法要谦抑》，《中国大学教学》2019年第11期。
[4] 孙鹏：《民法法典化探究》，《现代法学》2001年第2期。

先后于 1954 年、1962 年、1979 年和 2001 年启动民法典制定工作，但直到党的十八届四中全会之后，我国的民法典编纂才取得实质性成果。① 因此，本书所称"民法典编纂"特指包括现行《民法典》编纂过程。在此之前，尤其是 2001 年前后的民法典讨论过程中，学界对民法典编纂也提出了相关立法建议，立法机关也做出充分回应。其中涉及生育权立法的争议，主要为是否明文列举生育权的问题。

在 2001 年启动的民法典编纂中，全国人大第九届常委会第三十一次会议 2002 年 12 月审议了《中华人民共和国民法（草案）》。学界认为，鉴于准备时间较为仓促，客观地看这部草案写得不够好，但能够代表立法机关对民法典内容的基本立场。② 其中，第四编是"人格权编"，较之 1986 年颁布的《民法通则》，草案对人格权的列举增加规定了"信用权""隐私权"，但并未对生育权加以规定；第五编"婚姻法"也沿用了 2001 修正后的《婚姻法》，未做改动。因此，从立法机关的态度看，生育权作为法定人格权并未得到认可。不过在学界，曾有立法建议稿提出设立第六条"家庭计划生育"条款与第三十六条"生育权"条款，③ 但最终并未被立法机关采纳。

在此之后，杨遂全教授曾于 2003 年对民法典中生育权的立法表达做出十三条详细设计，包括生育权的概念、夫妻共同生育权、生育约定的变更、擅自婚外生育的责任、妻子擅自终止妊娠的后果、节育措施的知情权和选择权、节育手术事故的索赔权、对生育女婴和不育妇女的保护、人工生育同意权、夫妻对遗传因子的支配权、死者遗传因子的亲属

---

① 其中，前两次民事立法工作因多种原因未能取得实际成果；1979 年前后由于刚刚进入改革开放新时期，制定完备法典的条件不具备，因此按照"成熟一个通过一个"的工作思路，确定先制定民事单行法的立法思路；2001 年全国人大第九届常委会组织起草了《中华人民共和国民法（草案）》，并于 2002 年进行了一次审议，但最后经讨论仍继续采取分别制定民事单行法的办法。2003 年以来我国民事立法富有成效，为此次民法典编纂奠定了较好的法律基础与实践基础。参见李适时主编《中华人民共和国民法总则释义》，法律出版社 2017 年版，第 1 页；梁慧星组织编写：《中国民法典草案建议稿》，法律出版社 2011 年版，第 1 页。

② 参见杨立新《民法人格权编的政治基础与学术立场、立法技术的统一》，《法学杂志》2018 年第 7 期。

③ 其中的"家庭计划生育"条款，即"夫妻双方均有生育子女的权利，也有不生育的自由。禁止一方或者第三人侵害他方的生育权。夫妻双方均有生育子女的权利"；"生育权"条款即"夫妻双方平等地享有生育子女的权利。但妻子有权决定是否终止妊娠。"参见周鸿燕《论女性作为生育权的主体》，《华南师范大学学报》（社会科学版）2003 年第 6 期。

支配权、死者遗传因子的利用、一般公民利用人工生殖技术生育的限制等内容。① 该内容较为全面地阐述了生育权的内容及其救济规则，是较早对生育权进行细致研究的经典文献，且涉及当下生命科技运用中的争议问题，具有较大理论与实践价值。

此外，徐国栋教授在其主持起草的《绿色民法典草案》第三题"人格权"中的第三节"家庭权"里，经借鉴法国民法典、乌克兰民法典草案、阿根廷民法典草案等相应内容，在第三百四十六条提出设立生育权，明确界定了生育权的内容，② 并在第三百四十七条规定了与之相关的"代理生育与由此产生的母子关系"。③ 这两条立法建议不仅清晰地概括了生育权的法律关系，并归纳了处理夫妻之间生育权冲突的基本原则，更从私法层面提出了解决现实社会中存在的违法代孕之父母子女关系认定问题，极具前瞻性，在当下看来仍具有深刻的启发意义。

此外，周平教授在其著作中也提出了针对生育权的立法建议，并将具体条文概括表述为："自然人都享有生育权。主体可以通过协议方式行使生育权，生育协议内容不得违反法律和公共利益。在没有生育协议时，怀孕的妇女可以依法自行决定是否继续妊娠；但应在合理期间内告知自己的配偶。"④ 该条文建设性地提出了以订立契约作为行使生育权的方式，其将生育权的支配权能具象化，同时充分体现出生育权作为独立人格权的必要性，对学界厘清生育权的内容与性质具有重大理论意义。

二 民法典编纂中的生育权入典讨论

继原《民法总则》出台之后，民法典各分编的编纂工作也逐步展

---

① 杨遂全：《现行婚姻法的不足与民法典立法对策》，《法学研究》2003年第2期。

② 具体表述为，"任何人在法律规定的范围内都有生育子女的权利。夫妻双方各自享有生育权，一方不得妨碍他方的此等权利。成年的已婚妇女有权经医生推荐以人工授精或胚胎移植的方式怀孕。绝育手术只能根据成年人的愿望进行。无民事行为能力人的绝育手术可经监护人的同意为之。"参见徐国栋主编《绿色民法典草案》，社会科学文献出版社2004年版，第88页。

③ 具体内容为，"为他人生育的任何协议，无效。在违法实施了代理生育的情形，母子关系只存在于孕育人与新生儿之间。"参见徐国栋主编《绿色民法典草案》，社会科学文献出版社2004年版，第88页。

④ 周平：《生育与法律：生育权制度解读及冲突配置》，人民出版社2009年版，第179页。

开。在 2018 年下半年，第十三届全国人大常委会第五次会议对《民法典各分编（草案）》进行了初次审议。其中，在生育权保护问题上，人格权编草案未能做出明确规定。此后，民法典人格权编二次审议稿、三次审议稿及最终审议通过稿均未增加关于生育权的规定。不过，民法典人格权编草案二次审议稿增设了第七百八十九条之一，增加关于"从事人体基因、人体胚胎等有关医学和科研活动"的相关规定，并在最终审议通过中得以保留。从体系上看，该条位于"第二章 生命权、身体权和健康权"之下，并非对生育权的直接确认，但对于人体基因、人体胚胎等有关的医学活动的限制，关乎夫妻生育权行使的内容与限度，这实质上也明确了生育权的行使界限。由此观之，立法机关也注意到了生命科技的实施对于生育自由的影响，并试图在私法中对该技术予以规制，但其切入的对象仍是传统的物质性人格权，未能直接地从生育权角度出发进行规则建构。

在民法典草案婚姻家庭编一次审议稿中，较之原《婚姻法》，不再保留关于计划生育的规定，该立场也被民法典最终的审议通过稿所沿袭。对此，全国人大常委会在《关于〈民法典各分编（草案）〉的说明》中解释相关理由，即"现行婚姻法、收养法中都有关于计划生育的条款。为适应我国人口形势新变化，草案不再规定有关计划生育的内容。"在此后的民法典婚姻家庭编二次审议稿、三次审议稿中，一直沿袭了这一立场。由此观之，立法机关已对我国人口政策变迁的背景做出回应，合乎时宜地在私法中删去了计划生育条款，放宽了生育权实现的私法环境；然而，对于生育权入典，立法机关仍采取了较为保守的态度，未将其纳入人格权或夫妻人身关系的内容。

在此次民法典分编立法过程中，理论界对生育权立法提出了相关建议。较有代表性的主要有，夏吟兰教授在进行《民法典婚姻家庭编（草案）的重大疑难问题》发言中建议增加夫妻的生育权，强调夫妻享有平等的生育权。龙翼飞教授在民法学研究会 2019 年年会中做《民法典婚姻家庭编的疑难问题》报告，其中明确提出，应在婚姻家庭编第一章"一般规定"中增加"保护自然人依法行使生育权"作为基本原则，在禁止性规定中增加"禁止自然人生育的性别歧视"；在第三章"家庭关系"中增加规定"夫妻双方平等享有生育权。夫妻双方对终止妊娠发生纠纷，应当协议处理；协议不成的，由女方决定是否终止妊娠。"

薛宁兰教授也明确提出，为应对我国当前生育率低迷的现状，鼓励夫妻自主生育，应在我国婚姻家庭立法的夫妻人身关系中增加生育权赋权规定。[①] 前述建议主要是针对此次民法典编纂提出，虽未被立法机关采纳，但对今后的立法解释或司法解释具有重要理论价值。

第二节　保护模式：生育权有名化的必要性与可行性

一　生育权在人格权类型序列中的重要地位

对生育权有名化必要性的探讨主要从立法体系的科学性、生育权救济的有效性两个方向展开，前者是本部分探讨的重点。在人格权的体系建构中，尤其是在具体人格权的确立问题上，存在着较为典型的类型化思维。类型化是介于抽象概念与个别直观之间的一种折中的逻辑演绎，其对于揭示具体法律制度内在形态具有很强的表现力。[②] 正如前文所述，各具体人格权概念并非纯粹逻辑推演的结果，而是从社会实践中逐步凸显、成熟、独立而形成的权利类型。更进一步的是，不同类型的人格权并非杂乱无章地存在，其体系背后隐含着一定的排列次序，即德国学者卡尔·拉伦茨所提出的"类型序列"思维：不同人格权之间几乎并连，同时又互相区分，其内在顺序之安排应足以彰显其同、异及过渡现象。[③] "类型序列"思维对于概念的体系化思考、概念外延的划定极具裨益。

从人格权类型序列的角度看，生育权之所以能够在其体系中作为一项独立的人格权，是由其固有本质和价值基础决定。申言之，生育权处于与人之本体紧密联系的地位，且以人身自由的方式展现，并直接关乎人自身之发展，因此具有"强伦理色彩"，从这个意义上看，生育权更接近于生命权、身体权、健康权等传统人格权。质言之，相较于肖像权、隐私权，以及比较法上的信用权等人格权类型，生育权所涵摄的人

---

① 具体条文建议为：夫妻双方平等享有生育子女的权利。夫妻应当相互尊重、平等协商生育事项，对是否终止妊娠不能达成合意时，妻子一方有权作出决定。参见薛宁兰《社会转型中的婚姻家庭法制新面向》，《东方法学》2020年第2期。
② 李景义、项定宜、李浩：《人格权体系研究》，人民出版社2016年版，第94页。
③ ［德］卡尔·拉伦茨：《法学方法论》，陈爱娥译，商务印书馆2003年版，第345页。

格要素更具备基础性、根本性。生育决策对个人身份和幸福具有重大意义，如果一个人在生育方面缺乏自决权，那么自由和人类尊严的重要领域就会丧失。① 甚至有学者提出，关于生育的决定往往比生活中的大多数决定更能塑造人，许多人在决定怀孕、为人父母的过程中找到成就感和满足感，而侵害生育权对受害人造成的实质性伤害超出了任何身体侵犯或精神困扰。② 如果按照人之为人所具备的人格要素的基础程度由高到低排序，生育权至少应排在姓名权、隐私权、肖像权与信用权之前，盖因后者的伦理意味渐淡，并逐渐具备了财产权的色彩。因此，在我国人格权益体系中，大致存在"生命权→身体权→健康权→生育权→婚姻自主权→姓名权→名誉权→隐私权→肖像权→其他人格利益"之伦理性渐弱序列。即使人格权概念本身已体现出对人格要素脱离人之本体的保护模式，但具体人格要素与人本身联系的远近，仍是评判某人格权典型性的本质因素。参照《德国民法典》第八百二十三条的排序，生育自由作为自由的内容，在这一序列中，处于生命、身体、健康之后，隐私权、肖像权等作为一般人格权的"其他权利"之前。而隐私权、肖像权等已被我国立法明确列举为法定具体人格权，举轻以明重，生育权有必要作为具体人格权，以实现民法典权利谱系的完整性、科学性。

二 生育权之"利益保护模式"的客观局限

（一）生育权之一般人格权保护路径反思

在我国民事裁判中，生育权纠纷在案由上时常被界定为"一般人格权纠纷"，鉴于此，可能有观点认为生育权属于一般人格权，对其适用一般人格权的救济规则即可。对此，本书认为有待商榷。其原因在于，一般人格权概念在我国立法上没有明确依据，在理论上亦无存在之必要，故"'一般人格权'的概念应为我国人格权立法所排除"③。虽然一般人格权的概念在理论上也受到一些认可，也有学者在立法论层面提出，"我国应该坚持具体人格权与一般人格权并举，应该将一般人格权

---

① J. A. Robertson, "Liberalism and the Limits of Procreative Liberty: A Response to My Critics", *Washington and Lee law review*, Vol. 52, No. 1, 1995, p. 236.

② Dov Fox, "Reproductive Negligence", *Columbia Law Review*, Vol. 117, No. 1, 2017, p. 155.

③ 温世扬：《略论人格权的类型体系》，《现代法学》2012年第4期。

直接规定于民法典中，作为一种民事权利对待。"① 也有学者认为我国《民法典》第一百零九条关于人格权保护的一般条款是一般人格权的请求权基础。② 但不可否认的是，我国司法实践中使用的一般人格权概念与其最初在德国法诞生时不尽相同。③ 作为德国法中的舶来品，本书更倾向于认同，一般人格权实际上是一项长期被"误读"的权利④。一方面，即使在德国，一般人格权的内容具有不确定性，必须经过利益权衡方可加以确定。⑤ 另一方面，若对其涵义采取其在德国法上的原本解读，则其外延与我国法上许多的具体法定人格权重叠；若根据其被引入我国后概念漂移、错位后的理解，它的功能则可被我国人格权益保护的一般条款所覆盖。

申言之，由于中德人格权体系建构的差异，一般人格权与我国人格权存在体系性矛盾，致使我国学者对一般人格权概念的理解不尽一致，其本土化至今仍存在逻辑障碍。在德国，一般人格权的价值理念虽来源于基本法，但其由判例演化而来，是作为其民法典八百二十三条中"其他权利"的"框架性权利"，与八百二十三条的"生命、身体、健康、自由"之间是并列关系，而非隶属关系。同时，由于德国民法典几乎没有规定具体人格权，⑥ 第八百二十三条中的"生命、身体、健康、自由"并未被冠以主观权利之名，这使得许多学者认为它们是主体制度的一部分；在这种体系之中，德国的一般人格权实际上几乎成为囊括了隐私权、肖像权等所有具体人格权的集合性概念，虽然其外延不够清晰，但至少已经发展成为一个"中等抽象的概念"⑦。而我国的具体人格权制度本身已是人格权制度的重点内容，其发展已较为成熟，故我国对一般人格权的引入，仅仅是为了解决未被具体化的人格利益保护问题。但实际上，一般人格权概念难以融入我国的人格权益逻辑体系——

---

① 曾凡昌：《西方人格权发展的历史线索及其启示》，《现代法学》2011年第2期。
② 刘召成：《民法一般人格权的创设技术与规范构造》，《法学》2019年第10期。
③ 张建文：《作为新兴权利司法保护方法的一般人格权》，《法学杂志》2019年第6期。
④ 李景义、项定宜、李浩：《人格权体系研究》，人民出版社2016年版，第18—22页。
⑤ [德] 迪特尔·梅迪库斯：《德国民法总论》，邵建东译，法律出版社2000年版，第807页。
⑥ 其中，第十二条的姓名权为例外，规定的动机主要是公法与婚姻法中的管理目的。
⑦ 杨立新、刘召成：《论作为抽象人格权的一般人格权》，《广东社会科学》2010年第6期。

在高度抽象的概念层面，我国现在已有人格尊严、人身自由保护条文，这一层面上没有一般人格权概念存在的必要；若创造一个中度抽象层面的概念，即直接使用其在德国的本意，则无法处理它与具体人格权的关系；① 在低度抽象，即具体人格权层面，即依照我国学界最初引入这一概念的动机，将它作为与具体人格权并列的概念，那么与其使用一个饱受争议的外来概念，不如准确使用我国原《侵权责任法》中的"等人身、财产权益"或民法典中的类似表达，后者看似形式上不够凝练，却能够清晰地表达出立法目的，符合我国法律体系，实用性较强。因此，一般人格权概念在我国民法典及其实践中的价值和定位有待商榷。鉴于一般人格权概念面临的前述质疑，将生育权作为一般人格权的内容不具有正当性与可行性。在对生育权进行理论探讨时，不应将其与一般人格权混为一谈。

因此，本书归根结底并不反对一般人格权制度本身，而是不赞同使用这一移植于域外而又被歪曲原意的术语，来概括在我国尚未被权利化的一系列人格利益。正如有学者提到的，我国立法文件不应是域外法律理论的"试验场"，而应该是我国本土法律资源的"聚宝盆"。② 从我国概念需求的角度看，我国立法中已有抽象层面的人格权一般条款，加之具体层面的"等人身权益"表达，这足以发挥所谓的一般人格权概念之功能，而这一观点也是诸多学者所呼吁的。③ 因此，生育权虽属人格权一般条款"人身自由、人格尊严"的涵摄范围，但不应属于一般人格权概念的外延范畴。

(二) 权利利益区分保护理论下生育利益保护模式的不足

1. 权利利益区分保护理论的比较法考察

民事权利与利益的区分保护旨在实现利益保护的必要性与有限性之间的平衡。在大陆法系国家，民事权利往往以明文列举的方式被立法确

---

① 有学者对 2005 年至 2012 年搜索出的 144 个标题名为"一般人格权"的案例进行过统计与分析后，发现其中五分之四均与一般人格权无关，而系具体人格权案件。参见李岩《一般人格权的类型化分析》，《法学》2014 年第 4 期。

② 任江：《"骗贷逾期未还"纠纷案中的姓名权私法功能与启示——对新型人格权"信用权"的一点质疑》，《苏州大学学报》2015 年第 6 期。

③ 参见易军《论人格权法定、一般人格权与侵权责任构成》，《法学》2011 年第 8 期；李景义、项定宜、李浩：《人格权体系研究》，人民出版社 2016 年版，第 18—22 页。

定；而权利之外的民事利益却因外延太广而难以被尽数枚举，且某一利益应否受到保护及其受保护的程度也处于动态变化之中，加之绝大多数的利益类型都不像权利那样具有规范的内涵与外延，因此一般以"次权利"[1]的形态存在，而未进入立法文本。同时，为保护社会中不特定主体的行为自由，不至于使其动辄得咎，侵权责任法救济的利益范围不可能漫无边际。质言之，受法律保护的利益须被限制在一定范围之内。为解决应受保护的利益类型的开放性与有限性之间的矛盾，以《德国民法典》为代表的立法例通过采取"权利利益区分保护"的方法，为利益救济设置特殊的侵权构成要件认定标准，以解决民事利益的救济问题。

权利利益区分保护理论集中体现在侵权责任法的一般条款之中。自1804年《法国民法典》以来，在侵权责任法领域中设置一般条款（也被称为"概括性条款"）系大陆法系民法典抽象思维的典型表现之一。该条款在学说中又被分为"大的概括性条款"与"小的概括性条款"[2]，前者奉行对权利利益的平等保护，后者坚持两者应区分保护的立场。两者分别以《法国民法典》第一千三百八十二条、第一千三百八十三条与《德国民法典》第八百二十三条、第八百二十六条为代表。前者在文本表述中对于侵权责任的构成要件不区分权利与利益，被认为是"世界上最开放、最自由的侵权责任条款"[3]，后世1960年《埃塞俄比亚民法典》第两千零二十八条、1942年《意大利民法典》第两千零四十三条、1991年《魁北克民法典》第一千四百五十七条、1994年《俄罗斯联邦民法典》第一千零六十四条、1995年《越南社会主义共和国民法典》第六百零九条等诸多民法典条文均基本遵循未区分权利利益保护的理念。

与之相对，《德国民法典》将侵权行为分为权利侵害型、悖俗型、违反保护他人法律型，后两者系对民事利益的侵害，我国台湾地区"民法"第一百八十四条继受了这一立法技术，1992年《荷兰民法典》第六编第一百六十二条也一定程度上体现了权利利益区分保护规则。

除此之外，在该问题上处于争议或变化之中的民法典以《奥地利普

---

[1] 张芳：《民事法益的弱保护及突破》，《湖北社会科学》2015年第2期。
[2] 王成：《侵权之"权"的认定与民事主体利益的规范途径——兼论〈侵权责任法〉的一般条款》，《清华法学》2011年第2期。
[3] 陈鑫：《侵权法的法益保护》，《华东政法大学学报》2010年第3期。

通民法典》，新旧《日本民法典》相关条文为代表。《奥地利普通民法典》第一千二百九十五条第 1 款①采取大的一般规定之立法模式，从文义解释上看不区分权利与利益侵害；但结合该条第 2 款②关于悖俗致损的规定，以及第一千二百九十四条③对损害构成中"不法"要件的表述，解释论中便倾向于认为它采取了德国式"权利侵害""悖俗侵害利益""违反保护他人法律侵害利益"的违法性分类，学界因此提出，《奥地利普通民法典》对于区分保护问题采取的是"法国法表象与德国法内层"④。1890 年旧《日本民法典》第三百七十条、1898 年新《日本民法典》第七百零九条以及 2004 年对该条的修订，体现出日本对权利利益区分保护理论的态度转变。总体来看分为三个阶段：第一阶段，1890 年旧《日本民法典》第三百七十条"因过失或懈怠给他人造成损害者负赔偿之责"未采纳区分保护立场；第二阶段，1898 年新《日本民法典》第七百零九条⑤仅将侵权责任法的保护对象规定为"权利"，但其后又通过"桃中轩云右卫门案"及"大学汤案"⑥的判决将保护范围扩大至民事利益，学说上也因之发生转变，认为其违法性不仅包括第七百零九条规定的权利侵害情形，还包括类似于德国法中的其他违法性类型。⑦第三阶段，2004 年修订的民法典汲取司法实践经验，其一般条款被表述为"因故意或过失而侵害他人之权利或法律上保护之利益者，

---

① 该款规定：任何人均得请求加害人赔偿因其过错行为所致之损害；损害，得因违反契约义务而发生，亦得因与契约无关的其他事由而发生。

② 该款规定：故意以违反善良风俗之方法加损害于他人者，应负赔偿责任，但行使权利所致之损害，仅在权利之行使明显以损害他人为目的时，始负赔偿责任。

③ 该条规定：损害，因他人不法的作为或不作为，或者因偶然事件而发生。不法损害，或者为有意识所致，或者为无意识所致。有意识的致人损害，或者由行为人故意为之，或者由行为人过失为之；前者指行为人明知损害且希望发生损害的情形，后者指行为人不知会造成损害，但对其不知存在过错，或者未尽适当的注意，或者未尽适当的勤勉的情形。故意和过失统称为过错。

④ [意] 毛罗·布萨尼、[美] 弗农·瓦伦丁·帕尔默主编：《欧洲法中的纯粹经济损失》，张小艺、钟洪明译，法律出版社 2005 年版，第 114 页。

⑤ 该条规定：因故意或过失侵害他人权利者，对因此发生的损害负赔偿责任。

⑥ [日] 吉村良一：《日本侵权行为法》，张挺译，中国人民大学出版社 2013 年版，第 21—22 页。

⑦ 参见于飞《权利与利益区分保护的侵权法体系之研究》，法律出版社 2012 年版，第 236 页。

负因此所生之损害赔偿责任"，① 从条文本身看，其接近于法国法中大的概括条款模式。

从数量上看，在法律条文中明文区分权利利益保护方式并非大多数民法典的选择。然而，即使是持相反立场的《法国民法典》，也在司法实践中实质区分了权利与利益的保护程度，这样的区分不似《德国民法典》直接反映在侵权构成要件设置中，而是藉由对具体构成要件依"不同的事实群组及政策需要"②进行弹性解释而完成。与此对应，我国台湾地区立法虽明确采区分保护的立场，且也为其学界通说，但陈忠五教授倾向于赞同"平等保护论"，认为尽管前者具有"严谨的责任体系、明确的构成要件、减轻思维负担、便于实务操作、提高法律解释适用的预测可能性及法秩序安定性"等优点，其背后蕴含着"好的法律政策"；但因权利与利益处于"不断相互发展流动"状态，而"以既存法律体系承认与否，作为区别权利与利益的标准，进而适用不同的法律规定或归责原理，并作为过失侵害时是否成立侵权责任的判断原则，往往欠缺充分的说服力"，因此其并非一项"好的法律技术"；陈教授进一步提出，统一的侵权责任构成要件"本身所负载的规范功能已经足以妥适扮演好筛选过滤各种社会生活利益的任务"，并认为应将充分考量权利与利益的差别并对法律做出灵活适用之任务和自由交给裁判者。③ 由此观之，所谓的"区别保护论"与"平等保护论"实则呈相互渗透之势。究其原因，两者实质上都承认权利与利益在个案法律效果上的救济差别，而前者显性地表达于立法文本之上，后者隐藏于法律解释之中，两者之差别类似于成文法与普通法之分，无绝对的优劣问题。在理想化的条件下，后者无疑更能妥当精准地划定民事利益的保护程度；但从现实出发，采取区分保护理论在使不特定行为人正常预见并避免侵权，以及对法院素养的适当要求等方面具有更强的实际意义。

因此，本书倾向于认为我国应在立法层面采《德国民法典》式的权

---

① 王融擎编译：《日本民法：条文与判例》，中国法制出版社2018年版，第592页。
② 朱虎：《侵权法中的法益区分保护：思想与技术》，《比较法研究》2015年第5期。
③ 陈忠五：《论契约责任与侵权责任的保护客体："权利"与"利益"区别正当性的再反省》，《台大法学论丛》2007年第3期。

利利益区分保护立场，这也是我国学界较为一致的观点①。前文已论及该立场的诸多优势，此处不再赘述，此处仅针对相应反对观点做出回应。对于权利与利益的外延划分过于僵化问题，因两者随社会变迁而相互转化乃客观存在的现象，通过民法典等规范性文件将业已成熟的利益类型权利化，是可以实现的，且并不会导致两者界限的僵化。质言之，成文法并非一成不变，其在利益权利化进程中保持一定的滞后性并非坏事，滞后并不代表无所作为。此外，与其他国家的民法典不同，在总则中单设"民事权利"章是我国民法典独创。从这一角度看，我国在列举权利类型这一立法任务的完成程度上已经远超其他国家和地区，这是确立区分保护立场极其有利的条件。若采"区分保护说"，我国《民法典》已基本完成区分工作，科技进步、社会发展等带来的新的典型利益类型可在相关立法、司法解释中得以确立。因此，至少在我国，以民法典及其立法解释、司法解释是否明文规定来划分权利与利益，并施之以不同的侵权责任构成要件具有其正当性与可行性。如若坚持"平等保护说"，法官在对侵害利益的民事责任进行判断时所必须面对的两个问题"该利益是否应该得到救济"以及"如何认定责任构成要件"都是极其困难而主观的，前者的解决常常借助于比例原则在民事领域的运用②，后者则需要更为复杂的解释方法，这对审判工作是一个极大的挑战；德国的区分保护理论得以悖俗和违反保护他人法律这两个较为明确、客观的构成要件归纳替代了复杂多变的利益衡量，具备较强的理论与实践优势。总体看来，我国在立法中应采"区分保护论"。

2. 我国相关立法及司法实践的立场

在我国立法层面，从原《侵权责任法》第六条到《民法典》侵权责任法编第一千一百六十五条，均未明文采取权利利益区分保护的模

---

① 参见王利明《侵权责任法研究》（上），中国人民大学出版社2010年版，第99页；杨立新：《侵权责任法》，法律出版社2010年版，第19页；于飞：《侵权法中权利与利益的区分方法》，《法学研究》2011年第4期；方新军：《利益保护的解释论问题》，《华东政法大学学报》2013年第6期；阳庚德：《侵权法对权利和利益区别保护论》，《政法论坛》2013年第1期；朱虎：《侵权法中的法益区分保护：思想与技术》，《比较法研究》2015年第5期；张家勇：《权益保护与规范指引》，《四川大学学报》（哲学社会科学版）2017年第1期。

② 司法实践中对某项利益是否应当受到保护经由比例原则进行判断的典型案例为"我国被遗忘权第一案"，参见任某与北京百度网讯科技有限公司名誉权纠纷二审民事判决书，北京市第一中级人民法院（2015）一中民终字第09558号。

式，而是对权利利益设置统一的侵权构成要件，在立法中遵循了《法国民法典》的传统。但学界对该一般条款进行了创造性解释，提出了依据权利利益区分保护思想可能采取的"德国法规范技术"或《欧洲侵权法基本原则》中的"动态系统规范技术"[1]；也有学者抛弃违法性理论中侵害权益的"结果违法说"，转而"从行为要素角度塑造受保护权益"[2]，同样达到权利利益的实质区分保护效果；此外，王利明教授还曾依据德国区分保护理论提出相应立法建议[3]。立法机关并非没有注意到这一争议，但选择这样的立法模式背后也有其自身考量。在对原《侵权责任法》的解读中，立法机关提出，在法律文本中难以将权利与利益这两个界限模糊、相互转化的动态概念明确地予以区分，[4] 这一难题至今被认为无法解决，因此在民法典侵权责任编设计的过程中，对于权利利益区分保护问题的立场仍沿袭了以往的传统，将两者的实质区分保护任务交由裁判者自由裁量。

实际上早在2001年，最高人民法院《关于确定民事侵权精神损害赔偿责任若干问题的解释》第一条第2款出现了权利利益区分保护理论的雏形，将尚未上升为权利的隐私与其他人格利益一并作为民事利益予以保护，并为其增设"违反社会公共利益、社会公德"的构成要件。只是后来的相关立法摒弃了这一立场，采取了权利利益一体化的保护模式。但司法机关在践行实质的权利利益区分保护理论方面也积累了一定的经验，上海市高级人民法院民一庭下发的《侵权纠纷办案要件指南》第五条[5]便通过对原《侵权责任法》第六条中"过错"的目的性解释，

---

[1] 朱虎：《侵权法中的法益区分保护：思想与技术》，《比较法研究》2015年第5期。

[2] 张家勇：《权益保护与规范指引》，《四川大学学报》（哲学社会科学版）2017年第1期。

[3] 王利明教授认为，侵权法的一般条款可以表述为："行为人侵害他人的人格权、物权、知识产权等民事权利的，应当承担民事责任。""行为人因故意或违背善良风俗侵害他人的合法利益的，也应当承担民事责任。"参见王利明《侵权法一般条款的保护范围》，《法学家》2009年第3期。

[4] 参见王胜明主编《中华人民共和国侵权责任法解读》，中国法制出版社2010年版，第10页。

[5] 该条规定：故侵权法体系所规范的对象，以权利为原则，以法益为例外。区分权利与法益之关系，对于进行侵权法的法律解释活动意义重大：侵害权利之行为，无论行为人存在故意或过失，均有救济途径；但对于财产利益的损失，侵权行为法并不是一概保护的，原则上仅在行为人故意之场合方予以保护。

对权利利益的保护程度做出区分,但这一解释方法尚未在全国范围内推行,各地司法机关中对原《侵权责任法》第六条的解释方法因利益类型、行为方式等个案情况而有所不同。换言之,权利利益区分保护理论在司法实践中虽有所体现,但在立法上未形成如德国民法典那样精巧、确定的区分格局。从结果上看,在操作层面对法官的法律适用与论证说理提出了更高的要求。

3. 生育利益的伦理重要性与现有保护程度不足的矛盾

正如于飞教授所说,在权利利益区分保护"在很大程度能够说清的时候,仍然保持这种最抽象的原则描述,并非妥当"[1]。对于民事利益的保护而言,如果沿着这样的一元化救济路径,则接近于走"判例法化的道路",更何况它在中国当下的"正常运作需要许多相当苛刻的条件(这些条件在中国当下,基本上不具备)和相当长的时间"[2]。因此,权利与利益的区分保护是我国未来侵权责任法的发展趋势。而在"将是否入法作为划分权利与利益的标准"这一背景之下,生育权若被作为普通的民事利益予以保护,那么在因过失导致受害人生育自由利益受损时,则可能难以引起精神损害赔偿请求权,即出现因侵权构成要件过于严格而救济不足的结果,难以为生育权提供与其实质地位相匹配的充分保护。

尽管侵权责任法的价值并不在于最大限度地保护受害人权益,而是在于达到行为人自由与受害人保护之间的平衡,但生育自主作为人格要素,具有较高的价值位阶,这对于一般意义上的行为人而言,是应当给予充分注意的保护对象。因此,对于侵权责任构成要件中过错要件的要求应该降低,毋需以故意违背公序良俗或违反保护性法律为必要条件。换言之,与社会生活中的安宁利益、祭奠利益有所不同,生育自主关涉自我决定、生命延续、家族繁衍等重大人身利益,不宜作为普通的民事利益对待,而应该像生命权、健康权那样得到更高程度保护。从这一视角看,生育权的有名化具有实践意义上的必要性。

---

[1] 于飞:《权利与利益区分保护的侵权法体系之研究》,法律出版社2012年版,第260页。

[2] 薛军:《非典型人格利益的民法保护模式研究》,《暨南学报》(哲学社会科学版) 2012年第3期。

三 我国民法典对人格权类型列举的开放性

（一）我国民法典中的"弱人格权法定主义"

对生育权有名化的探讨基于一个理论前提，即承认人格权法定原则。这里的"人格权法定"不仅仅是相对于"人格权的自然权利说"，而是在承认人格权作为实证法上的权利之基础上，认为人格权的类型应由法律确认。学界对人格权法定问题已有诸多探讨，目前已形成"肯定说""否定说"两种观点。其中，赞同人格权法定的核心理由在于防止权利泛化，并降低法律适用的难度，尤其是为避免和排除那些深具"唯心主义色彩"的"直观感受＋权"式的权利诉求①，具体人格权的类型必须由法律明确规定；而反对人格权法定的关键因素则在于，现代科学技术发展、社会生活方式转变、道德失范引发的法律调整需求等，均要求"破除人格权法定主义，坚持人格权的动态、多元发展"②。但值得提出的是，两派观点中对"人格权法定"之法定程度的理解是不同的，"肯定说"之中的人格权法定程度实则较低，"否定说"所认为的人格权法定程实则较高，这造成两派观点实际上呈折中之态，在人格权之"弱度的法定主义"③层面实际上达成了共识，该方案实际上便是我国原《侵权责任法》与《民法典》总则编在立法表达时所采取的"例示主义"④立场。据此，我国的人格权法定主义有两个重要特征：

第一，人格权类型虽然由法律规定，但其并不封闭。由法律明确列举具体人格权的类型，具有明确权利界限、提高法律指引效果、便于法官适用法律、培育公民权利意识与法治精神等诸多裨益，⑤但前已述及，社会发展进步必将催生新的人格权类型，隐私权的法定化即是例证。鉴于此，认同人格权法定主义的学者也赞同，"严格的人格权法定主义并不可行，应保证人格权体系的开放性，透过该开放体系缓和人格

---

① 张红：《新型人格利益的生成与保护》，《月旦民商法杂志》2018 年总第 62 期。
② 沈云樵：《质疑人格权法定》，《环球法律评论》2013 年第 6 期。
③ 易军：《论人格权法定、一般人格权与侵权责任构成》，《法学》2011 年第 8 期。
④ 在权利表达理论中大致有"完全的法定主义""例示主义""抽象条款主义"三种立法技术，我国对人格权立法采取了"抽象概括＋部分列举"的较为折中的"例示主义"模式。参见张平华《人格权的利益结构与人格权法定》，《中国法学》2013 年第 2 期。
⑤ 曹险峰：《论人格权的法定化——人格权法独立成编之前提性论证》，《吉林大学社会科学学报》2006 年第 2 期。

权法定的僵硬与拘束",① "人格权法定并不是绝对的,类型强制具有非封闭性,类型固定的基本手段是例示主义。"② 也正因如此,在原《民法通则》第五章第四节"人身权"未设置一般条款或开放式列举条款的立法模式之后,原《侵权责任法》第二条在对其保护范围内绝对权的列举上,用"等人身、财产权利"为其他权利的救济留下空间;《民法典》总则编更进一步,不仅在第一百零九条设计了人格权保护一般条款,更在第一百一十条以"等权利"结尾,为其他未列举的人格权类型设置了较为完善的入法机制。

第二,人格权法定是反对当事人意定,但允许法官认可新型人格权。③ 人格权法定为侵权责任法的保护范围提供了重要参考,否则极有可能带来权利爆炸与滥诉之后果。但正如上文所述,侵权责任法的保护对象并非完全封闭,那么对于人格权类型的这一开口,扮演向人格权口袋中装入新成员之角色的,往往是司法机关。当事人无法像订立各式合同那样创设人格权的类型,但司法机关却可以通过司法实践提炼和归纳典型人格利益,甚至逐渐将其上升为权利。即使在成文法国家,这一过程也并非罕见,我国立法中的具体人格权类型之形成,实际上正是汲取了德国在一般人格权保护领域的司法经验。只不过较之法国、德国与日本,为发挥中国民法典作为 21 世纪权利保护法的后发优势,我国将前述司法实践的成果在立法层面予以展现。但值得说明的是,立法与司法上对具体人格权的确认是有差别的,前者具有普适性,而后者仅仅在个案中具有效力。

(二)生育权在我国确立的可行空间

权利宣示是中国民法典的重要特色。继《民法典》总则编单设"民事权利"章之后,人格权独立成编的立法建议在经过广泛讨论之后得以成形。尽管学界在人格权编的体例安排上莫衷一是,但最终基于我国"权利的观念及权利的保护有待加强"④ 之基本国情,立法机关在草案中做出抉择,采纳了人格权独立成编的立场。其中,正面列举人格权的立法模式昭示着我国立法机关基本遵循了人格权法定主义思想,以实

---

① 张红:《新型人格利益的生成与保护》,《月旦民商法杂志》2018 年总第 62 期。
② 张平华:《人格权的利益结构与人格权法定》,《中国法学》2013 年第 2 期。
③ 易军:《论人格权法定、一般人格权与侵权责任构成》,《法学》2011 年第 8 期。
④ 李永军:《民法总则民事权利章评述》,《法学家》2016 年第 5 期。

现人格权行使与救济的相对确定性与可预期性；同时，在具体人格权类型的表达上，我国《民法典》总则编采取"例示主义"立场，以不完全列举的方式确立了较为典型的法定人格权，同时为未来其他人格权的确立留下空间。

在对具体人格权的发现过程中，为满足社会中不断增长的人格利益保护需求，我国奉行了"摸着石头过河"的立法策略，非常谨慎地赋予各具体人格权以法律地位，采用"成熟一个发展一个"的渐进型立法模式。[1] 因此，与权利列举的有限性相对，人格权体系的开放性是人格权立法的必然要求。进而，我国通过《民法典》总则编第一百零九条的人格权一般条款以及第一百一十条中"等权利"之表述，以及民法典人格权编第九百九十条第1款的"等权利"，第2款的"等人格权益"之表述，暗示了在已列举人格权外不仅有利益还有权利，非常明确地为未来其他人格权的法定化留下空间。申言之，《民法典》总则编第一百一十条中"等权利"的"等"并非是指当下仍有其他未列举的具体人格权类型，而是面向未来。质言之，在将来，随着社会实践而瓜熟蒂落的典型人格权将通过这一入口而进入人格权序列。对于生育权而言，在我国台湾地区，其人格权立法模式与我国大陆地区类似，尽管生育权未被明确列举，但由于司法裁判的经验积累，陈忠五教授已将生育权定位为"既存法律体系明认之权利"[2]。质言之，生育权并非立法所明确列举，但可由现有立法体系推定其享有法定权利之地位。在我国大陆地区，即便不采取这一推定，由于立法采取了缓和的、弱化的人格权法定主义，生育权这一极具典型性、伦理性的人身权益至少也具备在未来发展成为法定人格权的可行前提。

四 对可能质疑的回应

毋庸讳言，任何一项人格利益的权利化证成都将天然地伴随着质疑。尽管前文已经从生育权的正当性、归属性、独立性、典型性，及其在人格权类型序列中的位次等方面较为详细地阐述了将生育权在立法层

---

[1] 参见张红《新型人格利益的生成与保护》，《月旦民商法杂志》2018年总第62期。
[2] 陈忠五：《产前遗传诊断失误的损害赔偿责任——从"新光医院唐氏症事件"论我国民事责任法的新课题》，《台大法学论丛》2005年第6期。

面有名化的必要性、正当性与可行性，但学界对于生育权有名化可能引发的权利泛化与权利冲突问题仍可能存有隐忧，下文拟对此做出回应。

（一）确立生育权并非权利泛化

权利观念与权利主张的兴起，是在国家现代化进程无法遏制的历史必然性，我国在这一进程中完成了将法哲学基石从传统的"义务本位观"到"权利本位论"的转变。① 其中，在人格权领域，具体人格权制度具有内容具体明确、适用简便、法安定性强等显著优势，因而被视为是对人格予以保护的最佳选择。② 职是之故，我国采取了对社会发展中逐渐成熟的人格权类型逐一予以立法确认的立法策略，隐私权的确立过程便淋漓尽致地体现了这种模式。但除了隐私权之外，我国司法实践中出现了越来越多新型人格权益救济诉求，包括前文提到的"个人信息权""环境权""被遗忘权"，甚至"亲吻权""良好心情权""体育权"等，此类现象也带来"权利泛化"或"权利爆炸"③ 的风险。权利泛化主要体现在社会观念与法律确认④两个维度。不可否认，过分强调权利话语、权利思维，并非总能起到推进社会和谐的效能，反而可能导致立法、司法成本与政府投入过高，⑤ 危及对公共利益与共同善的追求，⑥ 甚至引发目标与实效相背离的"权利乌龙"现象⑦。因此，防止权利泛化，是对生育权民法确认的研究中必须考虑的问题。对于生育权，有学者便提出"身份法上的生育权"就是"权利思维定式"所导致的"私法关系权利化表达的非理性扩张"，⑧ 而人格权法上的生育权也可能受到类似质疑。

但实际上，生育权在私法中的有名化不属于权利泛化现象，也不会引起权利泛化的后果。其原因主要在于：第一，权利泛化的真正危机，

---

① 陈林林：《反思中国法治进程中的权利泛化》，《法学研究》2014 年第 1 期。
② 刘召成：《论具体人格权的生成》，《法学》2016 年第 3 期。
③ 主要是指无规范或无约定性地制造权利，提出道德或法律上并不存在以及不允许的权利主张、要求。参见汪太贤《权利泛化与现代人的权利生存》，《法学研究》2014 年第 1 期。
④ 其中，对权利的法律确认包括立法与司法两个路径，这均是防止权利泛化必须考虑的方向。参见周华《以权利为视角论民法之谦抑性》，《学术交流》2015 年第 5 期。
⑤ 徐钝：《论新型人格权司法证成的基本准则》，《法商研究》2018 年第 3 期。
⑥ 陈景辉：《回应"权利泛化"的挑战》，《法商研究》2019 年第 3 期。
⑦ 陈林林：《反思中国法治进程中的权利泛化》，《法学研究》2014 年第 1 期。
⑧ 梅夏英：《民法权利思维的局限与社会公共维度的解释展开》，《法学家》2019 年第 1 期。

并非对某项人格利益的立法确认；而是在公共辩论中，过分强调个人主义而忽视公共利益的自私倾向，其风险更多地体现在公民权利诉求和社会观念领域，而非立法层面。第二，从社会成本角度看，承认生育权的具体人格权地位恰恰是节约了司法资源。在生育权保护的正当性已得以证成的前提下，既然其在应然层面值得救济，那么立法的认可将带来清晰的行为指引、裁判指引，不仅使潜在责任人明确其行为边界以避免侵权行为，更使得司法机关在裁判中免于重复论证与类案不类判的尴尬，总体上节省了权益保护的成本。第三，生育权私法保护的目标与实效之间具有一致性，有限度地确立与保护生育自由是对自然人自由与尊严的捍卫，同时也使行为人明确自己的行为边界，对社会的文明法治具有积极意义。除此之外，本书第二章以及本章所论述的生育权有名化之正当性、必要性与可行性，实际上也正是出于对生育权"超前立法"[①]的警惕，因此本书对于生育权有名化的主张，是在防范权利泛化风险的基础上进行谨慎论证之后而得出的结论。

（二）生育权权利冲突能够化解

虽然权利冲突在法律体系中客观存在，甚至是"法治领域中的一个世界性问题"[②]，但权利的不当扩张无疑会增加这种冲突的发生。前已述及，由于社会资源的有限性与各项权利的抽象性，各权利的外延之间难免发生挤压；对此，通过划定权利边界与确定权利位阶的方式可有效解决具体的权利冲突。生育权在行使过程中也难免与其他权利或利益发生冲突，如果能够较为妥善地解决该问题，则其就不构成否认生育权有名化的阻碍。

生育权的冲突可分为内部冲突与外部冲突，前者主要是指生育伙伴，包括夫妻之间、非婚生育伙伴之间生育意愿分歧引发的生育权冲突，后者主要是指生育权与其他主体的其他权益之间的冲突。对于生育权的内部冲突，本书第三章第二节已通过设定"分阶段优先原则"予以有效化解，违反该规则便可通过侵权责任予以规范。对于生育权的外部冲突，正如自然人言论自由与他人名誉权、隐私权之间存在的天然矛

[①] 林孝文：《论法定权利的实现——以法社会学为视角》，《湘潭大学学报》（哲学社会科学版）2008年第5期。

[②] 刘作翔：《紧急避险：解决权利冲突的制度设计及刑民案例》，《河北法学》2014年第1期。

盾，生育权面临的冲突主要源于生育自由与公共利益、社会伦理之间的客观关联。尽管我国长期以来通过限制生育权以控制人口数量，并禁止代孕、禁止胚胎赠送、限制单身女性通过人类辅助生殖技术生育子女，但这种以公共利益保护、公序良俗维护为目的的权利限制系权利不滥用原则的题中之义，并不属于系统性权利冲突。因此，生育权所面临的客观内外冲突并不妨碍其有名化证成。

第三节　具体内容：未来生育权法律表达的文本建议

法律既需要安定，也需要发展。① 民法典的比较法研究显示，"随着封闭完美的法典之构想在20世纪成为历史的灰烬，现代各国民法典的修正及制定趋势逐步由封闭走向开放"②，编纂于21世纪的中国民法典同样在诸多条文中保持了开放性与前瞻性。其中，我国《民法典》总则编第一百零九条人格权一般条款，以及第一百一十条人格权例示条款是人格权保护的基础性规定，起到了对人格权编的统摄作用。对于生育权在人格权一般条款中的表达，将来可通过立法解释或司法解释的方式进行，其条文可表述为：自然人享有生育权，生育权属于民法总则所称"等权利"。除此之外，在未来民法典各分编立法解释中也应具体落实生育权的人格权地位。

一　生育权在民法典人格权编立法或解释修订中的具体表达

生育权并未出现在《民法典》人格权编中。基于本书生育权有名化的主张，在未来立法修订中，其具体结构安排应为，在第一章第七百七十四条第1款的人格权列举式定义中，或在将来相关立法解释中增加"生育权"术语。相对应地，第七百七十四条第1款可具体表述为"人格权是民事主体享有的生命权、身体权、健康权、生育权、婚姻自主权、姓名权、名称权、肖像权、名誉权、荣誉权、隐私权等权利"；或在相应立法解释中表述为"自然人享有生育权，生育权属于民法典人格

---

① 姚宇：《新型民事权利的界限及其证成》，《学术交流》2016年第11期。
② 姚辉：《权利的民法典表达》，《中国政法大学学报》2017年第2期。

权编第九百九十条第 1 款所称'等权利'。"若采取第一种方式，人格权编第二章标题可相应修改为"生命权、身体权、健康权和生育权"；将生育权与其他三者并列，并非将生育权作为物质性人格权，而是考虑到其与权利主体关系的密切程度和伦理色彩与其他三者几乎无异。另外，对于生育权的具体内容，尤其是权利主体，应扩张《妇女权益保障法》第三十二条中对生育权主体的"妇女"之界定，而将其表述为"自然人"。其具体条文可参考前述徐国栋教授的立法建议而表述为：

自然人享有在法律规定的范围内自主选择是否生育子女的权利。

夫妻双方各自享有生育权，一方不得妨碍他方的生育权。

二 生育权在民法典婚姻家庭编立法或解释修订中的具体表达

对于婚姻家庭法领域的生育权立法，有学者曾建议将原《婚姻法解释（三）》第九条的内容写进《婚姻法》。[①] 本书认为，虽然夫妻各自享有作为人格权的生育权，且生育权的身份权性质已为前文证伪，但仍有必要在民法典婚姻家庭编中强调生育权的行使规则，正如夫妻虽各自享有作为人格权的姓名权，但《民法典》第一千零五十六条仍对夫妻各自的姓名权及其行使做出了相应规定。因此，有必要借鉴《民法典》第一千零五十六条，并结合龙翼飞教授、周平教授等学者的观点，在未来民法典婚姻家庭编修订中的第一章"一般规定"或第三章第一节"夫妻关系"，抑或在将来的相应立法解释中，对夫妻各自的生育权做出规定：

夫妻双方各自享有平等的生育权。夫妻双方对终止妊娠发生纠纷，应当协议处理；协议不成的，由女方决定是否终止妊娠。

本章小结

在我国现有私法规范体系中，仅有《妇女权益保障法》对生育权做出初步认可，尽管前文在应然层面已较为充分地证成生育权的人格权地位，并为其建构逻辑自洽的行使与救济规则，但基于我国立法中心主义

---

① 参见马忆南《论夫妻人身权利义务的发展和我国〈婚姻法〉的完善》，《法学杂志》2014 年第 11 期。

的法律传统，学界对生育权之权利地位的认识莫衷一是。同时，由于《妇女权益保障法》相关条文未能全面展现私法上生育权的主体，其难免造成社会对生育权概念的误解。据此，在我国民法典编纂过程中，学界关于生育权入典的讨论主要围绕生育权的立法模式、权利内容两个方面展开，这也是本章探讨的主要内容。

生育权具备在立法中有名化的必要性与可行性。其原因主要在于：第一，从人格权益体系内的类型序列看，其大致具有"生命权→身体权→健康权→生育权→婚姻自主权→姓名权→名誉权→隐私权→肖像权→其他人格利益"之伦理性减弱次序。其中，生育权所保护的生育自主较之具有商业利用价值的人格要素而言，居于更为基础的地位。第二，尽管我国侵权责任法一般条款系"大的一般条款"，权利利益之区分保护未在条文中体现，但司法实践对于该区分保护理论已有实际贯彻，将生育权作为人格利益加以保护则意味着对其适用更严格的侵权责任构成要件，与其应然层面的人格权地位不相匹配。第三，《民法典》第一百一十条的例示主义立法技术实际上反映了我国"弱的人格权法定主义"立场，该条对人格权列举的开放性系生育权有名化的可行性前提。此外，生育权的有名化不属于权利泛化现象，且其内外权利冲突问题也能够得到妥善处理。因此，在未来的民法典修订或立法解释中，应赋予生育权以民事权利的外观。

生育权的立法文本表达应着重明确其法律关系与行使规则：一方面，应基于《妇女权益保障法》第二十二条，在民法典人格权编修订或立法解释中阐明，"自然人享有在法律规定的范围内自主选择是否生育子女的权利。夫妻双方各自享有生育权，一方不得妨碍他方的生育权。"另一方面，应在《民法典婚姻家庭编解释（一）》第二十三条的基础上，在未来婚姻家庭编或其立法解释中进一步规定，"夫妻双方各自享有平等的生育权。夫妻双方对终止妊娠发生纠纷，应当协议处理；协议不成的，由女方决定是否终止妊娠。"

结　　论

权利绝不能超出社会的经济结构以及由经济结构所制约的社会的文化发展；[①] 同样地，权利也不能过多地落后于社会的经济与文化发展水平。对于当下及未来的中国，经济水平不再制约对生育自由的基本保障，现代生育伦理也实现了传统宗族观念与生育自由价值的有机融合，与此同时，民法典时代下的权利观念进一步彰显，人类辅助生育技术的运用愈加普遍，在此背景下，私法上生育权的确立与保护符合我国社会发展趋势。

生育权的理论建构主要包括地位证成、行使秩序、救济规则三个部分，涉及人格权法、婚姻家庭法、侵权责任法三个领域。从人格权法角度看，因生育权未被法律明确列举，故在实然层面仅能作为一种人身利益寄居于人身权益序列的边缘；而在应然层面，生育权因价值正当、性质明确、归属清晰、内涵与外延独立，且具备社会典型公开性，故符合具体人格权的创设标准。同时，根据拉伦茨的类型序列理论，在人格权益体系内部隐含的"生命权→身体权→健康权→生育权→婚姻自主权→姓名权→名誉权→隐私权→肖像权→其他人格利益"类型序列中，生育权处于伦理性较强之地位；举轻以明重，位于生育权之后的诸多人格权已作为法定人格权类型，那么生育权也有必要成为法定具体人格权，以实现人格权谱系的完整性与科学性。从婚姻家庭法的角度看，夫妻双方的生育权相互独立，但在双方生育意愿分歧时可能发生冲突，对此应遵循"分阶段优先原则"予以化解。夫妻一方若违背该规则便可能构成婚内侵权，应承担停止侵害等防御性侵权责任，甚至在夫妻约定分别财产制下承担损害赔偿责任。从侵权责任法的角度看，权利与利益之分并

[①] 《马克思恩格斯选集》第3卷，人民出版社2012年版，第364页。

非表面上的称谓之争，而是有其背后法律规则与规范效果的明确分界。鉴于生育权在人格权序列中的根本性地位，以及司法实践中对权利利益区分保护理论的逐步认可，若以救济人格利益之侵权构成要件标准来保护生育权，则过失行为造成的生育权损害往往难以得到救济，因此有必要将生育权作为具体人格权予以保护。同时，在生育权婚内侵权、错误出生、错误妊娠等诉讼中，对生育权损害之可赔偿性的认定须考虑生命伦理等因素，以适当缓和完全赔偿原则；在人类辅助生殖技术实施中，医疗机构因过失而丢失、毁损、错植配子或体外胚胎等行为构成对患者夫妇生育权的侵害，应承担相应的损害赔偿责任。

实际上，生育权的理论建构并非仅仅具有目的性价值，更具有功能性价值——生育权可作为理论工具，结合其背后的民事权利理论，用以解决当今时代的新问题、新矛盾。其主要表现在，在夫妻别体主义的趋势下，运用生育权理论，可协调夫妻之间、非婚生育伙伴之间的生育意愿冲突，解决其生育权侵权纠纷；在产前诊断技术普遍运用的场景下，借助生育权概念，可划定我国错误妊娠、错误出生等典型诉讼中医疗机构损害赔偿的具体范围；在人工生殖技术逐渐普及的背景下，透过生育权视角，可处理特殊情形下患者与医疗机构之间的体外胚胎处置纠纷，以及错植、毁损体外胚胎等情形下的医疗过失侵权纠纷。由此观之，生育权概念对于当下及未来现实社会问题的解决具有不可或缺的独特价值。

总体来看，本书的研究起点与终点均为法律规范——研究起点为《妇女权益保障法》第三十二条关于妇女生育权的现有表述，主体内容着力探索生育权的理论建构，最终落脚于未来立法中的相应完善建议。在民法典时代，我国兼具法定性与开放性的人格权体系框架已基本形成。生育权概念虽暂未被立法明确列举，但其历久弥新，既经过人类历史发展而积淀已久，又随生命科技创新而焕发活力；既有逻辑自洽的理论体系，又有解决纠纷的现实功能。因此，紧随将隐私权从利益上升至权利的步伐，推动生育权概念从理论学说正式走入我国民法典或其立法解释正当其时。

参考文献

一 中文类参考文献

(一) 著作类

《马克思恩格斯选集》第 3 卷,人民出版社 2012 年版。
《马克思恩格斯选集》第 4 卷,人民出版社 2012 年版。
曾世雄:《损害赔偿法原理》,中国政法大学出版社 2001 年版。
陈明立主编:《人口与计划生育立法研究》,西南财经大学出版社 2001 年版。
陈苇主编:《婚姻家庭继承法学》,群众出版社 2017 年版。
陈自强:《民法讲义 I 契约成立与生效》,法律出版社 2002 年版。
程啸:《侵权责任法》,法律出版社 2015 年版。
崔卓兰主编:《计划生育法律问题研究》,中国法制出版社 2013 年版。
邓正来:《研究与反思:关于中国社会科学自主性的思考》,中国政法大学出版社 2004 年版。
费孝通:《生育制度》,群言出版社 2016 年版。
冯恺:《美国侵权法:判例和解释》,中国政法大学出版社 2016 年版。
何勤华、戴永盛:《民商法新论》,复旦大学出版社 1999 年版。
何勤华等:《法律名词的起源》(下),北京大学出版社 2009 年版。
胡锦光、韩大元:《中国宪法》,法律出版社 2004 年版。
姜玉梅:《中国生育权制度研究》,西南财经大学出版社 2006 年版。
蒋卫君:《民法视野下女性生育自己决定权研究》,中国人民大学出版社 2018 年版。
冷传莉:《论民法中的人格物》,法律出版社 2011 年版。
李景义、项定宜、李浩:《人格权体系研究》,人民出版社 2016 年版。

李景义：《人格权基本问题论纲》，知识产权出版社 2014 年版。
李善国等：《辅助生殖技术法研究》，法律出版社 2005 年版。
李尚勇：《人口困局》，中国经济出版社 2014 年版。
李适时主编：《中华人民共和国民法总则释义》，法律出版社 2017 年版。
李银河：《生育与村落文化》，内蒙古大学出版社 2009 年版。
李银河：《性的问题》，中国青年出版社 1999 年版。
李永军：《民法总论》，法律出版社 2006 年版。
梁慧星组织编写：《中国民法典草案建议稿》，法律出版社 2011 年版。
刘达临等：《社会学家的观点——中国婚姻家庭的变迁》，中国社会出版社 1988 年版。
刘振声主编：《医疗侵权纠纷的防范与处理》，人民卫生出版社 1988 年版。
罗潇：《法律规制视野下的生育行为研究》，天津大学出版社 2016 年版。
潘贵玉主编：《中华生育导论》，中国人口出版社 2002 年版。
齐晓安：《东西方生育文化比较研究》，中国人口出版社 2005 年版。
秦强：《宪法与民法关系论：物权立法中的宪法问题》，中国检察出版社 2010 年版。
瞿同祖：《中国法律与中国社会》，商务印书馆 2010 年版。
曲相霏：《人权离我们有多远：人权的概念及其在近代中国的发展演变》，清华大学出版社 2015 年版。
邵建东：《德国民法总则编典型判例 17 则评析》，南京大学出版社 2005 年版。
苏力：《法治及其本土资源》，中国政法大学出版社 1996 年版。
苏力：《制度是如何形成的》，北京大学出版社 2007 年版。
谭启平主编：《中国民法学》，法律出版社 2018 年版。
唐德华主编：《最高人民法院〈关于确定民事侵权精神损害赔偿责任若干问题的解释〉的理解与适用》，人民法院出版社 2001 年版。
汪丽青：《人类辅助生殖私法调整机制研究》，法律出版社 2016 年版。
王洪：《婚姻家庭法》，法律出版社 2003 年版。
王磊：《宪法的司法化》，中国政法大学出版社 2000 年版。

王磊：《选择宪法》，北京大学出版社 2003 年版。
王利明：《合同法分则研究》（下卷），中国人民大学出版社 2013 年版。
王利明：《侵权责任法研究》（上），中国人民大学出版社 2010 年版。
王利明：《侵权责任法研究》（下），中国人民大学出版社 2011 年版。
王利明：《中国民法典学者建议稿及立法理由（人格权编、婚姻家庭编、继承编）》，法律出版社 2005 年版。
王融擎编译：《日本民法：条文与判例》，中国法制出版社 2018 年版。
王胜明主编：《中华人民共和国侵权责任法解读》，中国法制出版社 2010 年版。
王泽鉴：《民法总则》，北京大学出版社 2009 年版。
王泽鉴：《侵权行为》，北京大学出版社 2016 年版。
王泽鉴：《侵权行为法》，北京大学出版社 2009 年版。
王泽鉴：《人格权法：法释义学、比较法、案例研究》，北京大学出版社 2013 年版。
王泽鉴：《英美法导论》，北京大学出版社 2012 年版。
武秀英：《法理学视野中的权利——关于性·婚姻·生育·家庭的研究》，山东大学出版社 2005 年版。
夏勇：《人权概念起源：权利的历史哲学》，中国政法大学出版社 2001 年版。
夏勇：《中国民权哲学》，生活·读书·新知三联书店 2004 年版。
谢海定：《学术自由的法理阐释》，中国民主法制出版社 2016 年版。
徐国栋主编：《绿色民法典草案》，社会科学文献出版社 2004 年版。
许中缘：《民法强行性规范研究》，法律出版社 2010 年版。
严海良：《人权论证范式的变革：从主体性到关系性》，社会科学文献出版社 2008 年版。
杨立新：《侵权责任法》，法律出版社 2010 年版。
杨立新主编：《最高人民法院婚姻法司法解释（三）理解与适用》，中国法制出版社 2011 年版。
杨子慧：《计划生育在中国》，辽宁人民出版社 2003 年版。
于飞：《权利与利益区分保护的侵权法体系之研究》，法律出版社 2012 年版。
湛中乐等：《公民生育权与社会抚养费制度研究》，法律出版社 2011

年版。

张红：《人格权总论》，北京大学出版社2012年版。

张俊浩：《民法学原理》（上册），中国政法大学出版社2004年版。

张薇薇：《宪法未列举权利比较研究》，法律出版社2011年版。

张文显：《二十世纪西方法哲学思潮研究》，法律出版社1996年版。

张新宝：《侵权责任法》，中国人民大学出版社2010年版。

张新宝：《中国侵权行为法》，中国社会科学出版社1995年版。

张一兵：《生育文化》，北方文艺出版社1991年版。

周枏：《罗马法原论》，商务印书馆2014年版。

周平：《生育与法律：生育权制度解读及冲突配置》，人民出版社2009年版。

朱晓峰：《侵权可赔损害类型论》，法律出版社2017年版。

最高人民法院民事审判第一庭：《最高人民法院婚姻法司法解释（三）理解与适用》，人民法院出版社2011年版。

［奥］凯尔森：《法与国家的一般理论》，沈宗灵译，商务印书馆2013年版。

［德］埃尔温·多伊奇，［德］汉斯－于尔根·阿伦斯：《德国侵权法——侵权行为、损害赔偿及痛苦抚慰金》，叶名怡、温大军译，中国人民大学出版社2016年版。

［德］巴尔、［英］克莱夫：《欧洲私法的原则、定义与示范规则：欧洲示范民法典草案》（第4卷），于庆生等译，法律出版社2014年版。

［德］迪特尔·梅迪库斯：《德国民法总论》，邵建东译，法律出版社2000年版。

［德］迪特尔·施瓦布：《民法导论》，郑冲译，法律出版社2006年版。

［德］黑格尔：《法哲学原理》，范扬、张企泰译，商务印书馆1961年版。

［德］卡尔·拉伦茨：《德国民法通论》（下册），王晓晔、邵建东、程建英等译，法律出版社2013年版。

［德］卡尔·拉伦茨：法学方法论，陈爱娥译，商务印书馆2003年版。

［德］康德：《法的形而上学原理》，沈叔平译，商务印书馆1991年版。

［德］克雷斯蒂安·冯·巴尔：《欧洲比较侵权行为法》（上卷），张新宝译，法律出版社2001年版。

［德］克雷斯蒂安·冯·巴尔：《欧洲比较侵权行为法》（下卷），焦美华译，法律出版社 2001 年版。

［德］马格努斯：《侵权法的统一：损害与损害赔偿》，谢鸿飞译，法律出版社 2009 年版。

［德］马克西米利安·福克斯：《侵权行为法》，齐晓琨译，法律出版社 2006 年版。

［法］孟德斯鸠：《论法的精神》（下册），张雁深译，商务印书馆 1997 年版。

［法］蒲鲁东：《什么是所有权》，孙署冰译，商务印书馆 1963 年版。

［古希腊］柏拉图：《法律篇》，张智仁、何勤华译，上海人民出版社 2001 年版。

［古希腊］柏拉图：《理想国》，郭斌和、张竹明译，商务印书馆 1986 年版。

［古希腊］亚里士多德：《雅典政制》，日知力野译，商务印书馆 1999 年版。

［古希腊］亚里士多德：《政治学》，吴寿彭译，商务印书馆 1965 年版。

［美］M. 薄兹，［英］P. 施普曼：《社会与生育》，张世文译，天津人民出版社 1991 年版。

［美］爱伦·M. 芭波里克选编：《侵权法重述纲要》，许传玺等译，法律出版社 2016 年第 3 版。

［美］博登海默：《法理学：法律哲学与法律方法》，中国政法大学出版社 1998 年版。

［美］丹·B. 多布斯：《侵权法》（上册），马静等译，中国政法大学出版社 2014 年版。

［美］亨金：《权利的时代》，信春鹰等译，知识出版社 1997 年版。

［美］卡尔·威尔曼：《人权的道德维度》，肖君拥译，商务印书馆 2018 年版。

［美］罗尔斯：《正义论》，何怀宏等译，中国社会科学出版社 1988 年版。

［美］施特劳斯：《自然权利与历史》，彭刚译，生活·读书·新知三联书店 2003 年版。

［美］文森特·R. 约翰逊：《美国侵权法》，赵秀文等译，中国人民大

学出版社 2017 年第五版。

［日］吉村良一：《日本侵权行为法》，张挺译，中国人民大学出版社 2013 年版。

［日］我妻荣：《新订民法总则》，于敏译，中国法制出版社 2008 年版。

［日］五十岚清：《人格权法》，铃木贤，葛敏译，北京大学出版社 2009 年版。

［日］星野英一：《私法中的人》，王闯译，中国法制出版社 2004 年版。

［意］毛罗·布萨尼、［美］弗农·瓦伦丁·帕尔默主编：《欧洲法中的纯粹经济损失》，张小艺，钟洪明译，法律出版社 2005 年版。

［英］洛克：《政府论》（上篇），瞿菊农，叶启芳译，商务印书馆 1982 年版。

［英］米尔恩·A. J. M.：《人的权利与人的多样性——人权哲学》，夏勇、张志铭译，中国大百科全书出版社 1995 年版。

［英］詹姆斯·格里芬：《论人权》，徐向东，刘明译，译林出版社 2015 年版。

（二）论文类

艾尔肯、秦永志：《论医疗知情同意书——兼评〈侵权责任法〉第 55 条、第 56 条的规定》，《东方法学》2010 年第 3 期。

蔡定剑：《中国宪法实施的私法化之路》，《中国社会科学》2004 年第 2 期。

蔡定剑：《中国宪法司法化路径探索》，《法学研究》2005 年第 5 期。

曹险峰：《论人格权的法定化——人格权法独立成编之前提性论证》，《吉林大学社会科学学报》2006 年第 2 期。

曹永福：《应该赋予家庭对遗留胚胎的处置权——儒家生命伦理学的视角》，《伦理学研究》2014 年第 6 期。

曾凡昌：《西方人格权发展的历史线索及其启示》，《现代法学》2011 年第 2 期。

曾品杰：《论人工胚胎之法律地位——从法国法谈起》，《交大法学》2016 年第 1 期。

陈本寒、艾围利：《夫妻间人格权关系研究》，《时代法学》2011 年第 4 期。

陈汉：《亲属法视野下的人格权冲突——以隐私权为视角》，《浙江工商大学学报》2014 年第 1 期。

陈金钊、宋保振：《新型人格权的塑造及其法律方法救济》，《北京行政学院学报》2015 年第 3 期。

陈景辉：《回应"权利泛化"的挑战》，《法商研究》2019 年第 3 期。

陈林林：《反思中国法治进程中的权利泛化》，《法学研究》2014 年第 1 期。

陈丽琴：《从被动追随到主动选择：新中国成立以来农村妇女意愿生育性别偏好变迁及其原因》，《浙江社会科学》2019 年第 9 期。

陈文军：《丈夫废弃冷冻胚胎案件中的侵权责任认定》，《法律适用》2018 年第 9 期。

陈鑫：《侵权法的法益保护》，《华东政法大学学报》2010 年第 3 期。

陈运华：《论作为人格权的性权利及其法律限制》，《政治与法律》2008 年第 8 期。

陈征：《论部门法保护基本权利的义务及其待解决的问题》，《中国法律评论》2019 年第 1 期。

陈智慧：《妇女生育权实现的法律保护》，《政法论坛》2000 年第 4 期。

陈忠五：《产前遗传诊断失误的损害赔偿责任——从"新光医院唐氏症事件"论我国民事责任法的新课题》，《台大法学论丛》2005 年第 6 期。

陈忠五：《论契约责任与侵权责任的保护客体："权利"与"利益"区别正当性的再反省》，《台大法学论丛》2007 年第 3 期。

程啸：《损益相抵适用的类型化研究》，《环球法律评论》2017 年第 5 期。

崔茂乔、张云：《生育权探微》，《思想战线》2001 年第 6 期。

单陶峻：《生育权本质浅析》，《南京人口管理干部学院学报》2004 年第 2 期。

邓慧娟：《生育权：夫妻共同享有的权利》，《中国律师》1998 年第 7 期。

丁春艳：《"错误出生案件"之损害赔偿责任研究》，《中外法学》2007 年第 6 期。

窦东徽、罗明明、刘肖岑：《中国居民生育性别偏好变迁的横断历史研究：1981—2016》，《北京工业大学学报》（社会科学版）2019 年第

6 期。

窦衍瑞：《宪法基本权利和民事权利的连接与互动——以人格权为例》，《政法论丛》2018 年第 3 期。

杜换涛：《民法视角下冷冻胚胎的法律属性与处分规则》，《苏州大学学报》（哲学社会科学版）2016 年第 4 期。

杜建明：《论我国生育权中的利益考量与人权保障》，《南京人口管理干部学院学报》2011 年第 4 期。

段厚省：《论身份权请求权》，《法学研究》2006 年第 5 期。

樊丽君：《生育权性质的法理分析及夫妻生育权冲突解决原则》，《北京化工大学学报》（社会科学版）2005 年第 4 期。

樊林：《生育权探析》，《法学》2000 年第 9 期。

方新军：《利益保护的解释论问题》，《华东政法大学学报》2013 年第 6 期。

房绍坤、曹相见：《论人格权一般条款的立法表达》，《江汉论坛》2018 年第 1 期。

冯健鹏：《我国司法判决中的宪法援引及其功能——基于已公开判决文书的实证研究》，《法学研究》2017 年第 3 期。

付翠英、李建红：《生育权本质论点梳理与分析》，《法学杂志》2008 年第 2 期。

付淑娥：《环境人格权正当性论证之归纳推理》，《广西社会科学》2017 年第 5 期。

耿玉娟：《计划生育制度法治化路径及合宪性转型研究》，《兰州大学学报》（社会科学版）2017 年第 5 期。

官玉琴：《论配偶的身份利益》，《东南学术》2007 年第 3 期。

郭鸣：《论亲属身份权的侵权法保护》，《江西社会科学》2010 年第 3 期。

韩强：《人格权确认与构造的法律依据》，《中国法学》2015 年第 3 期。

韩世远：《医疗服务合同的不完全履行及其救济》，《法学研究》2005 年第 6 期。

韩彧博：《自然之债视域下夫妻忠诚协议的效力判断》，《学习与探索》2017 年第 6 期。

何睦：《论罪犯生育权》，《知识经济》2009 年第 16 期。

何晓航、何志：《夫妻忠诚协议的法律思考》，《法律适用》2012年第3期。

侯国跃、陈圣利：《〈民法总则〉的"正确打开方式"》，《甘肃社会科学》2018年第1期。

侯佳伟、顾宝昌、张银锋：《子女偏好与出生性别比的动态关系：1979—2017》，《中国社会科学》2018年第10期。

侯学宾、李凯文：《人体冷冻胚胎监管、处置权的辨析与批判——以霍菲尔德权利理论为分析框架》，《苏州大学学报》（哲学社会科学版）2016年第4期。

侯英泠：《"计划外生命"与"计划外生育"之民事赔偿责任之争议》，《成大法学》2002年第4期。

胡卫萍：《新型人格权的立法确认》，《法学论坛》2011年第6期。

华东政法大学生育权和人权课题组：《关于生育权和人权的思考》，《法学杂志》2009年第8期。

华婷：《手术同意书的法律性质及效力》，《中国卫生法制》2011年第6期。

黄蓓、程泽时：《论夫妻忠诚协议》，《求实》2009年第2期。

黄娟：《从新中国生育政策变迁看公民权利与公共权力博弈》，《人口与发展》2015年第1期。

黄孟苏：《论手术同意书的法律性质及效力》，《中国卫生事业管理》2008年第7期。

黄宇骁：《论宪法基本权利对第三人无效力》，《清华法学》2018年第3期。

黄忠：《人格权法独立成编的体系效应之辨识》，《现代法学》2013年第1期。

江平：《民法的回顾与展望》，《比较法研究》2006年第2期。

姜帆：《法治视野下的公权力与生育权克减》，《商业时代》2013年第17期。

姜玉梅：《生育权辨析》，《西南民族学院学报》（哲学社会科学版）2002年第12期。

姜玉梅：《生育权的法律地位》，《人口与经济》2004年第1期。

姜战军：《论人格权的基础》，《华中科技大学学报》（社会科学版）

2013 年第 6 期。

蒋月：《配偶身份权的内涵与类型界定》，《法商研究》1999 年第 4 期。

焦少林：《试论生育权》，《现代法学》1999 年第 6 期。

解维克：《人格与人格权关系重拾》，《江苏社会科学》2014 年第 4 期。

金易：《现行生育政策调整的依据及路径》，《学术交流》2014 年第 1 期。

阚凯、高博：《青年人非婚同居的现实考察与法律应对》，《学术交流》2014 年第 10 期。

寇学军：《关于死刑犯生育权问题研究》，《河北法学》2003 年第 5 期。

雷磊：《新兴（新型）权利的证成标准》，《法学论坛》2019 年第 3 期。

雷文玫：《解构我国胚胎保护规范体系——发现父母自主的地位》，《台大法学论丛》2004 年第 4 期。

冷传莉：《"人格物"的司法困境与理论突围》，《中国法学》2018 年第 5 期。

李昊：《冷冻胚胎的法律性质及其处置模式——以美国法为中心》，《华东政法大学学报》2015 年第 5 期。

李景义、焦雪梅：《生育权的性质及法律规制》，《甘肃社会科学》2014 年第 3 期。

李娜玲：《关于冷冻胚胎的法律属性和处分难题研究》，《政法论丛》2016 年第 3 期。

李小年：《夫妻生育权若干法律问题探讨》，《学习与探索》2008 年第 2 期。

李岩：《论性的私法调整》，《河北法学》2007 年第 12 期。

李岩：《一般人格权的类型化分析》，《法学》2014 年第 4 期。

李燕、金根林：《冷冻胚胎的权利归属及权利行使规则研究》，《人民司法》2014 年第 13 期。

李燕：《不当怀孕损害赔偿研究——从上海"绝育手术不绝育索赔案"说起》，《东岳论丛》2009 年第 10 期。

李银河、信春鹰、苏力：《配偶权·婚姻性关系与法律》，《读书》1999 年第 1 期。

李永军：《民法典编纂背景下姓名权与其他"人格权"的区分——兼及我国民法典人格权编的立法建议》，《浙江工商大学学报》2019 年第

2 期。

李永军：《民法总则民事权利章评述》，《法学家》2016 年第 5 期。

李月海：《生育权探析 ——未婚女性流产案例引起的思考》，《社会科学家》2005 年第 S1 期。

梁洪霞：《我国多省市"限制妇女堕胎"规定的合宪性探究 ——兼议生育权的宪法保护》，《北方法学》2018 年第 1 期。

梁慧星：《雇主承包厂房拆除工程违章施工致雇工受伤感染死亡案评释》，《法学研究》1989 年第 6 期。

梁慧星：《中国民法典中不能设置人格权编》，《中州学刊》2016 年第 2 期。

林建军：《规制夫妻暴力民事立法的功能定位与制度完善》，《中国法学》2012 年第 6 期。

林来梵，张卓明：《论权利冲突中的权利位阶 ——规范法学视角下的透析》，《浙江大学学报》（人文社会科学版）2003 年第 6 期。

林萍章：《新时代的告知说明与同意：突变与进化》，《月旦医事法报告》2020 年总第 41 期。

林孝文：《论法定权利的实现 ——以法社会学为视角》，《湘潭大学学报》（哲学社会科学版）2008 年第 5 期。

刘芳：《加害给付救济模式之建构 ——以合同法的适用为视角》，《浙江社会科学》2012 年第 12 期。

刘加良：《夫妻忠诚协议的效力之争与理性应对》，《法学论坛》2014 年第 4 期。

刘士国：《人工生殖与自然法则》，《人民司法》2014 年第 13 期。

刘士国：《中国胚胎诉讼第一案评析及立法建议》，《当代法学》2016 年第 2 期。

刘淑媛：《我国对配偶权的立法完善及其保护》，《宁夏大学学报》（人文社会科学版）2005 年第 4 期。

刘廷华、李风军：《婚内侵权责任的理论反思与制度完善》，《南京人口管理干部学院学报》2012 年第 4 期。

刘文宗：《论人权、女权与生育权问题 ——为迎接北京第四次世界妇女大会而作》，《外交学院学报》1995 年第 3 期。

刘小平：《为何选择"利益论"？——反思"宜兴冷冻胚胎案"一、二审判决之权利论证路径》,《法学家》2019 年第 2 期。

刘炫麟:《民法典编纂与医疗合同典型化》,《法治研究》2019 年第 3 期。

刘以流:《解除非法同居关系时女方怀孕该如何处理》,《法学》1992 年第 3 期。

刘永霞:《论我国法律对生育权的保障问题》,《宁夏大学学报》(人文社会科学版) 2005 年第 4 期。

刘跃进等:《2018 年"中国国家安全十大事件"揭晓》,《国际安全研究》2019 年第 2 期。

刘长兴:《环境权保护的人格权法进路——兼论绿色原则在民法典人格权编的体现》,《法学评论》2019 年第 3 期。

刘召成:《论具体人格权的生成》,《法学》2016 年第 3 期。

刘召成:《民法一般人格权的创设技术与规范构造》,《法学》2019 年第 10 期。

刘召成:《民事权利的双重属性:人格权权利地位的法理证成》,《政治与法律》2016 年第 3 期。

刘志刚:《基本权利影响侵权民事责任的路径分析》,《东北师大学报》(哲学社会科学版) 2018 年第 5 期。

刘仲平:《我国离婚损害赔偿制度之检讨与重构》,《湘潭大学学报》(哲学社会科学版) 2016 年第 1 期。

刘作翔:《紧急避险:解决权利冲突的制度设计及刑民案例》,《河北法学》2014 年第 1 期。

刘作翔:《权利冲突:一个应该重视的法律现象》,《法学》2002 年第 3 期。

柳经纬:《违约精神损害赔偿立法问题探讨——以〈民法典各分编(草案)〉第七百七十九条为对象》,《暨南学报》(哲学社会科学版) 2019 年第 7 期。

马驰:《人类基因编辑的权利基础》,《华东政法大学学报》2019 年第 5 期。

马丁:《体外胚胎在我国民法上的应然属性及其价值考量——基于国情和社会发展趋势的分析》,《东方法学》2017 年第 4 期。

马俊驹、刘卉:《论法律人格内涵的变迁和人格权的发展——从民法中的人出发》,《法学评论》2002 年第 1 期。

马俊驹、童列春：《论私法上的人格平等与身份差异》,《河北法学》2009 年第 11 期。

马俊驹、童列春：《身份制度的私法构造》,《法学研究》2010 年第 2 期。

马俊驹、张翔：《人格权的理论基础及其立法体例》,《法学研究》2004 年第 6 期。

马俊驹：《从人格利益到人格要素 ——人格权法律关系客体之界定》,《河北法学》2006 年第 10 期。

马俊驹：《论作为私法上权利的人格权》,《法学》2005 年第 12 期。

马强：《论生育权 ——以侵害生育权的民法保护为中心》,《政治与法律》2013 第 6 期。

马特：《论同居权与婚内强奸》,《山东社会科学》2014 年第 7 期。

马忆南：《夫妻生育权冲突解决模式》,《法学》2010 年第 12 期。

马忆南：《论夫妻人身权利义务的发展和我国〈婚姻法〉的完善》,《法学杂志》2014 年第 11 期。

梅夏英：《民法权利思维的局限与社会公共维度的解释展开》,《法学家》2019 年第 1 期。

孟庆涛：《重读〈世界人权宣言〉》,《现代法学》2018 年第 5 期。

穆光宗：《生育权利：什么生育？什么权利？》,《人口研究》2003 年第 1 期。

潘皞宇：《以生育权冲突理论为基础探寻夫妻间生育权的共有属性 ——兼评"婚姻法解释（三）"第九条》,《法学评论》2012 年第 1 期。

彭诚信、苏昊：《论权利冲突的规范本质及化解路径》,《法制与社会发展》2019 年第 2 期。

强世功：《宪法司法化的悖论》,《中国社会科学》2003 年第 2 期。

秦奥蕾：《生育权、"计划生育"的宪法规定与合宪性转型》,《政法论坛》2016 年第 5 期。

冉克平：《论夫妻之间的侵权损害赔偿》,《华中科技大学学报》（社会科学版）2010 年第 2 期。

任江：《"骗贷逾期未还"纠纷案中的姓名权私法功能与启示 ——对新型人格权"信用权"的一点质疑》,《苏州大学学报》2015 年第

6期。

申卫星：《从生到死的民法学思考——兼论中国卫生法学研究的重要性》，《湖南社会科学》2011年第2期。

申卫星：《从生命的孕育到出生的民法思考》，《法学杂志》2010年第1期。

沈鸿梅、龚刚强：《"生育权"纠纷的法理分析》，《广西民族大学学报》（哲学社会科学版）2003年第S1期。

沈建峰：《具体人格权立法模式及其选择——以德国、瑞士、奥地利、列支登士敦为考察重点》，《比较法研究》2011年第5期。

沈云樵：《质疑人格权法定》，《环球法律评论》2013年第6期。

石佳友：《人权与人格权的关系——从人格权的独立成编出发》，《法学评论》2017年第6期。

苏荣刚、邓延杰：《对我国现行手术签字制度的法律思考》，《中华医院管理杂志》2002年第4期。

苏永钦：《民事财产法在新世纪面临的挑战》，《法令月刊》2001年第3期。

苏永钦：《再论一般侵权行为的类型——从体系功能的角度看修正后的违法侵权规定》，《政大法学评论》2002年第69期。

隋彭生：《夫妻忠诚协议分析——以法律关系为重心》，《法学杂志》2011年第2期。

孙科峰：《生育权范畴论析》，《学术探索》2004年第2期。

孙良国、赵梓晴：《夫妻忠诚协议的法律分析》，《社会科学战线》2017年第9期。

孙良国：《夫妻间冷冻胚胎处理难题的法律解决》，《国家检察官学院学报》2015年第1期。

孙鹏：《"蛋壳脑袋"规则之反思与解构》，《中国法学》2017年第1期。

孙鹏：《民法法典化探究》，《现代法学》2001年第2期。

孙宪忠：《如何理解民法典编纂的"两步走"》，《中国人大》2017年第7期。

谭启平、李琳：《民法的属性与民法渊源的司法定位》，《河北法学》2016年第7期。

谭启平:《民事主体与民事诉讼主体有限分离论之反思》,《现代法学》2007 年第 5 期。

汪丽青:《"设计婴儿"的规制分析》,《广东社会科学》2015 年第 1 期。

汪丽青:《论美国关于死后人工生殖的法律规制》,《政法论丛》2014 年第 5 期。

汪太贤:《权利泛化与现代人的权利生存》,《法学研究》2014 年第 1 期。

王博:《权利冲突化解路径的经济法律分析——兼与苏力等教授商榷》,《法学》2016 年第 11 期。

王晨、艾连北:《再论生育权》,《当代法学》2003 年第 1 期。

王成:《侵权之"权"的认定与民事主体利益的规范途径——兼论〈侵权责任法〉的一般条款》,《清华法学》2011 年第 2 期。

王成:《医疗损害赔偿的规范途径》,《政治与法律》2018 年第 5 期。

王方玉:《权利的内在伦理解析——基于新兴权利引发权利泛化现象的反思》,《法商研究》2018 年第 4 期。

王歌雅、郝峰:《婚姻关系:价值基础与制度建构——兼评〈中华人民共和国婚姻法〉司法解释(三)》,《法学杂志》2011 年第 12 期。

王歌雅:《夫妻忠诚协议:价值认知与效力判断》,《政法论丛》2009 年第 5 期。

王冠、谢晶:《论死刑犯的生育权》,《前沿》2006 年第 10 期。

王贵松:《中国代孕规制的模式选择》,《法制与社会发展》2009 年第 4 期。

王贵松:《中国计划生育制度的合宪性调整》,《法商研究》2008 年第 4 期。

王洪:《家庭自治与法律干预——中国大陆婚姻法之发展方向》,《月旦民商法杂志》2005 年第 8 期。

王洪:《论子女最佳利益原则》,《现代法学》2003 年第 6 期。

王洪平、苏海健:《"错误出生"侵权责任之构成——一个比较法的视角》,《烟台大学学报》(哲学社会科学版)2008 年第 3 期。

王金堂:《婚内人身损害赔偿问题研究》,《法学杂志》2010 年第 8 期。

王进文:《基本权国家保护义务的疏释与展开——理论溯源、规范实践与本土化建构》,《中国法律评论》2019 年第 4 期。

王锴:《婚姻、家庭的宪法保障——以我国宪法第 49 条为中心》,《法学评论》2013 年第 2 期。

王锴:《论宪法上的一般人格权及其对民法的影响》,《中国法学》2017 年第 3 期。

王克金:《权利冲突研究中需要进一步澄清的问题》,《法制与社会发展》2010 年第 5 期。

王雷:《论情谊行为与民事法律行为的区分》,《清华法学》2013 年第 6 期。

王雷:《论身份情谊行为》,《北方法学》2014 年第 4 期。

王利明:《论民法总则不宜全面规定人格权制度——兼论人格权独立成编》,《现代法学》2015 年第 3 期。

王利明:《论人格权请求权与侵权损害赔偿请求权的分离》,《中国法学》2019 年第 1 期。

王利明:《民法典人格权编草案的亮点及完善》,《中国法律评论》2019 年第 1 期。

王利明:《民法上的利益位阶及其考量》,《法学家》2014 年第 1 期。

王利明:《民法要扩张 刑法要谦抑》,《中国大学教学》2019 年第 11 期。

王利明:《侵权法一般条款的保护范围》,《法学家》2009 年第 3 期。

王利明:《再论人格权的独立成编》,《法商研究》2012 年第 1 期。

王世贤:《生育权之检讨》,《河北师范大学学报》(哲学社会科学版) 2006 年第 3 期。

王旭冬:《"忠诚协议"引发的法律思考》,《南通师范学院学报》2004 年第 4 期。

王旭霞:《夫妻生育权的实现与救济》,《甘肃政法学院学报》2009 年第 2 期。

王涌:《民法中权利设定的几个基本问题》,《金陵法律评论》2001 年第 1 期。

王涌:《寻找法律概念的"最小公分母"——霍菲尔德法律概念分析思想研究》,《比较法研究》1998 年第 2 期。

王泽鉴:《财产上损害赔偿(二)——为新生命而负责:人之尊严与损

害概念 Wrongful birth 及 Wrongful life》,《月旦法学杂志》2006 年总第 131 卷。

王泽鉴:《人格权之保护与非财产损害赔偿》,载《民法学说与判例研究(第 1 册)》,中国政法大学出版社 1998 年版。

王之、强美英:《夫妻生育权平等的冲突及其法律思考》,《医学与哲学》(人文社会医学版)2007 年第 10 期。

王竹、方延:《身体权学理独立过程考》,《广州大学学报》(社会科学版)2012 年第 5 期。

温世扬:《略论人格权的类型体系》,《现代法学》2012 年第 4 期。

温世扬:《民法典人格权编草案评议》,《政治与法律》2019 年第 3 期。

吴欢:《国家干预生育的历史、法理与限度》,《学习与探索》2016 年第 3 期。

吴家庆:《从责任法到社会法 ——法国计划外生命损害赔偿的后续发展》,《法学新论》2012 年总第 35 期。

吴俐:《生育权的尴尬与选择》,《人口与经济》2003 年第 4 期。

吴晓芳:《当前婚姻家庭案件的疑难问题探析》,《人民司法》2010 年第 1 期。

吴运来:《医疗损害救济的合同路径研究 ——兼与侵权路径比较》,《北方法学》2017 年第 5 期。

吴志正:《论人工流产自主决定权之侵害与损害》,《东吴法律学报》2007 年第 2 期。

武秀英:《对生育权的法理阐释》,《山东社会科学》2004 年第 1 期。

郗伟明:《论婚内一般侵权责任制度的建立 ——兼评离婚损害赔偿制度》,《南京大学学报》(哲学·人文科学·社会科学版)2010 年第 3 期。

夏吟兰、罗满景:《夫妻之间婚内侵权行为的中美法比较》,《比较法研究》2012 年第 3 期。

谢晖:《论新型权利的基础理念》,《法学论坛》2019 年第 3 期。

谢晖:《论新型权利生成的习惯基础》,《法商研究》2015 年第 1 期。

邢玉霞:《从民事权利的角度辨析生育权的性质》,《东岳论丛》2012 年第 3 期。

邢玉霞:《现代婚姻家庭中生育权冲突之法律救济》,《法学杂志》2009

年第 7 期。

熊金才：《婚姻家庭变迁的制度回应——以未成年子女权益保障为视角》，《学术研究》2011 年 5 期。

熊静文：《体外胚胎的处理：协议解释与利益衡量》，《东方法学》2019 年第 1 期。

徐钝：《论新型人格权司法证成的基本准则》，《法商研究》2018 年第 3 期。

徐国栋：《"人身关系"流变考》（上），《法学》2002 年第 6 期。

徐国栋：《论作为变色龙的生育的法律性质》，《河南财经政法大学学报》2012 年第 1 期。

徐国栋：《人格权制度历史沿革考》，《法制与社会发展》2008 年第 1 期。

徐国栋：《人工受孕体在当代意大利立法和判例中的地位》，《华东政法大学学报》2015 年第 5 期。

徐国栋：《体外受精胎胚的法律地位研究》，《法制与社会发展》2005 年第 5 期。

徐海燕：《论体外早期人类胚胎的法律地位及处分权》，《法学论坛》2014 年第 4 期。

徐建刚：《论损害赔偿中完全赔偿原则的实质及其必要性》，《华东政法大学学报》2019 年第 4 期。

徐洁、张渝：《论他人代为医疗决定的法律构造——以切实保障成年患者自决权为宗旨》，《政法论丛》2019 年第 2 期。

徐娟：《冷冻胚胎的归属及权利行使规则》，《人民司法》2017 年第 22 期。

徐银波：《论侵权损害完全赔偿原则之缓和》，《法商研究》2013 年第 3 期。

许丽琴：《代孕生育合理控制与使用的法律规制》，《河北法学》2009 年第 7 期。

许莉：《供精人工授精生育的若干法律问题》，《华东政法大学学报》1999 年第 4 期。

许志伟：《自由、自主、生育权与处境论》（下），《医学与哲学》2000 年第 4 期。

薛军：《非典型人格利益的民法保护模式研究》，《暨南学报》（哲学社会科学版）2012 年第 3 期。

薛军：《人格权的两种基本理论模式与中国的人格权立法》，《法商研究》2004 年第 4 期。

薛军：《私法立宪主义论》，《法学研究》2008 年第 4 期。

薛宁兰：《社会转型中的婚姻家庭法制新面向》，《东方法学》2020 年第 2 期。

阳庚德：《侵权法对权利和利益区别保护论》，《政法论坛》2013 年第 1 期。

阳平、杜强强：《生育权之概念分析》，《法律适用》2003 年第 10 期。

杨芳、姜柏生：《辅助生育权：基于夫妻身份的考量》，《医学与哲学》（人文社会医学版）2006 年第 7 期。

杨建军、李姝卉：《CRISPR/Cas9 人体基因编辑技术运用的法律规制——以基因编辑婴儿事件为例》，《河北法学》2019 年第 9 期。

杨金颖：《关于生育权问题的思考》，《前沿》2004 年第 4 期。

杨立新、刘召成：《论作为抽象人格权的一般人格权》，《广东社会科学》2010 年第 6 期。

杨立新、袁雪石：《论身份权请求权》，《法律科学》2006 年第 2 期。

杨立新：《单方废弃夫妻共有的人体胚胎之侵权责任认定》，《法律适用》2018 年第 9 期。

杨立新：《对民法典规定人格权法重大争论的理性思考》，《中国法律评论》2016 年第 1 期。

杨立新：《民法人格权编的政治基础与学术立场、立法技术的统一》，《法学杂志》2018 年第 7 期。

杨立新：《侵权责任法回归债法的可能及路径——对民法典侵权责任编草案二审稿修改要点的理论分析》，《比较法研究》2019 年第 2 期。

杨立新：《人的冷冻胚胎的法律属性及其继承问题》，《人民司法》2014 年第 13 期。

杨立新：《医疗损害责任构成要件的具体判断》，《法律适用》2012 年第 4 期。

杨遂全：《现行婚姻法的不足与民法典立法对策》，《法学研究》2003 年第 2 期。

杨腾：《体育权：权利泛化语境下的虚构概念》，《武汉体育学院学报》2014 第 6 期。

姚辉：《关于人格权性质的再思考》，《暨南学报》（哲学社会科学版）2012 年第 3 期。

姚辉：《侵权责任法视域下的人格权》，《中国人民大学学报》2009 年第 3 期。

姚辉：《权利的民法典表达》，《中国政法大学学报》2017 年第 2 期。

姚宇：《新型民事权利的界限及其证成》，《学术交流》2016 年第 11 期。

叶金强：《论侵权损害赔偿范围的确定》，《中外法学》2012 年第 1 期。

叶金强：《相当因果关系理论的展开》，《中国法学》2008 年第 1 期。

叶名怡：《法国法上的人工胚胎》，《华东政法大学学报》2015 年第 5 期。

易军：《论人格权法定、一般人格权与侵权责任构成》，《法学》2011 年第 8 期。

易显飞：《人类生殖细胞基因编辑的伦理问题及其消解》，《武汉大学学报》（哲学社会科学版）2019 年第 4 期。

尹田：《论人格权的本质》，《法学研究》2003 年第 4 期。

尹田：《人格权独立成编的再批评》，《比较法研究》2015 年第 6 期。

于柏华：《权利认定的利益判准》，《法学家》2017 年第 6 期。

于飞：《侵权法中权利与利益的区分方法》，《法学研究》2011 年第 4 期。

余枫霜：《论被判死刑人员结婚和生育的权利》，《南京师大学报》（社会科学版）2013 年第 6 期。

余军：《生育自由的保障与规制——美国与德国宪法对中国的启示》，《武汉大学学报》（哲学社会科学版）2016 年第 5 期。

袁雪石：《中国人格权法的创新与发展——杨立新教授人格权法思想研究》，《河南政法管理干部学院学报》2010 年第 5 期。

岳业鹏：《论人格权财产利益的法律保护——以〈侵权责任法〉第 20 条为中心》，《法学家》2018 年第 3 期。

湛中乐、伏创宇：《生育权作为基本人权入宪之思考》，《南京人口管理干部学院学报》2011 年第 2 期。

张芳：《民事法益的弱保护及突破》，《湖北社会科学》2015 年第 2 期。

张红:《〈侵权责任法〉对人格权保护之述评》,《法商研究》2010年第6期。

张红:《错误出生的损害赔偿责任》,《法学家》2011年第6期。

张红:《错误怀孕之侵权损害赔偿》,《私法研究》2011年第2期。

张红:《道德义务法律化——非同居婚外关系所导致之侵权责任》,《中外法学》2016年第1期。

张红:《方法与目标:基本权利民法适用的两种考虑》,《现代法学》2010年第2期。

张红:《新型人格利益的生成与保护》,《月旦民商法杂志》2018年总第62期。

张红:《一般人格权:新生人格利益之保护机制》,《人大法律评论》2018年第2期。

张华:《女性生育权的司法保护状况考察——基于543份已公开裁判文书的实证分析》,《西南政法大学学报》2018年第5期。

张家勇:《权益保护与规范指引》,《四川大学学报》(哲学社会科学版)2017年第1期。

张建文、李倩:《被遗忘权的保护标准研究——以我国"被遗忘权第一案"为中心》,《晋阳学刊》2016年第6期。

张建文:《新兴权利保护的合法利益说研究》,《苏州大学学报》(哲学社会科学版)2018年第5期。

张建文:《新兴权利保护中利益正当性的论证基准》,《河北法学》2018年第7期。

张建文:《作为新兴权利司法保护方法的一般人格权》,《法学杂志》2019年第6期。

张健、向婧:《"不当出生"侵权诉讼民事审判实证研究》,《法律适用》2009年第5期。

张津:《简论我国生育权的法律规范与社会人性化的对立统一》,《山西师大学报》(社会科学版)2010年第2期。

张力、郑志峰:《中止抑或不完成:诉讼时效完成障碍之婚姻关系》,《河北法学》2015年第5期。

张力:《民法典"现实宪法"功能的丧失与宪法实施法功能的展开》,《法制与社会发展》2019年第1期。

张力:《权利、法益区分保护及其在民法总则中的体现——评〈民法总则(草案)〉第五章》,《河南社会科学》2016年第11期。

张楠、潘绥铭:《性关系的核心结构及其意义——非婚同居与婚姻的实证比较研究》,《学术界》2016年第6期。

张平华:《权利冲突辨》,《法律科学》2006年第6期。

张平华:《人格权的利益结构与人格权法定》,《中国法学》2013年第2期。

张千帆:《论宪法效力的界定及其对私法的影响》,《比较法研究》2004年第2期。

张荣芳:《论生育权》,《福州大学学报》(哲学社会科学版)2001年第4期。

张善斌:《民法人格权和宪法人格权的独立与互动》,《法学评论》2016年第6期。

张圣斌、范莉、庄绪龙:《人体冷冻胚胎监管、处置权归属的认识》,《法律适用》2014年第11期。

张素华:《体外受精胚胎问题的私法问题研究》,《河北法学》2017年第1期。

张巍:《德国基本权第三人效力问题》,《浙江社会科学》2007年第1期。

张文显:《法理:法理学的中心主题和法学的共同关注》,《清华法学》2017年第4期。

张翔:《基本权利在私法上效力的展开——以当代中国为背景》,《中外法学》2003年第5期。

张新宝:《我国人格权立法:体系、边界和保护》,《法商研究》2012年第1期。

张学军:《错误的生命之诉的法律适用》,《法学研究》2005年第4期。

张学军:《生育自决权研究》,《江海学刊》2011年第5期。

张龑:《论人权与基本权利的关系——以德国法和一般法学理论为背景》,《法学家》2010年第6期。

张玉敏、侯国跃:《当前中国〈侵权法(草案)〉之比较研究》,《现代法学》2000年第1期。

张兆利:《公婆与儿媳的"香火协议"为何无效》,《湖南农业》2006

年第 12 期。

张作华、徐小娟：《生育权的性别冲突与男性生育权的实现》，《法律科学》2007 年第 2 期。

赵敏：《生育权的本质属性》，《南京人口管理干部学院学报》2004 年第 4 期。

赵西巨：《生命的缔造、期许与失落：人工生殖服务领域的医疗损害责任法》，《东南大学学报》（哲学社会科学版）2016 年第 2 期。

赵晓红：《论我国生育权的立法缺陷与完善》，《学术交流》2009 年第 5 期。

征汉年：《拓展与泛化：现代权利的科技影响因子》，《甘肃理论学刊》2016 年第 2 期。

郑晓剑：《侵权损害完全赔偿原则之检讨》，《法学》2017 年第 12 期。

郑永宽：《论人格权的自然权利属性》，《求是学刊》2008 年第 5 期。

智广元、李明明：《人工流产的权利考量》，《医学与哲学》2014 年第 5 期。

钟瑞栋、杨志军：《论一般人格权》，《山西大学学报》（哲学社会科学版）2005 年第 5 期。

周长洪：《换一种视角看我国人口数量与生育政策》，《南京人口管理干部学院学报》2012 年第 3 期。

周鸿燕：《论女性作为生育权的主体》，《华南师范大学学报》（社会科学版）2003 年第 6 期。

周华：《论类型化视角下体外胚胎之法律属性》，《中南大学学报》（社会科学版）2015 年第 3 期。

周华：《以权利为视角论民法之谦抑性》，《学术交流》2015 年第 5 期。

周江洪：《法制化途中的人工胚胎法律地位——日本法状况及其学说简评》，《华东政法大学学报》2015 年第 5 期。

周平：《配偶间生育权冲突之法律规制》，《中南民族大学学报》（人文社会科学版）2011 年第 6 期。

周永坤：《丈夫生育权的法理问题研究——兼评〈婚姻法解释（三）〉第 9 条》，《法学》2014 年第 12 期。

周友军：《德国民法上的违法性理论研究》，《现代法学》2007 年第 1 期。

周友军:《我国侵权法上完全赔偿原则的证立与实现》,《环球法律评论》2015 年第 2 期。

周征:《生育权的私权化》,《中华女子学院学报》2005 年第 5 期。

朱虎:《规制性规范与侵权法保护客体的界定》,《清华法学》2013 年第 1 期。

朱虎:《侵权法中的法益区分保护:思想与技术》,《比较法研究》2015 年第 5 期。

朱晓峰:《民法一般人格权的价值基础与表达方式》,《比较法研究》2019 年第 2 期。

朱晓峰:《评最高人民法院指导案例 50 号:兼论生育权保护》,《西安电子科技大学学报》(社会科学版)2016 年第 5 期。

朱晓峰:《人格立法之时代性与人格权的权利内质》,《河北法学》2012 年第 3 期。

朱晓峰:《作为一般人格权的人格尊严权——以德国侵权法中的一般人格权为参照》,《清华法学》2014 年第 1 期。

朱晓喆、徐刚:《民法上生育权的表象与本质——对我国司法实务案例的解构研究》,《法学研究》2010 年第 5 期。

朱晓喆:《瑕疵担保、加害给付与请求权竞合——债法总则给付障碍中的固有利益损害赔偿》,《中外法学》2015 年第 5 期。

朱振:《冷冻胚胎的"继承"与生育权的难题》,《医学与哲学(A)》2015 年第 3 期。

朱振:《妊娠女性的生育权及其行使的限度——以〈婚姻法〉司法解释(三)第 9 条为主线的分析》,《法商研究》2016 年第 6 期。

[德]克劳斯-威尔海姆·卡纳里斯:《基本权利与私法》,曾韬、曹昱晨译,《比较法研究》2015 年第 1 期。

[美]丽莎·C. 池本:《美国的生育权和女性主义法学理论》,张凌寒译,载[美]辛西娅·格兰特·鲍曼、于兴中《女性主义法学:美国和亚洲跨太平洋对话》,中国民主法制出版社 2018 年版。

[日]山本敬三:《民法中的动态系统论》,解亘译,载梁慧星《民商法论丛》(第 23 卷),金桥文化出版有限公司 2002 年版。

　　(三)其他

吴家庆:《意外怀孕、意外生育、意外生命的"损害"——以比较法的分析及人性尊严观点的评价为中心》，博士学位论文，台湾政治大学，2013 年。

李冬：《生育权研究》，博士学位论文，吉林大学，2007 年。

莫爱斯：《民法中的性权利研究》，博士学位论文，中国政法大学，2009 年。

王淇：《关于生育权的理论思考》，博士学位论文，吉林大学，2012 年。

张红：《基本权利与私法》，博士学位论文，中国政法大学，2009 年。

《辞海》，上海辞书出版社 1979 年版。

《埃塞俄比亚民法典》，薛军译，厦门大学出版社 2013 年版。

蔡民等：《丈夫车祸身亡妻子为留种要求继续胚胎移植》，《信息时报》2004 年 10 月 29 日第 A7 版。

陈甦：《婚内情感协议得否拥有强制执行力》，《人民法院报》2007 年 1 月 11 日第 5 版。

定军、张文卓：《低生育率关口 人口战略前瞻性研究迫在眉睫》，《21 世纪经济报道》2018 年 2 月 5 日第 4 版。

李鹏：《榆林产妇坠楼，暴露医院人文关怀缺失和监护缺位》，《中国科技报》2017 年 9 月 18 日第 4 版。

李贤华、贺付琴：《域外辅助生殖技术法律制度速览》，《人民法院报》2018 年 12 月 14 日第 8 版。

廖君、林苗苗、鲍晚菁：《试管婴儿剩余"无主胚胎"无处安放 专家建议完善法律法规出台行业标准》，《经济参考报》2019 年 8 月 23 日第 7 版。

苏迪：《单身女性"冻卵"，法律的确应审慎待之》，《光明日报》2019 年 12 月 31 日第 2 版。

王攀、肖思思、周颖：《"基因编辑婴儿"案一审宣判》，《健康报》2019 年 12 月 31 日第 4 版。

吴晓芳：《"婚姻契约"问题的思考——兼与陈甦研究员商榷》，《人民法院报》2007 年 2 月 8 日第 5 版。

吴怡：《丈夫意外去世 妻子还能怀上"遗腹子"吗?》，《云南法制报》2019 年 10 月 9 日第 4 版。

肖波、周湘情：《冷冻胚胎这样"完璧归赵"》，《人民法院报》2019 年 12 月 18 日第 8 版。

杨立新：《冷冻胚胎是具有人格属性的伦理物》，《检察日报》2014年7月19日第3版。

张东阳：《"出生人口减少200万"背后是低生育率挑战》，《中国商报》2019年1月25日第P02版。

周少青：《妇女解放的程度是衡量普遍解放的天然尺度——由美国阿拉巴马州通过的禁止堕胎法令引发的思考》，《中国民族报》2019年6月4日第7版。

二 外文类参考文献

（一）著作类

Allen Buchanan, et al., From chance to choice: Genetics and justice, Cambridge: Cambridge University Press, 2001.

John L. Diamond ed., Understanding Torts, Durham: Carolina Academic Press, 2018.

John A. Robertson, Children of Choice: Freedom and the New Reproductive Technologies, Princeton: Princeton University Press, 1994.

Margaret F. Brinig, From Contract to Covenant: Beyond the Law and Economics of the Family. Cambridge: Harvard University Press, 2000.

Magnus, Ulrich ed., Unification of Tort Law, Hague: Kluwer Law International, 2001.

Robert Ellickson, Order Without Law, How Neighbors Settle Disputes, Cambridge: Harvard University Press, 1991.

（二）论文类

A. Kasliwal and Hatfield J., "Conscientious Objection in Sexual and Reproductive Health-a Guideline That Respects Diverse Views but Emphasises Patients' Rights", Bmj Sexual & Reproductive Health, Vol. 44, No. 1, 2018.

Alexander Morgan Capron, "Tort-Liability in Genetic-Counseling", Columbia Law Review, Vol. 79, No. 4, 1979.

Alexandra Faver, "Whose Embryo Is It Anyway: The Need for a Federal Statute Enforcing Frozen Embryo Disposition Contracts Student", Family Court Review, Vol. 55, No. 4, 2017.

Alisha Patton, "Harris and Whole Woman's Health Collide: No Funding Provisions Unduly Burden Reproductive Freedom", Hastings Law Journal, Vol. 70, No. 1, 2018.

Anna El-Zein, "Embry-Uh-Oh: An Alternative Approach to Frozen Embryo Disputes", Missouri Law Review, Vol. 82, No. 3, 2017.

Anonym, "A Cause of Action for Wrongful Life: A Suggested Analysis", Minnesota Law Review, Vol. 55, No. 1, 1970.

Anthea. Williams, "Wrongful Birth and Lost Wages: J V Accident Compensation Corp Case", New Zealand Women's Law Journal, Vol. 2, No. 2, 2018.

Audrey E. Haroz, "South Africa's 1996 Choice on Termination of Pregnancy Act: Expanding Choice and International Human Rights to Black South African Women Notes", Vanderbilt Journal of Transnational Law, Vol. 30, No. 4, 1997.

B. M. Munyati, "African Women's Sexual and Reproductive Health and Rights: The Revised Maputo Plan of Action Pushes for Upscaled Delivery", Agenda-Empowering Women for Gender Equity, Vol. 32, No. 1, 2018.

Benjamin Lee Locklar, "Jackson V. Bumgardner: A Healthy Newborn-a Blessing or a Curse", American Journal of Trial Advocacy, Vol. 12, No. 1, 1988.

Bernice Tan, "An Unwanted Child: Awards for Damages in the Tort of Negligence", Singapore Comparative Law Review, Vol. 2018, No. 1, 2018.

Berta E. Hernandez, "To Bear or Not to Bear: Reproductive Freedom as an International Human Right", Brooklyn Journal of International Law, Vol. 17, No. 2, 1991.

Bonnie Steinbock, "Maternal-Fetal Conflict and in Utero Fetal Therapy", Albany law review, Vol. 57, No. 3, 1994.

Carinne Jaeger, "Yours, Mine, or Ours: Resolving Frozen Embryo Disputes through Genetics", Seattle University Law Review, Vol. 40, No. 3, 2017.

Carl H. Coleman, "Procreative Liberty and Contemporaneous Choice: An Inalienable Rights Approach to Frozen Embryo Disputes", Minnesota Law Review, Vol. 84, No. 1, 1999.

Ceala E. Breen-Portnoy, "Frozen Embryo Disposition in Cases of Separation and Divorce: How Nahmani V. Nahmani and Davis V. Davis Form the Foundation for a Workable Expansion of Current International Family Planning Regimes", Maryland Journal of International Law, Vol. 28, No. 1, 2013.

Christopher D. Jerram, "Child Rearing Expenses as a Compensable Damage in a Wrongful Conception Case: Burke V. Rivo", Creighton Law Review, Vol. 24, No. 4, 1991.

Christopher Gyngell&Bowman-Smart Hilary et al., "Moral Reasons to Edit the Human Genome: Picking up from the Nuffield Report", Journal of Medical Ethics, Vol. 45, No. 8, 2019.

D Isaacs, "Moral Status of the Fetus: Fetal Rights or Maternal Autonomy?", Journal of Paediatrics and Child Health, Vol. 39, No. 1, 2003.

Daar, J. F. "Assisted Reproductive Technologies and the Pregnancy Process: Developing an Equality Model to Protect Reproductive Liberties", American Journal of Law & Medicine, Vol. 25, No. 4, 1999.

David Kerrane, "Damages for Wrongful Pregnancy", Journal of Contemporary Legal Issues, Vol. 11, No. 1, 2000.

Deborah L. Forman, "Embryo Disposition, Divorce & Family Law Contracting: A Model for Enforceability", Columbia Journal of Gender and Law, Vol. 24, No. 3, 2013.

Deborah Pergament and Ilijic Katie, "The Legal Past, Present and Future of Prenatal Genetic Testing: Professional Liability and Other Legal Challenges Affecting Patient Access to Services", Journal of Clinical Medicine, Vol. 3, No. 4, 2014.

Dina Soritsa and Lahe Janno, "The Possibility of Compensation for Damages in Cases of Wrongful Conception, Wrongful Birth and Wrongful Life. An Estonian Perspective", European Journal of Health Law, Vol. 21, No. 2, 2014.

Dov Fox, "Paying for Particulars in People-to-Be: Commercialisation, Commodification and Commensurability in Human Reproduction", Journal of Medical Ethics, Vol. 34, No. 3, 2008.

Dov Fox, "Reproductive Negligence", Columbia Law Review, Vol. 117, No. 1, 2017.

Elizabeth F. Collins, "An Overview and Analysis: Prenatal Torts, Preconception Torts, Wrongful Life, Wrongful Death, and Wrongful Birth: Time for a New Framework", Journal of Family Law, Vol. 22, No. 4, 1983.

Erica Steinmiller-Perdomo, "Is Personhood the Answer to Resolve Frozen Pre-Embryo Disputes", Florida State University Law Review, Vol. 43, No. 1, 2015.

Erika N. Auguer, "The Art of Future Life: Rethinking Personal Injury Law for the Negligent Deprivation of a Patient's Right to Procreation in the Age of Assisted Reproductive Technologies", Chicago-Kent Law Review, Vol. 94, No. 1, 2019.

F. Allan Hanson, "Suits for Wrongful Life, Counterfactuals, and the Nonexistence Problem", Southern California Interdisciplinary Law Journal, Vol. 5, No. 1, 1996.

Fred Norton, "Assisted Reproduction and the Frustration of Genetic Affinity: Interest, Injury, and Damages", New York University Law Review, Vol. 74, No. 3, 1999.

G. Tedeschi, "On Tort Liability for Wrongful Life", Israel Law Review, Vol. 1, No. 4, 1966.

Haley Hermanson, "The Right Recovery for Wrongful Birth", Drake Law Review, Vol. 67, No. 2, 2019.

Helen Watt, "The Ethics of Pregnancy, Abortion and Childbirth: Exploring Moral Choices in Childbearing", Issues in law & medicine, Vol. 31, No. 2, 2016.

Horace B. Jr. Robertson, "Toward Rational Boundaries of Tort Liability for Injury to the Unborn: Prenatal Injuries, Preconception Injuries and Wrongful Life", Duke Law Journal, Vol. 1978, No. 6, 1978.

I. Giesen, "Of Wrongful Birth, Wrongful Life, Comparative Law and the Politics of Tort Law Systems", Journal for Contemporary Roman-Dutch Law, Vol. 72, No. 2, 2009.

I. Zechmeister, "Foetal Images: The Power of Visual Technology in Antenatal Care and the Implications for Women's Reproductive Freedom", Health Care Analysis, Vol. 9, No. 4, 2001.

Ingrid H. Heide, "Negligence in the Creation of Healthy Babies: Negligent Infliction of Emotional Distress in Cases of Alternative Reproductive Technology Malpractice without Physical Injury", Journal of Medicine and Law, Vol. 9, No. 1, 2005.

J. A. Robertson, "Liberalism and the Limits of Procreative Liberty: A Response to My Critics", Washington and Lee law review, Vol. 52, No. 1, 1995.

J. Kleinfeld, "Tort Law and in Vitro Fertilization: The Need for Legal Recognition of 'Procreative Injury' ", Yale Law Journal, Vol. 115, No. 1, 2005.

J. L. Hill, "What Does It Mean to Be a Parent ——the Claims of Biology as the Basis for Parental Rights", New York University Law Review, Vol. 66, No. 2, 1991.

James A. Jr. Henderson, "Things of Which We Dare Not Speak: An Essay on Wrongful Life", George Washington Law Review, Vol. 86, No. 3, 2018.

Janessa L. Bernstein, "The Underground Railroad to Reproductive Freedom-Restrictive Abortion Laws and the Resulting Backlash", Brooklyn Law Review, Vol. 73, No. 4, 2008.

Jean-Jacques Amy & Rowlands Sam, "Legalised Non-Consensual Sterilisation-Eugenics Put into Practice before 1945, and the Aftermath. Part 1: USA, Japan, Canada and Mexico", European Journal of Contraception and Reproductive Health Care, Vol. 23, No. 2, 2018.

Jill E. Garfinkle, "Burke V. Rivo: Toward a More Rational Approach to Wrongful Pregnancy", Villanova Law Review, Vol. 36, No. 3 & 4, 1991.

John A. Robertson, "Assisted Reproduction, Choosing Genes, and the Scope of Reproductive Freedom", George Washington Law Review, Vol. 76, No. 6, 2008.

John R. Brantley, "Wrongful Birth: The Emerging Status of a New Tort", Mary's Law Journal, Vol. 8, No. 1, 1976.

Jordan English & Mohammud Jaamae Hafeez-Baig, "Acb V Thomson Medical Pte Ltd: Recovery of Upkeep Costs, Claims for Loss of Autonomy and Loss of Genetic Affinity: Fertile Ground for Development", Melbourne University

Law Review, Vol. 41, No. 3, 2017.

Joseph S. Kashi, "The Case of the Unwanted Blessing: Wrongful Life", University of Miami law review, Vol. 31, No. 5, 1977.

Joseph S. Kashi, "The Case of the Unwanted Blessing: Wrongful Life", University of Miami law review, Vol. 31, No. 5, 1977.

Kimani Paul-Emile, "When a Wrongful Birth Claim May Not Be Wrong: Race, Inequality, and the Cost of Blackness Symposium: Fifty Years of Loving V. Virginia and the Continued Pursuit of Racial Equality", Fordham Law Review, Vol. 86, No. 6, 2018.

Kimberly Berg, "Special Respect: For Embryos and Progenitors Note", George Washington Law Review, Vol. 74, No. 3, 2005.

Kiva Diamond Allotey-Reidpath&Allotey Pascale et al., "Nine Months a Slave: When Pregnancy Is Involuntary Servitude to a Foetus", Reproductive Health Matters, Vol. 26, No. 52, 2018.

L. C. Coetzee, "Legal Liability for Failure to Prevent Pregnancy (Wrongful Pregnancy)", South African Medical Journal, Vol. 107, No. 5, 2017.

L. London and Orner P. J. et al., " 'Even If You' re Positive, You Still Have Rights Because You Are a Person': Human Rights and the Reproductive Choice of Hiv-Positive Persons", Developing World Bioethics, Vol. 8, No. 1, 2008.

Lucia Berro Pizzarossa, "Legal Barriers to Access Abortion Services through a Human Rights Lens: The Uruguayan Experience", Reproductive Health Matters, Vol. 26, No. 52, 2018.

M. Goodwin, "Challenging the Rhetorical Gag and Trap: Reproductive Capacities, Rights, and the Helms Amendment", Northwestern University Law Review, Vol. 112, No. 6, 2018.

Majid Hassan and Chitty Lyn et al., "Wrongful Birth: Clinical Settings and Legal Implications", Seminars in Fetal & Neonatal Medicine, Vol. 19, No. 5, 2014.

Marija Karosaite, "Wrongful Birth and Wrongful Conception: Is There a Right to Compensation", Teises Apzvalga Law Review, Vol. 15, No. 1, 2017.

Marisa S. Cianciarulo, "For the Greater Good: The Subordination of Reproductive Freedom to State Interests in the United States and China", Akron Law Review, Vol. 51, No. 1, 2017.

N. Cahn, "The New "Art" of Family: Connecting Assisted Reproductive Technologies & Identity Rights", University of Illinois Law Review, No. 4, 2018.

Nada Amroussia & Goicolea Isabel et al., "Reproductive Health Policy in Tunisia: Women's Right to Reproductive Health and Gender Empowerment", Health and Human Rights, Vol. 18, No. 2, 2016.

Paige Chamberlain Ornduff, "Who Gets the Bun That Doesn't Make It to the Oven: The Rights to Pre-Embryos for Individuals in Same-Sex Relationships", Charleston Law Review, Vol. 8, No. 4, 2014.

Paola Frati and Fineschi Vittorio et al., "Preimplantation and Prenatal Diagnosis, Wrongful Birth and Wrongful Life: A Global View of Bioethical and Legal Controversies", Human Reproduction Update, Vol. 23, No. 3, 2017.

Paul A. Lombardo, "Medicine, Eugenics, and the Supreme Court: From Coercive Sterilization to Reproductive Freedom", Journal of Contemporary Health Law and Policy, Vol. 13, No. 1, 1996.

Peter H. Schuck, "Tort Reform, Kiwi-Style", Yale Law & Policy Review, Vol. 27, No. 1, 2008.

R. Sparrow, "Is It 'Every Man's Right to Have Babies If He Wants Them'? Male Pregnancy and the Limits of Reproductive Liberty", Kennedy Institute of Ethics Journal, Vol. 18, No. 3, 2008.

RebeccaJ. Cook, "Human Rights and Reproductive Self-Determination", American University Law Review, Vol. 44, No. 4, 1995.

Renee Madeleine Hom, "Wrongful Conception: North Carolina's Newest Prenatal Tort Claim—Jackson V. Bumgardner", North Carolina Law Review, Vol. 65, No. 6, 1987.

Robertson GB, "Civil Liability Arising from 'Wrongful Birth' Following an Unsuccessful Sterilization Operation", Am J Law Med, Vol. 4, No. 2, 1978.

Robin Mackenzie, "From Sancitity to Screening: Genetic Disabilities, Risk and Rhetorical Strategies in Wrongful Birth and Wrongful Conception Cases", Feminist Legal Studies, Vol. 7, No. 2, 1999.

Rosemary Tobin, "Common Law Actions on the Margin", New Zealand Law Review, Vol. 2008, No. 1 – 4, 2008.

S. B. Arnold, "Reproductive Rights Denied: The Hyde Amendment and Access to Abortion for Native American Women Using Indian Health Service Facilities", American Journal of Public Health, Vol. 104, No. 10, 2014.

S. Yakren, " 'Wrongful Birth' Claims and the Paradox of Parenting a Child with a Disability", Fordham Law Review, Vol. 87, No. 2, 2018.

S. Yakren, "Wrongful Birth Claims and the Paradox of Parenting a Child with a Disability", Fordham Law Review, Vol. 87, No. 2, 2018.

Seana Valentine Shiffrin, "Wrongful Life, Procreative Responsibility, and the Significance of Harm", Legal Theory, Vol. 5, No. 2, 1999.

Serena Scurria and Asmundo Alessio et al., "Cross-Country Comparative Analysis of Legislation and Court Rulings in Wrongful Birth Actions", Journal of Legal Medicine, Vol. 39, No. 1, 2019.

Serena Scurria and Asmundo Alessio et al., "Cross-Country Comparative Analysis of Legislation and Court Rulings in Wrongful Birth Actions", Journal of Legal Medicine, Vol. 39, No. 1, 2019.

Shawn H. E. and Graeme T. Laurie Harmon, "Yearworth V. North Bristol Nhs Trust: Property, Principles, Precedents and Paradigms", Cambridge Law Journal, Vol. 69, No. 3, 2010.

T. Carver and Cockburn T. et al., "Wrongful Birth Children and Assessing Damages for Costs of Care: Australian and British Jurisprudence Compared", Monash University Law Review, Vol. 44, No. 1, 2018.

Thomas A. Burns, "When Life Is an Injury: An Economic Approach to Wrongful Life Lawsuits", Duke Law Journal, Vol. 52, No. 4, 2003.

Thomas Dewitt Iii Rogers, "Wrongful Life and Wrongful Birth: Medical Malpractice in Genetic Counseling and Prenatal Testing", South Carolina Law Review, Vol. 33, No. 4, 1982.

Tracy J. Frazier, "Of Property and Procreation: Oregon's Place in the National Debate over Frozen Embryo Disputes", Oregon Law Review, Vol. 88, No. 3, 2009.

V. A. Kushnir and Darmon S. K. et al. , "Effectiveness of in Vitro Fertilization with Preimplantation Genetic Screening: A Reanalysis of United States Assisted Reproductive Technology Data 2011 – 2012", Fertility and Sterility, Vol. 106, No. 1, 2016.

Vera Lucia Raposo, "Are Wrongful Life Actions Threatening the Value of Human Life?", Journal of Bioethical Inquiry, Vol. 14, No. 3, 2017.

Vera Lucia Raposo, "Wrongful Birth and Wrongful Life Actions (the Experience in Portugal as a Continental Civil Law Country)", Italian Law Journal, Vol. 3, No. 2, 2017.

Wendy F. Hensel, "The Disabling Impact of Wrongful Birth and Wrongful Life Actions", Harvard Civil Rights-Civil Liberties Law Review, Vol. 40, No. 1, 2005.

（三）其他

Committee on Economic, Social and Cultural Rights, General commentNo. 22 (2016) on the right to sexual and reproductive health (article 12 of the International Covenant on Economic, Social and Cultural Rights), E/C. 12/GC/22.

New Zealand. Accident Compensation Act 1972, No 43, 1972.

New Zealand. Accident Compensation Amendment Act 1974, No 71, 1974.

New Zealand. Accident Compensation Amendment Act 2010, No. 1, 2010.

New Zealand. Accident Compensation Amendment Act 2013, No. 44, 2013; New Zealand. Accident Compensation Amendment Act (No 2) 2013, No 105, 2013.

New Zealand. Accident Compensation Amendment Act 2015, No 71, 2015.

New Zealand. Accident Compensation Amendment Act 2016, No 73, 2016.

New Zealand. Accident Compensation Amendment Act 2019, No 10, 2019.

New Zealand. Accident Rehabilitation and Compensation Insurance Act 1992, No 13, 1992.

New Zealand. Accident Rehabilitation and Compensation Insurance Amendment Act 1992, No 91, 1992.

New Zealand. Accident Rehabilitation and Compensation Insurance Amendment Act (No 2) 1992, No 136, 1992.

New Zealand. Accident Rehabilitation and Compensation Insurance Amendment Act 1998, No 102, 1998.

New Zealand. Injury Prevention, Rehabilitation, and Compensation Act 2001, No. 49, 2001.

New Zealand. Injury Prevention, Rehabilitation, and Compensation Amendment Act 2003, No. 29, 2003; New Zealand. Injury Prevention, Rehabilitation, and Compensation Amendment Act (No 2) 2003, No 80, 2003.

New Zealand. Injury Prevention, Rehabilitation, and Compensation Amendment Act 2005, No 12, 2005; New Zealand. Injury Prevention, Rehabilitation, and Compensation Amendment Act (No 2) 2005, No. 45, 2005.

New Zealand. Injury Prevention, Rehabilitation, and Compensation Amendment Act 2007, No. 8, 2007.

New Zealand. Injury Prevention, Rehabilitation, and Compensation Amendment Act 2008, No. 46, 2008.

South Africa. Constitution of the Republic of South Africa, section 12 (2), 1996.

South Africa. Choice on Termination of Pregnancy Act, No. 92, 1996.

The United Kingdom. Congenital Disabilities (Civil Liability) Act, c. 28, 1976.

The United Kingdom. Human Fertilisation and Embryology Act, c. 37, 1990.

The United Kingdom. Human Fertilisation and Embryology Act, c. 22, 2008.

LA. STAT. ANN. § 9.129 (2019).

LA. STAT. ANN. § 9.121 (2019).

FLA. STAT. ANN. § 742.17 (2019).

A v. A Health and Social Services Trust, 2011 WL 6943179.

A. Z. v. B. Z., 725 N. E. 2d 1051 (2000).

ACB v. Thomson Medical Pte Ltd, 1 SLR 918 (2017).

Accident Compensation Commission v. Auckland Hospital Board, 2 NZLR 748 (1980).

Accident Compensation Corporation v. D, NZCA 576 (2008).

Allenby v. H, 3 NZLR 425 (2012).

Andrews v. Keltz, 838 N. Y. S. 2d 363 (2007).

Ball v. Mudge, 391 P. 2d 201 (1964).

Baskette v. Atlanta Center for Reproductive Medicine LLC, 648 S. E. 2d 100 (2007).

Betancourt v. Gaylor, 344 A. 2d 336 (1975).

Buck v. Bell, 274 U. S. 200 (1927).

Christensen v. Thornby, 255 N. W. 620 (1934).

Clark v. Children's Memorial Hospital, 955 N. E. 2d 1065 (2011).

Cox v. Stretton, 352 N. Y. S. 2d 834 (1974).

Cramblett v. Midwest Sperm Bank LLC, 230 F. Supp. 3d 865 (2017).

Custodio v. Bauer, 251 Cal. App. 2d 303 (1967).

Davis v. Davis, 842 S. W. 2d 588 (1992).

DK v. Accident Rehabilitation & Compensation Insurance Corporation, NZAR 529 (1995).

Doe v. Irvine Scientific Sales Co. Inc., 7 F. Supp. 2d 737 (1998).

Draon v. France, [2005] ECHR 679.

Eisenstadt v. Baird, 405 U. S. 438 (1972).

Eyre v. Measday, 1986 WL 408091.

Gleitman v. Cosgrove, 227 A. 2d 689 (1967).

Griswold v. Connecticut, 381 U. S. 479 (1965).

Hadley v. Baxendale, 9 Ex. 341 (1854).

Hall v. Dartmouth Hitchcock Medical Center, 899 A. 2d 240 (2006).

Institute for Women's Health, P. L. L. C. v. Imad, 2006 WL 334013.

J v. Accident Compensation Corporation, (2017) 3 NZLR 804 [J (CA)].

J. B. v. M. B., 783 A. 2d 707 (2001).

Jacobs v. Theimer, 519 S. W. 2d 846 (1975).

Johnson v. University Hospitals of Cleveland, 540 N. E. 2d 1370 (1989).

Kass v. Kass, 91 N. Y. 2d 554 (1998).

Kazmeirczak v. Reproductive Genetics Institute, Inc., 2012 WL 4482753.

Lam v. University of British Columbia, [2015] 4 W. W. R. 213.

Liddington v. Burns, 916 F. Supp. 1127 (1995).

Litowitz v. Litowitz, 48 P. 3d 261 (2002).

Macfarlane v. Tayside Health Board, [1999] 3 WLR 1301.

Marciniak v. Lundborg, 450 N. M. 2d 243 (1990).

Maurice v. France, [2005] ECHR 683.

Mckay v. Essex Area Health Authority and Another, [1982] Q. B. 1166.

Meadows v. Khan, [2017] EWHC 2990 (QB).

Mukheiber v. Raath, 1999 (3) SA 1065.

Park v. Chessin, 387 N. Y. S. 2d 204 (1976).

Provencio v. Wenrich, 261 P. 3d 1089 (2011).

Reber v. Reiss, 42 A. 3d 1131 (2012).

Rees v. Darlington Memorial Hospital NHS Trust, [2003] UKHL 52.

Richardson v. Mellish, 2 Bing 229 (1824).

Rieck v. Medical Protective Co. of Fort Wayne, Ind., 219 N. W. 2d 242 (1974).

Roe v. Wade, 410 U. S. 113 (1973).

Roman v. Roman, 193 S. W. 3d 40 (2006).

Schork v. Huber, 648 S. W. 2d 861 (1983).

Skinner v. Oklahoma, 316 U. S. 535 (1942).

Stills v. Gratton, 55 Cal. App. 3d 698 (1976).

Szafranski v. Dunston, 34 N. E. 3d 1132 (2015).

Thake v. Maurice, 1986 WL 407648 (1986).

Troppi v. Scarf, 187 N. W. 2d 511 (1971).

University of Arizona Health Sciences Center v. Superior Court of State In and For Maricopa County, 667 P. 2d 1294 (1983).

Witt v. Yale-New Haven Hosp., 977 A. 2d 779 (2008).

XY v. Accident Compensation Corporation, 2 NZFLR 376 (1984).

Yearworth v. North Bristol NHS Trust, [2009] EWCA Civ 37.

Zepeda v. Zepeda, 190 N. E. 2d 849 (1963).

致　　谢

　　历经数年的不懈努力，本书的撰写终于到达收尾阶段。本书在笔者博士学位论文的基础上修改而成，回顾论文选题、资料搜集、开展写作与后期校改的整个过程，虽漫长艰辛，但却充满希望。而给我不竭动力的，不仅是对书稿学术意义的求索，更是恩师、同窗与家人的支持与鼓励。

　　西政十年，无尽感恩。感谢我的导师张力教授、孙鹏教授、张建文教授。导师张力教授的社会担当与学术热情令我敬佩且感动，张老师培养学生时因材施教、宽严并济的风格使我敢于求教自己尚不成熟的观点，引领我不断超越自己，恩同再造。导师孙鹏教授严谨的治学态度与深厚的民法功底，令我敬仰不已，在日常学习、书稿写作中始终深深影响、激励着我，使我时时自省，努力奋进。张建文教授作为我硕士期间的导师，在我读博期间仍给予我无私帮助与悉心指导，张老师的勤勉与务实时刻鞭策着我，在成长的道路上，张老师的教导对我知识、信心的点滴提升皆意义非凡。

　　感谢西南政法大学民商法学院的梁慧星教授、杜万华教授、谭启平教授、王洪教授、徐洁教授、侯国跃教授、黄忠教授。恩师们对我毕业论文提出的修改意见鞭辟入里，细致入微，为我书稿的后期完善指明了方向。感谢我学生时代的同窗挚友，朋友们在我书稿写作上提出的中肯建议，在我迷茫彷徨时给予的温暖关怀，在论文校对中提供的及时帮助都历历在目，如在昨日，这是我书稿写作的坚实基础。感谢昆明理工大学法学院的领导与前辈对我科研工作的鼎力支持与热忱帮助。

　　最后要感谢我的父母、爱人和女儿，家是最温暖的港湾，家人的理解和关怀是本书写作最坚实的后盾。本书不仅承载着我多年的上下求索,更凝聚着身边所有人的鼓励与期盼,谨以此书献给我最可爱、可亲、可敬的师友、家人们!

李 倩

2023 年 4 月 28 日